权威·前沿·原创

皮书系列为
"十二五""十三五"国家重点图书出版规划项目

新媒体社会责任蓝皮书
BLUE BOOK OF
NEW MEDIA SOCIAL RESPONSIBILITY

中国新媒体社会责任研究报告
（2017）

REPORT ON THE CHINA'S NEW MEDIA SOCIAL RESPONSIBILITY
(2017)

主　编／钟　瑛
副主编／余　红　陈　海　芦何秋　李亚玲

社会科学文献出版社
SOCIAL SCIENCES ACADEMIC PRESS (CHINA)

图书在版编目(CIP)数据

中国新媒体社会责任研究报告.2017/钟瑛主编.--北京：社会科学文献出版社,2017.11
（新媒体社会责任蓝皮书）
ISBN 978-7-5201-1632-9

Ⅰ.①中… Ⅱ.①钟… Ⅲ.①媒体（新闻）-社会责任-研究报告-中国-2017　Ⅳ.①G219.2

中国版本图书馆CIP数据核字（2017）第260939号

新媒体社会责任蓝皮书
中国新媒体社会责任研究报告（2017）

主　编／钟　瑛
副主编／余　红　陈　海　芦何秋　李亚玲

出 版 人／谢寿光
项目统筹／陈　颖
责任编辑／薛铭洁

出　　版／社会科学文献出版社·皮书出版分社（010）59367127
　　　　　地址：北京市北三环中路甲29号院华龙大厦　邮编：100029
　　　　　网址：www.ssap.com.cn

发　　行／市场营销中心（010）59367081　59367018
印　　装／北京季蜂印刷有限公司

规　　格／开　本：787mm×1092mm　1/16
　　　　　印　张：24.5　字　数：407千字
版　　次／2017年11月第1版　2017年11月第1次印刷
书　　号／ISBN 978-7-5201-1632-9
定　　价／98.00元

皮书序列号／PSN B-2014-423-1/1

本书如有印装质量问题，请与读者服务中心（010-59367028）联系

▲ 版权所有 翻印必究

新媒体社会责任蓝皮书

主办机构　华中科技大学新闻与信息传播学院
　　　　　　华中科技大学－湖北晴彩视讯科技有限公司新媒体联合实验室
　　　　　　中国网络传播学会（CNMCA）

顾问委员　（按拼音顺序）
　　　　　　巢乃鹏（南京大学）　　董天策（重庆大学）
　　　　　　杜骏飞（南京大学）　　金兼斌（清华大学）
　　　　　　李双龙（复旦大学）　　刘丽群（武汉大学）
　　　　　　彭　兰（清华大学）　　韦　路（浙江大学）
　　　　　　谢耘耕（上海交通大学）熊澄宇（清华大学）
　　　　　　杨伯溆（北京大学）　　叶　开（汉拓科技）

编辑委员会

主　　　编　钟　瑛（华中科技大学）

副　主　编　余　红（华中科技大学）
　　　　　　陈　海（湖北晴彩视讯科技有限公司）
　　　　　　芦何秋（湖北大学）
　　　　　　李亚玲（中南民族大学）

编 辑 委 员　（按拼音顺序）
　　　　　　包国强（武汉轻工大学）
　　　　　　陈少华（华中科技大学）
　　　　　　邓秀军（华中科技大学）
　　　　　　贺建平（西南政法大学）
　　　　　　李卫东（华中科技大学）
　　　　　　罗　昕（暨南大学）
　　　　　　牛　静（华中科技大学）
　　　　　　吴世文（武汉大学）
　　　　　　徐明华（华中科技大学）
　　　　　　喻发胜（华中师范大学）
　　　　　　张淑华（郑州大学）
　　　　　　张　屹（闽南师范大学）

本期执行主编　钟　瑛（华中科技大学）

责 任 编 辑　刘利芳（华中科技大学）

主要编撰者简介

钟 瑛 华中科技大学新闻与信息传播学院教授、新媒体实验室主任。华中师范大学历史文化学院博士，复旦大学新闻学院博士后。1997年英国北伦敦大学信息传播学院访问学者，2008年美国密苏里大学新闻学院访问学者。主要从事网络传播、媒体政策、传播史等领域的教学与研究工作。在权威及核心学术期刊上发表论文近百篇。独著、合著出版学术著作十余部。主持国家社会科学基金重大项目"互联网管理与中国特色网络文化建设研究"，并入选2013年度国家哲学社会科学成果文库。

余 红 教授，博士，博士生导师。华中科技大学新闻与信息传播学院传播系主任，兼任全国传播学暨网络传播与新媒体专业本科教育联席会议理事、副秘书长。研究领域为政治传播和网络传播，在权威及学术期刊上发表论文三十多篇，主持国家和省部级课题多项。

陈 海 湖北晴彩视讯科技有限公司总经理，武汉三网融合及数字家庭协会理事会成员，武汉市软件行业协会理事会成员，成功入选武汉市2014年度"黄鹤英才（专项）计划"。曾参与制定中国移动多媒体广播行业标准，有十余年新媒体应用软件开发运营和信息系统集成的一体化从业经验，致力于科技和文化产业融合研究与实践。

芦何秋 博士，华中科技大学新闻与信息传播学院博士后，湖北大学新闻传播学院副教授。主要研究领域为新媒体与社会、新媒体意见领袖。发表论文14篇。主持教育部人文社会科学研究青年基金项目、湖北省社科基金、中国博士后基金面上资助、中国博士后基金特别资助项目各1项。

李亚玲 博士，硕士生导师。中南民族大学文学与新闻传播学院副教授，曾赴台湾世新大学、美国威斯康星州立大学普拉特维尔分校短期访问。研究领域为新媒体研究和民族文化传播，发表学术论文多篇，主持国家社会科学基金项目及参与国家社会科学基金重大项目、国家民委科研项目和湖北省社会科学基金项目多项。

摘　要

本书是关于"新媒体社会责任"2017年度分析报告,由华中科技大学新闻与信息传播学院、华中科技大学－湖北睛彩视讯科技有限公司新媒体联合实验室、中国网络传播学会组织编撰。

本书以"新媒体社会责任"为主题,对2017年新媒体发展中前沿问题、典型现象进行分析,通过新媒体社会责任指标体系对国内主要新媒体平台进行系统考察。

总报告根据前三年蓝皮书的学界与业界反馈,对既有研究框架与指标体系的观测路径进行了进一步优化,以对2017年新媒体行业社会责任的履行状况进行更全面、系统和客观的呈现。首先,总报告对新媒体社会责任的新场景进行了总结,主要包括三个方面的变化:移动社交媒体变革社会责任主体状态、智能技术挑战社会责任实践范式、平台集中趋势影响社会责任力量格局、网络视频直播兴起增加社会责任监管难度。其次,对国家面对新场景的治理手段进行了梳理,主要体现在内容监管政策不断完善、政府监管主体逐渐明确、政府部门执法能力持续强化等。最后,对新媒体社会责任履行情况进行归纳,不同新媒体平台的社会责任履行状况呈现出不平衡的特点。

评价篇运用新媒体社会责任指标体系对典型新媒体类型进行社会责任评估,主要评估对象为:传统媒体微博、传媒与政务类微信公众号、视频直播网站、大型商业网站、网络募捐平台、民族地区政府网站。根据近年来新媒体的社会影响力排名,第一次将视频直播网站和网络募捐平台纳入考察范围,有助于学界与业界对新媒体平台社会责任履行现状有更确切与直观的了解。

在现实的社会责任履行状况方面,不同新媒体因主体形态、用户覆盖范围、内容载体、运营资金来源等方面存在区别,使其在社会责任履行方面面临不同情境,承受不同的压力,最终导致履责水平表现出显著差异。具体而言,社会责任总得分均值最高的前三位为新闻网站、媒体微博和媒体微信公众号,游戏网站的得分最低,且与其他类型的新媒体差距较大。这种情况出现的原因可能在于:首先,新媒体平台功能属性的差异。新闻类新媒体的功能属性与社会责任指标体系中的各指标较为契合,因而能够获得较高分数。同时,新闻类新媒体因为其专业伦理和规范的约束,社会责任履行状况整体占优势。其次,新媒体平台资金来源的差异。公有资本占优势的新媒体平台既追求社会效益又兼顾商业利益,最能保障其社会责任的履行。最后,新媒体平台地域覆盖范围差异。新媒体的地域属性影响其社会责任的履行,地方性新媒体更注重本地化生活服务功能,偏重信息内容的趣味性和娱乐性,而深度、权威性不足,对于文化教育不甚重视,属地管理原则导致开展社会监督易受当地政府部门干涉。

专题篇以新媒体传播中的典型现象、热点议题和重点人群为研究对象进行分析,研究重点涉及典型现象,包括网络视频直播、新闻客户端和微信公众号在传播中的社会责任问题;热点议题,包括新媒体的政策话语生产、健康传播中的伪信息传播、公众对虚假新闻的认知调查等;重点人群主要为区域性微博意见领袖社会责任的实证调研。以上研究专题是对2017年新媒体研究热点的集中呈现,也是对新媒体社会责任发展趋势的系统研究与归纳总结。

案例篇采用话语分析法、内容分析法和理论归纳法对2016～2017年发生的重大公共事件进行社会责任分析,基于"习特会"、雾霾伪信息、"丽江打人"事件、八达岭公园老虎咬人事件、于欢杀人案等案例,从对外传播、健康传播、社会冲突、社会动员等视角对社交网络平台社会责任问题进行讨论。

关键词: 新媒体 社会责任 量化分析

目 录

Ⅰ 总报告

B.1 新媒体社会责任实践的新形势：场景转换与治理升级
　　…………………………………………… 钟 瑛 邵 晓 / 001
　　一 场景转换：新媒体履行社会责任面临新形势 ………… / 002
　　二 治理升级：新媒体国家监管呈现新动态 ……………… / 007
　　三 水平分化：新媒体社会责任实践发生新走向 ………… / 015

Ⅱ 评价篇

B.2 传统媒体微博社会责任及其评价 ………… 陈 然 刘 洋 / 020
B.3 传媒与政务类微信公众号社会责任及其评价 …… 李亚玲 / 034
B.4 视频直播网站社会责任及其评价 ………… 刘 琼 雷 婷 / 057
B.5 我国大型商业网站社会责任及其评价 …………… 王 井 / 072
B.6 我国网络募捐平台社会责任调查及其评价 ……… 李青青 王 鹏 / 085
B.7 民族地区政府网站社会责任及其评价
　　——基于民族自治区省级政府网站的分析
　　………………………………… 江 宇 杜依依 王佳玫 / 097

001

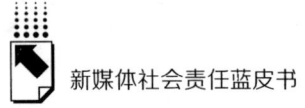
新媒体社会责任蓝皮书

Ⅲ 专题篇

B.8 网络视频直播的共同治理模式：基于政策网络
分析的视角 ………………………… 刘 锐 姜文嘉 / 110

B.9 新媒体的政策话语生产与社会责任研究
——以"一带一路"政策话语为例 ……… 曾润喜 杨喜喜 / 129

B.10 微信公众号公益动员的组织规范与社会责任
——基于对"罗一笑事件"的社会资本分析
……………………………………… 邓秀军 刘 静 / 146

B.11 新媒体环境下公众对虚假新闻的认知调查研究
……………………………………… 牛 静 吴 婧 / 157

B.12 热点事件中媒体新闻客户端的报道框架与责任分析
……………………………………… 余秀才 童石石 / 174

B.13 区域性微博意见领袖社会责任的实证研究
——以武汉地区为例 ……………… 芦何秋 张 依 / 190

B.14 地方新闻客户端的媒体社会责任
——基于上游"重庆"和 ZAKER"广州"的比较
……………………………… 贺建平 庄学勋 黄 琪 / 201

Ⅳ 案例篇

B.15 社交网络中中美战略传播比较研究
——以"习特会"为例 ……………… 李卫东 沙传宇 / 225

B.16 社交媒体中雾霾伪信息：扩散、纠正与个体责任
……………………………… 吴世文 侯彤童 聂 迪 / 248

B.17 社会热点事件微博传播中新媒体责任的缺失与完善
——以"丽江打人"事件为例 ……… 徐明华 朱晓豫 / 259

B.18 社会冲突视阈下的网络重大突发事件及其应对
——以八达岭公园老虎咬人事件为例 ……… 张梅兰　朱子鹏 / 271

B.19 新媒体环境下"互联网＋公益"的发展探析
……………………………………………… 于婷婷　魏蓝天 / 290

B.20 谁该为抑郁症负责？
——健康传播视域下社交媒体对抑郁症的建构与归因
………………………………………………………… 马　旭 / 304

B.21 展演还是从众
——受众理论视阈下对抗跟帖产生研究
……………………………………………… 张　雯　余　红 / 322

B.22 新媒体的情感动员与社会责任
——以于欢杀人案为例 ……………………………… 晏慧思 / 342

Abstract ……………………………………………………………… / 356
Contents ……………………………………………………………… / 358

皮书数据库阅读使用指南

总报告

General Report

B.1 新媒体社会责任实践的新形势：场景转换与治理升级

钟瑛 邵晓*

摘　要： 媒介技术创新发展对新媒体行业产生持续不断的影响。2017年以来，新媒体履行社会责任面临着新场景：移动社交媒体变革社会责任主体状态、智能技术挑战社会责任实践范式、平台集中趋势影响社会责任力量格局、网络视频直播兴起增加社会责任监管难度等。面对不断变化的新形势，国家治理手段不断调整升级，具体表现为内容监管政策日趋完善、政府监管主体逐渐明确、行政执法能力不断提升。在社会责任的现实履行方面，不同新媒体因主体形态、运营资金来源、用户覆盖范围等存在差异，导致其社会责任的实践面临不同情境，承受不同压力，最终履责水平出现显著分化。

---

* 钟瑛，华中科技大学新闻与信息传播学院教授、博士生导师；邵晓，华中科技大学新闻与信息传播学院博士生，巢湖学院讲师。

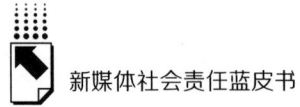

新媒体社会责任蓝皮书

关键词： 移动社交媒体 AI 网络视频直播 网信办 社会责任 新媒体

随着媒介技术的不断创新发展，新媒体对信息传播格局的冲击与重构成为社会发展的常态，对新媒体社会责任的深刻关切和持续研究成为社会各界的共识。华科新媒体实验室自 2014 年以来对新媒体发展带来的社会责任问题进行全面评价和深入调研，对新媒体社会责任的履行状况做出了系统、客观的呈现。本报告在长期跟踪调查的基础上，对 2017 年新媒体行业社会责任履行的规律和趋势进行分析，旨在揭示新变化、提供新发现。

一 场景转换：新媒体履行社会责任面临新形势

新媒介技术的研发和应用日新月异，新的传播模式迅速在新媒体行业扩散，由此带来用户、渠道、终端、应用情境、商业模式不断变化，新媒体行业社会责任的要素、场景随之变化。

（一）移动社交媒体变革社会责任主体状态

移动社交媒体是基于 LBS（Location Based Services）技术的社交媒体，它结合了移动互联网和社交媒体的特征，借助移动通信、移动定位和电子地图信息服务技术，将人在物理空间中的属性、社会关系与网络社区中的属性相连接，实现了个人的地理位置、身份属性、关系网络和社会需求的准确定位，激发了内容生产、转发分享、互动交流的活力。用户可以借助移动终端随时随地进行信息的采集和制作，使方便的内容生产与供给成为可能，更多的信息被生产出来；与此同时，信息的传播借助人际关系网络的非线性、圈层化、多层级的特征在用户的社会网络中病毒式扩散。这就导致信息的生产和传播都变得更加便捷迅速，信息带来的影响范围更大、时间更短。基于上述两种属性，移动社交媒体的普及对新媒体社会责任主体的影响是显而易见的。

1. 移动技术带来社会责任主体身份多元化

移动技术的发展让内容生产制作更为便捷，各种用户都可以借助移动终端直接介入社会生活、迅速制作信息并及时进行传播，从而成为新媒体社会责任的主体。多元主体的兴起突破了传统传播者的角色定位和信息审查、过滤模式，带来了社会监督的便利，对国家治理、社会风险和行为失范监督发挥着积极作用。但与此同时，传统的内容生产流程被极大简化，选题、采写、把关过程被压缩甚至省略，真实、权威、时效、全面、深度、原创、客观等信息质量要求难以实现；信息把关更是缺乏保障，侵犯隐私权、名誉权现象频繁出现，舆论偏差影响司法公正的事件也时有发生。主体身份的多元化还必然带来内容类型、价值观念的多元化，不同价值观获得了到达公众的机会，主流价值观面临竞争。

2. 主体身份多元化冲击现有伦理规范和监管体系

在移动社交媒体传播中，大量不具备专业素养的"业余者"参与其中，各色人等、各行各业都可以方便地参与内容生产和传播，主体身份的多元化特征使社会现有的伦理规范都不尽适用。一方面，新闻专业伦理是新闻业长期发展建构的职业共同体意识形态的一部分，比如客观、真实、公正、平衡等要求；个体化、非职业化的信息传播者（如各类自媒体）对此并不具备完整的认知。另一方面，公民个体的公共道德规范、其他团体和行业机构的职业伦理也难以对信息生产行为发挥有效的约束作用。面对这种新变化，政府和行业原有的监管体系和制度安排也失去效力，如现行的媒体审批许可制度、政府（党委）机构管控媒体人模式、媒介人社会组织（如记者协会）管控模式都难以为继。

3. 主体圈层化影响社会共识达成

社交化的传播将人们以关系为区隔，分割聚合在不同的信息传播圈中，越来越多的个体在社交媒体上的行为呈现出封闭性特点——只关心自身圈层的内容和讨论，对圈层外信息缺乏重视，不信奉普遍的权威和学说，只追捧自身圈内的意见领袖；这导致社会文化及共识的传播、构建面临过滤和阻隔。

（二）智能技术挑战社会责任实践范式

随着大数据、云计算、AR/VR、AI（人工智能）等新技术的引入，新媒体行业的实践范式发生了巨大变化，信息传播从线索发掘、选题策划到信息采集、制作、把关，再到分发传播等，整个环节被技术逻辑重新建构，既有的媒体社会责任规范则是以传播者的活动为核心建立起来的，新范式必然对既有规范形成挑战。

1. 智能技术改变信息生产模式

首先，内容生产者可以借助智能技术实时搜集处理用户需求、社会变化的大数据，从而发现最可能引发广泛传播的新闻线索，提供选题策划方案。

其次，各种传感器技术优化了信息采集环节。利用传感器技术，信息的来源突破了传统渠道的局限，各种凭借传统手段难以采集的信息可以通过传感器进行准确地获取，如地理环境、物流交通、人体生理等信息。而且传感器对信息的挖掘可以在时间维度上监测对象的动态和趋势，在空间维度上扩展到宏观范围，以更广阔的视角洞悉事件全貌。①

再次，在内容生产环节，智能机器人可以通过大规模数据处理能力，通过算法发现社会经济运行等规律，并生成叙述性文章、财务报表、可视化图形等，大大提高了生产效率。AR/VR等技术的使用也使内容文本的形态更为丰富多样，对事实的呈现更为精确、逼真。

又次，在把关环节，人工智能通过深度学习、语音识别、语义分析、动作识别、图像识别等技术，也能够从事内容审核工作，充当把关人。在UGC带来大量内容涌现，媒介审核工作量突增的时代，机器把关人可以提高效率、节约人力。"机器初审+人工终审"将是新媒体时代媒体把关的新特点。②

最后，在信息分发、传播阶段，智能算法通过将文章内容及用户需求进行匹配，可以将内容进行精准的分发和推荐，取得较好的传播效果，这已成为今日头条、一点资讯、天天快报等媒体平台的普遍做法。更重要的是，机器算法还可以通过对既有传播趋势的分析，帮助编辑对后续报道的跟进与否、方向选择做出判断。

2. 机器生产冲击现有行业规范

机器生产带来的一个显著问题就是其权利与义务的规范。一方面机器生产是智能机器人自动完成的，另一方面机器人的自动化生产过程所依托的算法是相关技术开发人员创作的，包含着技术开发人员的劳动。由此带来的权利与义务问题超出了现有的行业规范调整的范围。如果发生侵权行为，应该被追责的是机器人、技术人员还是机器人的拥有者？随之而来的惩罚内容和形式应该如

---

① 喻国明、兰美娜、李玮：《智能化：未来传播模式创新的核心逻辑——兼论"人工智能+媒体"的基本运作范式》，《新闻与写作》2017年第3期，第41~45页。
② 栾轶玫：《人工智能：媒体的入侵者还是解救者?》，《视听界》2017年第1期，第126页。

何？同样，机器人生产出来的信息产品的知识产权归谁所有？如此一系列权利与义务关系的调节都需要新规则，这对现有规范体系产生冲击。

3. 技术逻辑挑战人类价值

机器的精准、高速、宏观等特征摒弃偏见，实现传播的透明化，为客观性和全面性提供了可能性。但这一过程伴随着机器效率对人文价值的挤压，在机器生产过程中，意识形态、文化习俗、社会风尚等对人类社会而言非常重要的价值要素并不能被充分反映；通过数据挖掘实现内容精准推送也有可能导致受众的分化；技术逻辑驱动下的唯流量倾向也会使受众的点击率和转发量成为内容采编追求的核心目标，而选题的价值和采写质量被忽视，传统的新闻标准化制作流程被省略，专业伦理标准被逐渐抛弃。①

（三）平台集中趋势影响社会责任力量格局

在互联网时代，用户的多元化、个性化的长尾需求被激活，各种生产者试图直接通过独特的信息产品寻找用户，传统的信息生产产业链被打破、扩展或延伸。以需求为导向，迅速沟通内容的生产和流通、促进信息的交换和消费、实现用户的互动和连接成为互联网行业最迫切的需求。因而，打造信息平台，控制信息生产、发布、交互和传播的中枢，通过平台竞争用户及流量，占领互联网入口，成为互联网巨头竞争的战略目标。

1. 平台化趋势模糊责任边界

以用户为中心集成各种类别的信息和服务是平台化的显著特征。在这种情况下，不同信息类别、不同信息生产者和消费者在同一平台集散，这对信息平台社会责任的内容和形式形成冲击。公民道德责任、企业社会责任、媒体社会责任均会有所涉及，不同社会责任的评价和履行方式也有所不同，这使社会对信息平台的社会责任监控面临缺乏统一、有效的标准等难题。

2. 行业集中阻碍责任监督

平台化竞争导致了行业发展的集中化趋势。经过多年厮杀，目前国内各领域平台基本上被少数大的互联网厂商占据。信息生产的价值选择和呈现形式被

---

① 王维佳：《专业主义的挽歌——理解数字化时代的新闻生产变革》，《新闻记者》2016年第10期，第34~40页。

控制，公众的选择权、知情权和环境认知面临被操纵的风险，进而影响主流价值观的传播、社会共识塑造和文化的传承。比如，今日头条、天天快报等自媒体平台通过算法调整能轻易地影响自媒体创作的调性和形式，进而构建作为内容消费者的公众关于社会环境的认知判断。这种集中化的趋势让信息权被少数大型企业控制，信息平台参与者要首先服从这些企业的规则，而非主动向公众和社会承担责任和义务。同时对平台本身社会责任方面的监督却因其在市场和信息格局中的地位、权力而面临重重困难。

3. 资本介入影响责任履行

在平台化竞争过程中，资本的力量无处不在，每一次互联网企业联合、兼并行为背后都有资本的强大支撑。而资本的根本目的是实现增殖，是以利润为导向，资本化必然导致互联网企业在履行社会责任时面临更复杂的利益权衡。资本的唯利是图可能会淡化媒体的社会责任；资本逐利和扩张的天性可以给企业或媒体带来无穷的内部动力，也可能导致出于逐利和扩张的需要，打压言论的自由和多元化，甚至阻碍媒体内容的创新。①

（四）网络视频直播兴起增加社会责任监管难度

网络视频直播是借助互联网技术实时自制和传播视频节目内容的传播形式。它融合了视听节目、网络表演、网络聊天、新闻信息服务、网络游戏等多个内容领域，打破了内容生产和传播行为之间的界限，实现了充分的传受互动。这种实时互动的传播方式使内容低俗、语言暴力、言论违法、知识产权侵犯等问题的监管难度大大增加。

1. 载体视频化增加监管成本

网络视频直播的内容载体是动态视频，受限于现有技术，单凭机器监视的手段难以进行准确的内容监测。"人工审查＋技术监测"是普遍的监管机制。由于直播门槛低、内容海量化特征明显，要对这些海量内容进行有效监管，就需要组建庞大的监管队伍，这对于平台运营者来说成本是显而易见的。对政府监管部门来说，面对市场上众多直播平台，也必须保证足够的人力资本投入，

---

① 陆地、姚怡云：《媒体"资本主义"的特征及其影响》，《新闻爱好者》2017年第1期，第9~15页。

监管成本也会不断增加。

2. 用户海量化降低监管效率

从主播数量上看,网络直播平台中主播入行门槛低,导致主播群体数量迅速扩张、素质参差不齐;从观众数量上看,直播参与者数量也非常庞大且身份特征差异明显。要对海量的用户进行监控,发现问题进行追责、惩处都需要监管部门耗费较大的精力追踪调查,这无疑会降低监管效率。

3. 传播实时化加大监管难度

网络直播具备典型的实时传播特征。主播与观众之间、观众与观众之间进行实时的交流,交流的内容也依据互动情况实时调整且转瞬即逝。这导致在现有技术监测能力不足的情况下,对传播过程中的内容违规、违法现象难以及时发现,且缺乏有效固定证据的手段。

4. 利益驱动导致平台缺乏自律

网络直播行业市场同质化竞争严重,现有的主要盈利模式一方面依赖于用户为主播购买虚拟礼物进行抽成,另一方面依赖于人气主播带来的流量变现。这导致平台在对主播进行审核时不够严格,有时甚至放任、默许主播违法违规的暧昧行为。另外,随着技术的普及,直播平台的搭建成本也逐渐降低,一些小的直播平台在内容违规被查处后又迅速改头换面继续上线圈钱。对这类直播平台来说,自律更无从谈起。

二 治理升级:新媒体国家监管呈现新动态

随着《中华人民共和国网络安全法》颁行、《刑法修正案(九)》对若干网络犯罪行为做出明确规定,国家网信办制定并出台《即时通信工具公众信息服务发展管理暂行规定》《互联网新闻信息服务单位约谈工作规定》等,中国互联网监管政策经过多年发展已经逐渐成熟、完备,形成了覆盖互联网各个领域的较为完整的政策法规体系,政府对不同领域进行监管的执法主体和执行部门逐渐明确。

(一)内容监管政策日趋完善

截至2017年9月,国家层面(含国家级行业协会)出台的互联网监管政策共有12条(如表1所示)。

表1　2017年互联网监管相关政策文件统计

序号	政策法规名称	发布部门	发布时间	实施时间
1	关于促进移动互联网健康有序发展的意见	中共中央办公厅 国务院办公厅	2017.01	2017.01
2	关于调整《互联网视听节目服务业务分类目录(试行)》的通告	国家新闻出版广电总局	2017.03.10	2017.03.10
3	互联网信息内容管理行政执法程序规定	国家互联网信息办公室	2017.05.02	2017.06.01
4	互联网新闻信息服务管理规定(2017)	国家互联网信息办公室	2017.05.02	2017.06.01
5	互联网新闻信息服务许可管理实施细则	国家互联网信息办公室	2017.05.22	2017.06.01
6	网络产品和服务安全审查办法(试行)	国家互联网信息办公室	2017.05	2017.06.01
7	网络文学出版服务单位社会效益评估试行办法	国家新闻出版广电总局	2017.06.14	2017.07.01
8	网络视听节目内容审核通则	中国网络视听节目服务协会	2017.06.30	2017.06.30
9	互联网论坛社区服务管理规定	国家互联网信息办公室	2017.08.25	2017.10.01
10	互联网跟帖评论服务管理规定	国家互联网信息办公室	2017.08.25	2017.10.01
11	互联网群组信息服务管理规定	国家互联网信息办公室	2017.09.07	2017.10.08
12	互联网用户公众账号信息服务管理规定	国家互联网信息办公室	2017.09.07	2017.10.08

如前所述，中国互联网政策体系整体格局已经基本确立，在此前提下，国家层面相关监管部门每年会根据互联网发展热点问题进行相应的补充和调整。通过分析政策文件内容我们可以发现，2017年政策议题重心在内容监管方面；在12个文件中，除了《关于促进移动互联网健康有序发展的意见》《网络产品和服务安全审查办法（试行）》《网络文学出版服务单位社会效益评估试行办法》三个文件外，其余9个文件直接以内容监管为核心，而且即便是这三个文件对内容管理也均有所涉及。

1. 互联网新闻是监管重点

2017年中国对互联网新闻活动仍施行准入许可制度，且有加强趋势。相关政策对通过互联网进行新闻信息的制作和传播做出了较严格的控制。

首先，将纳入监管的"新闻"的界定外延扩大。新修订颁行的《互联网新闻信息服务管理规定》将"社会公共事务（包括政治、经济、军事、外交等社会生活的重要领域）的报道、评论，以及有关社会突发事件的报道、评论"都纳入需要许可管理的"新闻"范畴。

其次，"互联网新闻信息服务"的范围也被扩大。《互联网新闻信息服务管理规定》《互联网新闻信息服务许可管理实施细则》将互联网新闻信息采编发布服务、转载服务、传播平台服务均纳入"互联网新闻信息服务"的范围，从事上述活动均须经过许可。

再次，对互联网新闻信息服务的主体做出严格限制。《互联网新闻信息服务管理规定》要求其须是在中华人民共和国境内依法设立的法人，且主要负责人、总编辑是中国公民；其中又对互联网新闻信息"采编发布服务主体"资格做出更严格的限制，限定为"国家有关部门依法批准设立的新闻单位（含新闻单位控股的单位）或新闻宣传部门主管的单位"。

最后，对主体社会责任的规定更加清晰、明确。在岗位设置上，规定要求设立总编辑岗位，"对互联网新闻信息内容负总责"。在人员责任义务上，规定"互联网新闻信息服务提供者及其从业人员不得通过采编、发布、转载、删除新闻信息，干预新闻信息呈现或搜索结果等手段谋取不正当利益"。在制度保障上，要求"健全信息发布审核、公共信息巡查、应急处置等信息安全管理制度，具有安全可控的技术保障措施"，转载新闻信息应遵循规范等。①

2. 互联网视听内容变化引起重视

2017年互联网视听服务更为活跃，低俗、侵权、价值导向错误的内容成为行业监管的重点。国家新闻出版广电总局《关于调整〈互联网视听节目服务业务分类目录（试行）〉的通告》进一步明确了视听节目服务类别的划分和业务范围的界定，为互联网视听节目的管理扫除了障碍。中国网络视听节目服

---

① 国家互联网信息办公室：《互联网新闻信息服务管理规定》，http：//www.cac.gov.cn/2017-05/02/c_1120902760.htm，2017年5月2日。

务协会是我国网络视听领域唯一的国家级行业组织，它发布的《网络视听节目内容审核通则》（以下简称为《通则》）在很大程度上反映了国家监管部门的意志。《通则》针对互联网视听市场出现的现实问题，对互联网视听节目的内容把关和审核规范提出了具体细致的要求。它提出两个审核原则，即先审后播原则、审核到位原则；明确了节目内容的审核标准，包含网络视听节目八项禁止内容，十项需剪接、删除的内容，以及专业类网络视听节目应有的导向要求和额外的禁止内容。

3. 新兴媒体传播纳入监管范围

2005年版《互联网新闻信息服务管理规定》因当时互联网发展阶段限制，并未对如今在网络传播格局中处于重要地位的一些新媒体形态的信息服务活动做出明确要求。而新出台的一系列规定则直接点明网站、论坛社区、群组、博客、微博客、即时通信工具、应用程序、公众账号、网络直播等新媒体形态，① 并对其向社会公众提供信息服务应当遵循的规则、履行的义务、承担的责任更进一步进行了细致明确的规范。

（二）政府监管主体逐渐明确

我国互联网管理的基本模式是政府主导型管理，以立法管理、行政监督、技术控制、行业自律等手段进行网络控制与导向。② 从2014年中央网络安全和信息化领导小组成立，国务院对国家互联网信息办公室做出职能授权起至今，政府对互联网信息的监管主体经过一系列调整已经趋于稳定、明确，多头管理的局面已经得到明显改善，各级互联网信息办公室（简称"网信办"）成为政府进行互联网信息监管、执法的主体。

1. 国家网信办成为互联网信息统筹管理主体

根据国务院授权，国家互联网信息办公室的职责覆盖范围较广泛：在战略设计层面，负责互联网信息传播方针政策的落实和法制建设的推动；在宏观管理层面，对互联网信息内容管理、网络文化领域布局规划相关部门的工作进行

---

① 国家互联网信息办公室：《互联网新闻信息服务管理规定》，http://www.cac.gov.cn/2017-05/02/c_1120902760.htm，2017年5月2日。
② 钟瑛：《我国互联网管理模式及其特征》，《南京邮电大学学报》（社会科学版）2006年第2期，第31~35页。

指导和协调；在具体业务层面，有权依法查处违法违规网站，指导有关部门开展互联网基础管理工作；在垂直管辖层面，在职责范围内对各地互联网有关部门工作进行指导。① 2017年6月1月实施的《网络安全法》，也明确了由网信部门统筹协调网络安全工作和相关监督管理工作。② 这都在国家制度设计层面上将国家互联网信息办公室确立为中国互联网信息统筹管理的主体。

2. 各级网信办成为内容监管、执法主体

在国家层面，《国务院关于授权国家互联网信息办公室负责互联网信息内容管理工作的通知》③《互联网新闻信息服务管理规定》均确定国家网信办"负责全国互联网信息内容管理工作，并负责监督管理执法"。在地方层面，《互联网新闻信息服务管理规定》明确规定"地方互联网信息办公室依据职责负责本行政区域内互联网新闻信息服务的监督管理执法工作"④，这就赋予了省级以下网信部门互联网新闻信息服务管理职责，确立了三级或四级管理体制。《互联网信息内容管理行政执法程序规定》也规定，"互联网信息内容管理部门，是指国家互联网信息办公室和地方互联网信息办公室"，其"依法实施行政执法，对违反有关互联网信息内容管理法律法规规章的行为实施行政处罚"。⑤

3. 网信办在多部门协同监管中发挥重要作用

互联网在社会生活中日益发挥基础性作用，对其治理自然涉及政府管理的多种职能，在监管过程中多部门协同行动成为常态。通过梳理互联网治理行动我们发现，网信办在多部门协同监管中成为不可或缺的力量。如表2所示，以国家网信办2017年参与的行动为例，网信办在各领域内都发挥着重要作用。

---

① 国务院新闻办公室：《国家互联网信息办公室的主要职责》，http://www.scio.gov.cn/zhzc/9/6/Document/1086658/1086658.htm，2012年1月20日。
② 第十二届全国人民代表大会常务委员会：《中华人民共和国网络安全法》，2016年11月7日。
③ 国务院：《国务院关于授权国家互联网信息办公室负责互联网信息内容管理工作的通知》，2014年8月26日。
④ 国家互联网信息办公室：《互联网新闻信息服务管理规定》，http://www.cac.gov.cn/2017-05/02/c_1120902760.htm，2017年5月2日。
⑤ 国家互联网信息办公室：《互联网信息内容管理行政执法程序规定》，http://www.cac.gov.cn/2017-05/02/c_1120902931.htm，2017年5月2日。

表2　2017年国家网信办参与的多部门联合监管行动统计

序号	行动事项	时间	参与部门
1	"扫黄打非"专项行动督查	4月	全国"扫黄打非"办公室、中宣部、中央网信办、工业和信息化部、国家新闻出版广电总局、国家邮政局等
2	网络市场监管专项行动	5月23日	国家工商总局、国家发改委、工业和信息化部、公安部、商务部、海关总署、国家质检总局、国家食品药品监管总局、中央网信办、国家邮政局
3	分享经济领域平台企业垄断行为的监管与防范	7月3日	国家发改委、中央网信办、工业和信息化部、人力资源和社会保障部、国家税务总局、国家工商总局、国家质检总局、国家统计局
4	食品安全谣言防控和治理	7月14日	国务院食品安全办、中宣部、工业和信息化部、公安部、农业部、国家卫生计生委、国家质检总局、国家新闻出版广电总局、国家食品药品监管总局、国家互联网信息办公室
5	"剑网2017"	7月25日	国家版权局、国家互联网信息办公室、工业和信息化部、公安部
6	网络产品和服务隐私条款专项工作	7月28日	国家互联网信息办公室、工业和信息化部、公安部、国家标准化管理委员会

（三）行政执法能力不断提升

近年来，互联网行业经历了自媒体、网络直播、短视频等新的传播形态的轮番冲击，违法和不良信息频繁出现。百度"魏则西事件""徐玉玉案"，快手平台"伪公益""罗一笑"事件，直播平台"黄鳝门"等一系列典型案件引起社会对互联网治理的强烈诉求。在这一背景下，以网信办为主体的政府部门对互联网行业采取了较严格的监管措施，行政执法力度不断加大。

1. 程序规范化建设奠定执法基础

2017年颁行的《互联网信息内容管理行政执法程序规定》首先明确了互联网信息内容管理的执法主体和范围，确立了执法督查制度和执法人员持证上岗制度；其次，以行政执法程序为主线，对管辖、立案、调查取证、听证约谈、处罚决定与送达、执行与结案等各个环节的执法规范做出全面细致的规定。最后，还对工作流程中的文本资料进行了规范，提供了确定的格式文本。①《互联网新闻信息服务许可管理实施细则》也详细规定了互联网新闻信息服务行政许可程序，如申请条件、申请材料目录、受理与审核程序等。这些行政法规为互联网信息执法队伍建设提供了政策保障，奠定了网信部门执法活动的合法性基础。

2. 工作系统化提升执法效率

各级网信办形成完整的执法体系，能够充分调动各种执法手段，实现了工作的系统化。据国家网信办官网披露，自 2016 年以来全国网信系统综合使用了约谈、警告、取消网站许可或备案、关闭网站（会同通信主管部门）、移送司法机关、责令网站关闭账号群组等执法手段（见表 3）。通过对比可见，2017 年约谈网站数量明显上升，仅两个季度数量合计就达 765 家，超过 2016 年全年。2017 年取消网站许可或备案、关闭违法网站数量更是大幅上升，仅二季度处理数量就超过 2016 年全年。这表明网信部门执法效率明显提升。

表 3 全国网信系统行政执法情况

执法措施	2016 年[a]	2017 年一季度[b]	2017 年二季度[c]
约谈违规违法网站（家）	678	322	443
警告违法网站（家）	未披露	90	172
取消许可/备案或关闭网站（家）	3467	1232	3918
向司法机关移送案件线索（件）	5604	493	316
关闭违法违规账号群组（个）	506 万	139 万	81 万

注：a 中国网信网：《严执法形成震慑 抓规范固本强基》，http：//www.cac.gov.cn/2017-01/20/c_1120352553.htm，2017 年 1 月 20 日。

b 中国网信网：《一季度全国网信系统持续加大行政执法工作力度》，http：//www.cac.gov.cn/2017-04/26/c_1120875230.htm，2017 年 4 月 26 日。

c 中国网信网：《二季度全国网信系统行政执法工作取得新进展》，http：//www.cac.gov.cn/2017-07/22/c_1121363416.htm，2017 年 7 月 22 日。

3. 约谈常规化增强执法效果

国家网信办于 2015 年 4 月 28 日发布《互联网新闻信息服务单位约谈工作

---

① 国家互联网信息办公室：《互联网信息内容管理行政执法程序规定》，http：//www.cac.gov.cn/2017-05/02/c_1120902931.htm，2017 年 5 月 2 日。

规定》①(简称"约谈十条"),并于当年6月1日起实施。该规定提出当互联网新闻信息服务单位存在破坏网络新闻信息传播秩序,侵犯公共利益的违法、违规行为时,除了依法处罚之外,还将约见其相关负责人,进行警示谈话、指出问题、责令整改纠正。"约谈十条"发布以来,各级网信办均积极使用约谈方式来督导、促进网络管理,取得了较好效果(见表4),约谈现已成为互联网监管的常规化手段。

表4 2017年重要约谈事件*

约谈网站	约谈目的	执法部门	约谈时间
今日头条	整顿《头条问答》栏目低俗、庸俗话题讨论	北京市网信办	1月6日
熊猫直播、全民直播	整治违反社会公序良俗的低俗色情内容	上海市网信办	2月21日
链家、我爱我家、房天下、爱屋吉屋、家园、新浪乐居、搜狐焦点房地产、腾讯房产、网易房产、赶集、安居客、58同城、房多多、侃家、好屋中国等	审查房源信息,限期撤下违规发布的房屋销售、房屋租赁信息	北京市网信办	4月11日
百度	严厉批评并责令整改百度贴吧发布严重违法和不良信息现象	北京市网信办	3月12日
新浪、网易、凤凰、腾讯等	停止互联网直播中违规提供互联网新闻信息服务违法行为,关停违规功能,限期整改	北京市网信办	5月8日
微博、今日头条、腾讯、一点资讯、优酷、网易、百度等	责令网站遏制炒作明星、低俗媚俗之风等问题	北京市网信办	6月7日
搜狐、网易、凤凰、腾讯、百度、今日头条、一点资讯等	整治清理自媒体平台存在的"八大乱象"	北京市网信办	7月18日

资料来源:根据公开新闻报道整理。

---

① 国家互联网信息办公室:《互联网新闻信息服务单位约谈工作规定》,http://www.cac.gov.cn/2015-04/28/c_1115112600.htm,2015年5月2日。

三 水平分化：新媒体社会责任实践发生新走向

不同新媒体在主体形态、用户覆盖范围、内容载体、运营资金来源等方面存在差异，这必然导致它们在社会责任的履行方面面临不同的情境，承受不同的压力，最终将导致履责水平表现出差异。本报告通过立意抽样的方法，抽取了 7 种形态共 57 个样本的新媒体，采用新媒体社会责任评价指标体系对其社会责任履行情况进行量化考察，通过统计分析比较其水平差异。

（一）样本社会责任水平概览

如表 5 所示，在所有形态的样本新媒体中，社会责任总得分均值最高的是新闻网站，其次是媒体微博账号，搜索引擎位于第三位，而游戏网站的得分最低，且与其他类型的新媒体差距较大。新闻类新媒体的功能属性与社会责任指标体系中的各指标较为契合，是其评分较高的重要原因。相比较而言，游戏网站主要功能是提供娱乐，媒体功能不是其主要属性则是导致此类网站评分较低的原因。

表 5　样本社会责任总分描述统计

社会责任总分								
	N	均值	标准差	标准误	95% 置信区间		极小值	极大值
					下限	上限		
新闻网站	10	3.891029	.2584083	.0817159	3.706175	4.075883	3.5925	4.2876
媒体微博账号	8	3.607025	.5317329	.1879960	3.162485	4.051565	3.0622	4.4158
视频网站	8	2.532650	.3388996	.1198191	2.249323	2.815977	2.1685	3.2908
游戏网站	9	.010856	.0019768	.0006589	.009336	.012375	.0085	.0142
媒体微信公众号	8	3.223563	.1470470	.0519890	3.100628	3.346497	3.0767	3.5217
政务微信公众号	8	3.113375	.0857042	.0303010	3.041725	3.185025	3.0500	3.3067
搜索引擎	6	3.252167	.2587587	.1056378	2.980616	3.523717	2.9446	3.5189
总数	57	2.777788	1.3027491	.1725533	2.432122	3.123453	.0085	4.4158

（二）不同形态新媒体社会责任水平存在显著差异

通过使用 Tamhane's T2 非参数检验的方法对不同形态的新媒体社会责任水平进行两两比较分析（见表 6），我们发现新闻网站、媒体微博账号、媒体微信

表6　不同形态新媒体社会责任水平多重比较

(I)类型	(J)类型	均值差(I-J)	标准误	显著性	95%置信区间	
					下限	上限
新闻网站	媒体微博账号	.2840041	.2049877	.990	-.549977	1.117985
	视频网站	1.3583791*	.1450314	.000	.813551	1.903207
	游戏网站	3.8801736*	.0817185	.000	3.540057	4.220291
	媒体微信公众号	.6674666*	.0968521	.000	.313781	1.021152
	政务微信公众号	.7776541*	.0871529	.000	.440040	1.115268
	搜索引擎	.6388625*	.1335546	.013	.112099	1.165626
媒体微博账号	新闻网站	-.2840041	.2049877	.990	-1.117985	.549977
	视频网站	1.0743750*	.2229329	.009	.220639	1.928111
	游戏网站	3.5961694*	.1879971	.000	2.728511	4.463828
	媒体微信公众号	.3834625	.1950521	.844	-.462611	1.229536
	政务微信公众号	.4936500	.1904222	.519	-.364859	1.352159
	搜索引擎	.3548583	.2156428	.945	-.496150	1.205866
视频网站	新闻网站	-1.3583791*	.1450314	.000	-1.903207	-.813551
	媒体微博账号	-1.0743750*	.2229329	.009	-1.928111	-.220639
	游戏网站	2.5217944*	.1198209	.000	1.968797	3.074792
	媒体微信公众号	-.6909125*	.1306119	.009	-1.223789	-.158036
	政务微信公众号	-.5807250*	.1235911	.033	-1.121568	-.039882
	搜索引擎	-.7195167*	.1597372	.015	-1.329979	-.109054

社会责任总分

续表

社会责任总分

(I) 类型	(J) 类型	均值差 (I-J)	标准误	显著性	95% 置信区间	
					下限	上限
游戏网站	新闻网站	-3.8801736*	.0817185	.000	-4.220291	-3.540057
	媒体微博账号	-3.5961694*	.1879971	.000	-4.463828	-2.728511
	视频网站	-2.5217944*	.1198209	.000	-3.074792	-1.968797
	媒体微信公众号	-3.2127069*	.0519931	.000	-3.452636	-2.972778
	政务微信公众号	-3.1025194*	.0303082	.000	-3.242339	-2.962700
	搜索引擎	-3.2413111*	.1056399	.000	-3.836594	-2.646028
媒体微信公众号	新闻网站	-.6674666	.0968521	.000	-1.021152	-.313781
	媒体微博账号	-.3834625	.1950521	.844	-1.229536	.462611
	视频网站	.6909125*	.1306119	.009	.158036	1.223789
	游戏网站	3.2127069*	.0519931	.000	2.972778	3.452636
	政务微信公众号	.1101875	.0601748	.873	-.123500	.343875
	搜索引擎	-.0286042	.1177378	1.000	-.558083	.500875
政务微信公众号	新闻网站	-.7776541*	.0871529	.000	-1.115268	-.440040
	媒体微博账号	-.4936500	.1904222	.519	-1.352159	.364859
	视频网站	.5807250*	.1235911	.033	.039882	1.121568
	游戏网站	3.1025194*	.0303082	.000	2.962700	3.242339
	媒体微信公众号	-.1101875	.0601748	.873	-.343875	.123500
	搜索引擎	-.1387917	.1098977	.998	-.698338	.420754
搜索引擎	新闻网站	-.6388625*	.1335546	.013	-1.165626	-.112099
	媒体微博账号	-.3548583	.2156428	.945	-1.205866	.496150
	视频网站	.7195167*	.1597372	.015	.109054	1.329979
	游戏网站	3.2413111*	.1056399	.000	2.646028	3.836594
	媒体微信公众号	.0286042	.1177378	1.000	-.500875	.558083
	政务微信公众号	.1387917	.1098977	.998	-.420754	.698338

注：* 均值差的显著性水平为 0.05。

公众号、政务微信公众号、搜索引擎的社会责任水平相当，在所有形态的新媒体中处于最高位置，视频网站其次，而游戏网站社会责任得分最低。说明新闻类新媒体因为其专业伦理和规范的约束，社会责任履行状况占优。搜索引擎跟新闻类新媒体水平差异不显著，这跟其搜索算法对新闻类来源的偏重相关，新闻类内容被赋予较高权重，在搜索结果中呈现处于优先排列的位置。

（三）资金来源不同的新媒体社会责任水平存在显著差异

新媒体资金来源不同，运营的目标要求则不同。现有新媒体的资金来源主要有三种类型。第一种是公有资本以投资入股方式注资；第二种是由非公资本以投资入股方式注资；第三种则是不作为市场经济主体的一些单位由政府直接拨款。一般来说，公有资本兼顾商业利益但更重视社会效益，而非公资本则更重视利润，政府拨款则只考虑社会效益和公共利益，没有商业诉求。由此，我们判断，基于三种不同的资金来源，新媒体社会责任诉求会有所区别。

通过使用 Tamhane's T2 非参数检验的方法进行两两比较（见表7），我们发现公有资本控制的新媒体社会责任水平最高，其次则是政府拨款支持的新媒体，而非公资本控制的新媒体得分最低。由此可见，公有资本既追求社会效益又兼顾商业利益反而最能保障其社会责任的履行。

表7　不同资金来源新媒体社会责任水平多重比较

(I)资本类型	(J)资本类型	社会责任总分			95% 置信区间	
		均值差(I－J)	标准误	显著性	下限	上限
公有	非公有	1.9312711*	.3328310	.000	1.074698	2.787844
	政府拨款	.4373104*	.0939527	.000	.200611	.674010
非公有	公有	－1.9312711*	.3328310	.000	－2.787844	－1.074698
	政府拨款	－1.4939607*	.3221579	.000	－2.331781	－.656140
政府拨款	公有	－.4373104*	.0939527	.000	－.674010	－.200611
	非公有	1.4939607*	.3221579	.000	.656140	2.331781

注：*均值差的显著性水平为0.05。

（四）覆盖范围不同的新媒体社会责任水平存在显著差异

不同新媒体目标受众的范围有所不同，有的以本地受众为服务对象，有的则面向全国受众进行信息传播。一般而言，地方性新媒体更注重本地化生活服务功能，在协调关系方面占据优势，同时也对本地文化有较充分的反应；但其偏重信息内容的接近性、趣味性和娱乐性，而全面、深度、权威性不足，属地管理的原则也导致开展社会监督易受当地政府部门干涉。因此我们判断地方性新媒体在文化教育和协调关系方面占据优势，而在信息生产和社会监督方面处于劣势。通过使用 Mann-Whitney U 检验对全国性和地方性新媒体进行比较分析，结果发现二者社会责任得分存在显著差异（$p<0.05$，见表8）。通过均值比较可见，地方性新媒体样本的社会责任水平在各个指标上都优于全国性新媒体样本（见表9），这在一定程度上推翻了我们的假设，说明地方性新媒体在信息生产和社会监督方面也有较好表现。

表8　覆盖范围检验统计量*

	社会责任总分
Mann-Whitney U	237.000
Wilcoxon W	832.000
Z	-2.505
渐近显著性（双侧）	.012

注：*分组变量。

表9　不同覆盖范围新媒体社会责任各指标均值比较

覆盖范围		信息生产	社会监督	文化教育	协调关系	社会责任总分
地方	均值	3.174380	1.035801	1.719332	1.445809	3.416513
	N	23	23	23	23	23
全国	均值	1.919429	.522759	.693253	.559447	2.345709
	N	34	34	34	34	34
总计	均值	2.425813	.729776	1.107285	.917102	2.777788
	N	57	57	57	57	57

在新技术的推动下，新媒体行业的整体发展迅速，新媒体生态构成日益多元化、复杂化。不同类型的新媒体作为生态系统中的主体面对竞争采取着各自不同的生存策略，在社会责任的各个维度上表现出不同特点，引发的新问题与新状况也各不相同。对其治理则应立足于分辨这些差异，做到有的放矢。

评 价 篇

The Evaluation Part

B.2 传统媒体微博社会责任及其评价

陈然 刘洋*

摘　要： 本报告聚焦传统媒体转型过程中的社会责任问题，选取8家高影响力的报纸微博作为观测对象，对其社会责任进行实证评估。研究发现，传统媒体微博履行社会责任情况整体较好，四个责任维度的履行情况从好到差依次为：信息生产、协调关系、社会监督、文化教育。《人民日报》官方微博履行社会责任情况最好。部分传统媒体微博内容同质化现象较为严重，信息内容呈现较明显的"负面议题偏好"和娱乐化取

---

* 陈然，传播学博士，黄冈师范学院新闻与传播学院副教授，主要研究方向为新媒体传播；刘洋，湖北省网络文化协会秘书处。
本报告为教育部人文社会科学研究青年项目"政务微博传播效果的评估体系与提升策略研究"（项目编号：14YJC860002）、湖北省教育厅人文社科项目"中国地方政务微博传播效果评估研究——基础理论、测评方法与实证分析"（项目编号：16Q260）、黄冈师范学院高级别培育项目（项目编号：201617303）、博士后第8批特别资助项目"社交媒体意见领袖社会责任的实证研究"（项目编号：2015T80786）、湖北大学研究生案例库建设项目"大数据背景下网络舆情与意见领袖案例库"（项目编号：520 - 150270）阶段性成果。

向，传播活动止步于单纯的信息告知，缺乏深入挖掘与观点呈现。作为专业的信息供给机构，传统媒体微博应增强内容独创性，保障信息能见度，注意新闻"度"的把握，优化内容品质，注重信息挖掘与深度解读，提高舆论引导力。

关键词： 传统媒体　媒体微博　社会责任

伴随移动互联网与社交媒体的快速发展，中国的媒介生态与话语格局发生了深刻的改变，以报纸、电视为代表的传统媒体正经历着一场生死存亡的考验，争相布局新媒体、实现新媒体转型成为各类传统媒体不约而同地选择。在传统媒体转型的众多路径中，媒体微博作为"平台进驻转型"的早期代表，在信息生产与平台运营方面已积累了较多的经验，部分媒体微博借助自身的传统优势与媒介资源，成为微博场域极具影响力的话语权力中心。与此同时，面对微博宽松的信息审核机制与激烈的话语争夺现实，传统媒体的职业道德与责任意识受到侵蚀，信息传播过程中社会责任缺失现象时有发生。本报告将媒体微博作为切入点，聚焦传统媒体转型进程中的责任承担问题，尝试对传统媒体微博的社会责任履行现状进行实证评估，并针对传播过程中存在的失责表现提出相应的对策建议。

一　理论基础

作为现代社会主要的信息提供者，大众传媒的社会责任与生俱来。郑保卫（2010）指出，各国新闻界对媒体社会责任的共同诉求包括：真实而公正地报道和评述新闻、维护社会公共利益、维护国家安全和社会政治稳定、维护公民合法权益、发挥社会监督作用、传播积极健康有益的社会公共文化等。今天，与传统媒体时代专业媒体垄断信息生产格局不同，移动互联网与社交媒体带来的技术民主塑造了一个开放多元的传播生态，自媒体开始蓬勃发展，网络意见领袖地位逐步提升，网络空间的"关系赋权"打破了传统媒体的话语垄断。另外，信息的实时生产与碎片化呈现又使公众极易陷入信息的汪洋大海而无所适从。面对信息泛滥与话语分权的网络传播环境,作为微博场域内传统媒体的代表,传统媒体微博应承担怎样的社会责任?有学者强调,社交媒体语境下,传统媒体应比以往任何时候都坚守作为专业化媒介机构的职业道德与社会责任,包括新闻报道时的事实甄别、背景解读与独立判断等(金叶,2015)。实际上,目前围绕媒体微博社会责任的探讨普遍延续了对传统媒体的责任诉求,包括要求媒体微博坚守新闻报道的真实客观公正、正确反映和引导舆论、积极开展舆论监督,传播优秀健康文化等(邢勇,2012;陈昌凤,2013等)。与大多数学者将传统媒体在前网络时代的责任要素直接移植到新媒体语境不同,童兵、樊亚平(2014)注意到转型期中国社会环境和媒体环境的变化赋予传统媒体的新使命,指出转型时代传统媒体最重要的转型是从"信息提供者"向"问题求解者"的转型,认为"做问题的求解者"是传统媒体发挥其对社会发展的推动、主动肩负时代与历史赋予的责任的必然要求,这一过程包括敏锐发现社会问题、利用渠道呈现问题、设置议题引发讨论和形成合意消弭裂痕。本报告认为,尽管传统媒体微博依托的物质载体发生了变化,但受众对其专业化媒介机构的角色认知并未改变,作为传统媒体在微博场域的延伸,传统媒体微博肩负的社会责任与其母媒体一脉相承,理应承担作为大众传播者的社会责任,只是这种责任在新媒体语境下被赋予了更多更新的含义,我们不应脱离微博特殊的传播情境去简单地理解传统媒体微博的责任要素。转型过程中,传统媒体打造的众多渠道与平台在社会责任承担方面应根据自身的传播特点有所侧重,彼此相辅相成,共同完成媒体的责任使命。

二 研究设计

大众传播媒介是信息环境的主要营造者,发挥着重要的社会功能。早在1959年,美国学者赖特就在拉斯韦尔三功能说的基础上提出大众传播的四项基本功能,包括"环境监视"、"解释与规定"、"社会化功能"和"提供娱乐",认为大众传播在警戒外来威胁、满足社会常规性活动信息需要、传播知识价值以及行为规范、满足人们的精神生活需要等方面发挥着重要的作用。本报告认为,媒体本质功能的正常发挥是传媒机构履行社会责任的基本要求,对传统媒体微博社会责任构成要素的探讨应围绕大众传播的社会功能展开。因此，本报告从传统媒体微博作为大众传播媒介的角色身份出发，基于大众传播的社会功能构建媒体微博社会责任评估指标体系，并对2017年我国传统媒体微博的社会责任履行情况进行评估，在此基础上针对已有的失责表现提出相应的对策建议。

（一）媒体微博社会责任评价体系构建

根据前期文献综述以及专家访谈结果，结合微博特殊的传播情境，本报告从"信息生产"、"社会监督"、"文化教育"和"协调关系"四个功能维度探讨传统媒体微博的社会责任。其中，"信息生产"维度强调传统媒体微博作为信息采集、选择、加工和传播的专业组织在满足社会普遍信息需求方面的社会责任，包括确保新闻报道与信息传播的真实性、权威性、时效性、全面性、原创性、客观性、深度性以及为保障信息传播质量而实施的"流程控制"。"社会监督"维度的责任源于大众传媒信息传播活动的公开性和公共性特征。拥有"社会规范强制"功能的大众传播媒介，有责任也有能力代表社会和公众对政府和社会不良现象进行监督，有义务将偏离社会规范和公共道德的行为与个人公之于世，唤起社会普遍的关注与谴责，促进社会良性发展。"文化教育"维度的社会责任主要考察传统媒体微博在传播知识、价值以及行为规范方面的责任承担。作为微博场域内长期从事信息生产与传播的专业化媒介组织，传统媒体微博有责任为受众提供高品位、优质和健康的信息产品，引导和提升受众品位，同时确保优秀的知识和文化得以传承。此外，"协调关系"是大众传播的一项主要功能，作为微博场域内的大众传媒机构，传统媒体微博理应发挥联络、沟通和协调社会关系的功能。

最终，根据微博空间的信息传播特点以及传统媒体在微博场域的传播实践，依托统一的新媒体社会责任评价体系，本报告构建出由上述四项责任要素构成一级指标、下设11个二级指标和36个三级指标的媒体微博社会责任评价体系。

（二）研究对象的确定

尽管微博平台是各类传统媒体转型过程中的必争之地，但各类传统媒体对其官方微博的功能定位却不尽相同。与多数广播电视机构将媒体微博打造成内容营销平台不同,面对纸质报刊受众逐年减少的残酷现实,报纸媒体大多将微博平台视为内容发布的全新渠道以适应受众的网络阅读需求。与其他类型传统媒体微博相比,报纸微博作为"专业新闻媒体"的职业身份最为突出,多以报道新闻和传播知识为主要任务。本报告以报纸微博作为具体研究对象,将新浪微博作为观测平台,基于账号影响力和地域属性的双重考虑,选取《人民日报》《成都商报》《华西都市报》《新京报》《齐鲁晚报》《楚天都市报》《新闻晨报》《南方都市报》八家报纸的官方微博作为评估对象。

(三)样本的选取与评价方法

评价体系相关指标的测量主要采用内容分析法、关键词搜索和人工读网核实法。其中,"信息生产"维度的指标测量主要采用内容分析法,选取8家媒体微博2017年4月16日至4月18日期间发布的全部微博信息(共813篇微博)作为分析样本,内容分析由两名经过统一培训的编码员独立完成编码工作,各变量的编码信度均值为88%,对于编码员之间存在分歧的项目,通过共同讨论确定最后的编码。"社会监督""文化教育"和"协调关系"维度的指标测量则以关键词搜索为主,辅以人工读网核实法,数据采集时间限定为2017年1月1日至4月30日期间。由于评价体系中各指标的实际测量单位并不一致,本报告还需要对数据做归一化处理,将每项三级指标中值最大的数据作为基准,赋值为5,其他数据按比例计算得分,取值在0~5。具体计算方法为:三级指标得分=三级指标具体数值/该三级指标中的最大值×5。最后,根据评价体系中各级指标的权重计算出各二级指标和一级指标的得分以及微博账号的社会责任综合评价得分。

三 研究发现

对8家传统媒体微博2017年度履行媒体社会责任情况进行评估,结果显示,传统媒体微博履行社会责任情况整体较好,8个微博账号社会责任综合评价得分均值为3.6070分(5分为满分),平均得分率达到72.14%。从单个媒体的得分情况看,8家媒体微博在履行社会责任方面未出现两极分化现象,社会责任综合评价得分率(得分/满分)均超过60%。其中,《人民日报》官方微博履行社会责任情况最好,综合评价得分达到 4.4158 分,得分率为 88.32%,其次是《新京报》官方微博,综合评价得分为 4.3597 分,得分率达到 87.19%,而得分最低的《楚天都市报》官方微博的综合评价得分也有 3.0622 分,达到满分的 61.24%。从 8 家传统媒体微博社会责任综合评价得分情况看出,随着社会各界对媒体责任的日趋重视,作为专业的新闻供给机构,传统媒体在转型过程中已经意识到自身在"反权威"、"弱把关"的网络空间的责任与价值,在信息生产与传播过程中能够较主动地承担相应的媒体责任与义务。8 家传统媒体微博社会责任综合评价得分以及四个责任维度的得分情况如表 1 所示。

表 1 媒体微博社会责任综合评价

微博账号	信息生产	社会监督	文化教育	协调关系	总分
人民日报	2.5523	1.0106	0.4625	0.3904	4.4158
新京报	2.4121	1.2496	0.2759	0.4221	4.3597
成都商报	2.3629	0.7358	0.2587	0.3914	3.7487
新闻晨报	2.3912	0.5407	0.2563	0.3868	3.5750
齐鲁晚报	2.2842	0.4668	0.1866	0.3535	3.2912
华西都市报	2.3035	0.4599	0.1804	0.3370	3.2807
南方都市报	2.2462	0.4189	0.1316	0.3263	3.1229
楚天都市报	2.1727	0.3663	0.1780	0.3451	3.0622

本报告进一步对传统媒体微博在社会责任各个维度的具体表现进行考察。根据 8 家媒体微博在 4 个一级指标的平均得分率情况可知,传统媒体微博在四个责任维度的履行情况从好到差依次为:信息生产、协调关系、社会监督、文化教育。8 家媒体微博四个责任维度的得分均值与满分的对比情况具体见表 2。图 1 为 8 家媒体微博在 4 个一级指标的平均得分率情况。

表 2 媒体微博一级指标得分与满分对比

	最小值	最大值	均值	标准差	理想满分
信息生产	2.1727	2.5523	2.3406	0.1088	2.6430
社会监督	0.3663	1.2496	0.6561	0.2984	1.3775
文化教育	0.1316	0.4625	0.2412	0.0958	0.5185
协调关系	0.3263	0.4221	0.3691	0.0311	0.4610

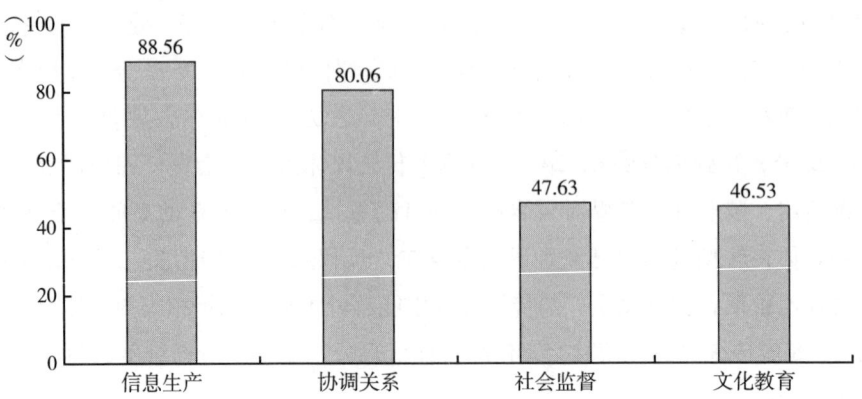

图1　媒体微博一级指标平均得分率

（一）"信息生产"维度的责任评估

作为有着长期新闻报道与信息产制经验的专业传媒机构，传统媒体微博对信息传播的质量与流程的控制最为重视，8家媒体微博在"信息生产"维度的责任承担情况最佳，该项一级指标的平均得分率达到88.56%，且各家媒体微博的表现相差不大，其中得分最高的《人民日报》微博在该项指标的得分率为96.57%，而得分最低的媒体微博此项得分率也有82.21%。对"信息生产"维度下各项三级指标得分情况做进一步分析发现，传统媒体微博在信息生产过程中都有较强的"信息把关"、"广告控制"和"侵权控制"意识，8家媒体微博在坚持新闻报道和信息传播的"真实"、"时效"与"客观"方面整体表现良好，但在坚持"原创"、"全面"、"权威"和"深度"方面差异较大。真实是新闻的生命，时效是新闻信息赖以存在的前提。网络空间，"时效"正成为支配新闻场域的一种权力。确保信息传播的真实性与时效性既是传统媒体在微博场域生存发展的需要，也是其进行信息传播活动时必须遵守的基本规范。作为长期从事新闻产制活动的专业媒体，传统媒体微博深知"真实"与"时效"对社会以及媒体自身发展的重要性。813个微博观察样本中，8家媒体微博未出现任何失实报道，除《南方都市报》官方微博每日发布的信息量较少外，其他7家媒体微博日均发布微博数都在30~45条。此外，作为"平台进驻转型"的早期代表，传统媒体微博早已熟知网络空间的生存规则，无论是出于规避法律风险的考虑，还是保证内容客观性的需要，8家媒体微博在信息生产过程中都非常注重对消息来源的交代。样本信息中，交代消息来源的比例均值达到81%。

如果说媒体微博对信息传播的真实性、时效性和客观性的坚持体现了其对新闻专业主义理念的坚守，那么媒体微博对信息传播的"原创"、"权威"、"全面"和"深度"的追求则更能体现其作为专业媒体的责任担当。作为微博空间的专业新闻生产机构，媒体微博有责任满足受众的信息过滤需求，通过内容的专业性把关与多源头选择向受众提供权威、全面且有深度的新闻报道与信息。然而，从指标得分情况看，部分媒体微博在"原创"、"权威"、"全面"、"深度"四个方面的责任履行能力有待加强。8家媒体微博中，5家媒体微博的内容原创率不足40%，2家媒体微博采用权威信源比例不足40%，4家媒体微博采用长微博、文字图片或外部链接的比例不足30%。全面性方面，仅《人民日报》微博责任承担情况较好，在新闻报道与资讯提供过程中注意通过多信源来提高信息的全面性。

（二）"社会监督"维度的责任评估

对有着足够采访权和报道权的媒介组织而言，其所拥有的采访权和报道权是公众赋予的一种"权利"，这种"权利"同时也要求它在新闻报道和信息传播过程中服务于公众利益。"发挥社会监督作用，做社会的捍卫者"是世界各国新闻界对媒体责任的共同诉求，媒体的这一社会责任延续到微博空间，成为传统媒体微博责任要素的重要组成部分。传统媒体微博理应承担"社会监督"的责任，利用媒介技术带来的便利，对政府、社会不良现象、违法违规和违反社会公共道德者进行监督。然而从一级指标的得分情况看，传统媒体微博在"社会监督"维度的责任履行情况整体较差，8家媒体微博在该项平均得分仅有0.6561分，平均得分率仅为47.63%，不足满分的一半。对单个媒体微博的得分情况进行分析发现，8家媒体微博"社会监督"维度的责任承担情况差异很大，其中，《新京报》官方微博和《人民日报》官方微博较好地发挥了社会监督的作用，此项一级指标的得分率均超过了70%，而另有5家媒体微博在此项一级指标的得分率不足40%。

本报告主要从"社会风险"、"国家治理"、"行为失范"和"其他现象"

四个方面对媒体微博履行社会监督的责任进行评估，对"社会监督"类议题的具体类型分布情况做进一步分析发现，2017年1月至4月期间，8家媒体微博共发布了1332则涉及"社会监督"类议题的微博信息，1332则微博信息中，"社会风险"类议题最受传统媒体微博的偏爱，比例高达46.10%，其次是有关"司法公正"、"政府管理"和"涉外关系"的"国家治理"类议题，比例为37.16%，而针对"其他现象"和"行为失范"的"监督"类议题分别仅占11.94%和4.8%。从占比情况看，传统媒体微博在新闻报道过程中对"监督"类议题的偏好程度从高到低依次为：社会风险、国家治理、其他现象和行为失范。四类"社会监督"类议题的分布情况具体如图2所示。媒体微博之所以最为偏爱"社会风险"类议题，一是源于"社会风险"类议题具有的新闻接近性，二是源于媒体微博自身的风险规避意识。与"国家治理"、"行为失范"和"其他现象"三类议题相比，涉及"生产事故"、"环境污染"、"食品安全"、"校园事故"和"交通事故"等内容的"社会风险"类议题与民众生活联系更为紧密，更能引起受众关注，因而更具新闻报道价值。此外，与其他三类议题相比，围绕"社会风险"类议题的新闻报道承担的政治风险和法律风险相对较低。在"受众兴趣"导向和安全生产

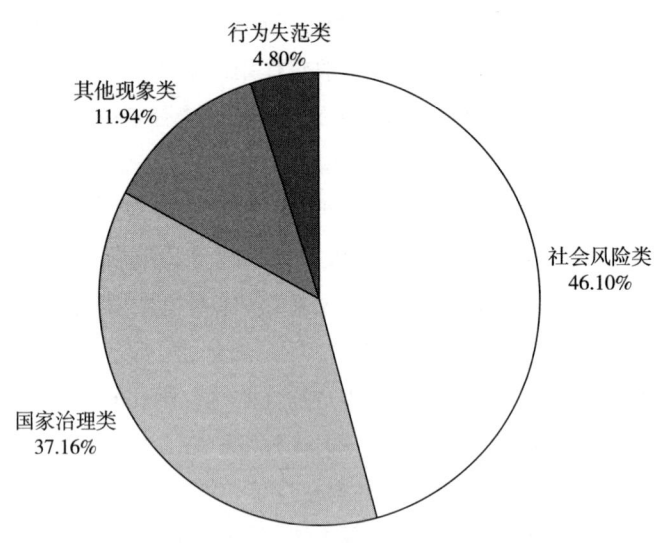

图2　四类"社会监督"类议题具体分布情况

策略的双重影响下，传统媒体微博在发挥"社会监督"作用时更多聚焦"社会风险"类议题。

（三）"文化教育"维度的责任评估

微博场域，价值观念的碰撞异常激烈，平台的开放性给多元文化的传播提供了沃土，传统文化与民族文化遭遇到前所未有的冲击。面对复杂多元的信息环境，提供社会共识、传承优秀文化以及提供健康娱乐成为传统媒体微博的主要责任。本报告从"塑造共识"、"文化传承"和"提供娱乐"三个方面综合考察传统媒体微博"文化教育"维度的社会责任。从一级指标得分情况看，传统媒体微博在"文化教育"维度的责任承担情况并不理想，8家媒体微博在该项一级指标的平均得分仅有0.2412分，平均得分率仅为46.53%，且各家媒体微博的具体表现不一。其中，《人民日报》官方微博在"文化教育"维度的责任履行情况最好，信息传播过程中能够主动承担塑造共识与传承文化的媒体责任，善于利用多媒体手段为广大受众提供高品质的资讯和信息，积极传播中国的传统文化、民俗文化与红色文化，《人民日报》官方微博在"文化教育"维度的得分率达到89.20%，其次是《新京报》官方微博，得分率为53.21%，其余6家传统媒体微博该项一级指标的得分率均不足50%。对"文化教育"指标下3个二级指标的得分情况做进一步分析发现，8家媒体微博在"提供娱乐"维度的责任承担情况普遍较好，但在"塑造共识"和"文化传承"方面差异较大。塑造共识方面，《人民日报》官方微博表现最佳，该二级指标的得分率高达85.95%，而4家媒体微博的得分率不足40%；文化传承方面，同样是《人民日报》官方微博责任履行能力最强，得分率高达91.54%，5家媒体微博的得分率不足30%。传统媒体微博在"文化教育"维度的责任缺失部分源于信息产制过程中以"受众兴趣"为主导的信息把关原则。

（四）"协调关系"维度的责任评估

转型期的当下中国，伴随利益关系的调整与社会结构的变动，不同利益群体之间的协调与沟通显得尤为重要。作为微博空间的主流媒体，传统媒体微博有责任通过"线上沟通"与"线下活动"引导和协调社会成员之间的关系，弥合不同群体之间的分歧，充当社会的协调者和平衡者；同时也应借助微博平台的互动优势,将媒体微博打造成公共讨论的载体,吸引民众关心国家大事、参与社会公共事务的讨论。从指标得分情况看,传统媒体微博在"协调关系"维度的责任履行情况整体处于良好水平,8家媒体微博在该项一级指标的得分均值为0.3691分,平均得分率达到80.06%,且各个媒体微博之间差距不大。其中,《人民日报》、《新京报》、《成都商报》和《新闻晨报》四家报纸媒体的官方微博在此项的得分率均超过80%,而余下4家媒体微博在此项的得分率也不低于70%。对8家媒体微博在"协调关系"方面的具体表现进行分析发现,经过多年的发展,传统媒体微博早已非常熟悉微博空间信息传播的规律,善于利用图片、视频、链接等多种方式立体化呈现信息,通过对"视觉化呈现"的强调来提高信息的传播率和到达率。8家媒体微博发布的813条信息样本中,无一例外都使用了图片或音视频来提高用户体验。同时,传统媒体微博也善于主动设置议题,组织网民讨论,2017年1月至4月,8家媒体微博通过发起投票、抛出问题的方式组织讨论的次数平均为35次,其中《成都商报》官方微博4个月内组织话题讨论的次数高达176次。此外,部分媒体微博还会主动将网友针对某一事件或问题的回复通过微博平台进行及时展现,拉近媒体与受众之间的距离。尽管8家媒体微博在"协调关系"维度的指标得分情况较佳,但部分媒体微博在发挥"社会联系与协调"功能时,存在话题设置浅薄化和用户体验形式化的问题。一方面,尽管传统媒体微博组织网民讨论的频次很高,但设置的讨论话题却呈现出娱乐化、浅薄化的特点,并未实在地引导网民对公共事务和社会问题进行讨论;另一方面,尽管图片已经成为传统媒体微博内容发布的标配,但媒体在进行图片配置时流于形式,图片与文字内容无关、严肃内容搭配低俗图片的现象时有发生。

四 对策与展望

通过对传统媒体微博社会责任的总体评价,研究发现,当前我国传统媒体微博履行社会责任情况整体较好,但存在的问题不容小觑。本报告从提高媒体微博社会责任履行能力的目的出发,针对责任缺失的具体表征提出以下解决思路。

（一）增强内容独创性，保障信息能见度

作为有着长期新闻产制经验的媒介组织，"信息生产"是传统媒体微博的优势所在。然而，内容分析结果显示，传统媒体微博在新闻报道与信息传播过程中内容同质化现象较为严重。尽管同质化内容并不会完全阻挡多元信息的呈现，但多数媒体微博对同一内容的重复报道会产生共鸣效应，影响公共信息的能见度，带来信息生态的失衡。传统媒体微博的内容同质化现象实质上是一种偏向性失实行为，主要受以下两方面因素的影响：其一，便捷的信息复制功能为媒体微博同质化内容的产制提供了便利。新媒体技术的发展使媒介组织之间新闻内容的相互撷取和复制变得极为简单，独家新闻变得越来越少，技术带来的便利助长了媒体微博信息生产的惰性。其二，怕漏心理作用下的相互参考行为。面对激烈的注意力之争，当独家新闻越来越无竞争优势时，怕漏新闻的心理促使媒体微博在新闻产制过程中越来越彼此观望和参考，尤其是对媒介意见领袖报道内容的跟随，导致媒体微博在多元竞争的背景下却生产出同构型极高的内容，媒体微博彼此间相互参考、接收共构的现象极为普遍。增强信息内容的独创性既是媒体微博自身发展的必需，也是其对社会和公众负责的表现。传统媒体微博应积极利用母媒体的信息资源，找准自身优势，进行差异化定位，提高信息内容的独创性，尽力保障公共信息的能见度。

（二）注意新闻"度"的把握，优化内容品质

信息爆炸的网络空间，注意力成为一种稀缺资源。当媒体微博将吸引受众注意力作为主要追求时，"受众兴趣"成为大多数媒体微博信息产制过程中内容取舍的标准，这种以"受众兴趣"为主导的信息把关导致大多数传统媒体微博的信息内容呈现出较明显的"负面议题偏好"和娱乐化取向。一方面，"受众兴趣"主导下，"负面性"成为影响传统媒体微博内容选择的重要因素。由于负面信息更容易引起人们的关注，更具有新闻报道价值，传统媒体微博对负面新闻的报道量与客观环境中的实际发生量和影响程度并不成正比，而过度的负面新闻与信息会使公众对真实的客观环境产生错误的认知，夸大社会矛盾和问题，不利于社会稳定。另一方面，以"受众兴趣"为主导

的信息把关带来传统媒体微博内容选择的娱乐化取向。内容分析结果显示，在传统媒体微博每日提供的资讯信息中，美食、健身、搞笑等软性内容占比非常大，真正具有新闻价值的内容较少，公众议题被忽视。此外，娱乐化取向还体现在无论是讨论话题的设置还是配图的选择，多数传统媒体微博都以娱乐性作为首要标准。

新闻报道的全面性要求媒体在充当"社会瞭望哨"时，不能片面地大量报道某类新闻，而对其他类新闻做淡化或隐匿处理。作为现代社会主要的信息提供者，传统媒体微博在信息传播过程中应注意新闻"度"的把握，保证其新闻报道在一段时间内能较准确地反映客观现实。另外，与网络空间的海量信息相比，传统媒体微博不管提供多少信息都只是沧海一粟。作为传统媒体在微博空间的延伸，传统媒体微博应该重视的不是"量"而是"质"，传统媒体微博应充分利用自身的内容生产优势，将优势转化为"亮点"，以"内容"取胜，重视新闻报道的深度，提高信息内容的品质。

（三）注重信息挖掘与深度解读，提高舆论引导力

身处信息超载的互联网空间，普通网民深陷信息疲劳，对相对开放、优质和结构化的信息秩序有着强烈的渴望，希望借助权威媒体的专业化过滤和深度解读来提高信息阅读的效率。然而，受微博空间浮躁心理与媒体安全生产策略的双重影响，当前传统媒体微博的传播活动多止步于单纯的信息告知，缺乏对问题原因的深入剖析，也缺少深度观点的呈现。除《人民日报》官方微博重视对热点事件和焦点问题进行舆论引导外，大部分媒体微博基本不针对热点事件或问题发表任何原创性的意见。大众传播不是单纯的告知活动，还应伴随着对事件的解释。信息传播过程中，传统媒体微博不仅需要通过信息的选择与加工将人们的视线引向特定的事件或问题，还应努力挖掘信息背后需要引起公众和政府重视的意义和内容，通过对信息背后意义的深入挖掘和全面呈现，主动设置议题，引发公众对问题的思考与讨论。此外，对需要社会关注的问题，传统媒体微博还应善于分析原因，敢于说出真相，通过社论、评论等形式直接表明立场与态度，为受众提供专业解读与权威观点，引导人们对重要的社会事件和问题形成正确的认知与判断。

参考文献

钟瑛主编《中国新媒体社会责任研究报告（2016）》，社会科学文献出版社，2016。

郑保卫：《论中外不同文化语境下的媒体责任观》，《西南民族大学学报》（人文社会科学版）2010年第1期。

童兵、樊亚平：《从信息提供者到问题求解者——转型时代传统媒体的角色转型》，《新闻记者》2014年第11期。

B.3
传媒与政务类微信公众号
社会责任及其评价

李亚玲*

摘　要： 本报告以华彩指数平台所监测的微信公众号数据为基础，选取传媒类和政务类微信公众号各15个，对其社会责任情况进行评价分析。数据结果显示，传媒类和政务类微信公众号均能较好地履行信息生产职能，文化教育功能也表现不俗，但是社会监督和协调关系的情况普遍不理想。其中，仅公、检、法专业媒体因其内容的指向性而能较好地实现社会监督职能，传媒和政务类微信公众号在国家治理、社会风险等公共议题上的关注显然不够。进而提出，如何在微信公众平台这一复杂的信息场域中积极发挥传媒与政务类公众号的舆论监督和舆论引导的作用。

关键词： 传媒　政务　微信公众号　社会责任

微信公众平台自2012年8月推出，历经近5年的发展，如今已经覆盖了近八成的微信用户群体，在平台上运营的公众号也超过千万。不仅媒体倾向于在微信公众平台上分发内容，越来越多的政府部门也更加注重运用微信公众平台进行政务信息传播。其实早在2014年，微信就与新华网合作开发智

---

* 李亚玲，中南民族大学文学与新闻传播学院，副教授，主攻新媒体及传播伦理研究方向。
本报告属于国家社科基金青年项目"政府对手机媒体内容管制的问题与对策研究（项目编号：11CXW038）"的后期成果。

慧政务入口平台，吸引了大量的政务自媒体入驻。借助微信及其公众平台的超高人气，这些媒体和政务的公众号实现了怎样的传播效果？本分论将运用传媒社会责任的评价体系来考察传媒与政务类微信公众号的传播现状和效果。

一　研究简况

微信公众平台的社会责任研究并不是目前国内学术研究的热点话题。以中国知网收录的学术期刊为例，用"微信""微信公众平台""社会责任""媒体责任"等关键词及其组合进行模糊检索，所得到的实际有参考价值的学术研究成果十分有限。综合来看，这些研究多是聚焦具体的问题进行分析和对策建议，如著作侵权问题，有人认为，由于法律先天的滞后性，微信传播过程中的权利不明确，行为缺乏规范，为此应该从法律事务层面入手，在传者主观目的、传播数量、传播作品性质及市场价值影响等多维度建立一个动态衡量机制（许忠德，2016）。还有更多的研究是关注微信在突发事件中的传播及舆论引导问题，有人通过案例分析对比微信与微博在突发公共事件中的传播特征发现，微信由于是点对点的强关系传播，较易形成议题意见并进而影响行动（黄宇，2016）。有人主张，微信平台应该利用自身优势，在突发事件中及时关注和发布权威部门的信息，让公众尽快了解实情并做出正确应对措施，促成政府与社会的良性互动（胡智斌、王贵平，2016）。

相较而言，政务微信则在近两年得到了较多的学术关注，自2014年起大量的学术研究论文开始涌现。虽然其中极少有人运用传媒社会责任的理论来研究政务微信，但是颇多的成果运用公共管理、传播学理论来探究政务微信的沟通现状及沟通机制，这与传媒社会责任所关注的信息生产、协调沟通是同一问题，其研究的理论工具和实证资料相对较为扎实。如有人运用哈贝马斯的沟通有效性理论分析指出，由于受个体因素和社会环境的影响，客观上造成了沟通各方的不平等，存在无法达成理解一致性的可能，甚至政府本身的传播行为存在一定的随意性，从而阻碍了政务微信的沟通效能，进而主张通过相关制度建设和提高传播主体能力等途径来提升政务微信的沟通效能（丁德光，2016）。有的学者运用技术接受模型，通过实证研究探测政务微信平台的互动性、精准

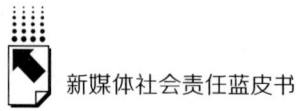

性等特征与用户感知之间的因果关联，发现呈现较强的相关关系，因而主张政务微信应当注重信息沟通与政务应用功能的结合，并考虑用户体验情境提高平台的易用性（夏保国、常亚平，2014）。

华中科技大学新闻与信息传播学院的钟瑛教授，近年来坚持在新媒体社会责任的学术研究和大数据监测功能开发领域深耕，取得了一系列显著的成果。2016年，由钟瑛教授主持的华科新媒体实验室与湖北睛彩视讯科技有限公司联合开发的华彩指数（http://www.jc-index.com/）上线，成为国内首个新媒体社会责任的大数据分析平台，目前该平台主要采集监测微信公众平台数据，能够提供新媒体社会责任指数的各级指标数据。2016年8月13日基于该平台数据所撰写的《湖北省微信公众号综合热度和社会责任发展报告》发布，该报告采集和筛选了2015年11月至2016年4月半年间，湖北省境内17个市州的1302个微信公众号数据，对其热度和社会责任情况进行了全面分析，该报告首次运用精准的大数据对湖北省的微信公众号社会责任指数进行评测排名，并且着重分析了传媒资讯类和政务管理类两类微信公众号的社会责任履行情况。以上研究成果构成了本分论研究的重要基础和参考。

二 研究设计

本分论的研究样本选取主要依托华彩指数平台所提供的传媒类和政务类微信公众号社会责任榜单，以近半年内即2016年8月至2017年1月，6个月的月榜TOP50数据为准绳，分别对传媒类和政务类微信公众号进行样本选择，具体情况如下：

首先，根据华彩指数平台的月榜数据，选择连续3~6个月上榜的微信公众号，对其近半年内的社会责任数据进行综合评价排名，得到一个半年榜单①。传媒类微信公众号近半年内上榜的总计109个，其中连续4~6个月②上榜的有35个，并增加了榜单上没有而2015年蓝皮书微信公众号社会责任研究中出现过的广州日报、都市快报、中国新闻周刊、三联生活周刊、央视财经和新闻哥6

---

① 榜单详细数据参见本蓝皮书的排名数据部分。
② 考虑与政务类榜单的数量均衡，传媒类微信公众号的数据选取以连续4个月上榜为起点。

个公众号,这样共计得到了41个传媒类微信公众号,根据其半年的社会责任数据综合评分制成传媒类微信公众号的半年榜单。政务类微信公众号近半年内上榜的总计136个,其中连续3~6个月上榜的有46个,根据其半年的社会责任数据综合评分制成政务类微信公众号的半年榜单。

其次,在新生成的半年榜单内进行抽样。将榜单排名前10位的微信公众号全部纳入分析样本,对其余的榜单公众号运用简单随机抽样选取5个也纳入分析样本,最终各得到传媒类和政务类微信公众号15个作为本分论的分析样本。样本信息如表1所示。

表1 本分论选取的传媒类和政务类微信公众号样本信息

传媒类微信公众号			政务类微信公众号		
序号	公众号名称	账号主体类型	序号	公众号名称	账号主体类型
1	央视新闻	电视	1	湖北发布	省政府新闻办
2	人民法院报	报纸	2	七台河发布	市委宣传部
3	检察日报	报纸	3	河北发布	省政府新闻办
4	法制日报	报纸	4	伊金霍洛发布	旗委宣传部
5	新京报	报纸	5	保山警方	市公安局
6	中国工商报	报纸	6	钦州发布	市委宣传部
7	湖北日报	报纸	7	平安内蒙古	自治区公安厅
8	新华日报	报纸	8	湖南公安在线	省公安厅
9	中国新闻网	网站	9	微昭通	市委宣传部
10	人民日报	报纸	10	清远发布	市委宣传部
11	长江日报	报纸	11	龙江检察	省检察院
12	人民网	网站	12	共青团中央	团委
13	荆楚网	网站	13	新余发布	市委宣传部
14	广州日报	报纸	14	杭州发布	市政府新闻办
15	央视财经	电视	15	文明襄阳	市精神文明建设办

以上样本的社会责任指数数据均由华彩指数平台通过机器打分生成,其打分区间为0~5分,共五个等级,1分为很差、2分为较差、3分为一般、4分为较好、5分为很好。根据本蓝皮书对新媒体社会责任评价体系的建构,本分论从"信息生产""社会监督""文化教育""协调关系"四大维度对样本承担社会责任的现状进行评估。

三 研究发现

分析样本的社会责任指数总评分及在各一级评价指标上的得分如表2、3所示。从表中数据可以看出，传媒类微信公众号以央视新闻的总评分最高，为3.8300，其连续5个月都进入了月度TOP50榜单。人民法院报和检察日报分居二、三位，得分分别为3.6050和3.5583，它们均是连续6个月都进入了月度TOP50榜单。15个传媒类微信公众号社会责任总评分的均值为3.2231，标准差为0.3889。政务类微信公众号以湖北发布的总评分最高，为3.3067，其连续6个月都进入了月榜TOP50。七台河发布和河北发布分列第二、第三位，总评分为3.1420和3.1350，其中前者连续4个月进入月榜TOP50，后者连续5个月进入月榜TOP50。15个政务类微信公众号社会责任总评分的均值为3.0082，标准差为0.1733。

表2 传媒类微信公众号社会责任整体评价

序号	公众号名称	社会责任总评分	信息生产	社会监督	文化教育	协调关系
1	央视新闻	3.8300	4.6446	2.5244	3.2837	3.6727
2	人民法院报	3.6050	4.1933	2.6967	3.7150	2.7950
3	检察日报	3.5583	4.2683	2.5100	3.6700	2.4717
4	法制日报	3.5217	4.1233	2.5333	3.8433	2.6867
5	新京报	3.4867	4.2976	2.2964	2.8340	2.5541
6	中国工商报	3.3233	4.0350	2.3350	2.9700	2.6083
7	湖北日报	3.2817	4.1746	1.6387	3.4592	2.8486
8	新华日报	3.2400	4.2183	1.7310	2.9783	2.7433
9	中国新闻网	3.2167	4.4217	1.9919	2.1933	2.5183
10	人民日报	3.2000	4.3395	1.2120	2.4873	3.3971
11	长江日报	3.1017	4.1808	1.4051	2.5488	2.6153
12	人民网	3.0467	4.4700	0.6317	2.5017	2.7200
13	荆楚网	2.9650	4.1247	0.9971	2.6208	2.6132
14	广州日报	2.7267	3.9421	0.8518	1.8222	2.3607
15	央视财经	2.2433	3.0537	0.6578	2.0638	2.5539
	均值	3.2231	4.1658	1.7342	2.8661	2.7439
	标准差	0.3889	0.3542	0.7378	0.6265	0.3487

表3 政务类微信公众号社会责任整体评价

序号	公众号名称	社会责任总评分	信息生产	社会监督	文化教育	协调关系
1	湖北发布	3.3067	4.1717	1.4883	4.0883	2.9100
2	七台河发布	3.1420	4.0745	1.2390	3.8607	2.6571
3	河北发布	3.1350	3.9547	1.7050	3.3069	2.5129
4	伊金霍洛发布	3.0883	4.0856	1.1258	3.6670	2.5672
5	保山警方	3.0683	4.0897	1.4661	2.7217	2.4106
6	钦州发布	3.0617	4.1224	0.7838	3.9939	2.7705
7	平安内蒙古	3.0550	3.9458	1.2382	3.6322	2.7445
8	湖南公安在线	3.0500	3.9748	1.6512	2.5162	2.5155
9	微昭通	3.0433	4.1367	0.9167	3.3717	2.7500
10	清远发布	3.0317	4.0179	1.2292	3.1140	2.6812
11	龙江检察	2.9900	3.8557	1.7241	2.6417	2.2122
12	共青团中央	2.9767	4.2386	0.4892	3.5980	2.4375
13	新余发布	2.8217	4.0339	0.6106	2.8146	2.4950
14	杭州发布	2.7833	3.8675	0.8175	2.4962	2.7639
15	文明襄阳	2.5700	3.7112	0.1313	3.3900	2.0467
	均值	3.0082	4.0187	1.1077	3.2809	2.5649
	标准差	0.1733	0.1375	0.4754	0.5383	0.2288

（一）传媒类微信公众号社会责任指数评价分析

1. 传媒类微信公众号普遍信息生产得分较高，且差异不大

信息生产是传媒最传统和最重要的功能之一，也是本蓝皮书所构建的社会责任指数中权重最高的一个一级指标。其主要是用来考察微信公众号所发布的信息质量，诸如真实、权威、时效、深度等，以及对信息的把关，对广告、侵权等的控制情况。从表2的数据可知，15个传媒类微信公众号信息生产的平均得分为4.1658，标准差为0.3542，说明这15家传媒在微信公众号的平台上能够较好地进行信息生产，且相互之间的差异不大。将其6个月的信息生产指标得分制成一张折线图（见表4）可以发现，大多数的折线都非常接近，几乎重叠在了一起，这说明15个微信公众号普遍在信息生产能力上旗鼓相当且具有一定的稳定性。唯一差异明显的是央视财经，其信息生产的得分明显低于其他微信公众号。

表4 传媒类微信公众号信息生产一级指标月度得分

序号	公众号名称	2016年8月	2016年9月	2016年10月	2016年11月	2016年12月	2017年1月
1	央视新闻	4.78000	4.53000	4.69000	4.62000	4.63000	4.61730
3	人民网	4.84000	4.78000	4.55000	4.06000	4.55000	4.04000
4	中国新闻网	4.84000	4.58000	4.01000	4.49000	4.49000	4.12000
5	新京报	4.45000	4.43000	4.22000	4.44000	4.45000	3.79550
6	检察日报	4.37000	4.29000	4.13000	4.37000	4.33000	4.12000
7	长江日报	4.58000	4.53000	4.16000	4.40000	4.16000	3.25470
8	人民法院报	4.38000	4.16000	4.08000	4.15000	4.16000	4.23000
9	新华日报	4.37000	4.37000	4.07000	4.22000	4.14000	4.14000
10	湖北日报	4.36000	4.36000	3.98760	4.13000	4.14000	4.07000
11	广州日报	4.09260	4.08660	4.13000	4.01970	4.17000	3.15380
12	法制日报	4.07000	4.30000	4.07000	4.08000	4.15000	4.07000
13	荆楚网	4.30000	4.29650	4.06160	4.01000	4.08000	4.00000
14	中国工商报	4.21000	4.20000	4.06000	4.21000	3.92000	3.61000
15	央视财经	3.35020	3.22280	2.86460	3.06710	2.87080	2.94640

通过进一步探究二级指标发现，15个传媒类微信公众号均能很好地实现流程控制，得分无差距，因而，导致央视财经信息生产得分较低的主要原因在于信息质量。表5的数据显示，央视财经在信息质量上的得分与位列第一的人民网相差接近2分。从华彩指数平台的后台数据中调看央视财经在信息生产三级指标上的得分发现，其权威、时效、全面、原创、客观等指标的得分普遍为较差以下，翻看其公众平台的内容可以找得到其中原因，有很多的推文为生活服务或心灵鸡汤一类不具权威、时效、原创的内容。

2. 传媒类微信公众号社会监督职能普遍较弱，且差异较大

社会监督指标主要是考察微信公众号对国家治理、社会风险和行为失范等的关注程度，体现出环境监测与预警的功能。本次分析样本的数据显示，传媒类微信公众号依然普遍未能较好地实现社会监督的职能。从表2的数据可见，15个传媒类微信公众号的社会监督平均得分为1.7342，标准差为0.7378，在4个一级指标中，该指标的得分最低，标准差最大。分月度来看，社会监督指标得分的线型也不像信息生产那样平缓稳定，而是呈现出较大的起伏变化。从表6可以看出，15个传媒类微信公众号普遍在10月或1月社会监督

表5 传媒类微信公众号信息质量指标得分

序号	公众号名称	信息质量	序号	公众号名称	信息质量
1	人民网	4.4626	10	湖北日报	4.0112
2	中国新闻网	4.3574	11	荆楚网	3.9598
3	央视新闻	4.3039	12	法制日报	3.9475
4	人民日报	4.2069	13	中国工商报	3.8441
5	新京报	4.1577	14	广州日报	3.7214
6	检察日报	4.1217	15	央视财经	2.6643
7	新华日报	4.0470		均值	3.9902
8	人民法院报	4.0348		全距	1.7983
9	长江日报	4.0133		标准差	0.4148

得分最低,之所以在这两个月份会有明显的下滑趋势,本分论认为,这跟传媒的周期性宣传任务有关,10月有我国重要的国庆纪念日,1月又恰逢我国传统的春节假期,在这两个重要的节庆日前后,传媒普遍会安排与节日有关的正面内容进行报道,而主要以揭露为手段的监督报道则相应地就减少了。

表6 传媒类微信公众号社会监督一级指标月度得分

序号	公众号名称	2016年8月	2016年9月	2016年10月	2016年11月	2016年12月	2017年1月
1	央视新闻	1.81000	2.16000	2.43000	2.45000	3.18000	3.11660
2	人民日报	0.86000	1.04000	0.71000	2.24000	2.35000	0.07210
3	人民网	0.55000	0.80000	0.25000	1.17000	0.90000	0.12000
4	中国新闻网	3.95150	1.94000	1.42000	1.88000	2.40000	0.36000
5	新京报	2.26180	2.87000	1.49000	3.25000	3.55000	0.35630
6	检察日报	2.65000	2.39000	2.10000	2.96000	2.51000	2.45000
7	长江日报	0.63000	2.04000	0.74000	2.77000	2.12000	0.13080
8	人民法院报	2.61000	2.56000	2.65000	2.79000	2.62000	2.95000
9	新华日报	2.52610	1.89000	1.51000	1.10000	2.06000	1.30000
10	湖北日报	1.83000	2.42000	0.68220	2.12000	1.75000	1.03000
11	广州日报	1.15430	0.74030	0.73000	1.17320	1.24000	0.07320
12	法制日报	2.27000	2.50000	2.35000	2.55000	2.83000	2.70000
13	荆楚网	1.13000	0.80880	0.38370	2.00000	1.30000	0.36000
14	中国工商报	2.73000	2.86000	2.06000	2.92000	1.97000	1.47000
15	央视财经	0.55200	0.59970	1.21670	0.57070	0.87990	0.12780

进一步探究社会监督下的二级指标数据发现（见表7），在国家治理指标上得分前三位的是人民法院报、法制日报和检察日报；在社会风险指标上得分前三位的是新京报、央视新闻和中国新闻网；在行为失范指标上得分前三位的是检察日报、湖北日报和法制日报；在其他现象指标上得分前三位的是央视新闻、中国新闻网和人民日报。没有一个公众号能够在4个二级指标上均得分靠前，这反映出分析样本在4个二级指标上的得分参差不齐，社会监督一级指标得分排名第一的人民法院报仅在国家治理这一个二级指标上得分第一，其余的3个二级指标得分平平，其中社会风险指标的得分还是倒数第二。横向对比4个二级指标发现，国家治理指标的得分相较而言差异最大，全距达到了3.8606，标准差也有1.3180。

表7 传媒类微信公众号社会监督二级指标得分

序号	公众号名称	国家治理	社会风险	行为失范	其他现象
1	人民法院报	4.28747	0.65658	1.87145	1.78428
2	法制日报	3.75422	1.00632	2.37225	0.68428
3	央视新闻	2.17815	1.81645	1.50028	3.00280
4	检察日报	3.69508	0.67492	3.22780	0.39077
5	中国工商报	3.56113	1.40378	1.12318	0.07223
6	新京报	2.95378	2.10793	2.32677	1.11112
7	中国新闻网	1.18005	1.72248	1.08448	2.37688
8	新华日报	1.82613	1.18958	2.24727	0.81388
9	湖北日报	1.53185	1.52300	2.55572	1.00280
10	长江日报	1.32067	1.63725	0.95573	1.90650
11	人民日报	1.06305	1.13607	1.33278	2.36115
12	荆楚网	0.81715	1.38777	0.35307	0.70095
13	广州日报	0.75028	1.44852	0.33963	1.05928
14	央视财经	0.56377	1.12543	0.23608	0.19352
15	人民网	0.42692	0.70802	0.51678	0.69075
	均值	1.9940	1.3029	1.4696	1.2101
	全距	3.8606	1.4514	2.9917	2.9306
	标准差	1.3180	0.4320	0.9293	0.8764

为何社会监督的二级指标得分会出现较大的差异，本分论认为这主要是传媒的性质和功能定位不同而导致的。我国的新闻传媒整体上都具有双重属性，但是在市场化运作过程中产生了不同属性的偏向，有的更多地具有事业性质，

其功能定位以宣传党的方针政策为主，有的更多地具有企业性质，其功能定位强调面向市场提供有经济效益的信息服务。从传媒内容的定向程度上来看，有的传媒定位一般受众，生产综合多元的信息内容；有的传媒定位特定类型的行业或受众，生产的信息内容具有明显的指向性或专业性。根据这一情况，本报告将分析样本的属性功能划分为：党媒、综合型媒体、公检法专业媒体和其他专业媒体4种类型，然后看这一变量与社会监督四个一级指标得分的相关程度如何。表8的数据显示，公、检、法专业媒体明显在国家治理和行为失范2个二级指标上的得分高于其他类型媒体，诸如人民法院报、法制日报和检察日报其主要报道内容就是公、检、法系统的事务，其必然大量涉及司法公正、政府管理、腐败案件的审理等内容，这些都是国家治理指标所观测打分的对象，相应地其国家治理的得分明显会较高。综合型媒体在社会风险和其他现象2个二级指标上的得分最高，这也恰恰符合这类型媒体的定位，无论是从新闻价值还是从一般的传媒预警监测功能出发，那些涉及大多数公众的生产、环境、食品、交通安全问题，重大的体育赛事以及自然灾害等内容，必然是综合型媒体首要关注报道的对象。党媒则在4个社会监督二级指标的得分上比较均衡稳定。相关系数Eta说明，样本公众号的属性功能类型与社会监督二级指标的得分呈较大的相关性，以国家治理指标为例，如果用公众号的属性功能类型来预测其国家治理指标的得分，可以消减80.13%的误差。

表8 传媒类微信公众号属性功能与社会监督二级指标相关分析

传媒类微信公众号的属性功能类型	国家治理均值	社会风险均值	行为失范均值	其他现象均值
党媒 （人民日报、人民网、央视新闻、新华日报、湖北日报、长江日报、荆楚网、广州日报）	1.2393	1.3558	1.2252	1.4423
公、检、法专业媒体 （人民法院报、法制日报、检察日报）	3.9123	0.7793	2.4905	0.9531
综合型媒体 （新京报、中国新闻网）	2.0669	1.9152	1.7056	1.7440
其他专业媒体 （央视财经、中国工商报）	2.0625	1.2646	0.6796	0.1329
相关系数（Eta）	0.8013	0.7820	0.6407	0.5722

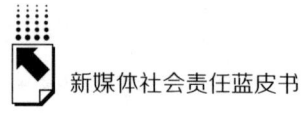

3. 传媒类微信公众号文化教育功能一般，塑造共识得分差异显著

文化教育指标着重在评价微信公众号对于社会大众在传播知识、价值、社会规范等方面的影响，文化教育指标包括塑造共识、文化传承和提供娱乐3个二级指标。该指标的得分相较于2015年人工观测打分的结果有了比较明显的提升，从表2数据可见，15个传媒类微信公众号在文化教育指标上的平均得分为2.8661，标准差为0.6265。

二级指标数据（见表9）显示，在塑造共识指标上的得分，法制日报、人民法院报和检察日报位列前三名；文化传承指标得分前三位的分别是：荆楚网、湖北日报和央视新闻；提供娱乐指标得分几乎没有显著差别，15个公众号的得分均接近满分。对比3个二级指标数据发现，塑造共识指标的平均得分最低，而不同个案之间的分值差异最大，其全距为3.6344，标准差为1.1163。华彩指数平台主要是通过读取代表主流价值观和社会风尚的关键词来对塑造共识指标打分的，本分论认为以上结果的形成，也是由媒体的不同属性功能定位所导致的，比如公、检、法专业媒体其内容指向性十分明显，由于公、检、法机构本身的职责就是执行和守护国家的法律、制度和秩序，所以必然大量涉及主流价值观和社会风尚的关键词，从而在塑造共识上的得分最为突出。同样运用以上的分类数据和文化教育的二级指标进行相关分析，也验证了这一结论。表10的数据显示，微信公众号的属性功能类型与3个二级指标的相关系数均在0.5以上，呈现较强的相关关系。

表9 传媒类微信公众号文化教育二级指标得分

序号	公众号名称	塑造共识	文化传承	提供娱乐
1	法制日报	4.0492	3.2288	4.9999
2	人民法院报	3.8635	3.1559	5.0000
3	检察日报	3.6923	3.3034	4.9999
4	湖北日报	2.7227	4.2272	5.0000
5	央视新闻	1.9666	3.9957	4.9999
6	新华日报	2.2151	3.8152	5.0000
7	中国工商报	2.5370	3.1323	5.0000
8	新京报	1.7928	3.9224	4.9999
9	荆楚网	1.3420	4.2543	5.0000
10	长江日报	1.4359	3.6598	5.0000

续表

序号	公众号名称	塑造共识	文化传承	提供娱乐
11	人民网	1.3356	3.3700	5.0000
12	人民日报	1.5030	3.3909	4.9999
13	中国新闻网	0.8307	3.7919	5.0000
14	央视财经	1.1424	2.7615	5.0000
15	广州日报	0.4148	2.9053	5.0000
	均值	2.0562	3.5276	4.9999
	全距	3.6344	1.4928	0.0001
	标准差	1.1163	0.4640	0.0001

表10 传媒类微信公众号属性功能与文化教育二级指标相关分析

传媒类微信公众号的属性功能类型	塑造共识均值	文化传承均值	提供娱乐均值
党媒 （人民日报、人民网、央视新闻、新华日报、湖北日报、长江日报、荆楚网、广州日报）	1.6170	3.7023	5.0000
公、检、法专业媒体 （人民法院报、法制日报、检察日报）	3.8633	3.2294	4.9999
综合型媒体 （新京报、中国新闻网）	1.3117	3.8572	5.0000
其他专业媒体 （央视财经、中国工商报）	1.8397	2.9469	5.0000
相关系数（Eta）	0.8498	0.6822	0.5452

4. 传媒类微信公众号协调关系功能普遍较差，且差异不大

协调关系指标分为线上沟通和线下活动两个二级指标，主要考察微信公众号的互动功能、创新用户体验，以及举办商业和非商业活动的情况。该指标的得分相较于2015年人工观测打分的结果也有了比较明显的提升，从表2数据可见，15个传媒类微信公众号在协调关系指标上的平均得分为2.7439，标准差为0.3487。但从总体得分率上来看，这个分数仍不算高，与微信的社交媒体属性并不相称。从月度折线图（见表11）上来看，大多数公众号在近6个月中的协调关系得分都比较平稳，变化不大，除了央视新闻和人民日报明显得分较高以外，其余的公众号得分都比较接近，且大多数月份的得分都是在2~3分。

表 11　传媒类微信公众号协调关系一级指标月度得分

序号	公众号名称	2016年8月	2016年9月	2016年10月	2016年11月	2016年12月	2017年1月
1	央视新闻	3.76000	3.29000	3.32000	3.76000	3.85000	3.76600
2	人民日报	3.41000	3.19000	3.47000	3.90000	3.91000	1.89260
3	人民网	2.83000	2.47000	2.57000	3.09000	2.84000	2.37000
4	中国新闻网	2.54000	2.07000	2.44000	2.46000	2.47000	2.40000
5	新京报	2.79000	3.87000	2.22000	2.90000	2.78000	1.72480
6	检察日报	2.44000	2.93000	1.99000	2.78000	2.54000	2.30000
7	长江日报	2.79000	3.11000	2.45000	3.03000	2.90000	1.42150
8	人民法院报	2.77000	3.65000	2.45000	2.78000	3.09000	2.90000
9	新华日报	2.90000	2.73000	2.78000	2.78000	2.77000	2.45000
10	湖北日报	2.78000	4.25000	2.45130	2.78000	3.09000	3.09000
11	广州日报	2.55300	1.55980	2.55000	2.43990	2.42000	1.65470
12	法制日报	2.45000	3.84000	2.45000	2.77000	2.90000	2.78000
13	荆楚网	2.78000	2.50550	2.46300	2.43000	2.78000	2.45000
14	中国工商报	2.90000	3.48000	2.77000	3.02000	2.21000	1.75000
15	央视财经	2.95110	2.46480	2.54450	2.83950	2.57060	1.70100

二级指标的均值、全距和标准差（见表12）显示，15个传媒类微信公众号的得分差异不大。进一步探究三级指标发现，线下活动指标下的2个三级指标商业活动和非商业活动的得分有较为明显的差距。表10的数据显示，非商业活动指标的得分较好，均值为4.0370，根据华彩指数平台的观测规则，这说明分析样本普遍能较好地承担社会公益服务的职能；商业活动指标的得分较差，均值为1.1753，该指标主要是观测记录公众号的广告、营销活动的数量，据此负向打分，也就是广告、营销活动越多得分越低。从表13数据可见，广州日报、央视财经和人民网的得分最低，其中广州日报在公众号窗口的功能键中设有活动推广，几乎每条推文中都会广告，人民网也是在每条推文下面设置广告，从而导致其得分较低。

表 12　传媒类微信公众号协调关系二级指标均值、全距和标准差

	线上沟通	线下活动
均值	2.9633	2.2759
全距	1.5527	1.4705
标准差	0.4848	0.4275

表13 传媒类微信公众号商业活动和非商业活动指标得分

序号	公众号名称	非商业活动	商业活动
1	荆楚网	4.9806	0.9958
2	中国新闻网	4.9750	0.5458
3	人民网	4.9444	0.3271
4	法制日报	4.7750	1.3583
5	新华日报	4.7389	1.3917
6	湖北日报	4.6833	2.1042
7	人民法院报	4.5639	1.9042
8	人民日报	4.1250	1.0667
9	广州日报	3.8000	0.2667
10	央视财经	3.7778	0.3271
11	检察日报	3.5444	1.1625
12	新京报	3.3500	1.1604
13	长江日报	3.1611	1.2521
14	中国工商报	2.9555	1.5479
15	央视新闻	2.1806	2.2188
	均值	4.0370	1.1753
	全距	2.8000	1.9521
	标准差	0.8683	0.6218

（二）政务类微信公众号社会责任指数评价分析

1. 政务类微信公众号普遍信息生产情况较好，且差异不大

政务公众号是新媒体技术与政务公开结合的产物，它是政务信息发布常态化的一个体现。信息生产就是实现上情下达的首要手段之一，华彩指数平台的监测数据显示，15个分析样本在信息生产指标上的得分最高，均值为4.0187，差异最小，标准差为0.1375。分月度来看（见表14），除七台河发布2017年1月没有监测数据所以出现明显下滑这一特例之外，15个政务公众号近半年来信息生产情况比较稳定，得分也较为集中，大部分的得分在3.5～4.5。

表 14 政务类微信公众号信息生产一级指标月度得分

序号	公众号名称	2016年8月	2016年9月	2016年10月	2016年11月	2016年12月	2017年1月
1	钦州发布	4.29000	4.29000	4.15000	4.30000	4.30000	3.40430
2	共青团中央	4.27980	4.28000	3.97150	4.36000	4.20000	4.34000
3	伊金霍洛发布	4.23000	4.46000	3.99000	4.23000	4.23000	3.37360
4	新余发布	4.22300	4.29000	3.84320	4.29000	4.22000	3.33700
5	湖北发布	4.30000	4.37000	4.00000	4.08000	4.14000	4.14000
6	保山警方	4.14500	3.91330	4.13000	4.21000	3.99000	4.15000
7	平安内蒙古	4.10000	4.09000	3.99000	4.09000	4.25000	3.15470
8	微昭通	4.31000	4.01000	4.08000	4.02000	4.32000	4.08000
9	河北发布	4.21000	4.08000	3.92000	4.22000	4.14000	3.15830
10	七台河发布	4.23270	4.30000	3.78000	4.08000	3.98000	无数据
11	清远发布	4.30000	4.23000	4.00000	4.01000	4.08000	3.48740
12	杭州发布	3.99000	4.00220	3.99000	4.06000	4.07000	3.09290
13	文明襄阳	3.17340	3.00120	3.61260	4.22000	4.27000	3.99000
14	湖南公安在线	3.91880	3.92000	3.92000	3.99000	3.99000	4.11000
15	龙江检察	4.00000	4.22000	3.78000	4.24000	3.89430	3.00010

二级指标的数据显示，15个政务公众号的流程控制执行情况优良，基本都接近满分5分。信息质量的得分（见表15）稍有差别，排名前三位的分别是共青团中央、湖北发布和微昭通。

表 15 政务类微信公众号信息质量指标得分

序号	公众号名称	信息质量	序号	公众号名称	信息质量
1	共青团中央	4.0872	10	湖南公安在线	3.7706
2	湖北发布	4.0036	11	河北发布	3.7459
3	微昭通	3.9624	12	平安内蒙古	3.7326
4	钦州发布	3.9436	13	杭州发布	3.6405
5	保山警方	3.9070	14	龙江检察	3.6270
6	伊金霍洛发布	3.9045	15	文明襄阳	3.4525
7	七台河发布	3.8890		均值	3.8218
8	新余发布	3.8405		全距	0.6347
9	清远发布	3.8207		标准差	0.1649

2. 政务类微信公众号社会监督职能普遍较弱

15个政务公众号在社会监督指标上的得分很低，表3数据显示，均值只有1.1077，标准差为0.4754。分月度来看，该指标的变化起伏较大，且得分区间跨度也较大（见表16）。

表16　政务类微信公众号社会监督一级指标月度得分

序号	公众号名称	2016年8月	2016年9月	2016年10月	2016年11月	2016年12月	2017年1月
1	钦州发布	1.56000	1.01000	0.84000	0.65000	0.59000	0.05250
2	共青团中央	0.37330	0.55000	0.15170	0.69000	0.75000	0.42000
3	伊金霍洛发布	1.91000	1.58000	0.65000	1.49000	0.94000	0.18480
4	新余发布	0.58580	0.70000	0.58790	0.71000	0.73000	0.35010
5	湖北发布	1.35000	1.19000	1.01000	1.50000	1.69000	2.19000
6	保山警方	1.23150	0.71500	1.47000	1.65000	1.65000	2.08000
7	平安内蒙古	1.35000	1.67000	0.97000	1.49000	1.92000	0.02890
8	微昭通	1.27000	0.72000	0.85000	0.96000	0.70000	1.00000
9	河北发布	2.36000	2.51000	1.30000	2.03000	2.00000	0.03000
10	七台河发布	0.64490	1.37000	0.96000	1.79000	1.43000	无数据
11	清远发布	1.72000	1.46000	1.44000	1.13000	1.17000	0.45490
12	杭州发布	0.71000	0.55870	0.59000	1.61000	1.36000	0.07620
13	文明襄阳	0.15940	0.03040	0.13770	0.13000	0.10000	0.23000
14	湖南公安在线	1.19710	1.82000	1.67000	2.01000	1.95000	1.26000
15	龙江检察	2.22000	2.50000	1.89000	2.45000	1.20690	0.07770

从监测的二级指标数据可见（见表17），15个分析样本的得分均较差，且差异较大。其中，国家治理指标的得分差异最显著，全距为2.8059，标准差为0.8499，该指标得分位列前三的分别是龙江检察、湖南公安在线和保山警方，这三个政务公众号的主体均来自公、检、法系统。行为失范指标得分均值最低，为0.6435，该指标得分位列前三的分别是河北发布、湖北发布和龙江检察。

表17　政务类微信公众号社会监督二级指标得分

序号	公众号名称	国家治理	社会风险	行为失范	其他现象
1	龙江检察	2.9016	0.3056	1.3812	0.0917
2	湖南公安在线	2.7585	0.8567	0.2033	0.1250
3	保山警方	2.5192	0.5985	0.1603	0.3445
4	河北发布	1.9668	1.0747	2.6643	0.5556
5	平安内蒙古	1.8503	0.8695	0.2887	0.4074

续表

序号	公众号名称	国家治理	社会风险	行为失范	其他现象
6	清远发布	1.6406	0.9747	0.7689	0.3324
7	湖北发布	1.5443	1.2703	2.0495	0.8435
8	伊金霍洛发布	1.4903	1.0707	0.2782	0.5176
9	七台河发布	1.3987	1.5627	0.4060	0.4456
10	微昭通	1.1684	0.4965	0.5063	1.7695
11	钦州发布	0.9619	0.5396	0.1018	1.9862
12	新余发布	0.5823	0.9966	0.1216	0.1537
13	杭州发布	0.5520	1.3256	0.2441	1.7565
14	共青团中央	0.4674	0.4626	0.4267	0.8852
15	文明襄阳	0.0957	0.2083	0.0513	0.2324
	均值	1.4599	0.8408	0.6435	0.6964
	全距	2.8059	1.3544	2.6129	1.8945
	标准差	0.8499	0.3954	0.7794	0.6354

本分论根据政务公众号主体的属性，将其分为政务公开型和党务公开型两大类，然后分别比较它们在社会监督二级指标上的得分发现（见表18），两类政务公众号在国家治理、社会风险和其他现象上的得分差异不显著，说明无论是党委宣传机构，还是政府新闻办，在国家治理和社会风险等公共议题上所呈现出来的信息发布行为没有明显的区别。在行为失范上的得分差异显著（$p=0.0004$）即政务公开型的公众号比党务公开型的公众号更为关注腐败、道德等行为失范问题。

表18 不同类型的政务公众号社会监督二级指标均值比较

政务类微信公众号的类型		国家治理	社会风险	行为失范	其他现象
党务公开型 （七台河发布、伊金霍洛发布、钦州发布、微昭通、清远发布、共青团中央、新余发布、文明襄阳）	均值	0.9757	0.7889	0.3326	0.7903
	标准差	0.5491	0.4387	0.2434	0.7088
政务公开型 （湖北发布、河北发布、保山警方、平安内蒙古、湖南公安在线、龙江检察、杭州发布）	均值	2.0132	0.9001	0.9988	0.5892
	标准差	0.8149	0.3642	1.0355	0.5751
显著性水平（p）		0.4225	0.4411	0.0004	0.4138

3. 政务类微信公众号文化教育功能较好

在传播知识、价值和社会规范上，政务公众号普遍表现较好，表3数据显示，15个政务公众号在文化教育指标上的平均得分为3.2809，位列前三的分别是湖北发布、钦州发布和七台河发布，其得分分别为4.0883、3.9939和3.8607。分月度来看（见表19），分析样本的月度文化教育指标得分有一定的起伏，且相互之间的得分有一定差距，得分区间跨越1~5分，表3的标准差数据也说明了这个问题，该指标的标准差是4个一级指标中最大的，为0.5383。

表19 政务类微信公众号文化教育一级指标月度得分

序号	公众号名称	2016年8月	2016年9月	2016年10月	2016年11月	2016年12月	2017年1月
1	钦州发布	4.90000	4.20000	4.72000	4.20000	4.91000	1.03340
2	共青团中央	3.01630	3.70000	2.44150	3.88000	4.39000	4.16000
3	伊金霍洛发布	4.10000	4.11000	3.74000	4.08000	4.72000	1.25220
4	新余发布	3.08840	2.78000	2.32150	2.99000	4.19000	1.51750
5	湖北发布	4.26000	4.69000	3.02000	3.69000	4.53000	4.34000
6	保山警方	1.82050	2.54980	2.47000	3.33000	2.95000	3.21000
7	平安内蒙古	4.57000	4.49000	4.22000	3.26000	4.74000	0.51310
8	微昭通	2.85000	4.36000	2.29000	4.02000	3.54000	3.17000
9	河北发布	4.56000	3.91000	2.97000	3.91000	4.01000	0.48160
10	七台河发布	2.35330	4.85000	3.81000	4.12000	4.17000	无数据
11	清远发布	2.28000	3.00000	3.63000	2.91000	4.11000	2.75370
12	杭州发布	4.08000	3.60400	1.91000	2.22000	2.66000	0.50290
13	文明襄阳	1.46440	1.70300	4.25270	4.50000	4.55000	3.87000
14	湖南公安在线	1.30730	1.89000	2.45000	3.92000	3.24000	2.29000
15	龙江检察	2.33000	3.52000	3.52000	3.41000	2.58830	0.48190

从文化教育的二级指标得分来看（见表20），塑造共识指标得分位列第一的是文明襄阳，该公众号的主体是襄阳市精神文明建设办公室，而该机构的主要职责就是开展素质文明教育，弘扬社会主义核心价值观等精神文明建设的规划和实施。在文化传承上做得最好的是湖北发布，其该指标得分为4.1147，这应该与近年来湖北省积极推进的文化强省战略有关，在湖北发布公众号的推文中还专门设有"文化"栏目，定期发布省内的各种文化建设和文化活动等信息。提供娱乐的指标得分几乎无差距，大部分样本的得分为满分。

表20 政务类微信公众号文化教育二级指标得分

序号	公众号名称	塑造共识	文化传承	提供娱乐
1	湖北发布	3.9257	4.1147	5.0000
2	钦州发布	3.9064	3.8751	5.0000
3	七台河发布	3.7418	3.7551	5.0000
4	伊金霍洛发布	3.5442	3.5139	5.0000
5	平安内蒙古	3.7648	3.0724	4.9999
6	共青团中央	3.5212	3.3572	5.0000
7	文明襄阳	4.3405	2.3630	5.0000
8	微昭通	2.8118	3.8360	5.0000
9	河北发布	3.1428	3.1330	5.0000
10	清远发布	2.3761	3.7922	5.0000
11	新余发布	1.7772	3.8828	5.0000
12	保山警方	1.7906	3.6032	4.9999
13	龙江检察	2.7678	1.8440	5.0000
14	湖南公安在线	1.9822	2.7174	4.9999
15	杭州发布	1.3485	3.6570	5.0000
	均值	2.9828	3.3678	4.9999
	全距	2.9921	2.2706	0.0001
	标准差	0.9409	0.6374	0.00003

4. 政务类微信公众号协调关系能力一般

就政务公众号而言，协调关系指标的得分反映了其与公众沟通及提供公共服务的情况如何，是衡量政务绩效的一个重要指标。从华彩指标平台监测的数据来看（见表3），分析样本在协调关系上的能力表现一般，整体均值为2.5649，且相互之间差距不大，标准差为0.2288。从月度折线图（见表21）上也得到印证，样本数据的曲线比较集中且较为平缓（七台河发布在2017年1月的突然下降是由于该月未监测到数据所致）。

表21 政务类微信公众号协调关系一级指标月度得分

序号	公众号名称	2016年8月	2016年9月	2016年10月	2016年11月	2016年12月	2017年1月
1	钦州发布	2.92000	3.33000	2.90000	3.02000	3.02000	1.43300
2	共青团中央	2.46550	2.58000	1.98970	3.03000	2.01000	2.55000
3	伊金霍洛发布	2.94000	3.02000	1.98000	2.90000	2.90000	1.66340
4	新余发布	2.91030	2.90000	2.21800	2.45000	2.78000	1.71150
5	湖北发布	2.77000	2.90000	2.78000	2.90000	2.90000	3.21000

续表

序号	公众号名称	2016年8月	2016年9月	2016年10月	2016年11月	2016年12月	2017年1月
6	保山警方	2.41350	2.37990	2.41000	2.42000	2.40000	2.44000
7	平安内蒙古	3.15000	2.90000	2.87000	3.02000	3.14000	1.38690
8	微昭通	2.45000	3.02000	2.90000	2.90000	2.78000	2.45000
9	河北发布	2.90000	2.90000	2.33000	2.78000	2.78000	1.38760
10	七台河发布	2.43550	2.90000	2.31000	2.90000	2.74000	无数据
11	清远发布	3.02000	2.78000	2.90000	3.09000	2.78000	1.51740
12	杭州发布	2.92000	3.16330	3.03000	3.15000	2.91000	1.41000
13	文明襄阳	1.46440	1.40670	1.76890	2.78000	2.53000	2.33000
14	湖南公安在线	2.40290	2.40000	2.42000	3.02000	2.43000	2.42000
15	龙江检察	2.46000	2.45000	2.53000	2.44000	1.99330	1.39960

从二级指标数据（见表22）来看，15个政务公众号的线上沟通均为2.7分上下，标准差为0.0074，说明其线上沟通表现几乎无差别。线下沟通指标的得分则有一定的差距，全距为1.9806，标准差为0.4716。该指标得分位列前三的分别是湖北发布、微昭通和七台河发布，说明其平台较多地实现了社会公益服务，并且商业活动较少。

表22　政务类微信公众号协调关系二级指标得分

序号	公众号名称	线上沟通	线下活动
1	湖北发布	2.7009	3.2216
2	钦州发布	2.7007	2.3118
3	杭州发布	2.7255	2.2255
4	微昭通	2.7052	2.6472
5	平安内蒙古	2.7015	2.2410
6	清远发布	2.7033	2.1340
7	七台河发布	2.7010	2.4907
8	伊金霍洛发布	2.7031	2.0192
9	湖南公安在线	2.7033	2.1264
10	河北发布	2.7030	1.8596
11	新余发布	2.7041	2.0400
12	共青团中央	2.7199	1.9991
13	保山警方	2.7027	2.1228
14	龙江检察	2.7006	1.3750
15	文明襄阳	2.7006	1.2410
	均值	2.7050	2.1369
	全距	0.0249	1.9806
	标准差	0.0074	0.4716

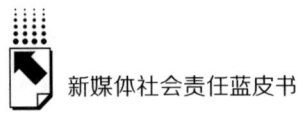
新媒体社会责任蓝皮书

四 对策与展望

基于前文的数据汇报，最后就传媒类和政务类微信公众号在社会责任上所呈现出来的特征进行总结，并对相关的问题提出解决思路。

（一）微信公众平台首先是一个信息发布的平台，其公信力有待提升

本分论所关注的传媒类和政务类微信公众号的社会责任指标数据显示，信息生产指标得分是4个一级指标中得分最高的，说明它普遍能够在信息质量和流程控制上表现良好。公众号的运营者对于信息生产的普遍重视反映出人们的一个共识：微信公众平台首先是一个信息发布的平台。相较于2015年的研究结果，微信公众平台的信息生产已经进入了一个较为健康良性的发展阶段。但是从所监测的三级指标数据来看，微信公众平台上信息的权威、时效、全面、原创、客观等特质还有较大的提升空间。

虽然微信公众号不同于传统的媒介，但是作为信息发布的平台，让公众信任依赖的来源始终是真实、客观、权威等这些特质。近年来，不少传统主流媒体致力于在新媒体平台上改变传播风格，注重与受众的交流互动。如2017年6月21日，新华社官方微信推送了一条题为《刚刚，沙特王储被废了》的新闻，而编辑与网友幽默机智的问答则超越了新闻本身，获得了众多网友的点赞和刷屏。可没多久，这短短30余字的新闻就被网友发现了错别字，最后编辑在原新闻下留言，向大家道歉。诚然，新华社编辑顺应新时代网民的个性，以"卖萌和小任性"的方式进行交流互动，不失为一种积极的改变和有益的尝试，但亲民形象的建立不应该损失新闻本身的严谨。尤其是在这样一个自媒体环境下，人人都是信息源，人人都是纠错员，网络上的一切事物都仿佛被置于显微镜下，专业的传媒机构更应该经受起这种考验。这件事情也再次提醒我们，内容价值始终是传媒安身立命之根本。

当下，使用自媒体已然成为公众的日常生活方式之一，也不乏公众利用自媒体制造网络舆论倒逼政府的情况，与其被动地被公众舆论倒逼，不如主动地参与进来。因而，政府主动参与自媒体传播已成大势所趋。政务类微信公众号

作为政务新媒体的一种形式,是传播公共信息、塑造政府形象、提升政府公信力的一个窗口。从本次抽样的数据来看,政务类微信公众号在信息的时效、深度、原创等指标上的得分普遍并不理想,很多都是在转发媒体资讯、各类通知公告或鸡汤美文,并未能做到及时发布本机构的、关切公众利益的政务公开信息。而政务公开应该是政务新媒体的重要职能之一,这也是提升政府公信力的重要手段。因而,政务类微信公众号今后需要努力提高政务信息公开水平,及时、有效地发布本机构原创的、涉及公众利益的政务信息。

(二)微信公众号平台的社会监督和协调关系的潜能有待开发

微信从即时通信工具演变而来,与人们的社交圈紧密相连,其在信息的扩散与影响力生成上具有天然的优势,随着微信成为人们越来越重要的获取信息的入口,其必然也要越来越多地承担起传统大众传媒的一些社会职能。而从现有的监测数据结果来看,微信公众号在社会监督和协调关系上的实现情况并不理想,传媒和政务公众号其公共属性最为显著,它们无疑是社会监督和协调关系两大职能的主要实现者。特别是在微信公众平台上,与大量分散多元的自媒体公众号共生、竞逐,在这样一个复杂的信息场域中积极发挥舆论监督和舆论引导的作用显得尤为重要。

自媒体打破了传统大众传媒的话语垄断,使公众在信息发布和获取上获得了极大的主动权,但是其分散、主观甚至失真又是不可忽视的问题。传媒类微信公众号可以利用自身的专业能力,帮助公众对自媒体信息进行去伪存真。这就需要传媒类微信公众号密切关注自媒体上引起公众讨论热情的话题,核实信源和信息的真实可靠,并及时跟进报道。在某种程度上可以借鉴国外已有的一些做法,如 2015 年 11 月 23 日,由谷歌新闻实验室出资建立的"初稿新闻网"(First Dratf News)正式上线,该联盟网站集合了来自 reported. ly、Eyewitness Media Hub、Storyfuland Meedan 等媒体机构的极富经验的新闻人共同负责其日常运行。其特点是在突发事件发生时,及时检索社交媒体上目击信源发出的第一手信息,为记者提供真实可靠的新闻线索。

在很多网络舆情事件中,政府都是重要的涉事主体之一。政务类微信公众号作为政府自有的媒体平台,是最主动的传播形式之一。除了要做到迅速及时的政务公开以外,还应开辟更多元、广泛的评论交互功能,一方面方便实时掌握社情民意,另一方面也给公众情绪一个宣泄的出口。微信公众平台上信息的复杂在于信源混杂、观点多元以及裂变式传播,面对这种情况,政务类微信公众号要以更加公开坦诚的态度,做到及时、真实、全面的信息披露,消解公众疑惑,积极推进公共事件的解决。

(三)传媒类微信公众号需强化塑造共识的功能

前文的数据分析表明,虽然整体上看传媒类微信公众号在文化教育指标上的得分并不很低,但是当分类探究二级指标之后发现,仅公、检、法类的专业型媒体由其内容指向性所决定,能够较好地实现塑造共识的功能,其他大多数类型的媒体公众号则表现较差。根据本报告对塑造共识指标的打分规则,说明传媒类微信公众号所发布内容中涉及主流价值和社会风尚的关键词普遍不高,也就是说,对主流价值和社会风尚相关的议题关注不够。从目前的传媒微信公众号所发布的内容来看,趣味性和实用性是最为突出的特色,这固然适应了用户渠道选择的内容偏好,但从社会责任角度来看,无疑是存有偏颇的,也是对传媒公共属性的一种伤害。而任何一个社会中的传媒都是社会重要的黏合剂,其在凝聚公众、塑造共识上的作用举足轻重,传媒类微信公众号仍需再主流价值和社会风尚有关的议题上加大报道力度。

(四)政务类微信公众号应在公共议题上给予更多关注

本分论首次将政务类微信公众号纳入分析对象,所选取的15个个案数据显示,总体而言政务类微信公众号社会责任履行情况一般,四个一级指标的数据表明其文化教育的职能明显大于政务公开的职能,说教意味浓厚。其中,本指标中的社会监督及其二、三级指标突出反映了政务类公众号政务信息公开的基本情况,而指标数据显示,其得分均在1分左右,情况并不乐观。政务类微信公众号今后需要在国家治理、社会风险等更多、更关键的公共议题上加强关注,而不能仅仅满足于日常工作的汇报和文化教育的传递。

B.4
视频直播网站社会责任及其评价

刘琼 雷婷*

摘 要： 随着移动社交媒体普及而快速兴起的视频直播网站，近几年粉丝群体日渐庞大且不断引爆各类事件，因而持续吸引着公众注意力。本报告对6家有代表性的视频直播网站进行社会责任评估。结果发现，总体来看视频直播网站的社会责任履行水平为中等略偏上，各网站间得分差距较小。其中"信息生产"责任履行情况较好，"协调关系"和"文化教育"责任的履行情况不够理想。当前视频直播网站存在广告内容较多、文化品位低俗、部分主播及粉丝用户言行不当等突出问题。对此，本报告认为视频直播网站应继续强化责任意识，基于政府机构、直播平台、用户等多元责任主体来实现共同治理。

关键词： 视频直播网站 社会责任 评价

随着移动社交媒体的普及，网络视频直播在2015~2016年迎来爆炸式增长。《光明日报》数据显示，2015年国内网络直播平台接近200家，用户达2亿；2016年被称为"中国网络直播元年"。截至2016年12月，网络直播用户规模达到3.44亿，占网民总体的47.1%。[1] 网络视频直播凭借实时演播、在

---

* 刘琼，华中师范大学新闻传播学院教师，博士后，硕士生导师，主要研究方向为新媒体传播；雷婷，华中师范大学新闻传播学院2016级硕士研究生。本报告为教育部人文社会科学研究青年基金项目"基于社会责任视角的网络视频直播管理研究"（项目编号：17YJC860011）。
① 中国互联网络信息中心：《第39次中国互联网络发展状况统计报告》，2017。

线交流、草根亲民等特点受到众多网民欢迎。目前，直播已经成为一种现象级的行业趋势，在未来的发展中，直播或许将成为网络场域中最具革命性的一种传播形态，进而成为一种改变世界的传播力量。① 然而，在强劲的发展态势之下，网络视频直播的相关负面报道也层出不穷，持续吸引着公众注意力。影响力的扩大必然伴随着更多的责任期待，同时行业乱象的出现又亟须基于多元责任主体的、全面有力的共同治理。鉴于此，本报告将采用实证方法，对我国代表性视频直播网站的社会责任履行状况进行评价，并提出相应的治理方法。

一 研究现状

（一）视频直播网站社会责任的缺失现状研究

与媒介发展现状相呼应，对网络视频直播的研究主要集中于近几年，尤其是2015年以后。已有成果多数涉及对视频直播网站社会责任缺失现状的研究，大致聚焦于三方面：

一是从传播层面考察视频直播网站的种种传播失范现象，包括主播言行越轨、粉丝言行失范、平台监管不力、内容低俗失当、同质化竞争、数据和内容造假等。胡智锋（2017）将网络直播的纷杂乱象归纳为突破伦理的色情展示、鱼龙混杂的低俗内容、令人忧虑的言论导向。② 付晓光、袁月明（2016）认为，当前对移动网络直播平台和UGC内容缺乏监管，缺少专业、高质量的内容，产品高度同质化，无法沉淀优质用户。③ 谭天（2017）提出，国内直播平台运营急于变现，弄虚作假，平台流量多有掺水。④ 张燕（2016）认为，除数据造假外，游戏代打、"伪慈善"直播等内容造假也逐渐泛滥。⑤

---

① 喻国明：《从技术逻辑到社交平台：网络直播新形态的价值探讨》，《新闻与写作》2017年第2期。
② 胡智锋：《网络直播火爆背后的思考》，《人民论坛》2017年第1期，第135页。
③ 付晓光、袁月明：《对话与狂欢：从全民直播看移动视频社交》，《当代电视》2016年第12期，第84~85页。
④ 谭天：《网络直播：主流媒体该怎么打好这一仗》，《人民论坛》2017年第1期，第132~134页。
⑤ 张燕：《网络直播遭遇成长的烦恼》，《中国经济周刊》2016年第11期，第32~37页。

二是从法律层面研究视频直播网站存在的违法侵权风险,包括侵犯著作权/隐私权/肖像权、传播有害内容、误导社会舆论、发布违法广告等所带来的法律风险。Edelman（2016）提出,将直播技术运用于商业体育赛事在美国引发了争议,因为它可能会导致对体育企业知识产权的大规模侵权。[1] Stewart and Littau（2016）提出,移动视频直播技术允许用户非常轻松地进行现场直播,引发了人们对于公共场所隐私权以及视频记录权的思考。对于入侵和公开披露等侵权行为,移动视频直播领域的相关法律政策无法为潜在的隐私损害提供救济,而宪法第一修正案则很可能会保护用户的直播行为。[2] 冯飞飞（2016）则总结出网络直播的五大法律风险,即版权风险、隐私风险、内容风险、舆论风险、责任风险。[3]

三是从文化层面探讨视频直播网站在价值导向和责任履行方面的不足。贾毅（2016）提出,由于网络直播平台接近于零的准入门槛和以追求回报最大化为目的,使目前直播业处于肤浅、低俗、粗糙、功利的播出状态,有内涵、有文化的视频空间很少。秀场类直播通过比日常交流还要简单、粗糙的话语片段来营造狂欢盛宴,在此过程中流露出的"低俗而混乱的符号"已严重挑战了社会文化和价值,影响了社会的良性秩序。[4]

（二）视频直播网站社会责任的缺失原因分析

对于视频直播网站社会责任缺失的原因,研究者主要从直播的传播特性、运营机制、盈利模式、用户心理等方面来探讨。

从信息传播的角度来看,网络直播的实时性伴随着不可预料性,直播网站监管方式多为人工审核,做不到及时发现、全面覆盖（曲涛、臧海平,2016）。[5]

从运营机制和盈利模式来看,由于各大网络直播平台以分成及打赏、用户

---

[1] Marc Edelman. From Meerkat to Periscope: Does Intellectual Property Law Prohibit the Live Streaming of Commercial Sporting Events? 2016, 39 COLUM. J. L. & ARTS 469.
[2] Daxton R. "Chip" Stewart and Jeremy Littau (2016) Up, Periscope: Mobile Streaming Video Technologies, Privacy in Public, and the Right to Record.
[3] 冯飞飞:《网络直播的法律问题与规范》,《传媒》2016年第10期,第38~40页。
[4] 贾毅:《网络秀场直播的"兴"与"衰"》,《编辑之友》2016年第11期,第42~48页。
[5] 曲涛、臧海平:《当前网络直播存在的问题及监管建议》,《青年记者》2016年第9期,第15~17页。

付费、广告等作为主要盈利模式，平台对于观众的吸引力主要依赖主播，所以对主播往往会采取容忍和姑息的态度，管理制度并不严格（徐蒙、祝仁涛，2016）。①

就用户心理而言，一方面，主播为完成平台任务挖空心思迎合大众趣味，千方百计提供各种新奇刺激的内容和形式，毫无媒体人应该有的责任担当；另一方面，直播平台可以将用户参与变成直播内容，满足了大众被尊重、被认可与成名的想象，对美女的感官需求和人性天然的窥私欲进一步激发了用户的参与热情，在被主播激起情绪后易盲目冲动购买道具"打赏"或"消费"（张旻，2016；陈波，2016）。②③

（三）视频直播网站社会责任的引导与治理

在探索新的互联网商业形态的过程中，中国互联网企业在初创阶段往往只顾一味地抢占市场，游走于政策法规的灰色地带打法律的"擦边球"，忽视企业的社会责任，待发展壮大之后再规范经营，走的是一条"先发展后治理"的道路，这种情况在采用UGC模式的各种新媒体如网络直播平台中尤为明显（徐蒙、祝仁涛，2016）。④ 与国家新媒体管理尤其是网络视听节目管理路径相一致，我国对视频直播网站的管理走的同样是"先发展后治理"的道路，从先前因不了解而放任向现实评估后的适度收紧转变。我国网络视频直播经历了与其他网络视听节目合并管理，到专项运动式治理，再到出台专项管理规定的过程。2016年《互联网直播服务管理规定》的出台，标志着直播浪潮进入全新治理阶段（方兴东，2016）。⑤

---

① 徐蒙、祝仁涛：《新媒体视域下UGC模式的法律风险及其防范——以网络直播为例》，《浙江传媒学院学报》2016年第4期，第13~17页。
② 张旻：《热闹的"网红"：网络直播平台发展中的问题及对策》，《中国记者》2016年第5期，第64~65页。
③ 陈波：《从直播生活到场景创新：在线视频直播平台的困境与破局》，《视听界》2016年第11期，第46~51页。
④ 徐蒙、祝仁涛：《新媒体视域下UGC模式的法律风险及其防范——以网络直播为例》，《浙江传媒学院学报》2016年第4期，第13~17页。
⑤ 方兴东：《互联网直播进入全新治理阶段》，新华网，http://news.xinhuanet.com/politics/2016-11/04/c_1119853124.htm。

目前对于视频直播网站社会责任引导与治理的研究主要从策略与效果两方面着手，其中对视频直播网站社会责任引导与治理策略的研究大致有两种取向：

一种取向是从当前视频直播网站存在的种种问题入手提出解决之道。根据视角的不同，可将此类研究分为从宏观管理体系出发的研究和着眼于具体对策的研究。前者代表性观点如乔新生（2016）提出建立税收、工商、文化和新闻出版的联动机制①，刘锐（2016）主张探索用户参与治理、平台治理和政府治理三位一体的治理模式。②后者提出的管理手段包括细化平台主体责任、明确内容标准、主播信用管理制等（刘金星，2016）③，管理形式包含政策和法律框架的组合、技术算法监测、网络社区自治等（Taylor，2014）。④

另一种取向是对政策的出台或治理运动的开展进行评析。代表性研究包括姚尧（2016）对韩国、美国和欧盟网络直播监管政策的分析⑤，祝华新（2016）、王四新（2016）、朱巍（2016）等对《互联网直播服务管理规定》的解读。⑥

论述网络视频直播社会责任管理效果的研究不多且较为零散，观点主要集中于认为多头监管的局面无法形成有效的监管合力，事中和事后监管乏力、违法成本小以致无法达到惩戒和预防目的（沈开举、方涧，2016）。⑦

前期成果为本报告提供了启示，但也存在一些不足：从研究视角来看，从社会责任角度展开的针对视频直播网站的研究没有得到应有重视；从研究内容

---

① 乔新生：《如何监管互联网络直播》，《青年记者》2016 年第 7 期，第 109 页。
② 刘锐：《网络视频直播的传播伦理与社会责任研究》，《中国新媒体社会责任研究报告（2016）》，社会科学文献出版社，2016，第 219~231 页。
③ 刘金星：《法制视阈下如何加强网络直播平台监管》，《现代视听》2016 年第 9 期，第 28~31 页。
④ T. L. Taylor. "Am I allowed...?" Regulation, live-streaming, and networked broadcast. http://library.med.utah.edu/e-channel/wp-content/uploads/2016/04/digra2014_submission_70.pdf.
⑤ 姚尧：《严管之下，网络直播前景可期》，《中国经济信息》2016 年第 20 期，第 68~69 页。
⑥ 佚名：《国家网信办出台网络直播新规，四专家深度解读》，人民网，http://yuqing.people.com.cn/n1/2016/1104/c209043-28835889.html。
⑦ 沈开举、方涧：《网络直播管理不能留有"模糊地带"》，《人民论坛》2016 年第 8 期，第 83~85 页。

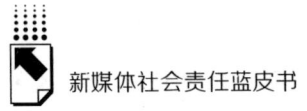

来看,缺乏理论建构与系统研究;从研究方法来看,基本为质化思辨,结论较为泛化。视频直播网站社会责任研究总体尚处于起步阶段,有待进一步深入。

二 研究设计

(一)评价指标的选取及其操作化

新媒体社会责任评价指标体系包含信息生产、社会监督、文化教育和协调关系四个一级指标和若干个二、三级指标。但对于视频直播网站而言,目前各类直播平台极少涉足新闻信息内容,加之其传播具有实时性,故许多指标并不适用。比如,"信息生产"一级指标下的"信息质量"二级指标(包含"真实"、"权威"、"时效"、"全面"、"深度"、"原创"、"客观"等三级指标)并无存在或比较的必要,"社会监督"一级指标也无从谈起。最终本报告所确定的评价指标和操作路径如表1所示。

表1 视频直播网站社会责任评价指标与操作路径

三级指标	主要操作路径
信息把关	直播内容发布审核情况;直播平台管理规定
广告控制	直播平台首页的广告数量;直播中出现的各类广告总时长
侵权控制	直播中涉及侵权内容的总时长
社会风尚	直播内容与社会风尚主题的贴合度
传统文化	直播内容与传统文化主题的贴合度
民俗文化	直播内容与民俗文化主题的贴合度
红色文化	直播内容与红色文化主题的贴合度
娱乐健康度	直播过程中出现低俗词汇的次数/低俗动作的时长
用户体验	直播在线观看人数
互动	直播中的弹幕、评论数量

(二)研究对象的确定及样本搜集

网络直播可分为表演类网络直播和新闻类网络直播,二者区别明显。目前大部分直播平台定位"泛娱乐",对切入新闻类直播持极其谨慎的态度,故新闻属性极弱。表演类网络直播又可分为秀场直播、游戏直播、全民直播等主要类型。结合 Alexa 排名和平台的代表性，本报告选择了 Alexa 排名靠前的六个直播平台作为研究对象：主打秀场直播的 YY、六间房，主打游戏直播的斗鱼、熊猫 TV，主打全民直播的花椒、一直播。

在实际研究过程中，本报告主要选取了六大直播平台上的首页和以下区域进行观测：YY"热门－热门推荐"、六间房"热门"、斗鱼"推荐－最热"、熊猫 TV"推荐－热门"、花椒"热门－热门直播"、一直播"热门"。从 2017 年 5 月 25 日至 6 月 3 日，由 3 名经过统一培训的观察员对上述区域前 8 名主播的直播间进行观测，10 天共计观测 480 个直播间，采用 Excel 表格对数据进行记录和分析。

三　研究发现

（一）总体评价

考虑视频直播网站的定位及内容的特殊性，本报告在选取观测指标时仅保留了新媒体社会责任评价体系中的 10 个指标，根据该评价体系所设定的指标权重，可计算出这 10 个指标的理想满分加权之和为 0.8424 分。

如表 2 所示，6 家直播网站得分均值为 0.5299 分，得分率（得分/满分）为理想满分的 62.07%，总体来看，视频直播网站的社会责任履行水平为中等略偏上。其中，一直播排名最高，平均得分为 0.5644，六间房排名最低，平均得分为 0.4643，各直播网站间得分差距较小。

表 2　视频直播网站社会责任整体评价

网站	信息生产	文化教育	协调关系	总分	排名
一直播	0.4027	0.1196	0.0421	0.5644	1
熊猫 TV	0.3845	0.1050	0.0566	0.5451	2
YY	0.4057	0.1023	0.0366	0.5416	3
花椒	0.3918	0.1162	0.0279	0.5359	4
斗鱼	0.3257	0.0966	0.1060	0.5283	5
六间房	0.3437	0.1142	0.0064	0.4643	6

根据所选观测指标权重计算出"信息生产""文化教育""协调关系"三项一级指标的理想满分,以及6家视频直播网站一级指标的最高得分、最低得分、均值以及标准差,结果如表3所示。三项一级指标按照得分率由高到低排名依次为:信息生产(85.29%)、协调关系(43.30%)、文化教育(36.84%)。可见,相对而言6家视频直播网站"信息生产"社会责任的履行情况较好,与理想满分差距较小,而"协调关系"和"文化教育"履行情况不够理想,均未达到理想满分的50%。由标准差可知,6家网站在各一级指标的履行水平上差异不大,其中最为接近的是在文化教育方面。

表3 视频直播网站社会责任一级指标得分与满分对比

网站	最大值	最小值	均值	标准差	理想满分
信息生产	0.4057	0.3257	0.3757	0.0634	0.4405
文化教育	0.1196	0.0966	0.1090	0.0172	0.2959
协调关系	0.1060	0.0064	0.0459	0.0647	0.1060

(二)信息生产社会责任评价

对视频直播网站信息生产社会责任的评价主要集中于对网站流程控制水平的考察。如表4所示,各直播网站"流程控制"下三级指标"信息把关"和"侵权控制"的得分都比较高。观测发现,各直播网站在直播内容的发布审核方面都比较严格,用户需要通过多层审核才能获得直播资格。此外,各直播网站都制定了相应的直播内容管理条约或绿色直播文明公约,网站的直播间里会有直播公告提醒用户在观看过程中不得发布低俗内容,且许多直播间都有网控,对发布谩骂、低俗、广告及政治等内容的用户禁言。

直播网站的广告大致可以分为三类:直播平台除直播间以外的首页或其他页面上的广告;直播间内直播过程中由主播口述的广告;直播间内直播过程中以图标、字幕等方式展示于直播间屏幕上的悬浮广告。就三级指标"广告控制"而言,只有YY和一直播得分率在60%以上,其他4家直播网站在广告控制方面均不够理想。花椒和斗鱼的首页广告数最多,YY最少,各平台由主播口述广告的情况不多。此外,花椒和六间房在直播间的悬浮广告多为该平台的活动宣传广告，而斗鱼和熊猫 TV 的悬浮广告多为主播的社交账号、QQ 群等，YY 和一直播的悬浮广告较少。

表 4　视频直播网站流程控制评价

网站	信息把关	广告控制	侵权控制	流程控制总分	排名
YY	4.5000	4.5494	5.0000	4.6041	1
一直播	4.7500	3.3086	5.0000	4.5700	2
花椒	5.0000	1.5371	4.9625	4.4463	3
熊猫 TV	4.7500	2.0440	4.9625	4.3634	4
六间房	4.0000	2.1587	5.0000	3.9000	5
斗鱼	3.7500	1.8917	5.0000	3.6962	6
均值	4.4583	2.5816	4.9875	4.2633	
标准差	0.4852	1.1345	0.0194	0.3761	

（三）文化教育社会责任评价

如表 5 所示，在"文化教育"方面，6 家视频直播网站得分普遍较低，平均得分为 0.1090，仅占理想满分的 36.84%，得分标准差也是三项一级指标中最小的，可见整体上视频直播网站在文化教育方面的社会责任履行情况不理想。

表 5　视频直播网站文化教育评价

网站	社会风尚	传统文化	民俗文化	红色文化	娱乐健康度	文化教育总分	排名
一直播	2.9875	1.0000	1.0250	1.0000	4.6481	0.1196	1
花椒	2.9375	1.0000	1.0375	1.0000	4.3417	0.1162	2
六间房	2.8000	1.0000	1.0000	1.0000	4.3537	0.1142	3
熊猫 TV	2.8500	1.0250	1.0000	1.0000	3.2407	0.1050	4
YY	2.7125	1.0750	1.0000	1.0000	3.0269	0.1023	5
斗鱼	2.8000	1.0000	1.0000	1.0000	2.4750	0.0966	6
均值	2.8579	1.0208	1.0104	1.0000	3.6810	0.1090	
标准差	0.1004	0.0292	0.0166	0.0000	0.8832	0.0172	

各直播平台"社会风尚"三级指标的平均得分为 2.8579 分，整体处于中等偏下水平，既鲜有塑造良好社会风尚的相关内容，也较少有不良风气的内

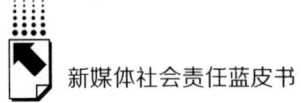

容。此外各直播网站也鲜有涉及"传统文化"、"民俗文化"及"红色文化"的内容。

在提供娱乐方面,一直播、花椒和六间房的娱乐健康度较高,得分率均超过85%,熊猫TV、YY的得分率则略高于60%。相较之下,斗鱼得分明显低于其他5家直播网站,主要原因是直播过程中主播及弹幕言论过多涉及包含性暗示、粗口、暴力等内容的低俗词汇。

(四)协调关系社会责任评价

视频直播网站"协调关系"功能的践行主要体现于"线上沟通"方面。由表6可知,6家网站"协调关系"功能的平均得分为0.0459,占理想满分的43.30%,在三项一级指标中得分标准差最大,可见各直播网站在这方面社会责任的履行水平差距较大。

"线上沟通"包含"用户体验"、"互动"两项三级指标。其中"用户体验"指标以观测时间内直播间的在线人数作为衡量标准,"互动"则是以单位时间内的有效弹幕数(分享直播、关注主播等无实质性内容的弹幕除外)为衡量标准。由观测数据可知,总体上直播在线人数越多,则弹幕数量越多。值得一提的是,YY的平均在线人数远不及熊猫TV、花椒、一直播,但其弹幕数量仅次于斗鱼而位于第二,可见用户活跃度与用户数之间并不完全成正比关系。

斗鱼作为国内最早的直播网站之一,主打游戏类直播,签约了许多知名电子竞技类主播,且长期投资并与各大游戏赛事合作,以此积累了庞大的用户数。据第三方权威网站Alexa数据统计,其浏览量在国内视频网站中排名前十,在游戏直播平台中排名第一。斗鱼的直播内容往往涉及英雄联盟、王者荣耀等十分火爆的全民游戏,极易激发大量有过相关游戏经历的用户在观看直播过程中产生共通的意义空间,对主播的操作发表或褒或贬的评价。根据将得分最高的网站观测指标赋值为5分的计算规则,斗鱼在"用户体验"和"互动"两项三级指标上的得分均为满分5分(见表6),但其他5家直播网站在这两项上的得分率均不及其60%,最低的甚至只有2.59%。可见斗鱼无论是用户体验还是互动都在直播行业中遥遥领先。

表6　视频直播网站协调关系评价

网站	用户体验	互动	线上沟通总分	排名
斗鱼	5.0000	5.0000	2.2995	1
熊猫TV	2.5313	2.7696	1.2060	2
一直播	1.8989	2.1290	0.9138	3
YY	0.8114	2.8254	0.7289	4
花椒	1.4051	1.1798	0.6063	5
六间房	0.1244	0.5862	0.1388	6
均值	1.9619	2.4150	0.9822	
标准差	1.7069	1.5446	0.7358	

四　对策与展望

2016年之前，我国网络视频直播行业基本处于"野蛮生长"状态，并无专项管理规定，直播行业可谓乱象纷呈。2015~2016年初短短一年多时间内，直播生吃各种动植物、直播骚扰110、直播飙车致车祸、直播火葬、直播吸毒、裸体直播、主播录制并传播淫秽色情视频、主播混入校园直播女生寝室、主播利用直播进行伪慈善活动、主播涉嫌游戏代打等负面报道频出，2016年1月在一知名直播平台上甚至出现了"直播造人"事件，以致网络直播一度被称为"线上夜总会"、"暧昧经济"。

对于网络视频直播这一新兴媒介形态，仅靠传统的直接干预式监管无法有效治理，长期的运动式治理成本又较高。在此情形下，新媒体管理应从传统的垂直管理走向新型扁平化的共同治理，构筑以社会责任为中心的共同治理体系。[①] 网络视频直播"共同责任"治理体系应以对直播网站的管理为核心，将政府的行政监管、平台的自我监管、用户管理及用户自律融为一体。结合本报告观测及前期研究所掌握的有关视频直播网站的种种问题，本报告提出以下治理对策。

[①] 钟瑛等：《论新媒体社会责任》，《中国新媒体社会责任研究报告（2014）》，社会科学文献出版社，2014，第1~22页。

（一）政府机构：进一步完善并落实相关法律法规，实行多部门联动管理

2014～2016年，全国"扫黄打非"工作小组办公室、国家互联网信息办公室、工业和信息化部、公安部等持续开展净网行动，强化对直播平台的内容监管，杜绝利用低俗内容进行不正当行业竞争。自2016年起，网络视频直播的相关规制政策陆续出台，将直播行业准入、直播平台管理等推向了规范化、常态化。2016年4月，北京市网络文化协会协同北京20家网络直播平台发布《北京网络直播行业自律公约》，对主播实名认证、直播间标志、直播内容存储、主播的培训与引导、违规主播名单通报、企业主体责任等方面作了规定。2016年9月，国家新闻出版广电总局下发《关于加强网络视听节目直播服务管理有关问题的通知》，对开展网络视听节目直播服务的相应资质及直播节目内容等作了规定。2016年11月，国家网信办正式发布了《互联网直播服务管理规定》，对互联网新闻信息服务直播资质、直播平台的内容管理、网络直播信用体系等提出了具体要求。2016年12月，文化部印发《网络表演经营活动管理办法》，规定网络直播平台要有许可证，网络主播也要用身份证进行实名注册。早前就已出台的法律法规如《全国人民代表大会常务委员会关于维护互联网安全的决定》《电信条例》《互联网视听节目服务管理规定》《网络文化经营单位内容自审管理办法》《互联网等信息网络传播视听节目管理办法》《互联网文化管理暂行规定》等，都对网络直播的健康发展发挥着一定作用。

尽管如此，目前直播行业的法律法规仍有待进一步细化，问责制度有待进一步明确。以直播领域的版权问题为例，目前大多数主播直播中使用的素材来源于国内外受著作权保护的作品，游戏直播、音乐直播等也常会涉及赛事版权和音乐版权，但版权领域并未针对直播形式的特殊性进行专项版权保护，版权界定模糊导致追责困难。

已出台的政策法规也有待于进一步落实。目前直播网站明目张胆传播低俗内容的现象屡见不鲜。如2017年3月就发生了严重突破社会道德底线的"女主播黄鳝门事件"。在本报告的观测过程中，熊猫直播的一位主播就对自己作为"滴滴出行"司机的工作过程进行直播，不仅直接暴露"滴滴出行"的用

户信息、与网友一起挑选乘客，还在乘客不知情的情况下让乘客直接暴露在摄像头下，也有的主播大量使用一些暗语传递低俗信息。可见管理中将违规、违法行为进行细致划分，制定更明确、更严格的惩戒机制是十分必要的，有利于进一步维护良性的直播秩序。

网络直播平台的监管目前涉及公安、工商、网信、文化、广电、新闻出版等诸多部门，需要各个部门联同合作，共同监管。首先各部门需要厘清自己的职责，如公安部门对于直播涉及的民事案件积极处理、工商部门对于直播平台的经营资格等许可证明的发放进行严格审核、网信办从网络安全及信息化发展的角度来统筹协调等。否则，很可能留下监管的空白地带，形成"都管却都管不好"的局面。在明确自身职责的前提下，各部门之间还要及时进行信息互通，避免因信息疏漏导致的监管失职，更全面地实行监管。

（二）直播网站：建立行业规范，通过内部优化实现平台自治

直播平台作为面向公众的持证方，必须建立行业规范，加强行业自律，对主播和用户的言行进行监管。直播平台应该迅速出台全面的"直播间违规管理条例"、"主播自律公约"等，对主播的着装、行为、户外直播进行详细规定，对每个直播间实行扣分处罚制，直至封停直播间，通过内部优化的方式进行平台自治，坚决打击依靠涉黄圈粉、寻求变现等行为。

直播网站的管理应将常态管理与应急管理相结合。直播平台的特殊性意味着一旦不良信息出现，就会同步扩散，因此直播平台不但要具备紧急情况下即时阻断互联网直播的技术能力，还应防患于未然，在日常管理中注意健全信息审核、信息安全管理、值班巡查、应急处置、技术保障等制度。除配备"平台网警"24小时巡查外，还应针对直播特点积极研发画面识别、弹幕内容过滤等新的内容监管技术，作为对人工巡查的必要补充。

在常态管理中应注意加强对广告内容的监控。广告是视频直播网站盈利的重要途径。本报告发现，各视频直播网站在广告控制方面不够理想。斗鱼的每个游戏主播几乎都会在直播界面悬置其微博、微信账号甚至网店地址，以此吸引用户前往购买电子竞技装备乃至服装。事实上，一些主播提供的商品没有质量保证，消费者的权益很可能受到侵害。同时广告多、杂、滥也有碍观感，无形中降低了用户体验。因此，直播平台在选择广告商时需谨慎，尽量选择那些

符合网站定位的广告商。对于主播自身的广告行为更要严加监管，避免欺骗用户的行为，防患于未然。

此外，直播平台还应积极发掘草根主播中的优质人才，引进富有吸引力的明星主播，并在垂直内容领域下功夫，提升直播内容的文化内涵和实用性，通过差异化的优质内容来扩大平台影响力。

（三）直播用户：加强培养专业主播，实现主播自我规范与用户自律监督相结合

视频直播网站的用户包括网络主播和粉丝用户两类。直播兴起之初，粉丝用户出于新鲜感对各种内容都有高涨的热情。但随着直播行业运营模式逐渐成熟、稳定，优质内容势必将成为直播网站稳健发展的决定因素。本报告发现，除游戏直播平台以外，各直播平台的热门直播间大多以聊天、唱歌、脱口秀为主要内容，主播一般颜值较高、语调幽默，但聊天内容十分随意、缺乏内涵，这类直播势必难以长期吸引受众。许多主播游走于"灰色地带"，穿着暴露、大量使用涉性暗语、做出挑逗动作等，而一些粉丝用户出于窥探或宣泄心理，也在直播间怂恿主播做出种种不雅举止，或通过弹幕发表不当言论。这些较为隐晦、系统难以监控的低俗信息充斥在各直播间，势必会产生不良影响。对此可采取以下措施。

其一，加强培养专业主播，实行从业准入制。对于网络主播的管理除了加强日常管理外，还应严把主播资格审核关，提高从业门槛。可参照同属主持人范畴的广播电视节目主持人较成熟的从业规范和考核选拔模式，根据网络主播职业的特点，制定"网络主播从业资格管理办法"等规章，明确从业要求，规范职业准则，实行从业准入制，从源头上确保网络主播从业者的政治素养、品行修为、文化内涵和业务水准，使网络主播成为一个总体上文化层次较高、综合素质较强、形象声誉较好的专业化群体，由此直播内容的文化品位才能得以保证。

其二，对新晋主播施行考察制度。当前用户获取直播资格通常需要同时上传手机号、身份证、银行卡，有的平台还需要进行芝麻信用检测，这一较为严格的审核流程在某种程度上阻绝了别有用心之人，也便于出现不良直播事件后进行问责。但由于主播及直播间数量庞大，难免有人钻空子用猎奇的内容博人

眼球，赚取人气。直播质量参差不齐，直播网站乱象频出也就不足为奇。由此看来，仅靠实名认证恐怕无法从源头消除低俗内容的产生，更为严格的直播资格审核程序是十分必要的。可适当延长主播的考察期，在主播获取直播资格后的一段时间内，详细监控其直播内容，考察期结束合格者才能继续直播。

其三，进一步落实《互联网直播服务管理规定》中要求的主播信用管理制度。由各直播平台联合建立主播档案，将有过传播不良信息、损害社会风气行为的主播拉入黑名单，进行联合封杀。

其四，积极引导主播和粉丝用户加强自我规范，做到遵守法律、接受监督和配合管理。鼓励粉丝用户对自己喜欢的主播提出内容建设性建议，帮助主播打造更有内涵的直播。同时畅通网民的举报通道，促使直播内容向健康积极的方向发展。

参考文献

钟瑛等：《论新媒体社会责任》，《中国新媒体社会责任研究报告（2014）》，社会科学文献出版社，2014。

喻国明：《从技术逻辑到社交平台：网络直播新形态的价值探讨》，《新闻与写作》2017年第2期。

胡智锋：《网络直播火爆背后的思考》，《人民论坛》2017年第1期。

付晓光、袁月明：《对话与狂欢：从全民直播看移动视频社交》，《当代电视》2016年第12期。

谭天：《网络直播：主流媒体该怎么打好这一仗》，《人民论坛》2017年第1期。

方兴东：《互联网直播进入全新治理阶段》，新华网，http://news.xinhuanet.com/politics/2016-11/04/c_1119853124.htm。

刘锐：《网络视频直播的传播伦理与社会责任研究》，《中国新媒体社会责任研究报告（2016）》，社会科学文献出版社，2016。

B.5
我国大型商业网站社会责任及其评价*

王 井**

摘 要: 大型商业网站是当今所有信息媒介中浏览量点击率最高的网络媒体之一,研究承载的社会责任具有十分重要的意义。以实证数据为基础,采用定性定量相结合的方法构建商业网站社会责任考量的指标体系,对其社会责任的承担情况进行综合评估。结果表明,大型商业网站在社会责任履行方面整体水平较好,但仍存在社会风尚引导不力、低俗内容信息等五大问题。在此基础上探讨了提高大型商业网站社会责任履行的有效途径。

关键词: 商业网站 社会责任 量化评估

根据2017年8月4日CNNIC发布的《第40次中国互联网络发展状况统计报告》,中国网民规模达到7.51亿,占全球网民总数的五分之一。与此同时,我国网络新闻用户规模为6.25亿,半年增长率为1.7%,网民使用比例为83.1%。作为发展多年的互联网基础应用,网络新闻已进入相对成熟的发展阶段。

中央重点新闻网站(新华网、人民网、光明网、央视网、中国新闻网等)

---

* 国家社科基金青年项目"地方政务微博受众影响力评估研究"(项目编号:15CGL074)。
** 王井,浙江省委党校社会学文化学教研部;科学发展观与浙江发展研究中心讲师;研究方向:网络传播;现中国社科院马克思主义学院文艺学双博士。

和六大商业网站（腾讯、百度、网易、新浪、搜狐、凤凰）一直是权威资讯发布和网民获取新闻的主要途径。相较于中央重点新闻网站，商业网站具有经济实力强、技术水平雄厚、提供服务全面、辐射受众群体广等特点。尤其是以百度（百度新闻）、腾讯、搜狐、新浪、网易和凤凰为首的大型商业门户网站，通过多年发展逐渐成为涵盖资讯获取、交流沟通、生活娱乐、信息搜索等全功能的互联网信息集散平台。尽管近年来社交网络自媒体和移动端媒体异军突起，对商业网站的流量造成了一定程度的冲击，但大型商业网站仍然占据着相当庞大的互联网流量，直接影响到我国的互联网环境生态。因此，商业网站网络媒体应该承担哪些主要的社会责任，以及如何对其履行的社会责任进行评估、采用何种方法进行评估，这是一个值得深入研究的课题。

一 当前我国大型商业网站的社会责任概述

（一）网络媒体社会责任评价的界定

界定网络媒体的社会责任，首先要溯源到对"责任"的理解。通过查阅相关文献，发现学者对责任的界定大致可归结为四种。一是认为责任即义务，行为的主体遵循道德所应该有的行为或所应该做的事情；二是认为责任即问责，指行为主体因为过失而应承担的道义责任；三是认为责任即负责，该观点是对前两种观点的汇总，认为责任既包含应履行的责任又包含应追究其过失；四是认为责任是一种公共价值，强调一个组织所承担的社会义务应该高于其自身设定的目标，包括组织责任、法律责任、文化责任及道德责任。

媒体的社会责任与"社会责任论"密切相关，施拉姆等在《报刊的四种理论》中认为媒体的社会责任就是新闻报道应该准确、客观、平衡；媒体要为公众提供交换意见与批评的平台；要担负解释社会目标和价值观的责任；要承担开启心智、教育公众的责任等。从比较的视角进行观察，媒体的社会责任除了应承担本身的传播职能外，还应承担诸如维护社会稳定、国家公共安全、民众心智健康等方面的政治、文化、经济等社会责任与义务。

学界对网络等新媒体的社会责任理论探讨较为缺乏，但自1994年互联网进入中国以来，行业的实践探索却从未停止。从1994年多家网络媒体共同起

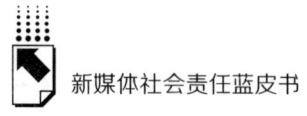

草的《中国新闻界网络媒体公约》,到2002年中国互联网协会颁布的《中国互联网行业自律公约》,再到2013年首都互联网协会于北京发布的《坚守七条底线倡议书》,网络媒体责任被推到了一个新高度。

综合考虑以上因素,本报告以媒介功能及网络媒体传播特点为切入点,根据网络媒体传播的道德准则以及法律规范所应履行的相应职责,在操作层面上从四个维度进行考量,即信息生产、社会监督、文化教育和协调关系。

(二)商业门户网站的定义和主要类型

根据2017年7月1日开始施行的第三版《互联网信息服务管理规定》,互联网信息服务分为经营性和非经营性两类,其中经营性互联网信息服务是指通过互联网向上网用户有偿提供信息或者网页制作等服务活动,而商业新闻网站明显属于此类。所谓商业新闻网站,是指以新闻传播为重要手段并且以赢利为目的的新闻网站。商业新闻网站除了经营新闻业务以外,可能还会经营其他业务。目前,在国内网络市场上经营良好的大型门户网站,都属于商业新闻网站范畴。新浪网、搜狐网、网易网等,都是典型的商业新闻网站。我们可以看到,这些网站除了经营新闻报道以外,还涵盖了社会生活的各个方面。通过传播新闻内容,商业新闻网站可以吸引更多的网民注意扩大网站的影响力,从而为开展网络广告业务和其他附属经营活动奠定基础,最终达到赢利目的。

目前的大型商业网站可分为如下几大类型。

1. 以资讯类为主的网站

也就是传统门户网站,这些网站以信息量取胜,从该网站获得一般信息是免费的,主要从广告以及增值服务获得收益。根据美国亚马逊旗下数据公司Alexa的中国大陆网站流量排名,百度网(百度新闻)、腾讯网、搜狐网、新浪网、网易网和凤凰网是中国大陆目前访问量最大的6个商业新闻资讯类网站。

2. 以商务类型为主的网站

比如各种类型的电子商务网站等,都属于这个范畴。

3. 以垂直类为主的商业网站

此类网站往往是各个细分领域内的权威网站,例如招聘类有前程无忧,婚恋交友类有世纪佳缘,黄页类的有58同城、赶集网等网站。根据美国亚马逊旗下数据公司Alexa的中国大陆网站流量排名,百度网(百度新闻)、腾讯网、搜狐网、新浪网、网易网和凤凰网是中国大陆目前访问量最大的 6 个商业新闻资讯类网站。

（三）本报告的主要研究对象

商业网站与传统的以股东利益为核心的商业公司并无明显的差别，但因具有特殊的社会地位和社会动员能力，其社会责任的承担程度将会给全社会带来巨大的影响。因此，商业网站不应一味逐利，还要兼顾作为信息入口的公共媒体所应承担的社会责任和公共伦理。

本报告希望通过制定商业网站的社会责任的评定量化指标、表现和对比，构建优化商业网站社会责任的监督考评、引导机制。

综上所述，第二类商业网站以商业交易为主，主要为商品交易的信息流通提供支持，而不是我们研究的社会责任所关系的媒体属性。

第三类垂直类商业网站，涉及的行业、领域众多，网站之间的差异性特别巨大，不易形成科学的、一致性的衡量标准，且承担的社会责任跟行业密切相关，并不具备综合代表性。因此本报告的研究对象为第一类侧重资讯类的商业门户网站。

二　研究设计

本报告所考察的网站主要为目前我国综合影响力最大的 5 家商业网站。凤凰网近年发展状况不佳，其在中国大陆的访问量已经跌至 100 名左右，因此不在本报告的考察范围之内。

（一）样本选择

样本网站分别是：百度、腾讯、搜狐、新浪、网易。美国亚马逊旗下数据公司 Alexa 于 2017 年 4 月 12 日的数据显示，这五家网站在中国大陆的日均点击量排名分别为第一、第二、第四、第六和第五十一。其中，新浪网、搜狐网、网易网和腾讯网是我国传统意义上的四大门户网站，百度作为国内最大的搜索引擎，借助庞大的流量优势长期稳坐中国大陆网站访问量头把交椅，旗下的百度新闻近年来也逐渐成为网民获取新闻资讯的首选平台之一。综上所述，样本网站在我国商业网站中具有非常强的代表意义。

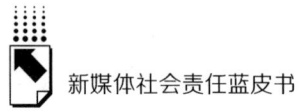

（二）样本取样方法说明

取样时间：2017年4月5日至2017年4月12日。

取样方法：抓取样本网站新闻频道之内容。

百度：百度新闻。http：//news.baidu.com/。

腾讯：腾讯新闻。http：//news.qq.com/。

搜狐：搜狐新闻。http：//news.sohu.com/。

新浪：新浪新闻。http：//news.sina.com.cn/。

网易：网易新闻。http：//news.163.com/。

主要通过内容分析法采用网络爬虫，自动抓取了这些网站的首页重点位置的新闻，对全文进行检索。同时根据词频出现的频率，考虑到不同词的自然出现频率有差异，因此采用的先统计词频，再进行排序，然后根据排序及综合词频出现的频率差异，决定各个项目的实际得分。

三 样本商业门户网站社会责任履行情况的现实考量

通过在线用户对样本网站进行以上20个指标的观察打分，打分结果乘以利用德尔菲法得出的专家权重，计算出以下具体分数，再经过一致性检验，最后获得样本网站的社会责任履行状况（见表1、表2）。

（一）样本网站具体指标得分情况

表1　样本网站社会责任三级（若无三级则为二级）指标得分汇总

	百度	腾讯	新浪	搜狐	网易	均值
真实	1.6028	1.6028	1.6028	1.6028	1.6028	1.6028
权威	0.5332	0.5332	0.5332	0.5332	0.5332	0.5332
时效	0.706	0.706	0.706	0.706	0.706	0.706
全面	0.453	0.453	0.453	0.453	0.453	0.453
深度	0.31	0.3875	0.3875	0.3875	0.3875	0.372
原创	0.162	0.216	0.216	0.216	0.216	0.2052

续表

	百度	腾讯	新浪	搜狐	网易	均值
客观	0.513	0.513	0.513	0.513	0.513	0.513
信息把关	2.602	2.602	1.9515	1.9515	2.602	2.3418
广告控制	0.6316	0.6316	0.4737	0.4737	0.6316	0.56844
侵权控制	0.5748	0.7664	0.5748	0.5748	0.7664	0.65144
舆论监督	0.8256	1.102	1.102	1.102	1.102	1.0469
主流价值	2.3181	2.3181	3.0908	2.3181	2.3181	2.47264
社会风尚	0	0	0	0	0	0
文化传承	1.4148	1.7685	1.7685	1.7685	1.7685	1.69776
娱乐健康度	0.3616	0.3616	0.2712	0.2712	0.2712	0.30736
公共服务	2.7005	2.7005	2.7005	2.7005	2.7005	2.7005
用户体验	1.4155	1.4155	0.8493	0.8493	1.4155	1.18902
互动	0.5301	0.7068	0.8835	0.5301	0.7068	0.67146
商业性活动	3.077	3.077	3.077	3.077	3.077	3.077
非商业性活动	1.923	1.923	1.923	1.923	1.923	1.923

（二）样本网站社会责任一级指标得分情况

根据每个指标的权重，最后计算得出样本网站一级指标得分汇总。

表2 一级指标得分汇总

网站		百度	腾讯	新浪
一级指标	信息生产	4.21550828	4.3574609	4.1907609
	社会监督	3	4	4
	文化教育	3.06503179	3.41873179	3.75787572
	协调关系	4.82305	4.9114	4.71665
总分		3.817346683	4.212707398	4.141803054
排名		5	1	3
网站		搜狐	网易	平均分
一级指标	信息生产	4.1907609	4.3574609	4.262390376
	社会监督	4	4	3.8
	文化教育	3.32833179	3.32833179	3.379660576
	协调关系	4.53995	4.9114	4.78049
总分		4.080967608	4.203332918	4.091231532
排名		4	2	

（三）样本网站四个基本维度的社会责任履行情况

样本网站的平均分为 4.09 分，超过 4 分的良好标准。此外，样本网站之间的最终得分差距不大，整体上都较好地履行了其社会责任，但在具体指标下有一定的差别。

1. 信息生产

在信息生产这一层面，样本网站平均分为 4.26 分，介于良好和优秀之间。这表明经过多年发展，我国的商业门户网站已经可以较好地履行其信息生产的功能。若进一步考察三级指标，样本网站在"原创"、"信息把关"和"侵权控制"3 个指标相较于其他"信息生产"的三级指标存在着一定的上升空间。

2. 社会监督

在社会监督这一层面，样本网站的平均得分为 3.8 分，介于良好和一般之间。

3. 文化教育

在文化教育这一层面，样本网站的平均得分为 3.38 分。样本网站均有文化一级频道，较好地履行了推动社会文化教育的社会责任。5 个样本网站在"娱乐健康度"这一指标上样本网站得分偏低，有比较大的提升空间。而在"社会风尚"这一指标上，5 个样本网站的得分均为 0 分，有非常大的提高空间。

4. 协调关系

在协调关系这一层面，样本网站的平均得分为 4.78 分，也是四个维度中得分最高的一个层面。这表明商业网站普遍注重和受众群体之间的交流和互动，较好地适应了社交媒体时代对网络媒体的要求，但在"互动"这一指标上还有一定的上升空间。

（四）各样本网站社会责任得分状况分析

1. 腾讯网（4.2127 分）

腾讯网为社会责任综合得分最高的网站，"信息生产"、"社会监督"、"文化教育"与"协调关系"四个一级指标均名列前茅，但在三级指标"主流价值"和"互动"方面落后于新浪网，而且"社会风尚"指标抓取数据为零，这都应作为日后完善的方面。

2. 网易网（4.2033分）

网易网的社会责任综合得分也超过平均值，其中"信息生产"、"社会监督"与"协调关系"三个指标得分与腾讯网持平，仅"文化教育"落后于腾讯网与百度网。分析其三级指标发现"主流价值"、"娱乐健康度"与"互动"三个指标是其分数略低于腾讯网的主要原因。

3. 新浪网（4.1418分）

新浪网各项指标除了"信息生产"外均处于中游水平，在"信息把关"、"侵权控制"、"娱乐健康度"和"用户体验"等三级指标是主要的失分项，但值得注意的是，"文化传承"与"互动"两项指标，特别是"互动"指标都高于其他几家网站，说明该指标是新浪网的优势，今后加强网站的社会责任可在此方面继续加强做文章。

4. 搜狐网（4.0810分）

搜狐网四项一级指标仅有"社会监督"一项超过了平均水平，说明搜狐网是有意识想通过网站来增强社会责任的，但其他方面均是短板，都需要加强。

5. 百度网（3.817分）

百度网的社会责任综合得分明显低于平均水平，主要的失分项在于"深度"、"原创"、"侵权控制"、"主流价值"、"文化传承"和"互动"等几项三级指标，但其"用户体验"和"公共服务"两项指标均得到了5分的高分，这是百度网的优势，今后百度网应在信息生产和教育大众方面加强工作。

四 商业网站社会责任履行状况及问题分析

（一）商业网站社会责任履行现状

1. 主要商业网站都能够较好地履行了其社会责任的义务

总的来说，各大商业网站在履行社会责任上平均差距不大。经过多年发展，各大商业网站已经相对成熟，在新闻制作和内容呈现等方面比较好地履行了社会责任。商业门户网站在极大地丰富了网民信息获取渠道的同时，其庞大的互联网流量也使商业网站在新闻和信息的传播上取得了较好的效果。

2. 主要商业网站在社会责任的履行中各有长处,利用自身优势促进新闻资讯和文化传播

在促进信息传播和社会文化教育方面,样本网站均提供了个性化的板块和精品栏目,比较好地避免了门户网站之间的同质化现象。同时,样本网站均利用了自身优势,在内容呈现的方式上取得了较好的效果。比如,百度利用了搜索引擎机器抓取的优势、新浪利用了微博这一强大社交平台引导流量和增强互动、网易主打"有态度"这一新闻品牌概念等。

3. 主要商业网站适应社交媒体新传播生态的能力较强

借助自身多年形成的影响力优势推广其他社交媒体产品,建设新型的社会化媒体传播矩阵。通过分析商业媒体网站的社会责任指标,可发现样本网站"信息生产"和"协调关系"指标得分较高,在表明社交媒体和移动互联网时代,样本网站在积极发挥网站的媒体属性时,也积极响应网民的需求,加强与受众的互动。另外,样本网站还普遍利用自身门户流量优势推广社交媒体产品,如微博、百度百家号、微信公众号、网络直播等,使网站的新闻属性和社交属性相辅相成,形成立体化传播格局,共同作用于新型的信息传播时代。

(二)商业门户网站社会责任履行方面存在的不足

1. 对于议程设置和舆论引导的方向与分寸掌控能力不足

当今我们处于Web2.0到Web3.0过渡的时代,各种媒介工具相互融合,信息传播的速度在不断加快。门户网站仍保留了其在成立之初就具有的聚合信息的特点,会将当前网络上的热点信息"一揽子"丢给受众,其中必然包含不少负面信息。同时,商业门户由于其作为企业天然逐利的特性,再加上部分采编人员政治素养不强,为了流量和影响力考量,往往也会将部分吸引人眼球的新闻放在主要栏目或者板块内,而这些新闻往往不符合当前的主流意识形态,因此也不利于社会的舆论引导。

我国目前已进入社会转型的攻坚期,不同阶层存在不同的利益冲突,社会矛盾有激化的趋势,各地群体性事件时有发生。强调商业门户网站履行社会责任的重要性,并不意味着不能报道任何负面新闻。作为媒体应该引导公众理性、适度的去关注该负面事件,而不是激发社会公众的负面情绪。但是,此次评价体系分数中体现出来的是目前商业网站主动设置议程以及舆论引导的能力还不够，并不能很好地凝聚共识，引导社会舆论朝理想的方向发展。

2. 在社会风尚的引导上有较大的上升空间

商业网站由于在时政新闻领域没有原创采访权，而其本身作为企业又有赢利的需求，因此在时政新闻以外的领域会大放厥词，其中不可避免地包含大量负面的新闻，而且这些"三俗"新闻往往被编排在热门栏目或板块内，明显不利于社会舆论和社会风尚的引导，也直接导致商业网站在"教育大众"这一社会责任维度上偏弱。

图1　百度新闻2017年4月7日国内版消息

3. 对广告质量和数量的控制水平有待提高

作为以盈利为目的的商业门户网站，在传达信息的同时提供广告本属于正常行为，但样本网站中均出现了不同表现形式的诱导性或博人眼球的广告，让用户和受众群体难以甄别。究其原因，商业网站庞大的流量使广告收益也相对较高，利益驱动下网站主体偏向于发布更多的商业广告。此外，目前广泛使用的"广告联盟"发布形式，在一定程度上也加大了网站主体对广告的监管难度。

4. 存在"标题党"、低俗信息等有害内容

相比于题材较严肃，着重思想性、指导性和知识性的各类"硬新闻"，社会新闻、娱乐新闻等"软新闻"通常来说更能迎合受众群体。为了争夺流量，

提高内容的点击率,商业网站首页和内容页上存在"标题党"或低俗信息等有害内容。这反映出网站主体在内容审核把关上存在不足。

图 2　新浪新闻 2017 年 4 月 9 日社会版消息

5. 需要进一步引导用户形成良好的互动氛围

尽管样本网站在"协调关系"这一社会责任之维度上履行得较好,但是样本网站在"互动"这一指标上还有一定的提升空间。在社会化媒体时代,信息的传播不再是单向的由信息的提供者流向信息的消费者,受众之间的信息传播活动承担的责任也越来越重要。在实际的传播活动中,分享和评论是最主要的互动功能,也是网民话语权最重要的体现。然而样本网站对评论的管控和用户注册管理等方面存在一定的不足,匿名攻击、语言暴力和"水军"等现象时有出现,不利于构建良好的互动氛围以及健康的传播生态的形成。

6. 娱乐健康度低,不利于受众人群素养的提高,尤其不利于青少年社会化

商业门户网站以提供信息为主业,其中娱乐资讯和服务是商业网站吸引网民关注的重要组成部分。然而样本网站在娱乐健康度上得分都明显偏低,这使受众在享受娱乐信息或者产品的同时,不可避免地受到低俗信息或者带有诱导性信息的影响。此外,商业门户网站的受众人群中有不少的青少年人群,他们的信息甄别能力和独立人格仍在形成和完善当中,过低的娱乐健康度将直接影响青少年的身心发育以及社会化。

五 推进大型商业门户网站社会责任履行的建议

随着网络的蓬勃发展,当今时代呈现媒介社会化与社会媒介化高度融合的趋势。这不仅意味着网络媒体对于社会的卷入度加深,还表明网络媒体必须承担更重的社会责任。

根据之前量化结果分析,可以发现网络媒体社会责任履行整体表现合格,在新闻制作和内容呈现上较好地履行了社会责任,但是也存在一些不足。因此提出推进我国商业网站社会责任履行的建议如下。

(一)进一步强化网站服务提供商的社会责任意识,以构建良性的传播生态

商业网站在新闻信息生产的同时应加强对内容的审核和把关,主动承担平台主体责任,加强对社会风尚的引导。作为运营主体,始终需要把握好流量和新闻质量之间的平衡。商业网站在提供新闻资讯和内容服务的同时,应减少"标题党"和低俗内容信息,强化便捷举报功能,进一步提高娱乐内容服务的健康度,从而更加有效地抑制有害信息传播,以构建良性的传播生态。

(二)加强对受众群体的引导和管理,努力维护一个积极健康的网络文化环境

Web2.0加持下的自媒体时代,每一个人都被赋予了话语权,作为信息的入口的商业门户网站,拥有庞大的用户群,需要承担引导用户理性在网络平台发声的责任。同时,商业网站还需不断加强对用户的注册管理,使用合适的技术手段减少甚至杜绝"水军"等危害舆论导向的现象发生。此外,商业网站还要利用网络意见领袖以及一定的编排手段等,引导用户自觉提高媒介素养,共同打造一个积极健康的网络文化环境。

(三)顺应社交网络时代用户需求,加强内容建设,创新新闻形式,在促进互联网新闻传播的过程中释放网站主体的社会价值

面对社交网络对网站流量的冲击,商业网站应不断适应新媒体时代用户需

求和提高用户体验,控制好广告的数量和质量,充分利用商业门户网站自身的优势,通过丰富专题设计,加强内容建设,生产多样化、高质量、有深度的互联网新闻,打造出一个"内容至上"的传播品牌,在促进互联网新闻传播的过程中不断释放网站主体的社会价值。

1. 健全新闻内容生产机制

从根本上改变以往以传统媒体为新闻源,仅仅简单进行转载的新闻生产方式,应充分利用网络传播的特点,生产多样化的、高质量的、有深度的、有态度的网络新闻。

2. 充分发挥自身固有的优势,积极打造门户自身的品牌

在移动互联网时代,门户网站的"门户"属性相对开始弱化的今天,应大力发掘商业门户网站的产品属性,在个性化的互联网产品中重塑门户的品牌价值。

3. 构建积极的互动关系

特别是要加强与关键意见领袖的互动,并充分调动普通网民的积极性和主动性,构建清朗的网络舆论空间。

参考文献

朱贻庭:《伦理学大辞典》,上海辞书出版社,2002。
吕杨:《西方媒介社会责任观念及其流变探析》,南京:南京大学,2013。
钟瑛:《中国新媒体社会责任研究报告(2014)》,社会科学文献出版社,2014。
童兵:《比较新闻传播学》,中国人民大学出版社,2002。
〔英〕巴勒特:《媒介社会学》,赵伯英、孟春译,社会科学文献出版社,1989。
田虹、姜雨峰:《网络媒体企业社会责任评价研究》,《吉林大学社会科学学报》2014年第1期。
王井:《地方新闻网站的社会责任及其评价探析》,《现代传播》2015年第3期。
林建宗:《网络媒体社会责任推进机制研究》,《科学决策》2010年第12期。

B.6 我国网络募捐平台社会责任调查及其评价[*]

李青青 王鹏[**]

摘　要： 网络募捐平台已经日益发展成为网络慈善的重要场域，本报告以12家网络募捐平台为研究对象，考察我国网络募捐平台的社会责任履行及存在的问题，并有针对性地提出意见与建议。

关键词： 网络募捐平台　社会责任　对策与建议

随着我国互联网事业的蓬勃发展，网络募捐、微公益等网络募捐形式开始走入公众的视野，网络募捐凭借着参与广泛、操作简捷、成本低廉、见效迅速等优势，逐渐成为人们在短时间内寻求帮助的第一选择，更成为推动我国慈善事业创新和发展的重要力量。各种募捐平台的出现使人们对这种募捐形式习以为常，各界学者对其研究也已经层层深入。网络募捐在形式上还是一个相对新生的事物，对其进行系统考察和科学的研究，有助于我们发现其存在的问题，并有针对性地提出意见建议，从而更好地服务大众服务社会。

一 研究综述

通过对网络募捐进行的文献检索，发现相关论文在1998年才开始出现，至今也不过300多项研究成果，可见当前对此方面的研究尚处于初级阶段，

---

[*] 湖北省教育厅2017年人文社科一般项目"社交媒体风险生成机制与治理研究"（项目编号：17Y051）成果。
[**] 李青青，武汉纺织大学传媒学院讲师；王鹏，中南财经政法大学新闻与文化传播学院研究生。

"网络募捐"相关议题还没有得到足够的重视。目前,相关研究主要集中在三个方面:网络募捐的监管与规范化、网络募捐的诚信问题、网络募捐可持续发展的对策研究。

(一)网络募捐的监管与规范化研究

网络募捐相比较传统募捐方式有着不可比拟的优越性,有效地弥补了传统募捐方式的缺点,使网络募捐平台成为民众在遇到困难时的首选。由此,网络上各种网络募捐平台层出不穷,募捐平台的规范化就成为现阶段的最大问题。这些规范化问题主要体现在法律、制度、技术等层面。如我国法律对网络众筹这一领域的法律出台为零;平台技术水平落后,不能真正帮助需要帮助的受众,而有时候甚至起到反作用。

(二)网络募捐的诚信问题分析与研究

当前,网络募捐的诚信问题研究主要集中在以下几个方面:(1)相关法律法规不健全;(2)主体资源模糊;(3)事件的真实性难以辨别;(4)善款的使用和管理不透明。相关研究认为,网络募捐平台应对有意向募捐的个人或团体进行必要的实际考察,以确保其困难的真实性。对不具有公开募捐资格的组织和个人进行把关筛查。

(三)网络募捐可持续发展的对策研究

关于网络募捐可持续发展的意见与建议,主要体现在如下几个方面:希望公益众筹加强行业自律及监管;加速相关法律法规的建立与完善;国家有关部门建立更为严谨的监管体制。相关研究认为应该从实行网络登记注册制度、建立善款管理制度、建立多部门沟通机制、强化政府监督与管理、建立完善慈善法律法规体系五方面规范网络募捐平台的可持续发展。

二 研究设计

(一)研究对象的确定:网络募捐平台的选取

当前国内网络募捐平台为数众多且标准不一,为了更好地选取有代表性的研究对象，以 2016 年 8 月 22 日民政部公布的首批 13 家慈善组织互联网募捐信息平台为研究对象（如表 1 所示），其中"百度慈善捐助平台"并未找到相关页面，所以选取剩余的 12 家网络募捐平台为研究对象，并将 12 家网络募捐平台分为三大系列：BAT 系、民营系、组织机构系。

表 1　网络募捐平台研究对象选取及网址

	网络募捐平台	隶属机构	网址
BAT 系	腾讯公益网络募捐平台	腾讯公益基金会	http://gongyi.qq.com/
	淘宝公益	浙江淘宝网络有限公司	https://gongyi.taobao.com/
	蚂蚁金服公益平台	浙江蚂蚁小微金融服务集团	https://love.alipay.com/donate/index.htm
	百度慈善捐助平台	百度在线网络技术（北京）有限公司	未找到相关页面
民营系	新浪微博微公益	北京微梦创科网络技术有限公司	http://www.weibo.com/z/weigongyi/
	京东公益	网银在线（北京）科技有限公司	https://gongyi.jd.com/
	轻松筹	北京轻松筹网络科技有限公司	http://www.qschou.com/
	公益宝	北京厚普聚益科技有限公司	http://www.gongyibao.cn/
	联劝网	上海联劝公益基金会	http://www.lianquan.org/index.jsp
组织机构系	中国慈善信息平台	中国慈善联合会	http://npo.charity.gov.cn/
	基金会中心网	北京恩玖非营利组织发展研究中心	http://www.foundationcenter.org.cn/
	新华公益服务平台	新华网股份有限公司	http://xhgy.xinhuanet.com/
	广州市慈善会慈善信息平台	广州市慈善会	http://www.gzcf.org/WebSite/Index.aspx

（二）研究样本的确定：参考样本的遴选

为了较好地对网络募捐平台进行实时监测，研究中选取连续 7 天（2017 年 5 月 12 日至 5 月 18 日）作为观察时间段，选取 12 家网络募捐平台首页为参照系，对其特色栏目进行详细样本采集，并对每条内容信息进行量化处理分析。

三 研究发现

在具体的样本报告中，由于网络募捐平台的特殊性，其在社会监督方面的责任履行整体欠缺，相关数据难以体现社会监督责任的履行情况，所以本报告的研究重点侧重社会责任的其余三个考察指标：信息生产、文化教育、协调关系。

研究发现，网络募捐平台的社会责任履行情况较好，且各平台社会责任履行程度差异不大，其中，文化教育履行最好，协调关系其次，信息生产再次，社会监督欠缺。

（一）网络募捐平台社会责任总体评价及总分排名

通过对三大系列网络募捐平台的社会责任总体评价，研究发现，"组织机构系"社会责任总体评价最好（平均得分 =3.0711），BAT系其次，民营系最差。三大系列网络募捐平台社会责任总分排名如表2所示。

表2 三大系网络募捐平台社会责任总体评价及排名

单位：分

网络募捐平台/社会责任总体评价	平均得分	排名
组织机构系	3.0711	1
BAT系	2.9049	2
民营系	2.6191	3

研究选取的12家网络募捐平台中，社会责任总体得分最高"轻松筹"（3.3841分），其次为"新华公益服务平台"（3.3769分），再次为"公益宝"（3.3308分）。得分最低的为"新浪微博微公益"（1.1446分），如表3所示。

通过对网络募捐平台一级评价指标的对比分析（如表4所示），研究发现：网络募捐平台的文化教育责任履行情况最好，其平均得分最接近于满分标准；协调关系责任履行情况其次；信息生产责任履行情况最差，12家网络募捐平台中得分最高者与最低者之间差值为1.7295，可见网络募捐平台的信息生产责任履行任重道远。

表3 12家网络募捐平台社会责任总体评价及排名

单位：分

网络募捐平台/社会责任总体评价	信息生产	文化教育	协调关系	总分	排名
轻松筹	2.4403	0.4948	0.4490	3.3841	1
新华公益服务平台	2.5197	0.4866	0.3706	3.3769	2
公益宝	2.4272	0.4555	0.4481	3.3308	3
中国慈善信息平台	2.3956	0.4851	0.4025	3.2832	4
腾讯公益	2.3479	0.4776	0.4269	3.2524	5
蚂蚁金服公益平台	2.4882	0.5029	0.1314	3.1225	6
广州市慈善会慈善信息平台	2.3126	0.4785	0.2867	3.0775	7
联劝网	2.1277	0.4339	0.3462	2.9078	8
基金会中心网	1.9558	0.3186	0.2725	2.5469	9
淘宝公益	1.5450	0.4849	0.3098	2.3397	10
京东公益	1.6254	0.3624	0.3402	2.3280	11
新浪微博微公益	0.7884	0.2494	0.1068	1.1446	12

表4 网络募捐平台一级评价指标均分对比

单位：分

一级评价指标均分对比	满分	平均得分	最高分	最低分
信息生产	2.6430	2.0812	2.5179	0.7884
文化教育	0.5185	0.4359	0.5029	0.2494
协调关系	0.4610	0.3242	0.4490	0.1068

（二）网络募捐平台信息生产责任履行情况排名

信息生产责任指标主要包含信息质量、流程控制两个下属指标，通过对信息生产综合指标的分析发现："新华公益服务平台"的信息生产总分最高（2.5197分），其次为"蚂蚁金服公益平台"（2.4882分），再次为"轻松筹"（2.4403分）。"新浪微博微公益"（0.7884分）得分最低，如表5所示。

1.12家网络募捐平台的信息质量对比分析

研究发现（如表6所示）：新华公益服务平台、轻松筹、公益宝位列前三。

表5　12家网络募捐平台的"信息生产"得分及排名

单位：分

网络募捐平台/得分及排名	信息生产	排名	网络募捐平台/得分及排名	信息生产	排名
新华公益服务平台	2.5197	1	联劝网	2.1277	8
蚂蚁金服公益平台	2.4882	2	基金会中心网	1.9558	9
轻松筹	2.4403	3	京东公益	1.6254	10
公益宝	2.4272	4	淘宝公益	1.5450	11
中国慈善信息平台	2.3956	5	新浪微博微公益	0.7884	12
腾讯公益	2.3479	6	平均得分	2.0812	
广州市慈善会慈善信息平台	2.3126	7			

表6　12家网络募捐平台的信息质量对比分析

单位：分

网络募捐平台/信息质量	信息质量总分	排名	网络募捐平台/信息质量	信息质量总分	排名
新华公益服务平台	3.9582	1	腾讯公益	3.6249	7
轻松筹	3.8248	2	联劝网	3.2499	8
公益宝	3.8082	3	基金会中心网	3.2082	9
蚂蚁金服公益平台	3.8082	4	京东公益	2.4999	10
中国慈善信息平台	3.7498	5	淘宝公益	2.3749	11
广州市慈善会慈善信息平台	3.6499	6	新浪微博微公益	1.2499	12

整体而言，12家网络募捐平台在信息的真实性、原创性责任履行上整体较好，在全面性、客观性责任履行上存在欠缺，在权威性、时效性、深度性三个指标履行上严重不足。

通过网络募捐平台进行网站跟踪与内容分析后，发现网络募捐平台基于网络募捐的信息属性，所以其时效性与深度性难以体现，相关资讯信息多为求助帖、招募帖，在权威性上也难以完善。但是也有一些网络募捐平台（如蚂蚁金服、轻松筹、公益宝等）非常重视平台中各种资讯的及时更新，而尤以行业资讯为主要更新类型。

2.12家网络募捐平台的流程控制对比分析

研究发现（如表7所示）：网络募捐平台的流程控制水平中等。其中，"蚂蚁金服公益平台"得分最高（0.8252分），"腾讯公益"得分其次（0.8168

分),"新华公益服务平台"位列第三(0.8085 分),"新浪微博微公益"得分最低(0.2501 分)。

表7　12家网络募捐平台的流程控制对比分析

单位：分

网络募捐平台/流程控制	流程控制总分	排名	网络募捐平台/流程控制	流程控制总分	排名
蚂蚁金服公益平台	0.8252	1	联劝网	0.7752	7
腾讯公益	0.8168	2	广州市慈善会信息平台	0.7251	8
新华公益服务平台	0.8085	3	京东公益	0.5751	9
轻松筹	0.7918	4	淘宝公益	0.5751	10
中国慈善信息平台	0.7852	5	基金会中心网	0.4918	11
公益宝	0.7835	6	新浪微博微公益	0.2501	12

在具体的三级指标衡量方面，研究发现，网络募捐平台的整体"信息把关"较好，"广告控制"居中，"侵权控制"最弱。

在信息把关方面，各网络募捐平台的求助信息都经过严格把关，基本来源于公益机构。而有一些个人求助的信息，则需要好友或熟人进行身份确认及认证。有一些网络募捐平台更是对善款进行详细跟踪与网络信息公开，如蚂蚁金服公益平台对慈善项目的信息把关包含项目介绍、善款去向、捐款记录、NGO介绍等多方面，并以半匿名形式实时显示捐款者的相关信息。

在广告控制方面，组织机构类募捐平台广告控制最好，基本查找不到相关商业广告资讯。而其他类型募捐平台则对广告持开放态度，如淘宝公益、京东公益，多数页面直接链接至商品购买页面，其募捐活动附属于商品销售后的认捐、慈善基金。

在侵权控制方面，网络募捐平台的侵权主要对姓名权、肖像权的侵权较为严重。在募捐信息中，大量使用当事人姓名、图片，以及相应视频资料。但是也有募捐平台对相关信息尤其是图片的使用进行区别对待，如"新华公益服务平台"对有关自闭症儿童的图片使用中，对自闭症儿童面部进行了马赛克处理。

（三）网络募捐平台文化教育责任履行情况排名

通过对12家网络募捐平台的"文化教育"指标的综合评估，研究发现

（如表8所示）：网络募捐平台"文化教育"得分较高（M=0.4359），且各网络募捐平台文化教育权重较为均衡，差异不大。其中"蚂蚁金服公益平台"得分最高（0.5029分），"轻松筹"得分第二（0.4948分），"新华公益服务平台"位列第三（0.4866分），"新浪微博微公益"得分最低（0.2494分）。

表8 12家网络募捐平台的文化教育指标评价

单位：分

网络募捐平台/指标得分及排名	文化教育	排名	网络募捐平台/指标得分及排名	文化教育	排名
蚂蚁金服公益平台	0.5029	1	公益宝	0.4555	8
轻松筹	0.4948	2	联劝网	0.4339	9
新华公益服务平台	0.4866	3	京东公益	0.3624	10
中国慈善信息平台	0.4851	4	基金会中心网	0.3186	11
淘宝公益	0.4849	5	新浪微博微公益	0.2494	12
广州市慈善会慈善信息平台	0.4785	6	平均分	0.4359	
腾讯公益	0.4776	7			

在塑造共识上，网络慈善与募捐在形式与内容上，都体现着主流价值观的具体要求，而网民对于网络慈善的支持与慷慨相助则是社会风尚的最直接体现，网络募捐平台对于主流价值观的传递与贯彻是塑造共识的重要方式，因而各平台在塑造共识上表现较好。

在文化传承上，无论是对于传统仁义礼智信的传递，还是对于民族民俗知识的传递，抑或是对于革命文化红色精神的传递，网络募捐平台都体现在具体的内容与形式中。如对于大病儿童的救治、对于特殊人群（自闭症儿童）的关注、对于贫困地区儿童的免费午餐资助、对于抗战老兵的救助等，无不体现出中华文化的传承与发扬。

在提供娱乐上，由于网络募捐平台属性限制，相关资讯内容对于娱乐功能的体现较弱，文本信息及资讯内容中，没有低俗文字、图片与食品内容，娱乐健康度得分较高。

（四）网络募捐平台协调关系责任履行情况排名

协调关系是指研究对象作为媒介平台，在信息传播过程中对社会关系、网络关系以及网民关系的沟通与协调，主要考察指标有线上沟通、线下活动。

通过对12家网络募捐平台的"协调关系"的综合评估，研究发现（如表9所示）：网络募捐平台"协调关系"整体得分较高（M=0.3242分），但各平台间差距较大。其中"轻松筹"得分最高（0.4490分），"新浪微博微公益"得分最低（0.1068分），两者之间相差0.3422分，体现出各平台之间在协调关系指标上存在明显差异。

表9　12家网络募捐平台的协调关系指标评价

单位：分

网络募捐平台/得分及排名	协调关系	排名	网络募捐平台/得分及排名	协调关系	排名
轻松筹	0.4490	1	淘宝公益	0.3098	8
公益宝	0.4481	2	广州市慈善会慈善信息平台	0.2867	9
腾讯公益	0.4269	3	基金会中心网	0.2725	10
中国慈善信息平台	0.4025	4	蚂蚁金服公益平台	0.1314	11
新华公益服务平台	0.3706	5	新浪微博微公益	0.1068	12
联劝网	0.3462	6	平均分	0.3242	
京东公益	0.3402	7			

在线上沟通方面，12家网络募捐平台的公共服务功能履行较好，而用户体验、互动功能履行较差。具体而言，12家网络募捐平台以网络慈善为立足点，在为公众提供募捐渠道、监督募捐等方面已经发展得较为成熟；但是在平台的用户体验方面明显不足，如蚂蚁金服、新浪微博微公益、京东公益、基金会中心网、广州市慈善会信息平台相关内容没有评论区及留言板块，平台的链接数少甚至没有，用户体验较差；而在互动层面，淘宝公益只能捐款后才能参与评论，新华公益可以留言但是不能观看到自己的留言信息，淘宝公益、京东公益商业属性太强，慈善募捐与捐款项目直接与店铺或产品页面链接，受众互动体验较差。

在线下活动方面，12家网络募捐平台的商业性活动较少、非商业性活动（公益性活动）较多，这也使网络募捐平台的线下活动权重得分较高。在商业性活动方面，淘宝公益与京东公益商业气息浓厚，所有慈善活动均有商业挂名或商品页面推送，其他网络募捐平台商业性活动较少，而蚂蚁金服、新浪微博微公益则没有相关活动信息；在线下活动方面，各网络募捐平台线下活动进行得有声有色，如腾讯公益有专门板块可发起线上公益与线下公益，公益宝注重招募义工与志愿者，联劝网以徒步公益活动为特色，新华公益服务平台则设有社工、爱心衣橱等特色线下活动。

四 问题与对策

通过对网络募捐平台社会责任的总体评价，研究发现，网络募捐平台社会责任的履行过程中依然存在诸多问题，提升网络募捐平台的整体社会责任迫在眉睫。

（一）网络募捐平台发展过程中的突出问题

1. 虚假内容泛滥，网络募捐信任危机凸显

在众多的网络募捐平台上，存在部分求助捐款信息真实性欠缺，部分信息只有文字说明和图片信息（尤其是被捐助人图片），而对于求助者的真实身份、就医诊断、医院证明等关键资料缺失，尤其是这类信息在微博、微信朋友圈广泛传播后，求助捐款信息可以被随意更改，也就给转发者加入信息创造条件，并由此引发信息被转载时失实的风险。

信息的广泛传播，无疑扩大了求助者被捐助的范围，但是如果不能及时对相关信息进行严格把关，从源头切断信息失实的隐患，则会造成求助捐款信息中虚假内容泛滥，并在一定程度上降低网络募捐平台的可信度。

2. 监管缺位，网络募捐平台公信力受损

一直以来，网络募捐信息的真实性核实主要依赖网络募捐平台自身，但是网络募捐平台对于每天海量求助信息的资料审核、真实性验证明显滞后，许多募捐信息在尚未得到真实性验证的前提下，已经进入善款募捐流程，所以网络募捐信息得不到及时有效的核实是其致命的漏洞。而很多网络救助，到最后往往会演变成善款去向的争辩战，所以善款的去向公开透明度不高，就很容易引发网民的不满，甚至对网络募捐平台失去信任。

3. 伦理缺失，网络募捐道德讨伐频仍

不论是公益网络募捐还是个人网络募捐，若缺乏及时有效的信息公开，很容易在捐助者之间形成一种不确定感,这种不确定感源于对自己爱心善举是否落到实处的担忧。一般情况下,捐款人捐款目的具有很强的指向性,这就需要对网络募捐进行公开、透明的监管,使善款用得得当,使捐款人捐得放心。而有些人借着"网络募捐"的旗号做违法犯罪的行为,或是诈骗,或是非法集资,而这样的事件一旦曝出,则会引来网民铺天盖地的道德讨伐。

(二)网络募捐平台可持续发展的对策建议

1. 完善网络募捐的法律约束与制约机制

完善网络募捐的法律约束与制约机制,首先要将网络募捐纳入立法进程,确定网络募捐合法性的同时,有针对性地对网络募捐平台、网络募捐公益组织、网络募捐者进行法律界定,增加专门针对微博、微信募捐的司法条款。

需要注意的是,必须明确网络募捐信息的真实性核实责任主体,并对网络募捐物资、募捐资金的流向管理进行明确规定,强调网络募捐者的责任意识,对于以募捐为名进行的诈骗等犯罪行为,绝不姑息。

2. 积极建构公益组织的内部治理模式

网络公益组织应积极发挥协调引导作用,充分利用自身资源推进网络募捐的可持续化发展。在多部门协调下,公益组织应有意识地推进自身独立化的进程,逐渐完善内部治理体系,能够对网络募捐信息与行为实现实时关注与把关,达到网络募捐的自律及外部规制的双向结合,以期实现对网络募捐良好的协调与引导。

3. 培养捐赠者的新媒介素养与公益意识

积极培养捐赠者的新媒介素养,不仅能够在新媒介平台中积极获取信息,并且能够对信息进行批判性解读,能够对信息真伪存在一定的识别能力。在网络捐赠中,捐赠者往往被求助信息的某个细节或内容所打动,因为其捐赠行为本身具有极强的感性特征,而这也成为众多网络虚假募捐的切入口,所以普通网民在网络捐赠中,应提升自身对于网络求助信息的鉴别能力,做到不盲目、不盲从、不跟风、不狂热。

参考文献

钟瑛:《中国新媒体社会责任研究报告(2014)》,社会科学文献出版社,2014。
钟瑛:《中国新媒体社会责任研究报告(2015)》,社会科学文献出版社,2015。
钟瑛:《中国新媒体社会责任研究报告(2016)》,社会科学文献出版社,2016。

B.7
民族地区政府网站社会责任及其评价
——基于民族自治区省级政府网站的分析*

江宇 杜依依 王佳玫**

摘 要: 作为少数民族地区的对外传播和对内沟通窗口,民族地区政府网站不仅是跨部门、综合性的业务应用系统和政务信息公开平台,同时也肩负地区特色信息传播和民族文化传承的重要责任。本报告以民族区域自治制度背景下建立起来的五个少数民族自治区所建设的省级人民政府网站为监测对象,依照统一建构的新媒体社会责任指标体系,运用内容分析法对民族自治区政府网站在履行社会责任方面的表现进行评价,并在此基础上从信息结构与内容、网站建设、民族性的体现等方面提出建议对策,以促使民族地区政府网站更好地履行社会责任。

关键词: 民族地区 政府网站 社会责任

一 研究缘起与研究现状

伴随着"互联网+"行动的展开,我国电子政务建设迎来一股新的浪潮。2008年5月1日开始实施的《中华人民共和国政府信息公开条例》规定:"各

---

* 广西哲学社会科学规划委托项目"新媒体环境下广西城市形象感知与传播策略研究"(项目编号:16WTXW01)阶段性研究成果。
** 江宇,博士,现任职于广西大学新闻传播学院,副教授,主要研究方向为应用传播学;杜依依、王佳玫,广西大学2015级研究生。

级人民政府应当加强对政府信息公开工作的组织领导。"其中,电子政务是信息公开的重要载体。按照"统筹规划、资源共享、面向公众、保障安全"的要求,要求各地方政府在加强电子政务建设的同时,构建网上信息公开平台,政府门户网站如今作为现代政府与互联网相连接的窗口,成为政府体现其执政能力的重要平台。

政府网站同时作为连接政府与公众的窗口,除对内为本地区百姓服务以外,对外是展示地区政治、经济、文化形象的重要窗口。近几年突发的舆论事件中,不少公众对于民族地区产生了不符合事实的误解,一些国外媒体对我国民族地区的故意抹黑和负面的报道也屡见不鲜,有关民族地区的社会议题多次被推上了社会舆论的风口浪尖。在这样失实的"拟态环境"中,民族地区政府网站承担着引导舆论、促进民族团结和睦、传播民族友好形象等的社会责任。然而民族地区政府网站的建设,面临舆论引导力不足,政府政策解读不够深入,为民办事响应机制滞后,民族文化传承能力弱等诸多问题。这些问题在一定程度上使民族地区政府网站履行社会责任面临着阻碍。

自《中华人民共和国政府信息公开条例》的实施和电子政务建设开展以来,各地区开始逐渐重视政府网站的建设,现今省级、市级网站的建设初具规模。学术界对政府网站建设也日益关注。对政府网站的研究,在中国知网数据库中以"政府网站"为关键词检索到文献共计949篇,以"民族地区"为关键词检索,文献数量为36768篇,直接以"民族地区政府网站社会责任"为题的文献数量为0,以"民族地区政府(门户)网站"为篇名检索到文献仅18篇论文,直接以"民族地区政府网站社会责任"为题的论文则没有找到。

当前学界对于民族地区政府网站的研究,主要集中于其服务建设能力的考察。张名章(2012)利用统计分析软件调查了西部边疆少数民族地区三级政府门户网站的信息传播状况,认为目前政府网站的建设意识存在着层级和地区的差异,网站首页建设规划不合理,传播方式上的"大众传播"方式未能实现。梁春阳(2015)通过创建政府网站服务能力测评体系,认为制约少数民族政府网站服务能力的关键性因素是"民生服务指数"过低。赵生辉(2015)从信息构建的角度分析了民族地区政府门户网站信息构建的主要特色,认为网站的功能定位以传播现代政府形象为主,其信息构建应体现民族特色,又在语言的角度下分析指出少数民族政府网站具有"单一语言孤岛式"的发展模式。王红梅(2013)在电子治理的视野下认为,目前民族地区政府网站的信息孤岛现象明显,网站忽视对外宣传。李帅(2009)从信息环境、组织环境、外部环境三个方面分析了西部地区的电子政务信息生态,认为西部地区电子政务的建设应充分适应信息环境的变化,发挥人的能动作用。

此外,也有从其他视角下对民族地区政府网站的研究。刘建华(2015)从政府网站角色扮演的角度分析认为,边疆民族地区政府门户网站有着信息交流站、政务服务窗、民意反馈地、舆情引导场的角色,因此边疆民族地区的政府网站应确立互联网思维,拓展网站的服务功能,建立网站的保障机制。苏欣娜从理论的角度对政府网站的社会责任进行了分析,认为精心设计的网站、依法及时公开、汇聚民意有助于政府网站有效引导公众舆论。

民族地区政府网站作为国家电子政务建设的一个重要部分,又因其政府网站地域的特殊性、文化的特殊性,承担着必要的社会责任。综上所述,前人研究着重于政府的某一方面的责任,运用科学、系统的评价体系探讨民族地区政府网站社会责任的研究尚少见。

二 研究设计

政府网站是我国各级政府机关履行职能、面向社会提供服务的官方网站。通过监测前观察发现,网站主要涉及政务信息公开、服务企业和与公众互动交流等几个层面,又因本报告着眼的是民族地区的政府网站,其风格设计和板块分割上总暗含有关于少数民族风土人情和传统文化的元素,这在一定程度上促进了少数民族文化的传播。因而本报告中民族地区政府网站社会责任的衡量标准被界定为四个:信息生产、文化教育、社会监督和协调关系。

作为媒介角色社会责任的三级指标较为抽象,为了方便监测和统计,结合既有研究和民族地区政府网站的特性又细分出34个四级指标。同时,根据指标选取的数据可得性原则,在本报告建构的总体评价指标体系的基础上,提出可操作化的民族地区政府网站社会责任评价指标体系。

运用内容分析法在对各网站各四级指标统计打分的基础上,通过权重运算计算出三个一级指标下设的各三级指标、二级指标的得分，最终算出各个网站的最后得分。以四级指标中的"信息更新是否及时"为例，考察五个民族地区政府网站事件发生24小时之内更新的样本数量，据时效性要求，有越多信息在事件发生24小时内更新越好，故将五个网站中更新数量最高的数量值作为基础分，依次将其他网站更新数量除以最高的更新数量，得出各个网站"信息更新是否及时"指标的分值。然后将各个四级指标得分乘以相应权重求和后得出上一级指标，依此类推直到得出一级指标的最后分值。

本报告按照上述统一建构的新媒体社会责任指标体系，在两周的观测样本期间（2017年4月4日至4月18日），对5家民族自治区政府网站（广西壮族自治区人民政府网、内蒙古自治区人民政府网、西藏自治区人民政府网、新疆维吾尔自治区人民政府网、宁夏回族自治区人民政府网）进行实证对比分析，考察民族自治区政府网站社会责任在两周内的履行状况。

三　主要研究发现

观测周期内，5家民族自治区政府网站履行社会责任的表现总体良好，但亦还有需提升之处：信息生产方面，信息的真实性以及信源的权威性得到较好实现，基本保持了立场的客观中立；文化教育方面，需要加强地区民族文化的传承；社会监督方面，可更深入解读相关政策；协调关系方面，尚可加强政务服务渠道与政府网站体现的民族特色。

5家民族自治区政府网站的社会责任综合评价得分情况如表1所示。

表1　民族自治区政府网站社会责任指标得分情况

排序	网站	社会责任总分	信息生产	文化教育	社会监督	协调关系
5	广西壮族自治区人民政府网	0.5592	0.7267	0.1967	0.2643	0.8875
2	内蒙古自治区人民政府网	0.7434	0.8019	1.5906	0.3397	0.6615
3	西藏自治区人民政府网	0.7362	0.8358	0.9246	0.1984	0.4819
1	宁夏回族自治区人民政府网	0.7790	0.9266	0.6531	0.5594	0.7306
4	新疆维吾尔自治区人民政府网	0.6945	0.8333	0.7647	0.3199	0.9386

表1中，社会责任履行现状宁夏回族自治区人民政府网排名最高，得分为0.7790，广西壮族自治区人民政府网排名最低，得分为0.5592。各民族自治区政府网站间得分差距不大。

虽总体表现良好，但5家民族自治区政府网站在各项指标上存在不同程度的差距，主要表现为以下几个较为突出的问题。

（一）"信息生产"时效较差、深度不足

在社会责任的四个一级指标中，信息生产的权重最大，对于社会责任指数贡献最大，民族自治区政府网站作为民族自治区人民政府的信息公开平台，信息的上传下达与广泛传播尤为重要。在信息生产下的二级指标中，"信息质量"权重超过0.8，因此将把这一指标作为"信息生产"的重点来研究。在统一建构的新媒体社会责任指标体系中，"信息质量"共分真实性、权威性、原创性、时效性、全面性、深度性和客观性七个指标。但因本次研究对象全为政府网站，自身具备着较高的公信力与影响力，真实性与权威性对信息质量评价的影响较小；同时，发布信息的来源，基本源自各县市、政府机构、大学等机构供稿或转载，原创性在该类政府网站中也基本得不到体现。故"真实""权威""原创"这三个三级指标本次研究不予评估。仅通过对5家网站每日更新的"焦点新闻""要闻""政务公开""部门快讯""通知公告""专题"六个栏目内容的监测，综合考察其余四个指标的得分情况，以此分析5家民族自治区政府网站的信息质量水平。

5家民族自治区政府网站信息质量从总体上来说较为接近（见表2），但具体各维度上各有侧重。宁夏回族自治区人民政府网在信息生产这一指标上表现亮眼，基本兼顾了时效、全面、深度与客观；西藏自治区人民政府网和新疆维吾尔自治区人民政府网在信息的深度挖掘和追踪方面表现较好，但在时效上有待提升；内蒙古自治区人民政府网和广西壮族自治区人民政府网分别在全面性和深度性上表现良好，但其他方面都有待加强。

时效性方面，统计数据显示，五家政府网站日均信息发布量约为13条，其中信息更新最频繁的是宁夏回族自治区人民政府网，单日更新最高达42条。广西壮族自治区人民政府网每日更新的信息数量基本保持在10条左右，在五家政府网站中，更新频率最低。其次，在新媒体时代，信息生产注重"快"与

表2 民族自治区政府网站信息质量评价

排序	网站	时效	全面	深度	客观	信息质量总分
5	广西壮族自治区人民政府网	0.5925	0.5363	0.9835	0.5023	0.7940
4	内蒙古自治区人民政府网	0.8971	0.9921	0.5758	0.6774	0.8647
3	西藏自治区人民政府网	0.7599	0.9053	1.0700	0.9664	0.9054
1	宁夏回族自治区人民政府网	1.1401	1.1563	1.1373	0.9160	0.9819
2	新疆维吾尔自治区人民政府网	0.8505	0.8267	1.2334	0.9490	0.9219

"新"，事件能否在24小时的黄金时间内发布，尤为重要。在观测期内，5家民族自治区政府网站中只有不到半数的信息在事件发生24小时内发布。此外，由于个别网站节假日信息不更新，信息发布时间一拖再拖。例如宁夏回族自治区人民政府网、新疆维吾尔自治区人民政府网，因周末、法定假日等因素，常会将放假前一天搜集到的事件信息搁置，直到重新开始工作日的当天再发布，此时事件已经发生3~5天，滞后的发布失却时效。

从信源的广度、话题的多样性、观点多元等考察全面性后发现，五家政府网站主要引用不同信源的文章来充实内容。其中，新疆维吾尔自治区人民政府网引用外来信源最多，单日最高达到18个，主要来源类型为报纸、新闻网站、各县市政府机构。广西壮族自治区人民政府网在监测周期内，仅引用过3类信源的信息，在信源广度上，有待提升（见表3）。在话题的多样性层面，各家网站得分相差不大，但在民族性话题的选取和打磨上有所欠缺，未能突出民族地区政府网站的民族特性。

表3 民族自治区政府网站信源情况一览

排序	网站	单日最高信源数	日均信源数
5	广西壮族自治区人民政府网	3	1.5714
2	内蒙古自治区人民政府网	12	6.1429
4	西藏自治区人民政府网	7	3.9286
3	宁夏回族自治区人民政府网	14	6.0000
1	新疆维吾尔自治区人民政府网	18	7.5000

作为以信息公开为主要职责的政府网站，系列报道、热点专题、深度报道等板块的开设和信息的发布有助于受众了解事实真相，有效引导舆论。因此，开设的相关板块的质量和数量直接影响网站信息质量。宁夏回族自治区人民政

府网和新疆维吾尔自治区人民政府网的热点专题和深度报道较多，且发布形式多样，立体化多方位呈现新闻真实。例如，新疆维吾尔自治区人民政府网"两学一做"专题，专门开设外链页面进行信息发布。内容从会议到文件再到活动应有尽有，采用头条动图、访谈跟进、视频图片以及热门网评等多种展现方式，在部分信息页面附详情页链接或文件下载链接。从页面设计完成时间2月15日开始，直至本报告统计时段，一直持续追踪报道相关信息。其他三家网站的专题数量和信息追踪的深度则需给予更大的关注。

政府网站上几乎不发布广告，因此，对信息生产的另一重要指标"流程控制"的衡量不涉及广告与侵权问题，而主要集中考察信访内容的信息把关情况。观测期内，通过点击主席信箱、政务服务中心、网上投诉、查看信件等功能按钮，发现5家民族自治区政府网站均需登录才能进行各种上访、办事、发言行为；在注册时，广西壮族自治区人民政府网和新疆维吾尔自治区人民政府网只需提供个人手机号进行验证，其余三家网站需输入身份证号码进行实名认证。我们认为后者更能有效地防止不良举报、垃圾信件的产生，提高上访信件处理效率。

在公示信访内容和处理结果方面，宁夏回族自治区人民政府网和新疆维吾尔自治区人民政府网对部分上访信件的详细内容和处理结果进行公示，广西壮族自治区人民政府网只是对上访信件条目的公示，不能点击进行查看，而内蒙古自治区人民政府网和西藏自治区人民政府网未开设人和公示板块，已经写信上访者也必须登录才能查看信件处理结果。

（二）文化教育中还需加强民族文化的传播

在统计时段内，内蒙古自治区人民政府网文化教育方面表现较好（0.1649），广西壮族自治区人民政府网表现较逊色（0.0204）（见表4）。

表4　民族自治区政府网站文化教育社会责任评估

排序	网站	塑造共识	文化传承	文化教育总分
5	广西壮族自治区人民政府网	0.0491	0.1476	0.0204
1	内蒙古自治区人民政府网	1.3381	0.2525	0.1649
2	西藏自治区人民政府网	0.5162	0.4084	0.0959
4	宁夏回族自治区人民政府网	0.3745	0.2786	0.0677
3	新疆维吾尔自治区人民政府网	0.5016	0.2631	0.0793

民族地区人民政府网在信息内容中传递的社会核心价值与传统文化价值在潜移默化中起到教育大众的作用，遂成为考量其"塑造共识"方面社会责任的重点。党的十八大报告中首次以"富强、民主、文明、和谐、自由、平等、公正、法制、爱国、敬业、诚信、友善"为社会主义的核心价值观，从政府网站的定位与功能考虑，主要考察国家与社会层面的核心价值观的词频。在五家政府网站中，内蒙古自治区人民政府网得分较高，其新闻动态与政务动态中，报道先进人物、体现社会和谐的信息较丰富，其中包含"和谐"关键词的文章数量为64篇，数量是广西壮族自治区人民政府网的16倍。广西壮族自治区人民政府网的新闻动态与政务动态中多为报道性的叙述，对于社会核心价值观的传递稍显力度不够。

在"文化传承"方面，主要考察网站发布的传播民族与文化主题的报道数以及网站开设多语言版本的情况。在民族文化类的信息统计中，西藏自治区人民政府网对民族类活动和文化产业发展的相关报道较为关注。同时，在首页醒目位置提供宗教信仰、西藏特产、进藏常识等民族性的小窗口，在文化传承和对外形象的展示上承担了较好的社会责任。在网站语言功能的提供中，内蒙古自治区人民政府网、新疆维吾尔自治区人民政府网和宁夏回族自治区人民政府网提供网站的多语言版本，为不同文化、不同语言背景的受众提供了了解民族地区的渠道；新疆维吾尔自治区人民政府网开设了"网站无障碍"、"维吾尔族文字版"、"英文版"链接，面向多样化不同背景的人群展示网站的内容，广西壮族自治区人民政府网仅有汉文版网站，在多语言建设上还需改进。

（三）公共政策解读不够及时与深入

在履行社会监督责任方面，宁夏回族自治区人民政府网相比之下表现较好，得分为0.1541，西藏自治区人民政府网得分较低，为0.0547，社会监督能力较弱（见表5）。

表5 民族自治区政府网站社会监督责任评估

排序	网站	监督公共政策	监督公共权力	社会监督总分
4	广西壮族自治区人民政府网	0.2933	0.2431	0.0728
2	内蒙古自治区人民政府网	0.4093	0.2802	0.0936
5	西藏自治区人民政府网	0.1905	0.2122	0.0547
1	宁夏回族自治区人民政府网	0.5029	0.6326	0.1541
3	新疆维吾尔自治区人民政府网	0.2867	0.3626	0.0881

近年来，随着政府信息公开政策的实施与深入开展，政府网站在公共政策的制定和实施中扮演着重要角色。在"监督公共政策"方面，宁夏回族自治区人民政府网能较好履行社会责任，其"政务动态"与"市县动态"栏目内的政策信息每日更新 10～20 条不等，更新数量可观。在观测期间，其他民族自治区政府网站的新闻信息中有关国家机关的信息数量较多，对于国家公职人员的监督还有待加强。

5 个民族自治区政府网站虽然在发布公共政策制定与实施的信息中能够及时有效，但对于政策的解读还不够深入。仅有新疆维吾尔自治区人民政府网站与内蒙古自治区人民政府网站还在首页设置了"在线访谈"的栏目，不定期更新图文与视频结合的在线政策解读栏目。其余 3 个民族自治区的政府网站虽开设"政策解读"的栏目，但栏目的实质内容更新较慢，与公共政策的新闻更新频率无法达到同步。

（四）"协调关系"，政务服务与网站形象还有待改进

协调关系方面，新疆维吾尔自治区人民政府网水平较高，为 0.9386 分，西藏自治区人民政府网表现较差，为 0.4819 分。在"线上沟通"方面，大部分的人民政府网都意识到与公众建立沟通渠道的重要性，在网站功能的建设上表现较好（见表6）。

表6 民族自治区政府网站协调关系社会责任评估

排序	网站	公共服务	用户体验	互动	协调关系总分
2	广西壮族自治区人民政府网	0.9373	0.6610	0.1767	0.8875
4	内蒙古自治区人民政府网	0.3508	0.7955	0.1767	0.6615
5	西藏自治区人民政府网	0	0.7870	0.1767	0.4819
3	宁夏回族自治区人民政府网	0.5471	0.7375	0.1767	0.7306
1	新疆维吾尔自治区人民政府网	0.8653	0.8351	0.1767	0.9386

公共服务以合作为基础，强调政府的服务能力和公民如何更好地实施公民权利。在"公共服务"方面，西藏自治区人民政府网在此得分为 0，广西壮族自治区人民政府网表现最好（得分 0.9373），其为"经济公共服

务"开设的便民渠道有 36 个，在 5 家网站中数量最多。其中大部分是为企业开设的种类繁多的政务服务渠道，公众可以在网站上查询办事流程，下载办事表格，同时可以在线输入查询码来了解办事进度。广西壮族自治区人民政府与宁夏回族自治区人民政府网在首页设置了办事结果的公告栏目，突显出了政府网站为民办事的效率。西藏自治区人民政府网站尚未开通办事渠道。

在"用户体验"方面，新疆维吾尔自治区人民政府网表现最好。其网站制作精良，页面整洁富有逻辑，网站形象可信度较高；内蒙古自治区人民政府网、西藏自治区人民政府网和新疆维吾尔自治区人民政府网的各导航栏与栏目的设计上均有民族纹饰做点缀，设计颇具民族特色；广西壮族自治区人民政府网网站制作比较其他网站相对逊色。比如"办事服务"的四个图标占据了大部分的网页位置，而与民意调查相关的"我为督察提建议"栏目虽然在网页的靠前位置，但图标面积较小不够醒目，很难起到调查民意的作用，同时网站首页信息较冗余，网站形象可信度较低。

在"互动"方面，5 家政府网站都开设了线上民意调查、在线投诉的栏目。其中新疆维吾尔自治区人民政府网站与内蒙古自治区人民政府网站还在首页设置了"在线访谈"的栏目，不定期地邀请嘉宾来针对政策进行解读。广西壮族自治区人民政府网站并没在首页设置醒目的互动窗口，仅有"我为督察提建议"窗口且较为隐秘，点击后显示的网站为国家级的中华人民共和国中央人民政府网，并不是针对自治区的互动栏目，而首页导航中的"互动交流"栏目内仅为某些地级市政府网的互动交流连接，且公众进行网上留言的过程烦琐，行使权利的渠道不够便利。

四 对策与展望

（一）调整网站信息结构与内容，加大信息公开力度

网站的信息结构描述的是网站信息节点间的逻辑关系，分为宽度和深度两方面。宽度是指信息结构某一层次上元素的数量，深度是指从信息结构的顶端

到达某一元素所经过的层次数量。① 考虑到政府网站政务公开的职责以及大多数民族地区用户的特性，采用简易的、易找寻的"扁平式信息结构"可能更为适合民族地区政府网站。具体来说，可将信息按照属性或话题分类，在二级页面中，一目了然地呈现所有信息，减少一级又一级的深链式发布和站外页面的跳转。

在内容选取上，应扩大信息来源。丰富的话题和巨大的信息体量能够体现民族地区政府网站的门户作用。民族地区政府网站的信息公开，目前更多是发布政策文件和政务活动。在遵守政务信息公开条件的前提下，应有意识地挑选一些深度信息进行发布，经济数据、财政数据等能够反映本自治区发展的信息也应尽可能发布，以更好地进行招商引资。再者，需重视公开信息的时效。现在民族自治地区省份政府网站更新速度慢，且每逢节假日停止更新信息，或只更新领导活动信息。信息拖延发布会降低政府网站在舆论中的话语权。在等待的时间，公众有可能已经从其他媒体途径获知信息，伴随而来的就可能是用户的丢失，因此，要保证节假日持续更新，并提升信息整体的时效性。有效获取用户对网站的信任，增强用户对政府网站的依赖度。如遇重大事件，及时设置专题板块，深度报道和专题报道也十分必要。

（二）做好公共政策的解读，提升在线服务能力

民族自治省份距政治中心、经济中心较为偏远，信息化水平与教育水

---

① 张名章：《西部边疆少数民族地区政府网站的传播问题与对策研究》，《昆明理工大学学报》（社会科学版）2012年第5期。
梁春阳：《少数民族地区政府网站服务能力测评与分析》，《北方民族大学学报》（哲学社会科学版）2015年第2期。
赵生辉：《中国少数民族语言政府网站建设的战略思考》，《电子政务 E – GOVERNMENT》2015年第7期。
王红梅：《论电子治理视野下的民族地区政府门户网站建设》，《贵州民族大学学报》（哲学社会科学版）2013年第6期。
李帅：《关于西部地区电子政务建设的信息生态问题研究》，《科技与管理》2009年第2期。
刘建华《边疆民族地区政府门户网站的角色扮演与信息建构》，《电子政务》2015年第10期。
苏欣娜：《政府网站的社会责任》，《信息化建设》2008年第9期。
赵生辉：《民族地区政府门户网站的信息构建研究》，《电子科技大学学报》（社科版）2009年第11期，第107页。

平相对落后。相对东部发达省份而言,民族自治省份的公民参与公共事务的能力较低。利用政府网站做好公共政策的解读,提升民族地区的政治参与热情,对于培养民族地区公民,特别是少数民族公民对国家政治体系的认同感具有积极的作用。民族地区政府网站在对公共政策的报道中,应重"解读"而不是一味地"上传下达",重"质量"而不是重"数量"。开办在线访谈类节目解读公共政策。考虑到民族地区的信息化技术未得到全面普及,访谈节目以图文直播、文字直播的形式进行同样可以调动公众参与公共事务的积极性。通过对公共政策的"议程设置"以及对公共政策的深度解读,民族地区政府网站更能够履行好社会监督的责任,拉近政府与民族地区公众之间的距离。

民族地区除部分较发达的市县外,地理特征多属"地广人稀",市民办理相关政务的处理周期长,政府办事效率受到影响,公共服务的社会责任不能较好地履行。得益于政府网站的建设和办事渠道的开通,极大方便了市民的生活,考虑到信息技术未在民族地区得到全面普及,但城镇内基本上网功能已逐步普及,因此,开通在线办事服务、优化在线办事流程尤为重要。民族地区政府网站应增加基础公共服务渠道、在线办事窗口的开通数量,重视办事指南、在线咨询服务的建设,发挥政府网站为民服务的功能,最大限度满足民族地区受众的需求。

(三)重视民族文化的传承,塑造民族地区对外形象

民族地区历史文化悠久,其丰富的文化资源因受限于地理环境、语言差异的影响未能形成较好的共享机制,民族地区政府网站无疑为民族文化的传承与弘扬提供了面向世界范围的平台。虽然目前各民族自治省份政府网站的设计都适量地加入了民族特色元素,但民族气息未能与网站整体有机地契合。在新媒体环境下传播民族文化,要在创新中继承,在继承中创新。民族地区政府网站的整体视觉呈现应能够反映出民族特色。

运用各民族喜爱的颜色进行网站设计的配色。如壮族喜红色、黑色,藏族喜白色等,纹饰图案的选择上可运用壮族壮锦、藏族"吉祥八宝"、回族"星月"图纹元素等民族特色意象,可有效地为网站营造少数民族特色的文化氛围的同时也给民族地区受众带来亲切感与认同感。在网站栏目板块的设计上,

应充分考虑到受众浏览网站的便利性，网站导航栏及页面的小窗口应做到"少而精"，在有限的页面上发挥它最大的作用。其次，多数民族地区政府网站将民族文化的新闻或信息零散地置于旅游板块中，对于民族文化的介绍没有形成一个独立完整的体系，整合传播力不够，事倍功半。事实上，民族地区政府网站可考虑专门设立民族特色文化展示栏目，在网站的信息内容中加大民族类、文化类信息的传播力度，加入民族节事、民族特产、民族习俗等信息介绍。最后，较之枯燥的纯文本形式，图文并重并有效运用诸如视频、访谈直播等方式传播信息更能够吸引公众阅读。综合运用多媒体的呈现方式，将民族地区特有的民族文化更直观地展现给受众，塑造丰富、多样的民族地区形象。

专题篇

The Thematic Part

B.8
网络视频直播的共同治理模式：
基于政策网络分析的视角*

刘 锐 姜文嘉**

摘 要： 本报告以网络视频直播规制的政策网络为例，综合运用内容分析、政策文本比较、深度访谈等研究方法，探讨了中央各部委、地方政府、自律联盟、直播平台、媒体和公众在此政策过程中的互动。借此分析在媒介融合的背景下"党管媒体"思路与"平台治理"、"发展文化产业"逻辑的统合与博弈，在此基础上提出了网络视频直播的共同治理模式。在网络视频直播这一媒介融合的高级阶段，我国的新媒体政策面临较大的规制融合压力。相关政策过多强调对新媒体平台的

---

* 2017年国家社会科学基金项目"网络视频直播的多元协同治理模式研究"（项目编号：17CXW028）的研究成果。
** 刘锐，博士，华中科技大学新闻与信息传播学院教师，研究方向为新媒体政策；姜文嘉，硕士研究生，华中科技大学新闻与信息传播学院，研究方向为新媒体传播。

110

限制，对权益保护则不足，普通公众和直播用户的政策参与渠道不够畅通。国家通过许可证等资源和权威将新媒体平台整合到规制体系中去，但仍需新媒体平台主动承担监管责任，避免唯经济利益取向。

关键词： 视频直播　媒介融合　共同治理　政策网络

一　研究背景

2016年以来，网络视频直播成为中国新媒体产业的"风口"。截至2016年6月底，网络直播用户规模达3.2亿。2016年直播市场规模约为150亿元，到2020年预估达600亿元。① 网络视频直播被界定为一种借助互联网实时采集、制作和播出视频节目内容的传播形式。它跨越了视听节目、网络表演、新闻信息服务、网络游戏等多个内容领域，是传统媒体和新媒体融合的高级阶段。它打破了媒介内容和传播行为之间的界限，在生产内容的同时就进行了分发。这种即时传播方式提高了传播效率，但也使内容低俗、同质化、语言暴力、侵权等问题的监管难度大大增加。

网络视频直播是一种媒介融合的产物。对网络视频直播的治理也涉及媒介融合背景下"党管媒体"、"发展文化产业"和"平台治理"等多种逻辑的博弈，最后矛盾集中到界定其究竟是新闻媒体还是文化产业。推动传统媒体与新兴媒体融合发展的核心价值目标是：通过改革与创新新媒体管理，确保官方意识形态的主导地位。② 我国的相关职能部门在2016年下半年相继出台了针对网络视频直播和网络表演的管理办法，编织了密集的政策网络。这种多头管理的模式虽未提高监管效率，但也基本达到了稳定、可控的目的。

---

① 易潇：《网信办重拳整治直播应用 平台应落实主体责任》，人民网，http://qh.people.com.cn/n2/2017/0407/c346768-29983287.html，2017年4月7日。
② 陈昌凤、杨依军：《意识形态安全与党管媒体原则——中国媒体融合政策之形成与体系建构》，《现代传播-中国传媒大学学报》2015年第11期，第26~33页。

对网络视频直播进行规制，主要有以下几点理由：触碰我国互联网管理的多条底线，例如"九不准"、"七条底线等"；侵犯版权等，对网络视频直播进行治理具有充分的必要性。但是如何治理网络视频直播，又存在"党管媒体"、"平台治理"、新自由主义、发展文化产业、青年亚文化等多种话语的博弈。哪一种话语占了上风，就意味着网络视频直播的政策就偏向于哪一方的利益，参与博弈的利益群体包括：中央部委、地方政府、直播平台、直播用户、家长等。这些利益相关群体的政策博弈建构了网络视频直播的政策网络。目前在我国占主导地位的话语主要是"党管媒体"和"平台治理"，代表了政治和经济两种利益集团的政策博弈。

由于网络视频直播的媒介融合属性，其治理逻辑主要来自传统媒体和互联网产业两个方面。传统媒体的规制逻辑主要表现为"党管媒体"、"稳定压倒一切"、"以正面宣传为主"，其中最为核心的要点是传媒归国家所有、保持喉舌性质、党管人事、正确的舆论导向。如果将网络视频直播界定为视听节目，就需要按照传统媒体的思路来进行管理，而许可证制度也是"党管媒体"逻辑在互联网时代的延续和升级。如果将网络视频直播视为互联网和文化创意产业，更加强调法律法规的规制作用。

针对互联网的治理策略主要有两派观点：一派是政府主导，另外一派则强调用户自治，二者存在竞争性的关系。近年来第三派观点开始流行，即平台化和网络化的治理。政府以新媒体平台为政策抓手，监督平台进行自我治理，这种策略被叫作"平台治理"。国际互联网治理发展的最新趋势也是政府委托私营企业来进行网络监管、内容审查、阻止违法信息，或者获取用户信息等，这种模式被称为"政权代理"。①

"平台治理"的具体思路是将新媒体平台作为规制政策的供给主体，对平台用户进行正式或非正式的约束。各大视频直播平台制定了各自平台内部的管理规范，诸多网络直播平台还成立了绿色直播联盟，签订了自律公约。这些新媒体平台的自我规制原则在某种程度上具有准公共政策的效力，对用户在无远弗届的网络空间的行为进行约束，有效地填补了政府规制不足留下的空隙。新媒体的"平台治理"和"党管媒体"形成了一种"共同规制"模式，它是一

---

① 劳拉·德拉迪斯：《互联网治理全球博弈》，中国人民大学出版社，2017。

种授权的自我规制，或是在政府监管下的行业自我规制，介于法定规制和自我规制之间。①

"平台治理"模式"整合了自律和正式的法制系统功能"，其优点是"规制框架必须快速调整并且持续优化以在快速变化市场不至于脱节和失效"，"更有弹性、适应性更强，也更有效率"。在共同规制模式下，国家/政府的角色发生了变化，从基于"控制－命令"的"规制者"转变为一个"协调整合者"，或者是从过去的"主权国家"转变为"统合协商国家"。② 展江也认为我国的媒体与政府的关系有望从国家法团主义转向社会法团主义。③ "平台治理"和"党管媒体"有进一步协调的空间。

本报告以政策网络作为分析工具，分析"党管媒体"和"平台治理"这两种逻辑是如何在媒介融合的背景下博弈和统合的。通过检视中央和地方政府机构、自律同盟、新媒体平台等不同行动主体在直播政策网络中所扮演的角色，探讨网络视频直播的政策网络是如何建构起来的？相关行动主体如何互动的？

二 政策网络理论及其研究路径

目前学界对传媒政策的研究很多，但对其概念界定却语焉不详，一般可以理解为传播领域的政策。政策指的是政府和公共管理部门的一些具有公益性、有目的和法律效应的方案。④ 传媒政策勾勒出国家或社会或其他主体预期中的传媒图景，传媒规制则依据政策所规定的法则，通过组合运用特定的工具对传媒的生产、传播和销售行为进行组织和约束，以实现政策目标。⑤ 西方的传媒政策具有法律特征，但在中国语境下传媒政策常常以部门规章的形态存在。因此，在本报告中传媒政策主要是由政府或其他准公共机构出台的以法律或者部

---

① 张文锋：《走向治理：媒介融合背景下西方传媒规制理性与实践》，西南交通大学出版社，2015，第116页。
② 陈映：《欧美传媒政策的范式转型》，中国社会科学出版社，2016，第190～191页。
③ 展江：《审慎而积极地调整国家－媒体关系——胡锦涛在人民日报社考察工作时的讲话解读》，《国际新闻界》2008年第7期，第24～29页。
④ 霍华德·裘伯：《传媒政策与实务》，中国传媒大学出版社，2006，第14页。
⑤ 陈映：《欧美传媒政策的范式转型》，中国社会科学出版社，2016，第45页。

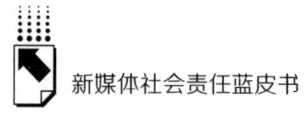

门规章的形态存在的监管办法。

在传统媒体时代，传媒政策制定的主体为政府机构，政策执行呈现"条块分割，属地化管理"的特征。但在新媒体环境下，Facebook、Google等数字媒体巨头在地理空间上已经突破了国家的界限，用户数以亿计，新媒体平台也成为规制政策的主要供给者。由于新媒体的自我衍生速度快，新媒体应用生态的复杂性强，单一政府机构已经难以针对某一类新媒体应用进行充足的制度供给。因此多政府机构配合多个新媒体平台形成的政策网络成为有效治理的必要途径。

贝松认为政策网络是"资源相互依赖而联系在一起的一群组织或若干群组织的联合体"，彼得森则认为政策网络是"在特定政策部门拥有各自的利益或'股份'，并且有能力推动政策成功或者导致政策失败的一群（政策）主体"。政策网络的特征包括：主体之间相互依赖；政策网络是一个过程；政策网络的活动受到制度制约。①

政策网络是来自西方的公共管理学理论，近年来也被运用到中国的社会实践分析中来，主要用于探讨国家与社会、中央与地方在政策过程中的互动关系。曾用在对怒江水电开发问题的研究②、大气污染防治政策③、水资源管理政策④等矛盾比较尖锐、亟待解决的社会议题的研究中。本报告将政策网络作为一种分析工具运用在传媒治理的领域，旨在探讨不同的行动主体在网络视频直播的政策过程中的行动逻辑存在着什么差异，特别是"党管媒体"和"平台治理"这两种逻辑是如何博弈和整合的。

目前国际上通行的互联网政策大都体现出政策网络的特征，例如多利益攸关者模式就强调了应该由政府、市场和市民社会来共同应对互联网社会中遇到的问题。此外，网络空间自治论也试图以互联网自治来取代政府主导的互联网

---

① 朱亚鹏：《公共政策过程研究：理论与实践》，中央编译出版社，2013，第54~55页。
② 朱春奎、沈萍：《行动者、资源与行动策略：怒江水电开发的政策网络分析》，《公共行政评论》2010年第3期，第25~46页。
③ 冯贵霞：《大气污染防治政策变迁与解释框架构建——基于政策网络的视角》，《中国行政管理》2014年第9期。
④ 龚虹波：《"水资源合作伙伴关系"和"最严格水资源管理制度"——中美水资源管理政策网络的比较分析》，《公共管理学报》2015年第4期。

治理，企图将政府排除在外。① 但是在当代中国语境下将政府从互联网治理中排除是不可能的。"平台治理"这一逻辑充分显示了政府和企业相配合的政策网络特征，而且政府是政策网络的主要发起者，这一政策过程呈现出国家法团主义的特征。

政策网络分析的主要方法包括：理性选择，将网络主体视为自我利益追求者，分析它们的行为和关系；正式网络分析，关注形成各种关系上的网络的实际结构；集团或个人的相互作用分析，采用人类学的方法探究特定个人和团体之间的互动；比较研究，比较不同国家、地区、不同政策部门或者次部门的政策网络特征的异同及其对政策过程的影响；结构研究，分析社会中不同集体间更加广泛的关系。② 由于这些研究路径之间存在着不同程度的重复，本报告综合使用上述路径展开分析。

为了探讨新媒体管理政策的变迁，本报告以网络视频直播政策为例，追踪了相关政策的酝酿、出台、执行整个流程，呈现出我国传媒政策网络是如何从较为封闭的网络社区转变为更加开放和多元的议题网络。在研究方法方面，首先对过去一年内所有相关的新闻报道进行了内容分析，追踪我国网络视频直播政策的出台过程；其次，比较了不同的政府机构和直播平台出台的政策文本，对多个网络视频直播平台的用户管理规则/用户协议进行了文本比较；最后，使用了民族志的方法，对一些网络直播平台进行了参与式观察，并对网络主播、观众、政府官员和直播平台的管理人员进行了深度访谈。

三 网络直播治理政策网络的结构

有学者把政策网络分为五类：政策社群、专业网络、政府间网络、生产者网络、议题网络。③ 网络视频直播的政策网络类型是一种介乎于政策社群和议题网络之间的混杂类型，既有一定的封闭性，同时又积极吸纳和动员公众参与

---

① 鲁传颖：《网络空间治理与多利益攸关方理论》，时事出版社，2016，第9页。
② 朱亚鹏：《公共政策过程研究：理论与实践》，中央编译出版社，2013，第56~57页。
③ Rhodes R, Marsh D. Policy Communities and Issue Networks: Beyond Typology. Studies in Human Society, 2002.

到网络直播的过程中来。政策网络呈现了政府机构与利益集团之间的资源交换与互相依赖。这些资源包括权威、资金、合法性、信息与组织五种类型。为了达到政府的规制目标，网络直播平台的配合也极其重要。

网络直播的政策社群包括国家互联网信息办公室（文中简称国家网信办）、国家新闻出版广电总局（文中简称国家广电总局）、文化部，它们分别出台了针对网络视频直播的管理政策。在政策网络中，政府通过资源的限制和政治权威来达到规制目的。其他国家权力机构例如国家税务总局要求网络主播的收入报税；国家林业局为户外直播的狩猎活动颁发执照；公安部负责规范网络视频直播活动中的违法犯罪行为；扫黄打非办公室专门管理网络直播过程中的低俗现象。国家版权局、教育部、卫生部、民族宗教委员会等国家部委也与直播活动存在关联。

生产者网络由各种类型的直播平台构成。虽然有诸多国家机构参与到网络视频直播的政策架构中去，但是对直播用户的直接监管主要仍由网络直播平台来具体执行。网络直播平台也是主要的政策制定机构，每个直播平台都制定了各自的管理政策。这些政策看上去大同小异，与相关国家政策相呼应，但若仔细检视会发现也会存在诸多差别。还有一些直播平台会专门开设直播间，由平台工作人员来培训网络主播，讲解关于直播的国家和平台政策。直播平台对网络主播和观众进行监督，负责供给直播平台内部的规制政策；而相关政府机构、媒体和公众形成了外部的政策网络。直播平台位于整个政策网络的中心，是直播政策实施的主要抓手。

府际网络是一种以地方政府为代表性组织所构成的网络。地方政府的属地管理对于网络直播的治理也非常重要，地方公安局、网信办、文化执法大队是执行规制政策的主要行动者。

专业网络指的是传媒政策方面的专家和研究机构。2016 年以来我国官方和民间为了对直播进行管理组织了多次政策咨询会和公开的研讨会，相关官方规制政策的出台吸纳了相关专家的意见。

议题网络被定义为"一个对相关政策领域感兴趣的沟通网络，包括政府机构、议员、商人、说客、学者和记者等"。[1] 网络视频直播的政策议题网络

---

[1] 李玫：《西方政策网络理论研究》，人民出版社，2013，第60页。

主要包括媒体和社会公众，它们对网络直播活动进行了舆论监督，也是政策网络中的积极行动者。

四 政策网络的互动

（一）政策议程的建构

斗鱼直播"造人"事件是网络直播政策议程设置的关键节点。2016年3月19日，中央电视台专题新闻报道了网络视频直播中存在的种种乱象，包括造娃娃、主播调戏9岁儿童等乱象。虽然当时斗鱼已经出台了精细的平台管理政策，对穿衣尺度和各种性暗示行为进行了规定，然而并没有得到有力的执行。① 斗鱼平台直播"造人"带来了恶劣的社会影响，地方执法部门随后开展了一系列集中整治动作。在此后的8月，中央电视台同样用"网络直播平台的黄与黑"为题揭露了网络直播节目中存在的内容低俗、数据造假等问题。

党媒主要从批评的角度报道网络视频直播固然因为直播作为一个新鲜事物具有新闻价值，更重要的是需要坚持正确的舆论导向和喉舌功能。媒体在报道网络直播的时候要从事实出发，但难免有自己的利益考量。传统媒体在2016年初对网络视频直播持比较激烈的负面情绪，指出放任网络直播带来的社会风险。2017年主流党媒也纷纷入局网络视频直播，《人民日报》、中央电视台、新华社不仅开设了自己的直播平台，也联合微博、腾讯新闻客户端开设直播账号。这是传统媒体探索媒介融合的有益尝试，也是占据舆论高地的积极行动。

官方媒体具有为政策设置议程的能力。通过梳理2016年的全国主要报纸对网络视频直播的报道发现，斗鱼直播"造人"事件之后官方媒体进行了频繁的舆论造势，使相关管理政策迅速地进入政策议程。网络视频直播的规制政策的议程设置表现为一种"动员模式"，党媒对网络视频直播进行了大量的批评性报道作为铺垫，渲染问题的严重性，这种提前吹风使政策出台名正言顺。在此事件中，党媒在某种程度上也发挥了智库的作用。党媒的舆论造势并不仅

---

① 媒玩：《央视新闻痛批"直播造人"，网络直播App还能火多久？》，http：//www.toutiao.com/i6264130654301061633/，2016年3月20日。

仅因为它是"喉舌",也有它自己的传播动机,采用"借力模式"来借助社会舆论的压力为政府接受自己的决策建议消除各种障碍。

表1 2016年第一季度全国主要报纸的批评性新闻报道

日期	媒体	标题
1月13日	工人日报	网络直播的遮羞布去哪了
2月21日	民主与法制时报	网络直播法理之争
3月21日	法制日报	扫黄打非办严打涉"黄"网络直播平台
3月22日	浙江日报	网络直播,莫拿低俗当有趣
3月23日	广西日报	网络直播平台并非法治化外之地
3月24日	河北日报	莫让网络直播变成"低俗直播"
3月24日	人民公安报	网络直播平台"要优雅不要污"
3月24日	山西日报	网络直播还需更净一步

在网络视频直播的公共政策议程设置过程中,决策者主要采用了"动员模式"来利用媒体进行宣传造势。民间精英则使用"上书模式"回应政府的动员,要求净化网络空间。[①] 2017年"两会"期间,政协委员陈思思提交了网络直播相关的提案,要求政府严格管理网络直播,使它更加健康地发展。在对网络视频直播的政策议程中,互联网意见领袖的影响甚微,取而代之的是专业知识分子。来自中国传媒大学、中国政法大学、人民网舆情监测室的传媒法律专家通过举办研讨会的方式参与了网络视频直播政策的制定。

(二)政策社群与生产者网络的互动

经过长时间的舆论造势,网络视频直播的政策窗口已经形成,全局性的政策出台尚需要一个过程,但地方政府早已积极行动起来。2016年5月到7月,湖北省、上海市的"扫黄打非"办公室,北京市、苏州市的文化执法大队,上海市的网警和公安局积极介入了网络直播的整顿行动。值得一提的是,2016年5月由北京文化执法总队牵头成立《北京网络直播行业自律公约》,提出了网络直播政策的一些基本内容:主播实名制、直播内容存储不少于15天、建

---

① 王绍光:《中国公共政策议程设置的模式》,《中国社会科学》2006年第5期,第42~56页。

立主播黑名单库、直播内容必须加水印。① 在直播监管的初期，互联网治理的属地化原则得到充分体现。

直播平台积极响应政府的号召，希望通过自我规制的方式保留发展空间，而不是被整体取缔。2016年9月22日，金山云又联合更多平台成立了"绿色直播自律联盟"，主张采用一些技术手段对直播内容进行"云监测"，以克服实际监管中受制于泛娱乐类直播活动中网络主播习惯性"画风突转"、"违规行为持续时间短"、"直播内容追溯难"、"视频量大"等技术性难题。这个自律联盟得到了全国扫黄打非办公室、北京市公安局网络安全保卫总队、北京网络文化协会、北京网络行业协会等官方和半官方组织的支持。② 金山云研发的"金睛"平台能够24小时对直播平台的数据进行存储和监控。③

"自律联盟"是典型的政策网络的产物，它体现了政策网络间的互相依赖和资源交换。政府机构有权威和执法能力，企业拥有直播平台和技术能力，将企业组织起来，让它们互相监督，并且将碎片化的、各自为政的直播平台政策规范化、标准化，这也体现了政府机构的行政能力和统合能力。政府机构通过此类联盟将民营的新媒体企业统合到自己麾下。而民营企业也通过参与这个联盟获得了国家的庇护，得以继续运营此业务，并且获得更大的商业利益。而那些没有参与联盟的新媒体企业如果违背规则，将是被重点打击的对象，甚至会被直接取缔开办直播业务资格。

在目前比较大的政策压力之下，几乎所有直播平台都戒备森严，采用了人机结合的监控方式。例如斗鱼专门用来在直播间蹲点巡视的工作人员队伍就达到了500人之众。在对国家相关部门的政策执行上，目前所有的平台倒都显示出如履薄冰的姿态，一旦网络主播出现违规行为就会立刻阻断并对其进行处罚，但是如果政府监管一旦放松，网络直播平台就很难认真地执行监管政策了。

政府和直播平台固然存在矛盾，但也存在极大的合作空间。直播平台作为

---

① 和讯科技：《腾讯云加入网络直播自律联盟 带来一体化鉴黄解决方案》，http://tech.hexun.com/2016-05-31/184157488.html，2016年5月31日。
② 北京晨报：《直播平台发起绿色直播自律联盟》，http://tech.sina.com.cn/i/2016-09-22/doc-ifxwermp3559744.shtml，2016年9月22日。
③ 大众新闻网：《上线"金睛"平台 绿色直播自律联盟迎来第二批成员》，http://www.guigu.org/m/view.php?aid=92283，2012年12月6日。

强大的内容分发渠道，也是具有战略意义的舆论阵地。截至2017年3月，全国已有132家权威媒体，在斗鱼"正能量"频道开辟了直播间，有1340人次的媒体记者和公务员，在斗鱼做直播。① 因此，直播平台绝不仅仅是"麻烦制造者"，也更是政府潜在的合作伙伴。2017年，斗鱼公司还成立了"网红党支部"，由副总裁担任公司党委书记，虽然有作秀之嫌，但也向党表了忠心，希望得到政府的谅解和庇护。

在传统媒体的属地化管理过程中，地方政府扮演着重要的角色，可以直接控制媒体的内容生产。但网络直播企业具有一定的流动性，其注册地可以在不同的地域自由地迁徙，因此地方政府的控制能力相比传统媒体时代有所降低，但只要直播平台的企业注册地在那里，当地的相关执法机构就可以对其进行查处。以斗鱼直播平台为例，武汉市地方政府出于扶持本土文化创意产业的考虑，可能与中央的严格管制思路有所出入，更具有宽容度。武汉网警虽然较早介入处理了斗鱼主播违规事件，但仍然不妨碍双方可以继续合作，共同发展本土的互联网产业。

武汉市目前正在着力打造"直播城市"和"网红城市"，并且与斗鱼联手打造"直播嘉年华"活动，希望通过直播和短视频等新媒体形式在海内外传播武汉的城市形象。由于中国的互联网内容产业主要集中在北、上、广、深，斗鱼这样的互联网产业"小巨头"是武汉市在中国的文化创意产业版图有所作为的机会。2016年，斗鱼直播收入10亿元，纳税1.2亿元。② 因此在2016年斗鱼曝出低俗丑闻之后，武汉市并没有落井下石，对其赶尽杀绝，而是展示了包容和信任的态度。网络直播平台在地方政府的庇护下获得了一定的发展空间，一方面使它们更有信心获得党和政府的支持，另一方面也可以通过政府支持的社会活动来获得媒体和公众的认可。

（三）政策社群内部的互动

2016年7月，文化部正式针对网络直播推出了第一个全局性的政策文本

---

① 湖北日报：《"独角兽"斗鱼的直播生态链》，http：//hbrb.cnhubei.com/html/hbrb/20170320/hbrb3080444.html，2017年3月20日。
② 湖北日报：《"独角兽"斗鱼的直播生态链》，http：//hbrb.cnhubei.com/html/hbrb/20170320/hbrb3080444.html，2017年3月20日。

《关于加强网络表演管理工作的通知》，规定网络主播必须实名，而且直播平台需要申请《网络文化经营许可证》。2016 年 9 月，国家广电总局发布《关于加强网络视听节目直播服务管理有关问题的通知》，强势介入网络直播的政策网络，宣布接管这一政策领域。它承认文化部的规则依然有效，但它重申了在 2007 年出台的《互联网视听节目服务管理规定》中提出的互联网视听节目许可证制度，要求网络直播平台还必须获得《信息网络传播视听节目许可证》（后文简称视听许可证）。

如果将网络视频直播视为视听节目，按照《互联网视听节目规定》，那么网络直播平台的所有权应归属国有独资或者国有控股单位。而"外商独资、中外合资、中外合作机构，不能从事信息网络传播视听节目业务"。国家广电总局出台的通知要求直播平台具有"双证"，同时规定直播平台需要去挂靠国有企业并且注册资本须达 1000 万元，这一要求对于大多数直播平台来说难以企及。2017 年 2 月，新闻客户端"今日头条"通过收购阳光宽频获得了网络视听节目许可证，得以开展网络直播和短视频业务。视听节目许可证制度迫使直播平台去找一个能被政府认可的"娘家"，提升了行业门槛，使资本雄厚的大平台通过借壳的方式生存下来，而缺少资质的中小平台被淘汰。

2016 年 11 月 4 日，国家网信办出台了《互联网直播服务管理规定》，要求互联网直播服务提供者和互联网直播发布者都需要取得资质。同时，需要先审再播、设置总编辑、即时阻断、实名认证、信用管理、资料存档。国家网信办主要对网络新闻信息资质做出了规定，强调直播内容如果涉及时政新闻需要获得《互联网新闻信息服务许可证》。但直播平台对网信办的新规普遍反应冷淡，绝大多数的直播平台都自称只做泛娱乐类内容，没有必要获得这个牌照。

国家网信办和国家广电总局的相关政策可以视为"党管媒体"思路在互联网时代的升级和发展。其主要行动特征是"堵大于疏"和"内容强监管"。多个国家部委的参与仍然凸显了互联网治理的"政出多门，多头管理"的特征。此次的治理行动主要以内容规制为主，工信部在此行动中没有突出表现，而国家网信办、国家广电总局和文化部则在 2016 年 12 月成立了联合执法组织进行了专项检查。国家网信办成为网络视频直播政策事实上的领导者，在 2017 年关闭了 73 家直播平台。"督促各主要直播平台落实主体责任，加强自查自纠，累计封禁 38179 个违规主播账号，将 1879 名严重违规主播拉入永久封禁黑名单,关闭91443个直播间,清理120221个用户账号,删除5000余万条有害弹幕评论"。①

国家网信办等三个机构出台了相关规定之后,网络直播平台在日常监管中确实有所加强。但是三机构出台的规定并不完全一致,特别是网络直播究竟是属于视听节目还是网络表演,需要有一个权威的界定。如果是视听节目,就必须是国有独资或者控股,大多数直播平台都是民营独资,并没有国资背景。如果严格执行国家广电总局的"双证"要求,除了少数几个传统媒体入股、具有国资背景的直播平台,其他不具有《网络视听节目许可证》的网络直播平台都面临被取缔的风险。

五 网络直播政策网络凸显的问题

针对网络视频直播的政策网络既吸纳了最多的利益相关方参与,但同时政府又占据主导地位。相关政策网络的国家法团主义倾向比较明显,相关政府机构依靠许可证制度等权威性资源将直播平台整合到政策过程中去,利用直播平台的人力资源和技术能力进行治理。同时媒体、专家和社会公众也被有机地吸纳到政策网络中去,形成"议题网络",但这些行动者一般起到的主要是辅助性作用。

但是网络视频直播的政策网络也不是严丝合缝、密不透风的。我们至少发现存在这样几对张力和矛盾的存在:政府机构和直播平台;政府机构之间(包括中央和地方、不同的职能部门);直播自律联盟和直播平台;传统媒体和新媒体;社会公众与直播用户。

(一)媒介融合背景下政府规制的失灵

在网络视频直播的政策过程中,"党管媒体"和"平台治理"这两种逻辑存在一定的冲突。在传统媒体时代,我们实施的是"条块分割,属地化管理"的模式。国家既是媒体的所有者又是规制者,因此对传统媒体的管理比较直

---

① 国家网信办:《国家网信办开展互联网直播服务企业备案工作》,http://www.cac.gov.cn/2017-07/12/c_1121305080.htm。

接,行政命令甚至比法律规章更有效。而在互联网管理阶段,我国则呈现出明显的"九龙治水"的特征,各个部门都出台了众多规制政策,但法律效力都不够强,很多政策都缺乏前瞻性和统摄力,面临刚出台就落伍的窘境,因此我国的互联网政策虽然很多,但真正发生效力的屈指可数。2013 年国家新闻出版总署和国家广电总局合并,是我国规制融合的重要步骤,但涉及的仍然只是对传统媒体规制的融合,尚未涉足电信和文化娱乐产业。[①] 网络视频直播的媒介融合属性体现了规制融合的必要性,包括规制机构的融合、规制逻辑的一致性、规制文本的统一。同时还应当把现有的网络视听节目、网络表演管理的相关条例进行修订和完善,积极出台司法解释和实施细则,使其适应新兴传播形态的发展。

传统媒体以"党管媒体"作为管理原则,其特征是宣传纪律大于法规政策,通过管理人事来管理编辑权。[②] 但在网络直播的时代,宣传纪律已经无法从宣传部直达直播平台,政府也无权干涉私营企业的人事权。为了实现党管媒体"以正面宣传为主"、"以正确的舆论引导人"、"弘扬主旋律"的方针,由于这些方针无法以具体的法规和政策来进行呈现,[③] 国家广电总局要求从事互联网视听节目服务的媒体所有权结构必须是国有独资或国有控股。以边锋集团旗下的战旗直播为例,虽然边锋集团具有浙江日报报业集团的国资背景,但是中间毕竟隔了董事会等几层关系,浙江日报也很难对战旗直播的内容进行直接控制。"党管媒体"原则在新媒体环境下延伸,将管理传统媒体的逻辑加诸新媒体之上,也可能导致过度规制的结果。

已经有诸多学者指出了媒介融合背景下传统媒体治理逻辑的不适应。朱鸿军指出以"传统媒体+"为主导理念所设计的制度运用在新兴媒体领域必然会出现"水土不服"的情况。[④] 肖赞军也认为媒介融合背景下极大产业的规制

[①] 李继东:《试论欧美传媒规制融合的趋势与问题——兼谈新闻出版总署与广电总局合并的意义与期待》,《新闻记者》2013 年第 8 期。
[②] 夏倩芳:《党管媒体与改善新闻管理体制——一种政策和官方话语分析》,《新闻与传播评论》2004 年第 1 期,第 124~133 页。
[③] 夏倩芳:《党管媒体与改善新闻管理体制——一种政策和官方话语分析》,《新闻与传播评论》2004 年第 1 期,第 124~133 页。
[④] 朱鸿军、农涛:《媒体融合的关键:传媒制度的现代化》,《现代传播 - 中国传媒大学学报》2015 年第 7 期,第 6~11 页。

不再是静态的,必须建立新的规制机制,来适应动态化的规制需要。可能需要按照版权、内容规制等问题来组织规制,而不是从原有的广播电视业、电信业等传统产业进行纵向分业规制。① 有学者研究指出:"中国现行的多元化治理体制导致日常监管不力……往往是当问题积累到很严重程度时,各执法部门才采取声势浩大的运动式联合执法行动……中国对经营性的互联网信息服务活动采取许可制,普遍需要通过两个或两个以上部门的前置审批,造成了业务准入方面的困难,而审批通过后的后续监管问题却没有得到充分重视。"② 因此对网络直播的规制需要国家网信办、广电总局和文化部以及其他所有相关的部委进一步进行权力的整合,打破新闻、文化娱乐和电信领域条块分割的管理现状,建立有效的协调机制。

我国的网络媒体规制要摆脱以限制为主要管理手段的思维惯性,进行制度的创新,更关注激励性规制。沿用"党管媒体"的思路剥夺无国资背景的直播平台制播互联网视听节目的资格,不如利用"平台治理"的思路将新媒体平台整合到政府主导的监管体系中去。虽然许可证制度提高准入门槛可以使网络直播环境更加良好,具有国资背景的直播企业更好控制,但是也扼杀了互联网企业活力,不利于我国现阶段发展经济、解决就业的社会需求。网络直播行业使若干无业青年获得了工作机会,并且"网红"经济也为国家提供了税收收入,简单地对其进行关停、取缔既无助于经济发展,也不利于我国的政府形象。

(二)平台治理的失灵

将直播平台作为主要抓手的"平台治理"原则是我国当下互联网治理的主要策略。政府通过立法的形式,将直播平台的活动框定在一定的法律框架内,对其自我规制行为进行监督。作为一种"共同规制"模式,在网络视频直播案例中国家一方面要延续"党管媒体"的思路保证意识形态安全,另一方面又要仰仗直播平台的自我规制,这两方面的需求通过国家法团主义的形式

---

① 肖赞军:《媒介融合中的规制框架:两难抉择及应对思路》,《新闻与传播研究》2013年第10期,第70~83页。
② 于施洋、童楠楠、王建冬:《中国互联网治理"失序"的负面效应分析》,《电子政务》2016年第5期,第42~46页。

整合起来，互不矛盾。

国家网信办、国家广电总局和文化部所构成的政策社群虽然利用许可证制度有效地将网络直播平台统合到国家治理体系中去。但是网络平台对于所谓的平台责任也颇有微词，认为国家将互联网监管的责任"甩锅"给企业。腾讯研究院指出，"在我国互联网立法实践中，很多草案将原本由公权力机关享有的对违法行为进行认定、处理的职权，规定为互联网平台企业承担的义务"，"企业就其平台内的'违法行为'承担'发现—制止'的义务，否则须承担相应的行政处罚"。[①] 新媒体平台存在一种矛盾心理，一方面需要享受对用户的绝对权力，另一方面又不愿意承担相应的成本和责任。此外直播平台的能力也有限，并不能完全控制主播的行为。

网络超级平台具有较强的公共属性，但是其所有权又是私有的，这就产生了公共性和私有性的冲突。网络平台无节制地扩张自己的权力，但没有动力去承担相应的社会责任。在对互联网的控制上，政府想要对平台进行监管困难重重。第一步自然是对平台用户协议的监管。"平台治理"主要通过与用户签订用户协议来实现，新媒体平台在用户协议中约定用户和平台的行为准则。查阅若干家大型直播平台的用户协议发现，好几家平台在斗鱼"造人"事件发生前就建立了较为完善的用户管理规范。斗鱼虽然早在2016年2月就有了极为完备的管理规范制度，但是如果没有外在的压力，直播平台也没有动力去认真执行自己设定的管理政策，进行自我规制。

各网络直播平台的管理规则具有较大的差异。主要分为两类：一是较为规范的大型直播平台，如斗鱼和YY，管理规定比较细致，对诸多违规行为进行了具体的描述：具体包括人身安全问题、有害内容处理、穿衣尺度问题、版权问题、广告发布规则、不实信息处理规则等。直播平台的管理规则通常在直播平台的网页上比较醒目，而在移动App端则比较隐蔽。大型的网络直播平台在制度建设方面比较完备，而中小型直播平台则比较欠缺。一些小型直播平台的管理条例比较粗线条，仅仅是照搬了互联网信息管理规定中的"九不准"。还有很多小型直播平台开始"打游击"，用出位的网络表演吸引观众的金钱打赏，遭到有关部门的整肃后换个马甲又继续上线圈钱。因此网络直播平台的洗

[①] 腾讯研究院：《互联网+时代的立法与公共政策》，法律出版社，2016，第5页。

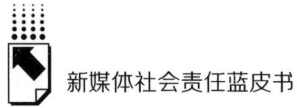

牌既是市场的需求，也是监管的需求。只有在巨头企业垄断和集中的环境下，国家才能比较有效地进行管理。

在政策执行的时候，政府机构的高压政策和规制预期使直播平台不得不积极配合，使国家与社会之间得以统合。直播平台加强了对用户的约束，但很多平台仅仅是在外力压制情况下的应激反应。即使有非常详尽的规定，如果因为各种原因没有执行到位，那这些平台自我规制的内部规章也没有发生效力。政府机构出台的若干管理规定对于企业来说主要起限制性的作用，虽然这些直播平台公开表示欢迎政府进行行业整顿，但是内心并不情愿。严格的平台监管一方面要耗费大量的人力物力资源，另一方面也影响平台依靠网络主播的出位表演获取利益。这也是如果没有政府介入，直播平台的管理规定就形同虚设的原因所在。

如何能够使网络直播平台能够强有力地执行相关政策，并且形成一种长效机制？恐怕政府不能简单地把监管压力转移到直播企业身上，更需要保护它们的正当利益。以许可证为门槛的刚性治理需要与以利益为纽带的柔性治理进行配合。以行政许可为手段的政府监管聚焦于提高行业进入的门槛，而事后则疏于监管，经常通过运动式的治理来突击性地清理社会反应比较强烈的问题，这种非常态的监管留下的空隙需要由直播平台的常规性监管来填充，按照权利与责任相对应的原则，国家与平台谁应该承担更多的监管义务需要双方进一步协商。如果双方都一味地追求权力的最大化，而将责任互相推诿，直播平台的治理也就无从谈起。

（三）公众参与不足

网络视频直播的网络性政策架构显示我国的互联网治理由原先较为封闭的政策社区逐步演变为较为开放的议题网络。以往政府出台规制政策较为我行我素，但这次对网络直播行业的规制吸纳了直播平台的意见，要求斗鱼等公司先行提交了政策草案，同时也通过举办研讨会吸纳了一些专家的意见。

值得注意的是，虽然网络用户和普通公众也可以通过投诉、举报的途径参与到直播活动的管理过程中去，也能间接地影响直播管理政策。但总的来说普通用户和社会公众参与社会政策过程的机会仍然十分有限。例如网络主播的权益目前尚没有得到保障，一些直播平台和艺人经纪公司出现了拖欠主播工资的情况。很多职业化的主播都依靠直播活动来生存，政府需要出台一些政策来保障他们的权益，使这个行业能够健康发展。

社会公众和直播用户之间也存在一定的矛盾和误解。社会公众在传统媒体的议程设置下出现了一种媒介恐慌，认为网络视频直播对青少年有极其负面的社会影响，将网络视频直播视为应该直接取缔的新媒体应用。而直播平台的用户则尝到了使用新兴传播科技的甜头，对直播平台产生了依赖。因此，如何监管和规制直播平台，网民和非网民之间也存在意见的鸿沟。

2011年微博实名制的实施影响了中国中产阶级的表达自由，因此有大量的公共知识分子和意见领袖积极在公共空间发言表达对微博实名的反对意见。时过境迁，网络直播平台的管理政策出台却未能引发网民的积极回应，直播平台也寂静无声。网络视频直播的用户相对微博用户来说缺少在公共空间进行表达的欲望。直播平台"快手"的用户虽然过亿，但这些用户在中国属于无声的存在。他们生活在中国的三、四线城市和农村，只对娱乐感兴趣，并没有积极争取权利的行动。如何吸纳直播平台的用户参与到直播活动的治理过程中去，是网络视频直播治理成功的关键所在。

六 共同治理模式的提出

从网络视频直播的案例可以看出，政府规制具有强制性和公益性，但是很难完全覆盖日常监管，平台治理具有灵活性和全面性，但是自身缺少动力。单纯的政府规制或者平台自我规制都可能面临失灵的问题，只有政府和平台充分合作，形成政策网络，才能实现有效的互联网治理。同时也应该加强对网络直播用户的教育和培训，提高其思想政治道德修养和媒介素养，才能提升网络视频直播内容的价值。

网络视频直播的政策网络表现为一种国家法团主义的类型，虽然吸纳了直播平台、专业人士、媒体和公众参与到政策过程中去，并且强调了直播平台在治理过程中的抓手作用，但仍然延续了"党管媒体"的治理思路。这种逻辑与媒介融合背景下以"平台治理"为主的规制实践产生了一定的张力。政策网络理论强调了各行动主体的平等性，因此可以适当地提升直播平台和社会公众在政策网络中的权利。基于以上讨论，本报告提出网络视频直播的共同治理模式，即政府与新媒体平台通力合作，共同治理网络视频直播活动中的违规现象。在此过程中，政府、新媒体平台、用户和社会公众需要充分地协商，实现网络视频直播活动的有效治理。

表2 新媒体平台的治理模式

	政府管理	平台治理	共同治理
指导思想	国家主义	自由主义	法团主义
规制类型	政府规制	自我规制	共同规制
规制工具	行政规章	用户协议	法律法规、用户协议
规制结构	属地化管理条块分割	新媒体平台	跨地域、跨部门
政策执行	政府	企业	政府、企业自律组织
价值取向	意识形态安全	市场利益	多元价值

网络视频直播作为一种媒介融合的产物，对我国的规制融合提出了新的要求。我国有必要为数字内容产业设置专门的规制机构，将网络新闻信息、文化娱乐、电信的规制职能进行充分的整合。增强政策的执行能力，而不是一味提高准入门槛。我国相关政府机构的主要顾虑还是意识形态安全和发展文化产业之间的矛盾，对网络视频直播的监管不能落入"一抓就死，一放就乱"的窠臼，而是要在新媒体平台的主动参与下创新监管模式，兼顾各方利益。

B.9
新媒体的政策话语生产与社会责任研究
——以"一带一路"政策话语为例

曾润喜 杨喜喜*

摘　要： 厘清政策话语在社交媒体中的生产过程及其传播现状，是评估新媒体社会责任，进一步优化政策传播的有效方式。本报告考察了微信公众号中"一带一路"政策话语的生产情况，发现"一带一路"政策话语的生产是政务与非政务微信平台共同参与的结果。新媒体介入政策传播过程，丰富了政策传播渠道，但也因其政策传播功能发挥不充分增加了政策信息异化的风险，干扰公众对政策话语的正确认知。因此，新媒体对政策话语的传播需以履行新媒体社会责任为前提，鼓励参与传播的非政府系平台提高自身原创水平和信源权威性，使其与政府系平台一道形成政策传播新媒体矩阵。

关键词： "一带一路"　社交媒体　政策传播　新媒体责任

一　引言

媒体的社会责任是多维的，它既包括媒体系统本身的内容是否客观公正，也包括对于广泛社会系统的外部性效应，即从社会发展与进步的角度考量媒体是否承担了相应的社会功能。在对后者的研究中，新媒体在传播过程中出现的

---

* 曾润喜，管理学博士，重庆大学新闻学院研究员、博士生导师，研究方向为公共政策传播等；杨喜喜，重庆大学新闻学院硕士研究生，研究方向为广播电视与新媒体、政治传播。

责任失范成为学者日益关注的焦点。相关研究主要讨论新媒体平台所衍生的网络暴力、网络谣言、无良水军等诸多破坏信息正常传播的问题①，并在传播效果层面论证这些异化现象对民众情绪和社会稳定造成的影响。②尽管这些研究承认新媒体对社会产生的各种影响，不过视角集中在新媒体自身功能特性，忽略了从履行媒体政策传播功能角度考察新媒体的社会责任。

于传统媒体而言，作为党和政府的喉舌，其承担着向公众传播与介绍党和政府的路线、方针、政策及主张的重任，是党和政府发声的窗口。因此，一些关于公共政策的报道实际上代表了党和政府的导向或者政策发展趋势。于新媒体而言，尽管新媒体更多时候被认为是娱乐和消费的场域，但必须要认识并承认，新媒体尤其是以传统媒体为背景的新媒体实际上也承担一定的政策传播与宣传功能。新媒体可以通过对某一事件、概念、政策的多样化呈现，引导并改变受众的认知，一定程度上强化或淡化事件、概念在个体记忆序列中的重要性。③因此，新媒体介入政策传播过程，其政策传播功能的发挥程度、是否生产客观真实政策话语，都有可能影响政策传播的实际效果。

事实上，公共政策借助新媒体进行传播正逐渐成为新的趋势。传统的政策宣传以政府为主导，不论是话语报道主体还是传播方式均较为单一，缺乏反馈与互动。④但伴随政务微博、政务微信的普及，技术赋权不仅增进公众互动，也日益解构话语权力结构，使新媒体中的政策宣传权力主体呈现从单一转向多元、从聚集到离散的特点。⑤此外，新媒体介入政策传播也打破了传统政策自上而下式的宣传，为公众参与公共政策提供话语表达空间，进而为公众参与政策传播提供了更多可能，是政策信息的新型传播平台。已有研究主要从新媒体的功能特性出发考察其作用于公共政策所带来的各种变化，聚焦某一具体政

---

① 钟瑛：《新媒体传播的社会问题及其规避》，《郑州大学学报》（哲学社会科学版）2012年第6期。
② 钟瑛、张恒山：《论互联网的共同责任治理》，《华中科技大学学报》（社会科学版）2014年第6期。
③ 聂静虹：《论政治传播中的议题设置、启动效果和框架效果》，《政治学研究》2012年第5期。
④ 李希光、杜涛：《超越宣传：变革中国的公共政策传播模式变化——以教育政策传播为例》，《新闻与传播研究》2009年第4期。
⑤ 李彪：《微调与强化：社交网络时代媒体监管政策及其走势》，《新闻记者》2015年第4期。

策,如医疗、教育、经贸、版权、政治等,①涉及新媒体政策传播责任的文献相对较少。

二 研究设计

(一)样本选择

本报告以微信公众号对"一带一路"政策的信息传播为研究样本。"一带一路"作为中国与有关国家建立的双多边机制产物,始终面向国内国际两个大局,以形成利益、命运、责任共同体为宗旨,积极促进区域经济合作发展、优化资源配置、推进市场融合。社交媒体对"一带一路"政策做到客观真实传播,不仅可以对内扩散政策影响力,还可对外构建合作共赢的话语体系,纠正国际舆论对该政策的一些偏见。可以说,考察社交媒体中"一带一路"政策的传播对厘清公共政策在新媒体中的生产与传播活动,进一步优化政策传播路径等具有重要的研究意义。

(二)样本数据来源

样本采集平台为"搜狗微信"搜索引擎。样本数据采集以"一带一路"为关键词,具体时间设置为2016年2月1日至8月31日,采集类型包括文字、图集及视频。由于微信公众号的数据采集存在诸多限制,该时段的选取是以方便抽样为依据的。该时段,正值G20峰会召开前半年,"一带一路"在沿线各国家、国内各地区平稳推进,此时尚无重大政策出台等可能引起社交媒体过度报道的干扰因素。此外,7个月的数据采集跨度,可以体现出在日常状态下微信公众平台对政策传播的状态。

为保证用于研究的样本数据真实有意义,将采集到的数据按照如下步骤进行筛选:①以"一带一路"为关键词,并将初步搜集到的文章按照标题含有"一带一路"进行二次筛选,形成"一带一路"政策文章地址数据库;②借助

---

① 王国华、钟声扬、杨腾飞、曾润喜:《新媒体与政策研究的现状与展望——以SSCI数据库为样本》,《情报杂志》2013年第10期。

爬虫软件GooSeeker，输入文章地址，采集到微信文章详情内容（包括微信公众号ID，公众号名称、文章标题、文章发布时间、关键词、出现次数、阅读数、点赞数、是否头条、文章内容）；③鉴于微信文章链接有时效限制，加上阅读量会影响到样本整体研究价值，因此，对爬虫获得的数据，按照文章阅读量500的标准进行筛选，剔除不足500的微信公众号文章；④基于筛选后的微信文章详情内容，建立"一带一路"微信公众号数据库。经过软件自动搜集、人工清洗、筛选，剔除失效微信文章链接，最终共采集134个微信公众号，共计170条微信推文。

（三）研究方法

在信息传播过程中，信息传播主体、信息传播内容以及信息传播环境等都可能影响受众对信息的认知效果。因而，内容发布、账号类型、环境因素是考察社交媒体信息传播的三个主要层面。① 为全面分析社交媒体中的政策话语生产及传播情况，研究主要采用内容分析、社交网络分析及文本分析的研究方法。其中，宏观方面的内容分析法主要从三个方面来考察：

其一，账号类型。从微信公众号账号类型出发，对其认证情况、单位性质情况进行研究。一般来说，微信公众号自申请之初便带有各自的属性、用途和定位标准，不同账号对认证的要求不同，其发布的信息、报道的对象等也会表现出账号差异。本报告将获取的微信公众号划分为五类。其中，政务微信指由政府机关、部门建立，以开展公共服务等为目的的新媒体平台；媒体微信是传统媒体进行融合发展的产物；企业微信是指以发布企业相关信息，传播企业文化等为目的的新媒体传播工具；个人媒体也即是"公民媒体"，是公民用来表达意见、发布信息的媒介平台；教育微信则是由各级学校宣传部门、高校学术交流团体等用来发布消息的平台。

其二，内容发布。主要考察微信文章所关注的对象、话语主题。从关注对象可以看出不同类型微信账号对政策涉及对象的关注情况，也能从侧面表达微信公众号想要呈现的报道主体。本报告将关注对象分为四类：①政府（国家有关部门、政府官员等的活动）；②企业（企业新闻、企业负责人的言论等）；

---

① 赵玲、张静：《微博用户使用动机影响因素与结构的实证研究》，《管理学报》2014年第8期。

③公众（全体公民）；④其他。另外，所涉及的话语主题包括七类：①领导人报道（会议、文件颁布、出访等）；②金融活动（区域经济发展、建设等）；③文体事件（会展、旅游、教育合作等）；④外事合作（国际舆论、国际性合作项目等）；⑤政策评论；⑥企业活动（政策中的企业具体活动）；⑦其他。

其三，传播环境。社交媒体在传播中需依靠一定的社会环境，而消息来源是否权威一定程度上可以作为衡量新媒体是否能够客观、真实宣传政策的重要指标。此外，微信公众号在信息生产方式上倾向原创还是依靠转发，也会影响其传播政策话语的总体水准。本报告将微信文章来源分为七类：①媒体（来自传统媒体、其他传统媒体的新媒体平台等生产的信息）；②政府（发布会资料、政府相关文件、政府官员言论、政府召开的会议等）；③一般民众（民间消息）；④专家学者（各领域专家发表的言论）；⑤社会组织（公益机构、民间社团、行业协会等相关文件）；⑥外国人士（国外人士/社团等言论）；⑦企业（企业网站新闻、企业负责人讲话文本等）。在信息生产方式上，本报告按照两条标准定义原创：①微信文章中带有原创声明；②同一内容但不同标题，首发时间最早为原创。除此之外，皆视为转发。

此外，政策话语最终到达受众并引导受众接受，离不开社交媒体对政策话语的文本设置，因此，本报告对话语文本进行了微观考察。具体操作为，按照社会网络分析与文本分析相结合的研究方法，运用词频分析软件ROSTCM6对170篇政策文本进行词频分析和社会网络分析。其步骤为：首先，利用爬虫软件GooSeeker搜集170篇"一带一路"政策的详细微信内容；其次，将所有文本统一转换成TXT格式，形成"'一带一路'政策话语库"，进行合并处理，语料库包括349046个字。此后，借助ROSTCM6软件提取话语库中的高频词、构建共词矩阵，同时启动netdraw进行可视化社会网络分析，以此呈现"一带一路"政策语料库中的关键节点和话语流变过程。

三 研究发现

（一）宏观方面：社交媒体中的政策话语传播

1. 账号认证：差异化明显

社交媒体政策传播的效果受到信息传递主体的影响。对微信公众平台而

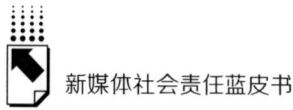

言,加 V 认证有助于提升其传播的政策话语的权威性,已成为衡量新媒体社会责任的重要指标。

数据显示,参与传播"一带一路"政策的微信公众号类型虽多,但认证情况各有差异。从样本统计来看,在 170 条微信样本中,5 种不同类型共计 134 个微信公众号推送涉及政策的各类信息。其中,个人媒体最为活跃,共 36 个(27%);其次分别是媒体微信,共 33 个(25%),企业微信,共 32 个(24%),政务微信,共 23 个(17%),教育微信,共 10 个(7%)。但深入对比账号认证情况,却发现各类型公众号认证差异化明显。表现在,政务、媒体、企业三类账号认证率最高,均为 100% 认证;其次,超过一半的教育微信实现认证,比例为 60%;但作为推送量及行业占比最高的个人媒体,认证情况却显著低于其他四种类型,仅有 2.7% 的账号经过认证。

微信公众号是个典型的中心社群网络,其信息推送以一点对多点放射状形式向用户扩散。这种特性也决定了加 V 认证的公众号,比未经认证的账号更真实,更具有权威[①],也更有助于严肃政策话语宣传。总体来看,"一带一路"政策虽受到诸多不同领域的微信公众号关注,但鉴于各类型账号认证有所差异,所以,政策传播的实际效果可能受到不同程度影响。

2. 内容呈现:聚焦政府行动,话语主题略有侧重

(1)关注对象

"一带一路"由"丝绸之路经济带"和"21 世纪海上丝绸之路"两部分组成,是由我国政府倡议的一种公共政策。观察各账号类型与关注对象之间的交叉分析结果(见表 1)可知,从关注对象来看,各不同类型公众号对"一带一路"政策中的政府活动最为关注,占 57.6%。但进一步分析可知,账号类型与所关注对象之间存在显著联系,影响账号本身的关注行为。其中,涉及"一带一路"政策的相关微信推文,政务微信、媒体微信及个人媒体均关注政府在政策中的具体表现,占比均超 70%;而企业微信则侧重于报道该企业与政策相关的具体活动,占比 73%;教育微信则倾向关注高校学术机构、宣传部门对"一带一路"政策的理论探讨。

[①] 孙翌、李鲍、高春玲:《微信在图书馆移动服务中的应用研究与实践》,《图书情报工作》2014 年第 5 期。

表1 账号类型与关注对象交叉分析

单位：%

		关注对象				合计
		政府	企业	公众	其他	
公众号类型	政务微信	23	3	0	4	30
		(76.7)	(10.0)	(0.0)	(13.3)	(100.0)
	媒体微信	38	3	0	10	51
		(74.5)	(5.9)	(0.0)	(19.6)	(100.0)
	企业微信	6	27	0	4	37
		(16.2)	(73.0)	(0.0)	(10.8)	(100.0)
	教育微信	3	0	0	9	12
		(25.0)	(0.0)	(0.0)	(75.0)	(100.0)
	个人媒体	28	5	1	6	40
		(70.0)	(12.5)	(2.5)	(15.0)	(100.0)
合计		98	38	1	33	170
		(57.6)	(22.4)	(0.6)	(19.4)	(100.0)

（2）话语主题

从话语主题分布情况（见表2）来看，话语主题基本涵盖政治、经济、文化、外交等多个层面，总体分布较为平衡。企业、政治、经济三个层面所占比例较高，分别是22%、20%、15%。其中，政治层面倾向报道"一带一路"政策具体规划、政策实施的注意事项等内容。比如"推进'一带一路'建设的八个要求：思想认识、落实规划、协调统筹、建设项目、金融创新、文化交流、风险评估、舆论宣传。"经济层面则报道在政策指引下，国内部分地区的经济建设情况。总体来看，新媒体对"一带一路"政策涉及的政治、经济层面的关注，报道篇幅较大且以正面为主。

此外，在围绕政策与国外开展的一系列合作主题上，报道量稍显不足，仅占样本总数的4%。观察微信公众号对外事合作的相关报道可知，与"一带一路"政策相关的国际性合作与国际言论是该主题关注的两大部分。其中言论部分主要关注国外政商人士对政策的实际看法，但这也仅是侧重于伊朗、埃及等亚非国家，美洲、欧洲、大洋洲尚属空白。

考虑到话语主题侧重分布的情况，结合各类型账号进行交叉分析（见表3）。

表2　170条推文中"一带一路"政策话语的主题分布

主题	领导人报道	金融活动	文体事件	外事合作	政策评论	企业活动	其他
数量（条）	34	26	15	6	34	37	18

表3　话语主题与账号类型交叉分析

单位：%

公众号类型	话语主题							合计
	领导人报道	金融活动	文体事件	外事合作	政策评论	企业活动	其他	
政务微信	8 (26.7)	8 (26.7)	3 (10.0)	0 (0.0)	4 (13.3)	3 (10.0)	4 (13.3)	30 (100.0)
媒体微信	19 (37.3)	10 (19.6)	2 (3.9)	3 (5.9)	10 (19.6)	2 (3.9)	5 (9.8)	51 (100.0)
企业微信	3 (8.1)	1 (2.7)	0 (0.0)	1 (2.7)	1 (2.7)	27 (73.0)	4 (10.8)	37 (100.0)
教育微信	1 (8.3)	0 (0.0)	4 (33.3)	0 (0.0)	2 (16.7)	0 (0.0)	5 (41.7)	12 (100.0)
个人媒体	3 (7.5)	7 (17.5)	6 (15.0)	2 (5.0)	17 (42.5)	5 (12.5)	0 (0.0)	40 (100.0)
合计	34 (20.0)	26 (15.3)	15 (8.8)	6 (3.5)	34 (20.0)	37 (21.8)	18 (10.6)	170 (100.0)

结果显示，账号类型与推送的话语主题之间存在显著相关，各账号倾向于从自身定位、属性出发推送相关的话语主题。具体表现在：政务微信倾向于报道领导人活动及与"一带一路"政策相关的一系列金融活动，占其微信推文总量的53.4%；建立在传统媒体基础上的媒体微信则主要报道与政策相关的领导人活动，比如出席国内国际会议、文件出台等，占37.3%；作为企业新媒体传播工具的微信公众号，其73%的推文与所属企业活动相关，占日常推送的绝大部分；而推送文体活动则是教育微信较为关注的话题；个人媒体则倾向推送涉及"一带一路"政策的评论文章，比例为42.5%。此外，从总体报道篇幅可知，在"一带一路"政策的报道中，政府和媒体一定程度上担任了"政策传声筒"的角色，成为传播"一带一路"政策的主力军。两者参与政策传播的数量占样本账号总量的48%。

3. 传播环境：认证账号信息原创率较高，权威信源被广泛采用

在官方对政策话语正确表述、话语内容体现社会利益的情况下，社交媒体中政策传播的实际效果除了受账号和内容两个维度影响外，还受到传播过程中的环境影响。换言之，政策在微信公众号中的传播表现与其信息生产形式是否原创、信息来源是否来自权威信源（中央级媒体、各级政府等新媒体形式）相关。

（1）账号类型与信息生产

原创与转发是微信公众号两种信息生产方式，两者是非此即彼的关系。原创文章具有内容、时间皆为首发的特点，一定程度上代表公众号自身立场，可以精准进行责任追究，也是账号公信力的体现。而转发文章存在信源是否交代，信源质量参差不齐等诸多问题，无论是信息质量还是责任归属都会影响微信公众号的责任履行。

数据表明，原创是绝大多数微信公众号主要的信息生产方式，明显高于转发（见表4）。其中，56.5%的微信公众账号推送原创信息，达96条。此外，从划分的账号类型来看，不同账号类型具有不同的信息生产方式。首先，媒体微信原创程度最高，占原创样本量的40%；其次是企业微信和政务微信，分别占比24%、21%。相较之，个人媒体倾向转发为主，在74条转载总样本中，占47%。

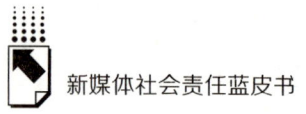

表4 账号类型与信息生产交叉分析

单位：%

		信息生产		合计
		原创	转发	
公众号类型	政务微信	20	10	30
		(66.7)	(33.3)	(100.0)
	媒体微信	38	13	51
		(74.5)	(25.5)	(100.0)
	企业微信	23	14	37
		(62.2)	(37.8)	(100.0)
	教育微信	10	2	12
		(83.3)	(16.7)	(100.0)
	个人媒体	5	35	40
		(12.5)	(87.5)	(100.0)
合计		96	74	170
		(56.5)	(43.5)	(100.0)

（2）信息生产与账号认证

进一步考察账号主体的信息转发与原创情况，我们发现，认证与否显著影响账号的信息生产方式（见表5）。其中，未经认证的个人媒体是最大的转发账号，转发信息占到转发总量的43.2%；与此同时，在信息生产模式上，全部认证的媒体微信、企业微信、政务微信三类账号则倾向原创，分别占原创总量的37.5%、24%、21.9%。

表5 信息生产与账号认证交叉分析

单位：%

		账号认证							合计
		个人媒体认证	个人媒体未认证	媒体微信认证	企业微信认证	政务微信认证	教育微信认证	教育微信未认证	
信息生产	原创	2	3	36	23	21	7	4	96
		(2.1)	(3.1)	(37.5)	(24.0)	(21.9)	(7.3)	(4.2)	(100.0)
	转发	1	32	13	16	9	0	3	74
		(1.4)	(43.2)	(17.6)	(21.6)	(12.2)	(0.0)	(4.1)	(100.0)

续表

	账号认证							合计
	个人媒体认证	个人媒体未认证	媒体微信认证	企业微信认证	政务微信认证	教育微信认证	教育微信未认证	
合计	3	35	49	39	30	7	7	170
	(1.8)	(20.6)	(28.8)	(22.9)	(17.6)	(4.1)	(4.1)	(100.0)

(3) 消息来源与账号类型

使用与满足理论认为，获取新闻资讯与评论信息是绝大多数微信用户的主要动机①，其中，消息来源显著影响信息被用户接受的程度。②研究发现，绝大多数涉及"一带一路"政策话语的微信文章来自权威性媒体或政府发布的信息，这一比例占71.2%，而不具有权威性的信源被采用不到三成。通过纵向对比可知，媒体微信在所有类型的公众号中，权威性最高，其信源均来个人媒体报道与政府权威发布。此外，值得注意的是，尽管表5显示个人媒体以转发为主，但表6中的个人媒体在信源选择上，高达72.5%的转发信源来自权威媒体。与此同时，企业微信中62.2%的消息来自企业提供，这一结果再次表明其所属身份及推送倾向，即作为企业的新媒体传播工具，倾向推送与企业相关的信息。

总体来看，中国所倡导的"一带一路"政策，天然带有官方色彩，受制政治权力，反映官方诉求。③在传播政策话语的时候，政治系微信平台中的政务、媒体及教育微信承担表达诉求的责任。但此时非政治系平台中的个人媒体和企业微信也参与其中，尽管对它们来说，并没有传播政策的义务，但事实上，它们也不自觉地承担了这个社会责任。

---

① 韩晓宁、王军、张晗：《内容依赖：作为媒体的微信使用与满足研究》，《国际新闻界》2014年第4期。
② Sussman, S. W., & Siegal, W. S. Informational influence in organizations: an integrated approach to knowledge adoption. *Information Systems Research*, 2003.
③ 孙发友、陈旭光：《"一带一路"话语的媒介生产与国家形象建构》，《西南民族大学学报》（人文社科版）2016年第11期。

表6　消息来源与账号类型交叉分析

单位：%

		消息来源							合计
		媒体	一般民众	专家学者	企业	外国人士	政府	社会组织	
公众号类型	政务微信	12 (40.0)	1 (3.3)	0 (0.0)	0 (0.0)	0 (0.0)	16 (53.3)	1 (3.3)	30 (100.0)
	媒体微信	48 (94.1)	0 (0.0)	0 (0.0)	0 (0.0)	0 (0.0)	3 (5.9)	0 (0.0)	51 (100.0)
	企业微信	9 (24.3)	0 (0.0)	0 (0.0)	23 (62.2)	1 (2.7)	0 (0.0)	4 (10.8)	37 (100.0)
	教育微信	2 (16.7)	0 (0.0)	0 (0.0)	0 (0.0)	0 (0.0)	2 (16.7)	8 (66.7)	12 (100.0)
	个人媒体	29 (72.5)	1 (2.5)	8 (20.0)	2 (5.0)	0 (0.0)	0 (0.0)	0 (0.0)	40 (100.0)
合计		100 (58.8)	2 (1.2)	8 (4.7)	25 (14.7)	1 (0.6)	21 (12.4)	13 (7.6)	170 (100.0)

（二）微观方面：政策传播中的话语内容

1. 高频关键词：正向情感为主，弱化现实困难

政策话语中的高频词能够反映媒体的某种情感倾向。[①] 研究发现，从感情色彩上来看，除却"中国"、"国家"、"地区"、"企业"、"项目"等名词，所有的高频词均为正向词汇（见表7）。其中，"积极"一词出现了97次，常用搭配为"积极推动"、"积极发展"等。但实际上"积极"本身为程度副词，其多大程度上推动或是发展尚无法测量，也无法据此表明政策实际发挥作用的程度。与此同时，政策话语表达要求措辞严谨，表达客观，实事求是。从共词矩阵表（见表8）可以看出，"一带一路"与"中国"、"合作"、"经济建

[①] 曾润喜、杨喜喜：《国外媒体对中国公共政策议题的舆情解读与形象建构——基于计划生育政策议题的案例分析》，《西南民族大学学报》（人文社科版）2017年第2期。

设"、"沿线发展"等高频词形成高黏性搭配。其中"合作"一词共出现146次，但实际上之前的话语主题显示涉及合作的文章仅有6条。

表7 "一带一路"政策话语库高频词（降序）

高频词	词频	高频词	词频	高频词	词频
一带	170	战略	128	基础	103
一路	170	经济	123	实现	101
中国	159	沿线	120	推进	100
国家	158	地区	112	推动	99
发展	158	企业	108	积极	97
合作	146	项目	107	提出	97
建设	137	丝绸之路	103	投资	97

表8 "一带一路"政策话语库共词矩阵（部分）

	一路	一带	中国	合作	国家	发展	建设	经济	沿线	发展
一带	170		159	146	158	158	137	123	120	158
中国	159	159		138	150	151	131	118	116	151
合作	146	146	138		141	140	125	116	113	140
国家	158	158	150	141		150	132	122	119	150
发展	158	158	151	140	150		132	121	117	

进一步分析可知，社交媒体对"一带一路"政策的报道着重突出其重大意义，强调中国对地区经济发展带来的重大利好，但却对国内的环境和政策实施过程中可能出现的难题甚少提及，这种"报喜不报忧"的报道很有可能令他国对政策存疑，客观上给"一带一路"政策获得国际认同和支持增加阻力。①

研究发现，涉及"一带一路"政策的微信推文以正面报道为主，占98%。如《习近平：让"一带一路"建设造福沿线各国人民》《通向人类命运共同体的"一带一路"》《"一带一路"，激活区域发展潜力》等。但提及政策施行需

---

① 林民旺：《印度对"一带一路"的认知及中国的政策选择》，《世界经济与政治》2015年第5期。

警惕风险的文章仅为2%，分别是《"一带一路"面临的地缘政治风险及其管控》《如何化解"一带一路"威胁论？》。

2. 话语建构网络：部分关键节点搭建稍显不足

事实上，社交媒体本身就是一个复杂的网络结构，因此，处于核心地位的关键节点不论在话语生产，还是政策传播中，都能够影响舆论的态势，在扩大政策传播效果上发挥着重要作用。①

考察涉及"一带一路"政策文本的关键节点（见图1）。每一个节点均代表表7所呈现的21个高频词；节点与节点之间的连线，反映两者之间相互关联。此外，节点处的图形面积大小代表节点中心度，面积越大，中心度越高，也更加表明该节点词在整个图谱中的中心地位②。可视化网络图谱直观表明，"一带一路"、"国家"、"中国"、"发展"是政策中处于核心位置的关键节点词，直接与企业发展、沿线经济、区域合作、项目实行等相互关联。但结合表7我们发现，"合作"在词频上显著高于"建设"，但在网络图谱中，其节点中

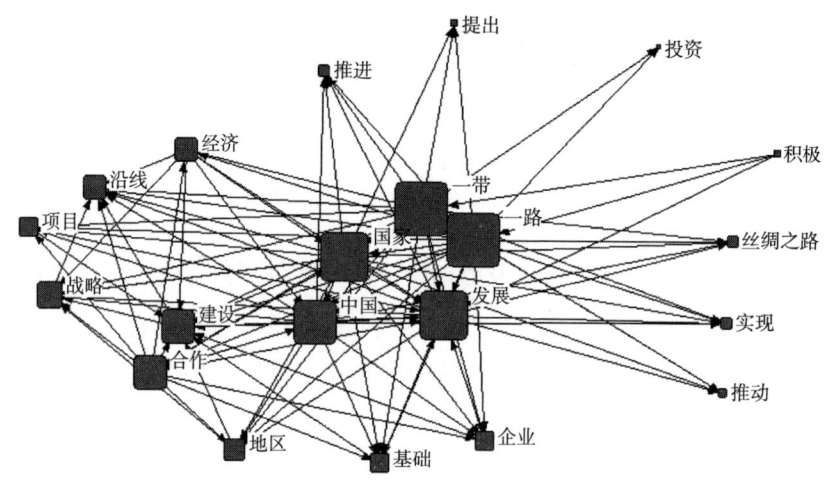

图1 ""一带一路"政策话语库"关键节点网络图谱

---

① 谢耘耕、荣婷：《微博传播的关键节点及其影响因素分析——基于30起重大舆情事件微博热帖的实证研究》，《新闻与传播研究》2013年第3期。
② 吉亚力、田文静、董颖：《基于关键词共现和社会网络分析法的我国智库热点主题研究》，《情报科学》2015年第3期。

心度、周围连线在数量和疏密程度却明显小于"建设"。此外，较之"发展"与"中国"两个节点之间的联系，"合作"的联系程度表现较为弱。

微观层面的高频关键词、政策中的关键节点均指向"共商、共享、共建"的"一带一路"建设原则，也更加直观纠正国际舆论中关于"一带一路"政策是为中国服务的错误认知。但仔细观察，在"合作"这一话语的搭建上，国内社交媒体尚未形成合力、协同传播，这可能与前文所述关于"合作"报道的主题较少有关。

四 研究结论与讨论

研究发现，"一带一路"政策话语的生产与传播是政府系微信平台与非政府系微信平台共同参与的结果。借助形式多样的传播平台，政策信息到达范围逐步扩大，传播渠道更加丰富。同样，这种变化也刺激了公众参与政策传播的积极性——即借助微信公众号的推送、转发等功能，积极表达自身需求并与政策制定主体达成对话。[①] 此时，非政府系微信平台更多地作为官方传播渠道的补充，既主动传播传统媒体涉"一带一路"政策报道，又兼顾自身发展需求，结合政策文本建立传播联系。从传播效果上来看，这种经由媒介赋权形成的新媒体平台，自觉承担了政策信息的传播，一定程度上丰富了政策传播的渠道。

然而，政策信息不同于其他信息类型，其符合全体民众共同利益的特性给参与政策传播的新媒体提出要求，即其政策信息传播活动需在新媒体社会责任体系内进行。基于政策信息日渐双向传播的现状，与政策相关的新媒体传播行为，其传播方向无论是自上而下还是自下而上，只要任何一个环节出现传播不畅，都有可能使公众对政策信息的认知出现偏差，这种信息不对称或信息对称错误会直接影响政策的实际效果。[②] 从研究结果来看，政府系平台（政务微信、媒体微信、教育微信）比非政府系平台（个人媒体、企业微信）新媒体

---

① 邓喆、孟庆国：《自媒体的议程设置：公共政策形成的新路径》，《公共管理学报》2016年第2期。
② 薛惠元、曹立前：《农户视角下的新农保政策效果及其影响因素分析——基于湖北省605份问卷的调查分析》，《保险研究》2012年第6期。

社会责任履行情况要好。前者借助其传统媒体资源优势，在账号认证、原创比例、权威信源、话语报道等方面能够较好地履行其新媒体社会责任。而非政府系平台的传播行为缺乏适当把关，其生产的大部分信息没有标注来源，对传播内容的选取主要是看与自己的兴趣或者利益是否相关，而较少从主观上考虑社会责任。但鉴于非政府系平台在政策传播中表现较为活跃，因此通过提高自身原创水平和信源权威性，非政府系平台可进一步配合政府系平台，进而形成政策传播新媒体矩阵。

此外，政策话语的生产与传播应尽量做到平衡。一味强调某项政策的优点，甚至"歌功颂德"，而避讳谈及政策缺陷和不足，并不是履行社会责任最好的选择。研究发现，微信公众号对"一带一路"的传播，建立在规避政策实施中的具体困难及面临的各种风险的基础上。其中，报道中的绝大部分篇幅直接聚焦中国政府的行为，倾向于传递"一带一路"话语对区域经济、沿线国家等重大利好，却对政策话语在实施过程中存在的困难鲜少报道。事实上，政策传播中的新媒体不仅是传播工具，也在扮演"安全阀"和"危机加速器"的角色①。报道失真可能导致他国民众出现认知偏差，进而歪曲话语本身所包含的"平等、开放、合作"等意义。作为大国重要的政策话语，更需要新媒体在传播政策信息时，既能遵循实事求是的原则，不过分夸大国家力量，多反映不同国家声音；又能结合自身即时性、在线性、扁平化②的特点以一种更加平衡的话语报道方式全面呈现政策信息。

另外，值得提出的是，公共政策传播在国内受到的关注还远远不够。一项政策的出台，民众缺乏能力或缺少动力去阅读政策原本，而是更多地选择从媒体报道了解政策细节。③由此，媒体实际上在某种程度上垄断了政策的宣传、传达和解释功能，具有强大的新闻舆论导向和政策信息传递作用。当前，国内新闻传播学较多地关注政治传播，注重从政治运行层面探讨传播在政治运行机制中的作用或政治运行机制中媒体的角色与功能，而较少从行政或政策层面关

---

① 张淑华：《新媒体语境下政策传播的风险及其应对》，《当代传播》2014年第5期。
② 马建英：《美国对中国"一带一路"倡议的认知与反应》，《世界经济与政治》2015年第10期。
③ 曾繁喜、蒋欣欣：《媒介议题，公众议题与政策议题的转变及关系》，《现代传播：（中国传媒大学学报）》2016年第3期。

注政府、政策与媒体的关系，探讨媒体在政府与社会的关系尤其是媒体在政策沟通中的角色与功能。实际上，自政治与行政二分之后，前者作为"国家意志的表达"，后者作为"国家意志的执行"，两者是两个不同层面的表征，这也形成了政治传播与政策传播的分野。关注并分析政策传播，无论是从学理角度还是就中国国情而言，都具有较大可为空间。

B.10 微信公众号公益动员的组织规范与社会责任[*]

——基于对"罗一笑事件"的社会资本分析

邓秀军 刘 静[**]

摘 要： 公益动员作为一种缺少对抗性和冲突感的共意动员，因为不具备较强的事件性，在社交媒体平台的公益动员活动中，常常通过强化仪式感和情感性说服方式来增强吸引力和影响力。基于微信公众号的社区聚集属性，公益动员活动中仪式感的强化和情感化的叙事虽然能够形成快速、大量的人群聚集，但也容易在动员发起者的动机、动员信息传播者的关系网络以及针对动员对象的动员说词等方面招来真实性和可靠性的质疑，损耗公益动员主体的信任资本。组织规范社会资本能明确动员相关主体的功能定位，合理约束动员活动中的不当行为，有效保障动员主体的信任资本，实现公益动员的目标。

关键词： 微信公众号 社会资本 公益动员 组织规范 社会责任

2016年11月底，微信平台一篇名为《罗一笑，你给我站住！》的公益动员推文引发社会激烈讨论。11月30日一早，这篇推文就在微信"刷了屏"，

---

[*] 本课题是国家社科基金一般项目"基于大数据分析的社交媒体社会动员机制研究"（项目编号：15BXW039）的研究成果。

[**] 邓秀军，文学博士，华中科技大学新闻与信息传播学院副教授，研究方向为视听新媒体和社交媒体；刘静，文学博士，武汉体育学院新闻与传播学院副教授，入选"东湖学子"人才计划，研究方向为电视节目策划与制作和视听新媒体。

几乎所有的人都在转发、评论和点赞,然而到了下午,画风却突然一转,有人揭露这是恶意营销,背后有人和机构打着公益的幌子圈钱,于是微信平台的又一个"反转"事件血淋淋地发生了。有关罗一笑父亲罗尔和深圳金融公司"小铜人"道德沦丧、借病女炒作骗钱的指责和批判成为微信舆论的主流,关于这样一篇推文能够在微信平台刷屏的原因却少有讨论和提及。《罗一笑,你给我站住!》这样一篇以公益为主题的推文能够产生重大影响力的原因是什么?该事件在引起社交媒体热点关注又发生"反转"的原因是什么?利用微信公众号平台发起的公益活动又应该遵循哪些规则呢?本报告以罗一笑事件为例,通过分析事件在传播中的社交媒体用户行为,从组织规范资本的视角,探讨社交媒体应该如何合理进行公益动员。

一 公益动员的"共意"诉求与情感泛滥

公益动员是为了公共利益的维护而发起的社会动员,作为社会动员众多子类中的一个主要类型,公益动员具有"共意性"和"利他性"两大特征。社会动员(social mobilization)是"旧有的社会、经济和心理主流共识被消解并打破时,人们适应新的社会行为模式的过程"。[1] 为了实现社会动员的效果和目的,动员发起者需要用持续的影响或发动行为,来对动员对象进行说服,以达到改变他们的价值观的目的,并最终推动他们采取公益行为,这种"社会影响"或"社会发动"的主要媒介手段就是社交媒体。[2] 社交媒体(Social Media)是在Web 2.0互联网技术之上发展而来,在网络平台和应用软件的技术保障之上,用户同其他个人或群体的信息共享推动了在线社交网络的发展。"社交媒体让动员主体可以利用个人化的动员信息发布快速组织和动员大量的支持群体,也可以通过他们自己的个人信息网络便捷地获得支持。"[3]

---

[1] Deutsch, Karl, 'Social Mobilization and Political Development', *The American Political Science Review*, Vol. LV, No. 3, September 1961, pp. 493 – 514.

[2] Wang, J., Stuart, M., Li, X. T., Jeff, A., Chander, V., 2015. Effect of Media Usage Selection on Social Mobilization Speed: Facebook vs E-Mail. PLOS ONE 10 (10), 1 – 12.

[3] Bennett, W. L., Breunig, C., Givens, T., 2008. Communication and political mobilization: digital media and the organization of anti-Iraq war demonstrations in the U. S. Political Communication. 25, 269 – 289.

作为一种典型的共意动员，社交媒体公益动员的"共意"诉求让动员主体更多地采取情感说服的方式来实现自己的动员目的。基于社交媒体与现实世界的场域区隔现状，社交媒体用户在虚拟空间由现实世界截然不同的网络关系结构所串联和组织，为了能够有效说服和推动社交媒体用户的公益行动，情感成为公益最有效的手段。为了吸引更多的社交媒体用户关注并采取动员行动，有些公益动员主体甚至让"道德绑架"和"情感说服"一起成为公益动员的致命武器，社交媒体用户由此面临"不做混蛋，做了笨蛋"的两难困境，损耗了动员主体的信任资本，也破坏和抹黑了公益行业的社会形象。"罗一笑事件"就是利用社交媒体的情感共鸣来进行公益动员，动员发起者一方面把罗一笑塑造成一个遭受病痛打击、彻底无助弱势群体形象，以博得社交媒体用户的同情；另一方面，罗一笑的父亲罗尔又通过一些父女之间的亲情故事让人产生感同身受的共鸣心理，进而推动社交媒体用户实施公益捐助的行为。

事件初期引发舆论的文本主要为2016年9月13日的文章《耶稣，别让我做你的敌人》和11月25日的文章《罗一笑，你给我站住！》都来自罗一笑父亲罗尔个人的微信公众号，阅读量都上万其中后者过十万。推文主要通过文字的表达方式加上一张女儿天真可爱的照片，描述了家庭的困难和女儿患病的不幸，引发众多网友的留言、转发以及赞赏。这一阶段的舆论都是对于罗尔一家的鼓励，祝愿罗一笑早日康复，其中不乏之前就认识罗尔及其女儿的人，还有网友建议罗尔试一下轻松筹、腾讯公益等方式进行筹款，罗尔均回复没有心思和时间做这件事。然而，罗尔发布的两篇微信公众号推文在幕后助推下产生了巨大的舆情影响，通过图1的推文态度走势可以看出，在11月25日至11月30日，所有微信公众号推文都呈现正向的态度走势，可见，"罗一笑事件"的情感动员非常成功。

在事件的初期主要是情感动员引发网友的自愿转发："所谓情感动员，是指在互动中，个体或群体通过情感运作，以唤起、激发或者改变人们对事物的认知、态度和评价的过程。"① 研究文本的情感动员主要体现在两个方面：一

---

① 白淑英、肖本立：《新浪微博中网民的情感动员》，《兰州大学学报》（社会科学版），2011年第9期。

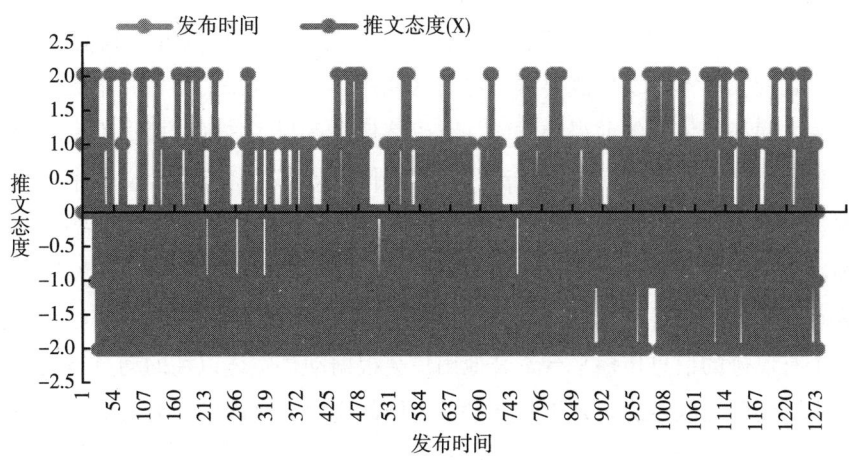

图1 "罗一笑事件"微信公众号推文态度走势

方面社会对于弱势群体或者是遭遇不幸的群体会给予更多的同情与支持，比如有评论"除了说加油，再也想不出还有别的什么可以安慰你们的话！笑笑加油！罗尔加油！文芳加油！我们都在为笑笑祈祷！"另一方面，个体总会对于有相同或相似经历的个体产生共鸣，或者说是感同身受的心理，比如评论"宝贝加油！看了之后心里好难受，想起2011年我女儿得了增生性贫血！别名白前病，就是白血病前兆！当时觉得天都要塌了！看着面色苍白不能行动的孩子，我死的心都有了！整整一年多的时间我们都奔波往返在家和医院之间！当时有朋友劝我说，趁年轻再生一个孩子吧！我果断地说'不'！这个孩子生我陪她一起生，死，我陪她一起死！当时我就是这么想的！"；"我很想很想帮忙，虽然是微薄之力。我们妹妹也发烧了，懂得父母的难受。真的想和你和笑笑站在统一战线，一起打败病魔！"同为父母或者病患家属的个体更容易产生共鸣及认同，从而自愿参与到事件的传播中去。

二 信任危机下公益动员主体的责任担当

社交媒体的社会动员，作为以关系网络为基础的信息传播过程，在传播机制和传播效果上都与社会资本的创造和利用存在着千丝万缕的内在联系。社资本范畴的信任被界定为"行为者相信,在最坏的情况下,他人不会故意或愿意伤害行为者;在最好的情况下,他人的行为将符合行为者的利益"①。信任资本是社会资本主要构成要素,也是其他社会资本获得的前提和基础。信任是个体之间相互依存的前提和方向,有了信任,人与人之间就可以不用在交往过程相互提防,从而提高信息交流和社会合作的效率,降低社会交往中耗费的成本。② 在社交媒体公益动员的主体大多是公众人物或意见领袖,这些社交媒体关键节点与普通用户之间存在着信任关系。要想取得较好的公益动员效果,作为动员主体的公益活动发起者的动员行为首先要有较强的可信度。社交媒体是一个有痕迹的信息传播平台,其他用户会根据动员主体以往的动员行为与当下动员活动的关联性决定是否听从动员主体的说服,进而参与公益活动、采取公益行为。

微信公众号作为当下最具代表性的社交媒体平台之一,它的信息传播具有鲜明的社交媒体属性,也就是说,意见领袖在信息的扩散和舆情的拓展中产生了重要的节点作用。"基于社交媒体用户自制、关系主导的媒介特性,意见领袖在社会动员的信息传播占据着核心的地位,无论是动员主体、动员对象还是动员的响应者,社交媒体意见领袖所拥有的线上线下社会资本对社会动员的效果有着至关重要的影响。"③ 拥有一定粉丝量的微信公众号传播的信息和态度倾向对于受众产生了十分重要的影响:"活跃在人际传播网络中,经常为他人提供信息、交换意见和相互影响的人物,成为'意见领袖'。"④ 受众容易受到意见领袖的态度的暗示,舆论也呈现一致的趋势,较多类似评论如"亲爱的宝贝罗一笑早日康复!加油",都倾向于对于此次公益动员的认同,也达到了可观的捐款数额。

据微信官方统计11月29日起,《罗一笑,你给我站住!》一文阅读量快速上涨,引爆此次传播事件是由于小铜人公司的公众号"P2P观察"在11月27

---

① 〔美〕肯尼斯·牛顿:《信任、社会资本、公民社会与民主》,于宝英等译,《国外理论动态》2012年第12期。
② Mayer, R. C., Davis, J. H., Schoorman, F. D., 1995. An integrative model of organizational trust. Academy of Management Review. 20 (3), pp. 709 – 734.
③ 邓秀军、刘静:《环保动员中微博意见领袖的传播功能与社会责任》,《中国新媒体社会责任研究报告(2015)》,社会科学文献出版社,2017。
④ 郭庆光:《传播学教程(第二版)》,中国人民大学出版社,2011,第189页。

日发布的头条文章《耶稣，请别让我做你的敌人》（已删除）推送了罗尔的文章，指出其面临的困境"每天医疗费用少则一万元出头，多则三万元有余的费用，一大半少儿医保走不了"，同时提出"读者每转发一次，小铜人给笑笑一块钱，文章同时开设赞赏功能，赞赏金全部归笑笑"，因此文章发布后被疯狂转发，赞赏资金猛增，连续两天达到5万元的上限，迫使赞赏功能暂停，并且许多热心的网友还通过转账的方式捐款。据P2P观察2016年11月28日的文章中统计，"截至2016年11月27日文章的阅读量四万多，转发量为5347次，罗尔公众号粉丝数由两千多，增长至近两万人，而且正在持续增长中，并且通过个人转账以及公众号赞赏，所收到的善款也已经有十多万元。"

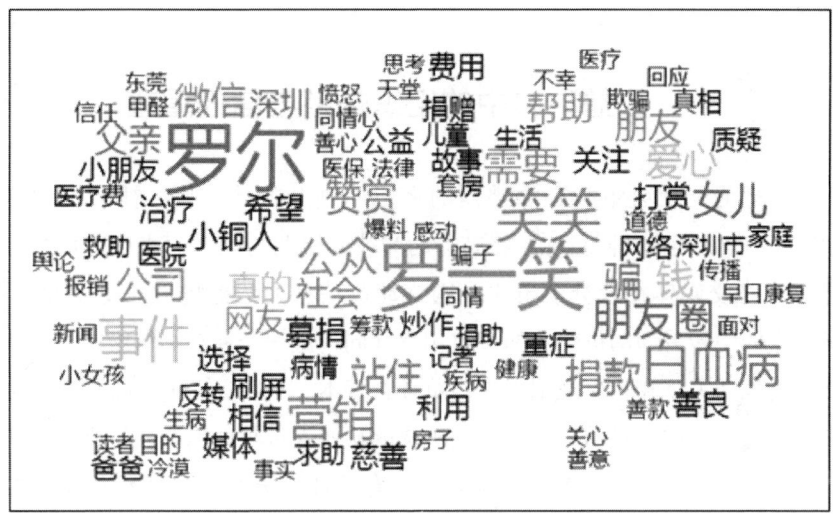

图2　"罗一笑事件"微信公众号推文词云

通过对"罗一笑事件"微信公众号推文的热词分析（见图2），可以看出，出现频率最大的词语，除了"罗尔"、"罗一笑"、"笑笑"、"白血病"和"事件"等客观描述事件的中性词之外，主要就是"营销"、"捐款"、"公众"、"骗"和"需要"等明显带有负面追责情绪的词云。小铜人公司的"P2P观察"的联合推文是文章大量传播的节点，使原本小范围的网友微信赞赏行为扩大成为一个更大的通过转发推文的募捐行为。连续三天的推文，让事件逐渐达到传播效果的高点。公众号P2P观察（ID：p2pguancha）在功能介绍中写道"以深度研究，洞察网贷投资价值与风险"可以了解到主要内容是金融投资相关的财经资讯类公众号，在罗一笑事件发生前后平均头条阅读量为3万左右，《罗一笑，你给我站住!》这篇转发的推文阅读量达到9万多，可以了解到这一公众平台前期有粉丝积累，有一定的影响力，尤其在这一事件中可以快速地获取信息，相较于普通的微信用户占有更优越的社会资本，影响更多的受众，因此被称作意见领袖。同时作为前深圳媒体人的罗尔相比普通用户能够接触更多的意见领袖，也为文章快速扩散提供了一定的条件。比如深圳一个本土意见领袖刘淼11月28日在他的"淼哥故事会"中发文《狗日的中年时代，唯有坚持!》以中年人的情感认同表达对罗尔的支持，呼吁网友捐款。

三 公益动员中的组织规范与信任重塑

组织规范是社会组织必须遵循的运行原则和群体准则。社会组织是指"人们为了实现某种共同目标，将其行动为彼此协调与联合起来所形成的社会团体"。① 社交媒体在社会动员中，围绕动员信息的传播场域，动员发起者、动员信息的中转者和动员信息的接收用户共同构成一个社会动员组织，这些主体之间的互动关系和约束规则就是规范社会资本。"保障信任的规范资本由社会中主体之间密切的互动产生，公共机构的从业人员与他们所在的机构密切关联，通过个人行为赢得个人和机构共同拥有的社会资本。"② 组织规范资本是个人或群体与其他个人或群体产生关联、形成合作意向的动力和纽带，它表现为具体的管理准则，来明确个人的权利和义务。公益动员组织是动员主体与动员之间交往和协作平台，其中，客体是动员活动组织和说服的对象，他们往往以群体的形式出现，并且与动员主体有着相似的价值观和相近的利益诉求。对于公益动员而言，基于地域、身份和人生经历的差异，社会的不同群体有着不同的认知和立场，为了充分实现公益动员的目的，必须有充分客体的价值观和

---

① 郑杭生主编《社会学概论新修》（精编版），中国人民大学出版社，2009，第172页。
② Evans, P., 1996. Government action, social capital and development: Reviewing the evidence on synergy. World Development 24 (6), pp. 1119–1132.

利益诉求，进行针对性的说服。

"罗一笑事件"经微信公众号发布和转载、网友转发讨论发酵多日后，传统媒体参与报道使事件真正上升到社会关注的热点新闻，并且后续众多的媒体公众号也是引用传统媒体的采访内容。深圳晚报在其微信公众号发布了与报纸文章内容相同的推文《5岁爱女突患白血病，父亲呼唤：罗一笑，你给我站住!》并开通了捐款通道，提供"深圳市关爱行动公益基金会"的银行账号，将《罗一笑，你给我站住!》的原文链接附在了下方，在这一阶段中，符合传统媒体公益动员的方式，以较为客观的文本展现受助者的现状，并联合当地慈善机构进行公益捐助行动，传统媒体的参与使事件得到更多网友的认可，也纷纷提出相关的建议，比如有评论"希望编辑在发出求助信息的时候同时也关注一下网络互助平台，宣传一下互助才是解决大病医疗费用才能治本，你可以百度抗癌公社，你会有惊喜。"也有对于公益动员方式的建议"建立救助制度很重要，申请救助条件要明确，接受救助的同时要回报社会，爱心永远不会错，但社会有责任让爱心不受伤害"。

整个"罗一笑事件"中，P2P观察平台的流量剧增，公众号粉丝量也得到了大幅的增长，在11月30日上午有消息称罗一笑事件是一起"营销炒作"事件，目的是公众号涨粉，金羊网11月30日早上6点发布的《深圳女童患病父亲网文刷屏，网友赞赏捐款刷爆上限》文章报道了这一刷屏事件，指出在采访罗尔的过程中，罗尔表示捐款金额已足够，文中记者采访了公益机构的负责人，专业人士认为微信赞赏的方式"不是直接进入受捐人的账号，现在属于监管的'灰色地带'。"[1]之后许多网站和微信公众号纷纷援引了这一报道，并将事件升级为"疑似营销"之后就有名为《罗一笑白血病事件，一次带血的P2P营销?》的推文出现，主要将罗尔在接受采访时承认P2P观察可以吸粉这一表述重点提出。之后小铜人被起底"曾以负面稿件换'广告合作'"[2]更加指向其营销推手的身份。在网易新闻公众号发布的《罗一笑事件疑为"营销炒作"，捐助公司目的为公号涨粉，民政部门介入》的推文贴出了几张未经证

---

[1] 金羊网：《深圳女童患病父亲网文刷屏 网友赞赏捐款刷爆上限》，http://news.ycwb.com/2016-11/30/content_23656258.htm，2016年11月30日。

[2] 澎湃新闻：《白血病患儿营销门推手小铜人：曾以负面稿件换"广告合作"》，http://www.thepaper.cn/newsDetail_forward_1571250，2016年11月30日。

实的网友朋友圈截图，截图中提到罗尔在深圳有三套房，还有医药费有80%能报销，加之之前金羊网采访罗尔是他提到公众号可以吸粉，因此种种迹象指向这一事件疑似营销炒作。P2P观察回应并也晒出罗一笑住院的费用清单。

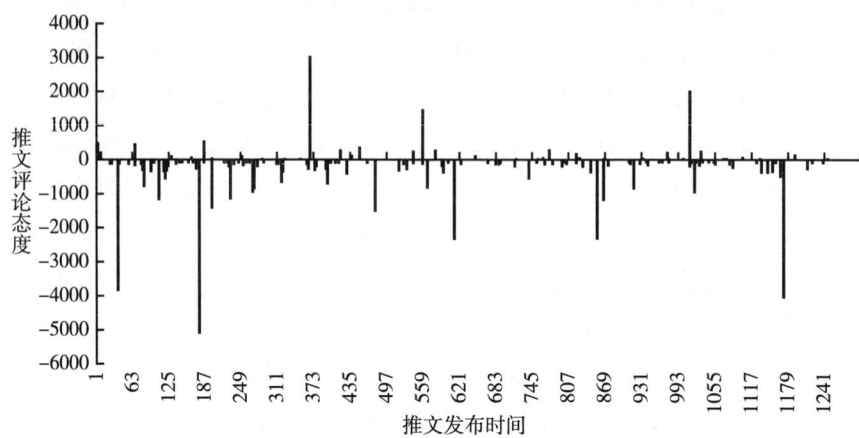

图3 "罗一笑事件"微信公众号评论态度走势

微信公众号发布相关的推文态度分为两个阶段：11月25日至11月30日，以支持罗尔的动员行为为主；11月30日之后则反对的态度较为鲜明。同时推文的评论则是反对罗尔发起公益动员行为的态度占据绝对多数（见图3）。一些单纯为了吸粉增加阅读量的公众号会用带有十分强烈个人情感吸引眼球的关键词起标题，文中许多都是聊天截图，未经证实的消息，令文章十分有噱头，比如《罗一笑真相：深圳3套房，小三上位，未婚先孕……?》。相关评论也开始指责罗尔与小铜人公司："能不能不拿孩子炒作，有点做父母的良知！"、"根据法律，这个属于诈骗，骗的还是好心人，本来社会就冷，这种事情一出，会越来越冷！！！"。另一类是媒体的官方公众号，内容客观尽量通过摆事实，用文字以及大量新闻图片和采访视频让网友了解事件的全貌，比如澎湃新闻的《白血病女童罗一笑事件发酵前后：真相到底是什么》，北京青年报的《朋友圈刷屏的"罗一笑"家里三套房还募捐？这些质疑孩子父亲都回应了》。网友的评论也多了一份冷静，少了一些愤怒："相比于用蓄意营销的人性中的恶去定义此事件，我更愿意以善意去相信主人公单纯的初衷"；"不管怎样，善举终是善举，只不过我们不想被营销，被策划"。

四　结语

　　社会资本作为一种与政治资本和经济资本对应并存的资本形态，在公共话语空间对社会主体的社会交往及其效果有着决定性的影响。公益动员作为典型的共意动员，较其他社会动员少了许多的对抗性和冲突感，有更多的人情味和说服力。基于社交媒体特有的内容自制和关系主导媒体特性，社交媒体的公益动员的信息传播路径和效果受到动员信息发布者所拥有的社会资本的影响。一方面，动员信息发布者的社会资本影响着公益动员信息的生产、发布和传播；另一方面，公益动员信息的传播又在同时建构着动员信息发布者的社会资本。

　　要实现社交媒体公益动员的目标，动员信息发布者的社会身份和动员行为决定着动员过程中的信任增值。要想动员对象能够接受动员主体的观念、口号和诉求，信息发布者必须是一个社交媒体平台有着较强信任度和影响力的用户。信任度由社交媒体平台所呈现的动员信息发布者长期的公益活动参与行为累积，影响力则由动员信息发布者的社会身份和粉丝数量决定。另外，明确的动员目标和积极的信息回馈能够建构充分的组织资本。动员目标是公益动员活动的方向和落脚点，成功的公益动员都有精确的动员对象设定并有良好互动回馈效果。公益动员活动必须明确特定的地域空间和性别角色，地域和性别不一定是物质意义的某个地方或某类人，但必须是一个有着具体人口学特征的社群。只有明确了动员对象的社群属性，社交媒体的公益动员信息才能准确有效地发布和传播，实现公益动员的目的。

　　就《罗一笑，你给我站住!》这篇推文发起的公益动员活动而言，虽然幕后机构动员发起的时机和推文建构的动员标语都有很好的设计，但是动员活动所拥有的社会资本并不能支撑该公益活动能够有持续良好的动员效果。首先，救助罗一笑的捐款活动的发起者（罗一笑的父亲罗尔和深圳"小铜人"）都没有足够的信任资本发起公益动员，具有充足信任资本的动员主体面对质疑的时候才能经得起社会的监督和质询；其次，任何公益活动的动员对象都不可能也不应该是所有社交媒体用户，只有那些有能力和有意愿某类型公益的人才能心甘情愿地参与公益活动，有争议的时候才不会快速、过激地又情绪反复；最后，公益活动的信息网络必须是相对固定和可靠的，社交媒体的公益动员信息一般都由那些长时间关注和推动公益活动的意见领袖转发和推送，这样才能保障信息的真实性和可靠性。

因此，社交媒体公益动员必须由那些有足够信任资本的用户发起，动员信息的传播目标是特定群体的热心公益事业的部分用户群体，动员信息的中转路径和渠道必须由那些有影响力的意见领袖维护和推动，这样的社会资本运用才能保障社交媒体公益动员的影响力和有效性。

B.11
新媒体环境下公众对虚假新闻的认知调查研究[*]

牛 静 吴 婧[**]

摘　要： 本报告旨在分析公众对新媒体环境下虚假新闻的现状、产生原因、治理方法等方面的认知，了解公众的虚假新闻辨识能力。通过分析540份调查问卷的数据，研究发现公众认为：当前新媒体环境下虚假新闻频发，多集中于娱乐新闻与社会新闻领域，且多存在于微信平台、微博平台、网络论坛三类新媒体平台；商业利益驱动、媒体把关不严、法治监管不到位是导致虚假新闻发生的主要原因；需要通过加强媒体监管、加强法治监管、提高从业人员职业道德素质等方式综合治理虚假新闻。此外，目前公众的虚假新闻辨别能力不强，需通过提高公众的媒介素养来提高其虚假新闻辨别能力。

关键词： 虚假新闻　新媒体　虚假新闻认知　传播平台

一　研究缘起

新媒体环境下虚假新闻层出不穷，这一现象引起了越来越多的关注。新媒体技术已经改变了传统意义上的新闻内容生产方式与信息传播方式，多元化的

---

[*] 2015年国家社会科学基金项目"新媒体环境下中国参与建构全球媒介伦理的路径研究"（项目编号：15BXW070）的研究成果之一。
[**] 牛静，华中科技大学新闻与信息传播学院副教授；吴婧，华中科技大学新闻与信息传播学院硕士研究生、武汉体育发展投资有限公司组织人事经理。

传播手段、个体化的传播行为、海量化的信息资源等都增加了行业监管、信息甄别的难度；同时，面对越来越倾向于求"快"、求"新"的受众需求，新闻媒体不断追求"快之更快"、"新之又新"，创"夺人眼球"的新闻信息，这些都为虚假新闻的产生、扩散打开了方便之门。新媒体环境下公众已越来越难以远离虚假新闻，甚至经常面对着辨识虚假新闻的种种考验。新媒体环境下公众如何认知虚假新闻这一研究问题值得思考。

关于虚假新闻的研究成果，国内目前多是研究者的思辨型分析。这些研究或是基于虚假新闻现象所做的理论探析，或是基于典型虚假新闻案例所进行的剖析，但大都停于对虚假新闻现象本身的研究上。例如：宋超在《拷问传媒公信力——新闻打假十年实录》一书中，基于对2001～2010年100例虚假新闻案例的样本分析，对其产生和传播特点等做了评述，其目的重在以"媒介批评"的方式提醒行业要避免这种损害公信力的行为；[1]张涛甫在《十年百条虚假新闻的样本分析》一文从虚假新闻作者、失实程度、故事框架类型、制假方法等角度做了统计分析。研究者多未能进一步结合问卷调查以核证公众对于虚假新闻的认知情况。[2]

相较而言，以公众为研究对象，并采取大范围（样本数＞300）问卷调查的方法，旨在分析公众对于虚假新闻的现状以及产生原因、主要影响、治理方法等方面认知的研究，国内学者所做的探索并不多。基于此，本报告将新媒体环境下公众对虚假新闻的认知作为研究主题，具有较强的理论研究价值和实践指导意义。

二 文献综述

（一）虚假新闻概念

关于虚假新闻的界定，研究者多根据失实程度以不同维度进行划分，其基

---

[1] 宋超：《拷问传媒公信力：新闻打假十年实录》，文汇出版社，2011。
[2] 张涛甫：《十年百条虚假新闻的样本分析——〈新闻记者〉"年度十大假新闻"评选十年分析报告之一》，《新闻记者》2011年第5期。

本内涵都是指违背新闻真实性。《新闻学词典》中将"新闻失实"定义为"新闻报道违背真实的现象",并将其区分为编造性失实、业务性失实和片面性失实三类。20世纪90年代,国内新闻界针对非真实的新闻提出了"假新闻"一词,有研究者将假新闻分为四个层次:"一般失实、基本失实、严重失实和完全失实。"① 还有研究者进一步研究指出,新闻失实的主要表现有无中生有、凭空捏造;添枝加叶、层层拔高;要件残缺、隐瞒事实;偷梁换柱、移花接木;因果不符5个方面。② 此外,丁柏铨认为可分为故意制作而成的假新闻和并非故意却有所失实的新闻两大类;戴烽、朱清则根据侵害主体的不同,将其分为有特定指向和无特定指向两种类型。

综合分析,本报告认为:虚假新闻是指违背真实事实的报道,从制作动机上看,主要包括故意编造类虚假新闻、非故意编造类虚假新闻;从侵害主体上看,主要包括有特定指向的和无特定指向的;从失实程度上看,包括一般失实、基本失实、严重失实和完全失实。

(二)虚假新闻的成因、危害和治理方法

关于虚假新闻的成因,有学者指出新闻从业人员的职业道德不高、新闻监管不力、法制不健全、新媒体运用的随意性等是其产生的原因。③ 陈力丹指出,虚假新闻产生的根本原因是记者、编辑没有将新闻社会价值和现实意义作为选择新闻的标准,而仅仅为了满足受众心理需要。④ 杭琳琳、于磊把公众媒介素养匮乏认为是虚假新闻存在的根基所在。⑤

总体而言,可以将虚假新闻的成因归结为3类:一是商业利益的驱动,主要针对媒体而言;二是内外监管不到位,既有媒体自身把关不严,也含外部法治监管不到位;三是传播主体的职业素养不高。比如,新闻记者缺乏实事求是的职业精神;新闻当事人提供虚假信息;不具备新闻专业素养的人发布信息等。

---

① 叶德本、解守阵:《中外假新闻大曝光》,中国国际广播出版社,1992,第8页。
② 李良荣:《新闻学概论》,复旦大学出版社,2007,第234页。
③ 苗蕾:《虚假新闻的特点和危害性分析》,《西部广播电视》2016年第16期。
④ 陈力丹、周俊:《试论传媒假事件》,《北京大学学报》(哲学社会科学版)2006年第11期。
⑤ 杭琳琳、于磊:《虚假新闻泛滥中的媒介素养透析》,《渤海大学学报》(哲学社会科学版)2011年第2期。

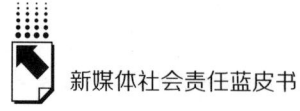

关于虚假新闻的危害,有研究者指出,虚假新闻的危害主要包括:损害媒体的公信力、损害当事人的形象和权利、损害社会秩序以及损害真新闻、好新闻的价值4个方面。① 曹建中认为虚假新闻的危害主要:给报道对象和产业带来负面影响;危害新闻媒体的公信力、损害新闻媒体赖以生存和发展的根基;侵害了社会公众的知情权、影响正常的社会信息交流秩序。② 董玮佳、苏克军则聚焦以微博和微信为代表的"微"传播时代虚假新闻的负面影响,认为虚假新闻损害媒介公信力,侵犯当事人权利、损毁当事人形象,扰乱社会秩序,误导公众认知、造成扭曲的社会舆论等。③

可以说虚假新闻的影响主要体现在误导受众、损害新闻当事人权益、降低媒体公信力、形成不良社会风气4个方面。

关于虚假新闻的治理,陆成指出治理假新闻关键在治理"新闻人"或治理媒体,其次要"制"法,同时还要加强新闻行业与新闻工作者自律。④ 乔玉为认为,应从树立实事求是的职业理念、倡导公众监督、提高网民的网络素养3个方面遏制虚假新闻泛滥。⑤ 胡颖重点关注新闻从业者资格准入条款、假新闻出现之后的更正制度、假新闻责任者和媒体惩罚制度等机制。

可见,研究者多认为虚假新闻治理通过"内治"和"外治"来实现,一方面是加强行业内部的约束,包括提升新闻从业人员的职业道德素质,加强行业的自律、自重,加强行政监管等;另一方面是加强外部监督,主要包括加大受众的参与力度,增强社会监督,加强新闻法制建设、建立相关法律法规等。

(三)新媒体环境下的虚假新闻

随着互联网与自媒体的日益兴盛,利用自媒体平台(如微信、微博、网络论坛等)自主发布信息的个人行为越发普遍,虚假新闻现象有了新的特点。因此,不少研究者关注新媒体环境下虚假新闻的产生动因和传播特性。有学者

---

① 陆成:《假新闻的成因、危害与治理》,《新闻记者》2011年第3期。
② 曹建中:《虚假新闻的成因、危害及治理初探》,《新闻记者》2015年第5期。
③ 董玮佳、苏克军:《"微"传播时代虚假新闻的负面影响》,《新媒体研究》2016年第9期。
④ 陆成:《假新闻的成因、危害与治理》,《新闻记者》2011年第3期。
⑤ 乔玉为:《互联网时代虚假新闻的传播特征》,《视听》2016年第9期。

指出，社交媒体成为滋生网络不实信息的温床，主流媒体在"拼速度、抢关注"的驱使下，将网络不实信息"洗"成新闻的情况较为突出。① 在虚假新闻集中领域上，李文提出，虚假新闻由原来的娱乐、体育领域向政治、经济、社会、文化等领域延伸。② 在虚假新闻传播途径上，研究者则认为当前虚假新闻的传播途径由过去的传统媒体等逐渐扩展到微信、微博、网络论坛、门户网站以及各种移动 App 等网络平台，其影响范围也更为广泛。

总体来说，在新媒体环境下，任何一个普通民众都可以通过网络任意发布、复制、转载、传播各类信息，从而使虚假新闻有了滋生的新土壤；也正是这种虚拟、互动、开放且难以监管的环境，使虚假新闻的产生与传播有机可乘，更加催化了虚假新闻的裂变式快速蔓延。基于此，本报告拟探讨新媒体环境下公众对虚假新闻多发网络平台的认知以及探讨公众的虚假新闻辨识能力。

（四）研究问题

本报告通过梳理相关研究成果发现，新媒体环境下公众对虚假新闻的认知主要包括 3 个方面：一是对新媒体环境下虚假新闻数量程度、主要类型、传播特点等现实状况的表象认知；二是对新媒体环境下虚假新闻产生原因、影响和治理方法等深层问题的理性思考；三是对新媒体环境下自己及周围人辨识虚假新闻能力的客观评价。因此，本报告拟将对以下问题进行研究：

Q1：公众对虚假新闻的数量评价如何？
Q2：公众觉得虚假新闻主要集中在哪些新闻类型上？
Q3：公众觉得虚假新闻的多发平台有哪些？
Q4：公众觉得虚假新闻的产生原因是什么？
Q5：公众觉得虚假新闻有哪些影响？
Q6：公众觉得虚假新闻有哪些治理办法？
Q7：公众的虚假新闻辨识能力如何？

---

① 林卓颖、何桂林、刘自然、曹燕妮：《新媒体时代的"假新闻"现象与治理对策研究》，《新媒体蓝皮书》，2015，第 65 页。
② 李文：《当下虚假新闻透析》，《科技传播》2015 年第 1 期。

三 研究设计

（一）研究方法

本报告采用问卷调查法，在 2017 年 1 月 20 日至 2017 年 3 月 10 日通过互联网平台以"滚雪球"的方式，向受访对象发放调查问卷，共回收问卷 551 份，其中有效问卷 540 份。最后，运用 SPSS 软件进行统计。

（二）问卷设计

本报告涉及的问卷共计 13 个题项，大致可分为四类：

一是人口统计学题项。包括受访对象的性别、职业、年龄、学历。

二是虚假新闻现状认知问询题项。此部分包括 3 个题项，分别用于问询受访对象"你认为常见虚假新闻最主要集中在哪种新闻类型"、"你认为虚假新闻数量的多少"、"你认为哪些平台上的虚假新闻比较多"，以研究分析受访对象对于虚假新闻现状的看法。其中："常见虚假新闻最主要集中在哪种新闻类型"、"虚假新闻的数量程度如何" 2 个题项为单选题，"哪些平台上的虚假新闻比较多"为多选题。

三是虚假新闻深层问题认知问询题项。此部分包括 4 个题项，分别用于问询受访对象"产生虚假新闻的原因有哪些"、"虚假新闻的产生主要应由谁负责"、"虚假新闻最主要的影响是什么"、"虚假新闻的治理方法有哪些"。其中："虚假新闻的产生主要应由谁负责"、"虚假新闻最主要的影响是什么" 2 个题项为单选题，"产生虚假新闻的原因有哪些"、"虚假新闻的主要治理方法有哪些" 2 个题项为多选题。

四是虚假新闻相信经历及辨别能力问询题项。此部分包括 8 个题项，其中：虚假新闻相信经历通过"近一年相信虚假新闻的次数有多少"进行测量，采用四级量表（从未有过＝［1］、1－3 次＝［2］、4－8 次＝［3］、8 次以上＝［4］）。虚假新闻辨别能力的题项主要有：测量受访者在阅读新闻时注意"新闻发布处权威性"、"新闻内容、地点、人物准确性"、"新闻写作者叙述方式是否客观中立"、"对新闻标题党现象保持一定警惕"、"新闻记者是否亲临现场"、"新闻素材内容完整性"、"新闻消息来源是否可靠"等信息频次的 7 个题项，均采用五级量表（从不 = [1]、偶尔 = [2]、一般 = [3]、经常 = [4]、总是 = [5]）方式进行测量。

四 研究发现

（一）人口统计学变量描述分析

本次参与问卷调查的有效人数共 540 位，其中男性 318 位，占比 58.9%；女性 222 位，占比 41.1%。年龄段主要集中在 27~36 岁（N = 201）与 37~46 岁（N = 199）之间，分别占比 37.2% 和 36.9%，18 岁以下（N = 7）、19~26 岁（N = 69）、47~60 岁（N = 61）、60 岁以上（N = 3）也各有分布。在职业方面，受访者主要以公务员、事业单位工作人员为主（N = 229），占比 42.4%；企业单位工作人员（N = 140，占比 25.9%）、学生（N = 53，占比 9.8%）、个体经营者（N = 53，占比 9.8%）也有所覆盖。受访者的教育水平主要为大学本科（N = 236，占比 43.7%）和硕士以上水平（N = 133，占比 24.6%），小学/初中（N = 27，占比 5%）、高中/中专（N = 85，占比 15.7%）、大专（N = 59，占比 10.9%）也各有涉及。

此外，受访者所在地区近一半集中在湖北省（N = 209）、山东省（N = 79）、河南省（N = 61）等其他省份也有涉及。

（二）公众对虚假新闻数量、多发新闻类型领域、媒介平台的基本认知

关于虚假新闻的数量，57.4% 的受访对象认为较多，26.7% 的受访对象认为虚假新闻的数量一般，而认为虚假新闻的数量较少的受访对象仅占样本总数的 16.0%（见表1）。

关于虚假新闻的多发领域，50.4% 的受访对象认为多发在娱乐新闻中、33.5% 的受访对象认为是社会新闻；同时，13.3% 的受访对象认为时政新闻、经济新闻、法制新闻等也是常见虚假新闻的常发区域（见表2）。

表1 公众对虚假新闻数量的认知

	选项	人数	百分比(%)	有效百分比(%)	累积百分比(%)
虚假新闻数量认知	很多	110	20.4	20.4	20.4
	多	200	37.0	37.0	57.4
	一般	144	26.7	26.7	84.1
	少	56	10.4	10.4	94.4
	很少	30	5.6	5.6	100.0

表2 公众对虚假新闻多发新闻类型领域的认知

	选项	人数	百分比(%)	有效百分比(%)	累积百分比(%)
常见虚假新闻集中类型认知	娱乐新闻	272	50.4	50.4	50.4
	社会新闻	181	33.5	33.5	83.9
	时政新闻	42	7.8	7.8	91.7
	经济新闻	25	4.6	4.6	96.3
	其他(请注明)	15	2.8	2.8	99.1
	法制新闻	5	.9	.9	100.0

关于虚假新闻多发的新媒体平台，受访者的认知主要集中在4个类型上，即微信平台（60.6%）、网络论坛（49.4%）、微博平台（32.2%）、商业媒体App（20.6%）；同时，17.4%的受访对象、3.3%的受访对象分别认为门户网站、新闻媒体App也是虚假新闻比较多的平台之一（见表3）。

表3 公众对虚假新闻多发媒介平台的认知

问题	选项	响应		个案百分比(%)
		N	百分比(%)	
虚假新闻平台认知	A. 微信平台	327	32.6	60.6
	C. 网络论坛	267	26.6	49.4
	B. 微博平台	174	17.3	32.2
	F. 商业媒体App（如：搜狐新闻、新浪新闻、网易新闻）	111	11.1	20.6
	D. 门户网站	94	9.4	17.4
	E. 新闻媒体App（如：央视新闻、人民日报、新华社）	18	1.8	3.3
	G. 其他(请注明)	13	1.3	2.4

（三）公众对虚假新闻成因、影响、治理的认知

对于虚假新闻产生的原因，受访者认为集中在以下 4 个方面：一是媒体自身机构。54.1% 的受访对象认为媒体自身商业利益驱动、43.7% 的受访对象认为媒体把关不严是虚假新闻产生的主要原因。二是法治监管方面。41.1% 的受访对象认为法治监管不到位是虚假新闻产生的主要原因。三是信息传播方面。33.9% 的受访对象认为新媒体信息传播速度快、难以核实，是虚假新闻产生的主要原因。四是新闻传者方面。15.9%、13.9% 的受访对象分别认为不具备新闻专业素养的人发布信息、新闻当事人提供虚假信息也是虚假新闻产生的主要原因（见表 4）。

表 4 公众对虚假新闻成因的认知

问题	选项	响应 N	百分比（%）	个案百分比（%）
虚假新闻产生原因认知	G. 媒体背后商业利益的驱动	292	22.7	54.1
	A. 媒体把关不严	236	18.4	43.7
	C. 法治监管不到位	222	17.3	41.1
	E. 新媒体中信息传播速度快，难以核实	183	14.2	33.9
	B. 新闻记者职业道德素质低下	178	13.9	33.0
	F. 不具备新闻专业素养的人发布信息	86	6.7	15.9
	D. 新闻当事人提供虚假信息	75	5.8	13.9
	H. 其他（请注明）	13	1.0	2.4

关于虚假新闻影响的认知，35.9% 的受访对象认为是误导受众，33.1% 的受访对象认为是形成不良社会风气，25.4% 的受访对象认为是降低媒体公信力；同时，还有 5% 的受访对象认为是损害新闻当事人权益，这反映出公众认为虚假新闻最主要影响是"误导受众"（见表 5）。

受访对象对于虚假新闻治理方法的认知，相对集中在两个方面：一是加强行业监管。60% 以上的受访对象认为需要通过加强媒体监管和加强法制监管来治理虚假新闻。二是提高从业人员职业道德素质。39.6% 的受访对象认为这是治理虚假新闻的主要方法之一。同时，还有 27.6% 的受访对象、20.9% 的受访对象分别认为需要通过加强行业自律、鼓励民众监督治理虚假新闻（见表 6）。

表5 公众对虚假新闻影响的认知

问题	选项	频率	百分比（%）	有效百分比（%）	累积百分比（%）
虚假新闻影响认知	误导受众	194	35.9	35.9	35.9
	形成不良社会风气	179	33.1	33.1	69.0
	降低媒体公信力	137	25.4	25.4	94.4
	损害新闻当事人权益	27	5.0	5.0	99.9
	其他（请注明）	3	.6	.6	100.0

表6 公众对虚假新闻治理的认知

问题	选项	响应 N	响应 百分比（%）	个案百分比（%）
虚假新闻治理方法认知	A. 加强媒体监管	366	27.5	67.8
	C. 加强法制监管	344	25.9	63.7
	B. 提高从业人员职业道德素质	214	16.1	39.6
	E. 加强行业自律	149	11.2	27.6
	F. 鼓励民众监督	134	10.1	24.8
	D. 提高网民对信息的甄别能力	113	8.5	20.9
	G. 其他（请注明）	10	.8	1.9

（四）公众虚假新闻辨别能力及其影响因素

由表7可知，公众相信虚假新闻的经历次数均值为2.13，近85%的受访者相信过虚假新闻，这说明公众虽然没有三番两次受到虚假新闻欺骗，但受虚假新闻欺骗的现象仍普遍存在。而经测量，公众的虚假新闻辨别能力均值为3.33，说明公众存在一定虚假新闻辨别能力，但仍有巨大改进空间。

表7 虚假新闻相信经历次数及辨认能力均值

	均值	标准差
相信虚假新闻次数	2.13	0.770
虚假新闻辨别能力	3.33	0.859

由表8可知，相信虚假新闻的经历、性别与年龄对虚假新闻辨别能力毫无影响（$p > 0.05$）。而不同职业对虚假新闻存在一定影响（$p = 0.009 < 0.01$），

不同受教育程度也会影响虚假新闻的辨别能力（p=0.000<0.01），受教育程度越高，虚假新闻辨别能力越强。

表8　虚假新闻辨别能力与人口统计学变量、虚假新闻相信的相关性分析

		虚假新闻相信次数	性别	职业	年龄	学历
虚假新闻辨别能力	Pearson 相关性	0.072	-0.072	-0.112**	0.043	0.209**
	显著性（双侧）	0.095	0.096	0.009	0.318	0.000
	N	540	540	540	540	540

注：** 在1%水平（双侧）上显著相关。
　　* 在5%水平（双侧）上显著相关。

五　讨论与不足

（一）讨论

研究发现，公众对于新媒体环境下虚假新闻的认知主要分为以下几个方面。

第一，公众认为新媒体环境中虚假新闻频发，多集中于娱乐新闻与社会新闻领域，且多存在于微信平台、微博平台、网络论坛3类平台。有过半的受访者（57.4%）认为目前虚假新闻的数量多，这一方面反映了在新闻行业中虚假新闻问题的严重性，另一方面折射出公众对虚假新闻有着一定的认知和了解。新媒体环境下虚假新闻多集中于娱乐新闻与社会新闻领域，发生在时政新闻、经济新闻领域的情况较少，这既与新闻的性质有关，也和核实难度、新闻造假被发现的难易度有关。与时政新闻、经济新闻这类硬新闻相比，娱乐新闻、社会新闻是软新闻，它们追求的是趣味性、故事性，因而记者在发挥空间上要比前两者大，这便容易滋生虚假新闻；从构成新闻的各要素上看，时政新闻、经济新闻里有领导人讲话、官方发布的政策、制度、数据等，其不具有很强独家性，一旦作假，公众很容易从其他媒体的报道中获得真相，因此时政新闻、经济新闻造假被发现的风险很高，所以虚假新闻在时政新闻、经济新闻领域发生的情况相对较少。此外，虚假新闻多存在于微信、微博、网络论坛平台，一是与这些平台在用户中的高使用率有关，第39次《中国互联网络发展状况统计报告》显示，2016年网民最常使用的App排名第一的是微信，有79.6%的网民使用。① 微信拥有庞大的用户群体，虚假新闻在微信传播便能取得不少的点击率和影响力。二是与这些平台的特征有关，如准入门槛低、传播主体多元化、把关人缺失、匿名性、传播速度快、影响大等。

第二，公众认为虚假新闻产生原因复杂，是媒体把关不严、法治监管不到位、媒体背后商业利益驱动、新闻记者职业道德素质低下、新媒体中信息核实难度大等原因综合作用的结果。在新媒体环境下，新闻媒体之间的竞争越发激烈，对新闻时效性提出了更高的要求，这些因素挑战了新闻生产流程中信息核实所需的时间，一些媒体为了不失语、抢首发，不认真把关核实，牺牲准确性、真实性，导致虚假新闻产生的情况并不罕见。此外，新闻真实属于新闻自律范畴内的要求，柔性的自律规范并没有现实强制性，且刚性的法律在我国仍旧缺失，因而对虚假新闻的有效惩治是我国治理虚假新闻的短板。另一个造成虚假新闻的原因是媒体对商业利益的追逐，这与我国媒体"事业单位，企业化管理"的特殊性质有关。我国媒体作为党和政府的喉舌，要做好宣传与舆论引导的工作，但与此同时，媒体需要自行解决生存问题，自负盈亏，在新媒体时代，只有获得用户的流量，媒体才能以此换取经济利益，这就促使一些媒体采取标题党、新闻造假等手段吸引用户点击新闻，所以在新媒体环境下虚假新闻依然有滋生的温床。受访者还认为新闻记者职业道德素质低下是导致虚假新闻产生的原因之一，这可能与记者的新闻造假行为被曝光在公众视野之下有关，如2007年的"纸馅包子"事件、2012年的"茶水发炎"等事件中记者的失范行为被揭发出来，一度影响到公众对记者的评价。

第三，公众对虚假新闻的影响认知存在差异。超过半数的受访者认为虚假新闻的影响在于误导受众，形成不良社会风气，也有相当一部分受众认为虚假新闻会导致媒体公信力的降低。总体而言，公众认为虚假新闻的影响范围广，对受众权益、媒体公信力、社会风气均造成巨大损害。新闻

---

① 中国互联网络发展中心：《中国互联网络发展状况统计报告》，http://cnnic.cn/hlwfzyj/hlwxzbg/hlwtjbg/201701/P020170123364672657408.pdf，2017年1月22日。

报道之所以有如此大的影响力，是因为它为受众营造了"拟态环境"，成为受众了解世界的窗口，并为他们的决策提供依据。一旦新闻报道的真实性出现问题，将直接影响到受众的生活和决策，因而虚假新闻有误导受众的可能。另外，作为虚假新闻的发布者，无论是有意还是无意，媒体都会是另一个直接受害方，之前建立起来的公信力、职业形象极有可能因一篇虚假新闻而大打折扣。

第四，公众认为虚假新闻治理应多管齐下，既要加强媒体监管、法制监管，也要提高媒体从业人员的职业道德素质，加强行业自律，同时也要鼓励民众监督，运用多种方法进行综合治理。这反映出公众认为虚假新闻治理并没有包治百病的通用"方子"，需针对不同情况灵活采取多种不同方法进行综合施策，而这也与一些学者持有的"社会共治"的观点是相一致的，"它（虚假新闻）的产生有着非常复杂的社会基础，只要各种社会问题以及传受双方的主体性问题未能解决，虚假新闻就必然会继续存在。"[①] 因此，采取多种手段治理虚假新闻是必要的，这是受众与部分学者达成的共识。此外，受众关于治理虚假新闻的建议在现实中也有所呼应，比如一些媒体内部制定了采写手册（如北京青年报记者手册、南方都市报本地新闻编辑手册），全国各省成立了新闻道德委员会，足见行业、政府对新闻自律的重视。同时，民众可通过新媒体参与监督媒体的职业行为，使虚假新闻的监督者更加多元，凸显了社会共治的应有之义。

同时，研究也发现，公众具备一定的虚假新闻辨别能力，但仍需提高。在新媒体环境下，由于信息传播主体从权威走向大众，信息传播速度快、难以核实，部分媒体为吸引眼球，恶意散播不实信息，法制监管不力等原因，虚假新闻频频发生。因此，公众应不断增强自己的虚假新闻审辨意识，提高媒介素养。此外，职业与受教育程度是影响公众虚假新闻辨别能力的关键因素，而虚假新闻相信经历对公众的虚假新闻辨别能力并不存在影响。这说明要提升公众受教育程度，以更加有效地提升公众辨别虚假新闻的能力。

---

① 刘自雄、任科：《现代性、后现代性与虚假新闻——关于虚假新闻几个基本理论问题的探讨》，《现代传播》2012年第8期。

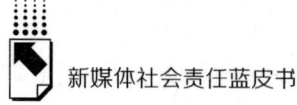

（二）不足与展望

作为一项探索式实证研究，本报告还存在一些缺憾：一是由于问卷调查通过互联网平台以"滚雪球"方式的展开，并不是严格的随机抽样调查，导致样本覆盖的人群还不是非常合理，问卷调查的分析结果推论到公众可能会存在些许偏差。二是本次研究采用的是问卷调查法，缺乏对公众认知产生原因的深层次探讨，后续的研究可以考虑开展个别专访、座谈交流、深度调查等研究方法，进行更为全面且深入的研究。

附录：《新媒体环境下公众对虚假新闻的认知调查研究》问卷

一、您的性别：A. 男　　B. 女

二、您的职业：

　　A. 公务员、事业单位工作人员；B. 企业单位工作人员

　　C. 个体经营者；D. 学生；E. 未从事工作；F. 其他_____（请填写）

三、您的年龄：

　　A. 18 岁及以下；B. 19～26 岁；C. 27～36 岁；D. 37～46 岁；E. 47～60 岁；F. 60 岁以上

四、您的学历：

　　A. 小学/初中；B. 高中/中专；C. 大专；D. 本科；E. 硕士及以上

五、您认为常见的虚假新闻最主要集中在哪种类型中____（单选）

　　A. 时政新闻

　　B. 娱乐新闻

　　C. 社会新闻

　　D. 经济新闻

　　E. 法制新闻

　　F. 其他_____

六、您认为现在的虚假新闻的数量有多少_____（单选）

　　A. 很少

　　B. 少

　　C. 一般

　　D. 多

　　E. 很多

七、您觉得哪些平台上的虚假新闻比较多？（最多选 3 项）

　　A. 微信平台

　　B. 微博平台

　　C. 网络论坛

　　D. 门户网站

　　E. 新闻媒体 App（如：央视新闻、人民日报、新华社）

F. 商业媒体App（如：搜狐新闻、新浪新闻、网易新闻）

G. 其他_____

八、您觉得产生虚假新闻的原因有_____（最多选3项）

A. 媒体把关不严

B. 新闻记者职业道德素质低下

C. 法治监管不到位

D. 新闻当事人提供虚假信息

E. 新媒体中信息传播速度快，难以核实

F. 不具备新闻专业素养的人发布信息

G. 媒体背后商业利益的驱动

H. 其他原因_____

九、您觉得虚假新闻最主要的影响_____（单选）

A. 误导受众

B. 损害新闻当事人权益

C. 降低媒体公信力

D. 形成不良社会风气

E. 其他_____

十、您觉得虚假新闻的产生主要应由_____负责？（单选）

A. 媒体

B. 新闻从业人员

C. 相关行政部门

D. 网络推手

E. 其他_____

十一、您觉得虚假新闻的主要治理方法有_____（最多选3项）

A. 加强媒体监管

B. 提高从业人员职业道德素质

C. 加强法制监管

D. 提高网民对信息的甄别能力

E. 加强行业自律

F. 鼓励民众监督

G. 其他_____

十二、相信了某新闻，后该新闻被证实为虚假的，这种经历在过去的一年内您有_____次？（单选）

A. 从未有过

B. 1~3次

C. 4~8次

D. 8次以上

十三、当您看新闻时，您注意以下信息频次_____。（请在符合您情况的选项上打√）

	从不	偶尔	一般	经常	总是
13.1 当我看新闻时,注意发布出处的权威性					
13.2 当我看新闻时,注意内容、地点、人物准确性					
13.3 当我看新闻时,注意写作者叙述方式是否客观中立					
13.4 当我看新闻时,对标题党现象保持一定警惕					
13.5 当我看新闻时,注意记者是否亲临现场					
13.6 当我看新闻时,注意新闻素材内容的完整性					
13.7 当我看新闻时,注意新闻的消息来源是否可靠					

B.12
热点事件中媒体新闻客户端的报道框架与责任分析

余秀才 童石石*

摘 要: 不同的媒体新闻客户端因媒体特质不同,在新闻报道过程中呈现不同的特点。本报告借助"三层次结构"框架理论,以"罗尔微信为白血病女儿筹集医疗费"(文中简称"罗尔事件")事件为例,对传统媒体新闻客户端与网络媒体新闻客户端报道社会热点事件时的报道框架进行对比研究,用以探讨和分析目前媒体新闻客户端的报道框架存在的规律、不足与责任。

关键词: "三层次结构" 媒体新闻客户端 "罗尔事件"

一 引言

2015年12月艾媒咨询发布的数据显示:手机新闻客户端用户在2015年首次突破5亿,在手机网民中的渗透率达77.8%,相比2014年的71.0%提升明显。① 2017年,是移动新闻客户端在国内发展的第7个年头,从2010年各大商业门户网站纷纷试水新闻客户端,到传统媒体寻求新媒体转型开发新闻客户端,再到2012年以"今日头条"为代表的整合平台的出现,移动新

---

* 余秀才,中南财经政法大学新闻与文化传播学院教授,传播学博士,主要研究方向为网络舆论与新媒体传播;童石石,中南财经政法大学新闻与文化传播学院研究生。
① 艾媒咨询:《2015~2016中国手机新闻客户端市场研究报告》,2015。

闻客户端已经成为重整各种资源和关系的新媒体产品。社会热点事件的发生通常与大众的生活和社会权益息息相关，媒体新闻客户端如何及时、高效地对事件进行报道不仅影响受众的认知，同时还关系到舆论的发展与社会稳定。

本报告研究媒体新闻客户端新闻报道，主要以台湾学者臧国仁的"三层次结构"框架为指导。臧国仁的"三层次结构"框架主要指：高层次结构、中层次结构和低层次结构。① 高层次结构主要是对新闻事件主题的定性，主要是通过"报道主题"来体现；中层次结构则是指整体新闻报道对事件的呈现，主要表现在通过有选择性地呈现新闻事件的"主要事件"、"先前事件"、"历史"、"结果"、"评估"等；低层次结构是指通过语言或符号对新闻事件的呈现，包括"关键词"、"报道基调"等。本报告结合传播学理论"框架理论"与"新闻报道框架"的研究视角，探索新闻客户端研究的新领域，通过比较传统新闻客户端与网络新闻客户端热点事件的报道框架的异同，并分析产生这些异同的原因，既可以明确两者在报道热点事件的报道框架的异同，也可以使两者相互了解，相互借鉴对方的优势，从而为当下媒体新闻客户端提供业务实践层面的启示以及借鉴意义。

二 研究方法

（一）研究对象的确定

本报告选取"人民日报新闻客户端"作为研究传统媒体新闻客户端的代表，网络媒体新闻客户端选择的则是"腾讯新闻客户端"，并以"罗一笑事件"为例，分析新闻客户端的类别和新闻报道主题的选择之间的联系；新闻客户端的类别和事件呈现倾向的选择之间的联系；以及新闻客户端的类别和报道基调的选择之间的联系。

在两客户端上，以2016年11月30日到2016年12月26日为时间节点，分别以"罗尔"、"罗一笑"为关键词，搜索到涉及"罗尔事件"的新闻报道

---

① 臧国仁：《新闻媒体与消息来源—媒介框架与真实建构之论述》，三民书局，1999。

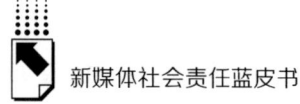

数量200篇。排除重复和分段的新闻报道后，共计180篇，其中"人民日报客户端"推送的新闻共计47篇，"腾讯新闻客户端"为133篇。

利用SPSS对以上文本内容进行量化分析①，探讨两种媒体新闻客户端在报道热点事件时报道框架存在的差异及其原因，并根据这些原因总结目前媒体新闻客户端热点事件报道框架存在的一些规律和不足，以期给媒体新闻客户端的健康发展带来一些启发。

（二）研究的类目建构

根据台湾学者臧国仁对新闻框架的三层划分，本报告可分为三大部分。

1. 新闻文本的高层次选择：新闻报道的主题

在编码方面，单篇新闻报道只标记一个新闻报道主题，涉及多个新闻主题的报道，根据单篇新闻报道的标题来确定新闻报道主题的编码。因此本报告从宏观方面将"罗尔事件"的新闻报道主题分为：深圳市民政局调查罗尔事件；涉事方回应；反思公益慈善；其他（不能归入前几类的新闻报道大多归于此类）。

2. 新闻文本的中层次选择：事件的呈现倾向

在编码方面，本报告的主要事件指"罗尔事件"的主要内容，包括事件梳理、涉事方的反应。结果指由主要事件引起的后发事件。归因指通过深度报道或评论归类总结主要事件的缘由。评估通过深度报道或评论对主要事件进行分析和评价。影响指由主要事件引起的间接影响。

3. 新闻文本的低层次选择：新闻报道基调

在编码方面，本报告低层次结构框架是指媒体对于主要人物媒体形象的塑造，主要是通过关键词和报道基调来体现，本次编码选择单篇新闻报道的报道基调来进行量化统计分析。在本报告中，将"罗尔事件"的新闻报道基调分为：客观、偏罗尔、谴责罗尔三个方面进行编码统计研究。

---

① 本报告主要用的量化分析方法为运用SPSS 19样本数据进行独立性卡方检验。独立性卡方检验是用于检验两个或两个以上变量（各有两项或以上的分类）之间是否相互影响，又称多元卡方检验。所谓独立，即无关联，互不影响，意味着一个变量的各个分类之间的比例关系，在另一个变量的各类分类下都是相同的。

（三）信度和效度的说明

在本报告中，搜集的"罗尔事件"新闻报道的样本，为2016年11月30日到2016年12月26日两个媒体客户端上全部新闻报道。对样本进行编码与类目建构的工作人员为作者本人以外的，进行过专门的培训的第三方人员，因此在样本的信度和效度上都具有一定的保证。

三 媒体新闻客户端的报道框架

（一）高层次结构框架：新闻报道主题的选择

通过统计的180篇新闻报道，分析单篇新闻报道的新闻标题，本报告从宏观层面将"人民日报新闻客户端"与"腾讯新闻客户端"对热点事件"罗尔事件"的报道主题主要分为以下5类：（1）深圳市民政局调查罗尔事件；（2）涉事方回应；（3）事件梳理、解读；（4）反思公益慈善；（5）其他。

以单篇新闻报道为编码单位，经过统计得出数据，如表1所示。

表1 "人民日报新闻客户端"与"腾讯新闻客户端"新闻报道主题

	深圳市民政局调查罗尔事件	涉事方回应	事件梳理、解读	反思公益慈善	其他	合计
人民日报	5	19	9	13	1	47
腾讯新闻	8	55	34	24	12	133

在SPSS19中输入以上数据进行分析，得出分析结果如表2所示。

表2 独立性卡方检验结果

卡方检验			
	值	df	渐进 Sig.（双侧）
Pearson 卡方	5.481*	4	0.241
似然比	5.944	4	0.203
线性和线性组合	0.468	1	0.494
有效案例中的 N	180		

注：*2 单元格（20.0%）的期望计数少于5。最小期望计数为3.39。

卡方检验结果中，如果理论次数小于5没有超过20%，而且没有理论次数小于1的情况，则可使用第一行Pearson卡方数据。上表卡方检验结果的表格里（sig）p=0.241＞0.05，表示差异不显著，即热点事件的报道主题的选择同媒体新闻客户端的类别没有很大联系。这说明，"人民日报新闻客户端"与"腾讯新闻客户端"对热点事件"罗尔事件"的新闻报道，在高层次结构框架上对事件的定性没有显著的差别，无论是传统媒体新闻客户端还是网络媒体新闻客户端，在对热点事件"罗尔事件"进行报道时，都倾向于全面传播热点事件有关的新闻主题。因此，媒体新闻客户端报道热点事件时报道主题的选择与媒体新闻客户端的类别联系不大。

（二）中层次结构框架：事件呈现倾向的选择

通过统计的180篇新闻报道，分析单篇新闻报道的新闻标题，本报告将"人民日报新闻客户端"与"腾讯新闻客户端"对热点事件"罗尔事件"的报道倾向主要分为以下5类：(1) 主要事件；(2) 结果；(3) 归因；(4) 评估；(5) 影响。

以单篇新闻报道为编码单位，经过统计得出数据，如表3所示。

表3 "人民日报新闻客户端"与"腾讯新闻客户端"新闻呈现倾向

	主要事件	结果	归因	评估	影响	合计
人民日报	15	10	8	14	0	47
腾讯新闻	58	19	18	31	7	133

在SPSS19中输入数据进行分析，得出分析结果如表4所示。

表4 独立性卡方检验结果

卡方检验			
	值	df	渐进Sig.（双侧）
Pearson卡方	5.574*	4	0.233
似然比	7.305	4	0.121
线性和线性组合	0.297	1	0.586
有效案例中的N	180		

注：*1单元格（10.0%）的期望计数少于5。最小期望计数为1.83。

卡方检验结果中，如果理论次数小于5没有超过20%，而且没有理论次数小于1的情况，则可使用第一行Pearson卡方数据。表4中（sig）p=0.233>0.05，表示差异不显著，即报道的热点事件呈现倾向同新闻客户端的类别没有很大联系。这说明，"人民日报新闻客户端"与"腾讯新闻客户端"对热点事件"罗尔事件"的新闻报道，在中层次结构框架上，对事件呈现倾向的选择没有显著的差异，两种新闻客户端都客观地对"罗尔事件"的主要事件、发展结果、归因、评估及影响进行报道。因此，媒体新闻客户端在对热点事件进行报道时事件的呈现倾向与媒体新闻客户端的类别联系不大。

（三）低层次结构框架：事件报道基调的选择

通过统计的180篇新闻报道，分析单篇新闻报道的新闻标题，本报告将"人民日报新闻客户端"与"腾讯新闻客户端"对热点事件"罗尔事件"的报道基调主要分为以下3类：（1）客观；（2）偏罗尔；（3）谴责罗尔。

以单篇新闻报道为编码单位，经过统计得出数据，如表5所示。

表5 "人民日报新闻客户端"与"腾讯新闻客户端"报道基调

	客观	偏罗尔	谴责罗尔	合计
人民日报	38	5	4	47
腾讯新闻	107	2	24	133

在SPSS19中输入数据进行分析，得出分析结果如表6所示。

表6 独立性卡方检验结果

卡方检验			
	值	df	渐进Sig.（双侧）
Pearson卡方	9.481*	2	0.009
似然比	8.565	2	0.014
线性和线性组合	0.633	1	0.426
有效案例中的N	180		

注：*1单元格（16.7%）的期望计数少于5。最小期望计数为1.83。

卡方检验结果中，如果理论次数小于5没有超过20%，而且没有理论次数小于1的情况，则可使用第一行Pearson卡方数据。表6中（sig）p＝0.009＜0.05，表示差异显著，即事件报道基调的选择和新闻客户端的类别存在联系。由于结果是显著的，需通过检验观测频数和理论频数（总数）（见表7），以确定客户端的类别与报道基调两个变量的本质关系。

表7　客户端＊报道基调　交叉制表

客户端＊报道基调　交叉制表			报道基调			合计
			客观	偏罗尔	谴责罗尔	
客户端	人民日报	计数	38	5	4	47
		期望的计数	37.9	1.8	7.3	47.0
		客户端中的%	80.9	10.6	8.5	100.0
	腾讯新闻	计数	107	2	24	133
		期望的计数	107.1	5.2	20.7	133.0
		客户端中的%	80.5	1.5	18.0	100.0
合计		计数	145	7	28	180
		期望的计数	145.0	7.0	28.0	180.0
		客户端中的%	80.6	3.9	15.6	100.0

表7中，第一列单元格（新闻客户端客观新闻报道的数量），"人民日报新闻客户端"与"腾讯新闻客户端"关于热点事件"罗尔事件"的期望报道数量与实际报道数量均比较接近，因而没有显著差别。第二列单元格中（新闻客户端偏罗尔新闻报道的数量），"人民日报新闻客户端"的期望数量为1.8篇，而实际报道却为5篇。"腾讯新闻客户端"报道数量的期望数量为5.2篇，实际数量却为2篇。这说明"人民日报新闻客户端"相较于"腾讯新闻客户端"更倾向于偏罗尔的报道基调。第三列单元格中（新闻客户端谴责罗尔新闻报道的数量），"人民日报新闻客户端"期望报道数量为7.3，实际数量却为4。"腾讯新闻客户端"期望报道数量为20.7，实际报道数量却为24。这说明"腾讯新闻客户端"相较于"人民日报新闻客户端"更倾向谴责罗尔的报道基调。

综合使用SPSS进行卡方检验的结果，可以知道"人民日报新闻客户端"

与"腾讯新闻客户端"对热点事件"罗尔事件"的报道,在新闻报道主题的选择与对事件的呈现倾向,没有显著的差别。在新闻报道基调上存在明显的差别,"人民日报新闻客户端"倾向于偏罗尔的报道基调,腾讯新闻客户端倾向于谴责罗尔的报道基调。

四 不同媒体新闻客户端报道框架的异同及原因分析

(一)高层次结构框架的异同

高层次结构是指媒体对事件的定性,在热点事件的报道中则体现在报道数量的多寡和新闻报道主题的选择上。从高层次结构看,传统媒体新闻客户端与网络媒体新闻客户端之间的报道结构框架有以下异同。

1. 报道数量峰值出现规律一致

在报道数量上,以天为单位,统计2016年11月30日至2016年12月26日"人民日报新闻客户端"与"腾讯新闻客户端"关于"罗尔事件"的报道数量见(图1、图2)。

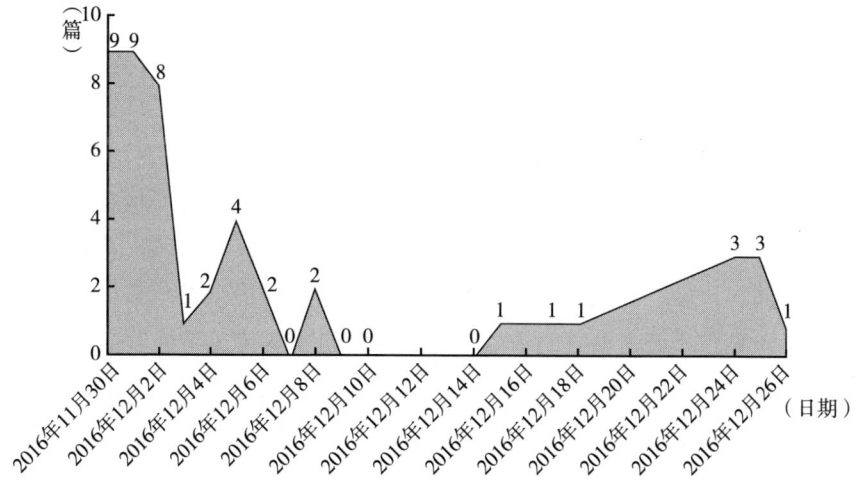

图1 "人民日报新闻客户端"关于"罗尔事件"的报道数量

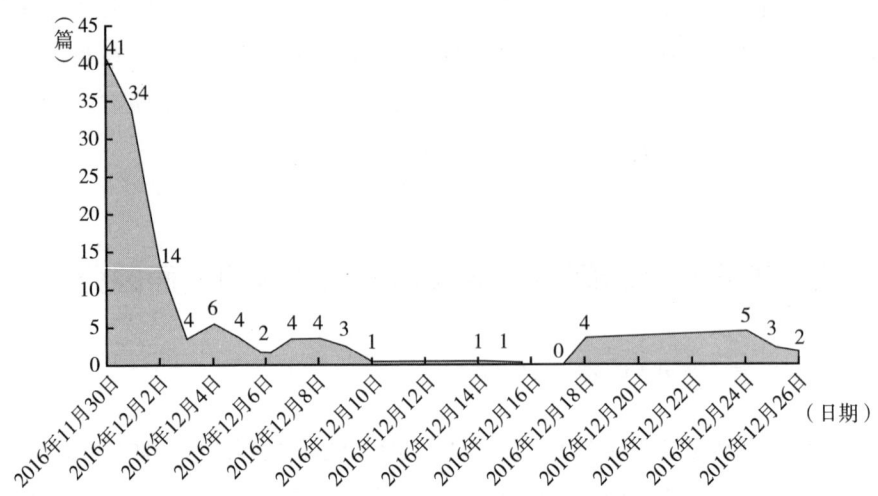

图2　与"腾讯新闻客户端"关于"罗尔事件"的报道数量

由图1、图2可见,"人民日报新闻"与"腾讯新闻客户端"关于"罗尔事件"的新闻报道的数量峰值出现规律一致,这在一定程度上印证了热点新闻是由传统媒体和网络媒体共同推进传播的这一理论。新旧媒体的共振传播,一方面表现在传统媒体事件话题预热后,网络媒体挖出的"话题猛料"促进舆论发酵,达到新老媒体"共振"。另一方面表现在网络媒体在发酵一个事件话题时,得到具有巨大的、无形的影响力的传统媒体的催化与助推,实现媒体共振。

另外,从图1、图2中可以看到两个媒体新闻客户端几个报道数量峰值均出现在2016年11月30日、12月4日、12月24日前后,而这三天是"罗尔事件"舆论起伏的重要转折点。两个媒体新闻客户端报道数量峰值合乎逻辑般与"罗尔事件"的转折点契合。这表明无论是传统媒体新闻客户端,还是网络媒体新闻客户端,都是移动互联网时代大众传播媒介中的一员。"传递信息"是大众媒介的最为重要的功能,第一时间向受众传递新近发生的新闻信息是其基本功能之一。及时准确地向受众连续不断地传播大量的信息,使受众了解身边的、社会上的、与其息息相关的热点事件的最新信息,满足受众的了解欲是大众传播媒介的基本职责。

2. 传统媒体新闻客户端较网络媒体更倾向于事件反思主题

对于重大热点事件,媒体新闻客户端通常都会选择若干相关的主题,形成连续报道。而不同的媒体新闻客户端会着重选择一些主题进行报道,来呈现发生的热点事件即"这是什么样的事"。通过对媒体报道主题的分布情况进行统计,可以明确看到媒体新闻客户端对事件性质的判定。对于新闻客户端上的新闻,单篇新闻报道的主题主要反映新闻报道的标题。

本报告中,通过阅读统计的关于热点事件"罗尔事件"的180篇新闻报道,各主题项的分布对比见表8。

表8 媒体新闻客户端"罗尔事件"新闻报道主题分布

	人民日报		腾讯新闻	
	数量	占比(%)	数量	占比(%)
深圳市民政局调查罗尔事件	5	11	8	6
涉事方回应	19	40	55	41
事件梳理、解读	9	19	34	26
反思公益慈善	13	28	24	18
其他	1	2	12	9
合计	47	100	133	100

从表8中可以看到,在报道热点事件时,传统媒体新闻客户端更倾向于事件反思主题的原因与传统媒体的媒体背景分不开。作为专业的新闻发布机构,传统媒体新闻客户端在信息收集上具有权威优势,按照传统媒体专业化流程,不同信源的信息必须经过层层把关、筛选和加工,才呈现给受众。传统媒体新闻客户端作为血统纯正的新闻媒体,其会较网络媒体更具社会责任感,因而在热点事件的报道上起到引导舆论的作用。在互联网舆论场上,如何去分析新闻事件背后的社会问题,并积极引导舆论,是传统媒体在新媒体领域根本的立足点。

(二)中层次结构框架的异同

媒体新闻客户端中层次结构主要体现在文本的选择上,媒体对新闻文本的选择就体现着媒体对事件的呈现倾向,就新闻客户端而言,新闻文本的选择既包括新闻报道的来源,又包括新闻报道过程中的事件的呈现倾向性。

1. 转载的新闻报道均超过原创

从新闻文本选择的角度,根据新闻来源,将"罗一笑事件"中新闻报道分为以下几类。

(1) 原创：即来自人民日报体系、腾讯新闻体系的报道，包括人民日报、人民网/腾讯新闻网、人民网/腾讯新闻官方微博/微信等；(2) 报纸：对"人民日报新闻客户端"进行统计时，排除人民日报；(3) 网站：对"人民日报新闻客户端"进行统计时，排除人民日报、人民网、人民日报官方微博/微信。对"腾讯新闻客户端"进行统计时，排除腾讯新闻、腾讯新闻官方微博/微信等；(4) 电视、广播：电视新闻、广播节目等；(5) 通讯社：包括新华社、中新社等；(6) 微博、微信：来自非人民日报体系/腾讯新闻体系的微博报道、微信公众号文章等；(7) 其他：非媒体或来源不确定等情况。经统计，新闻来源分布状况如图3所示。

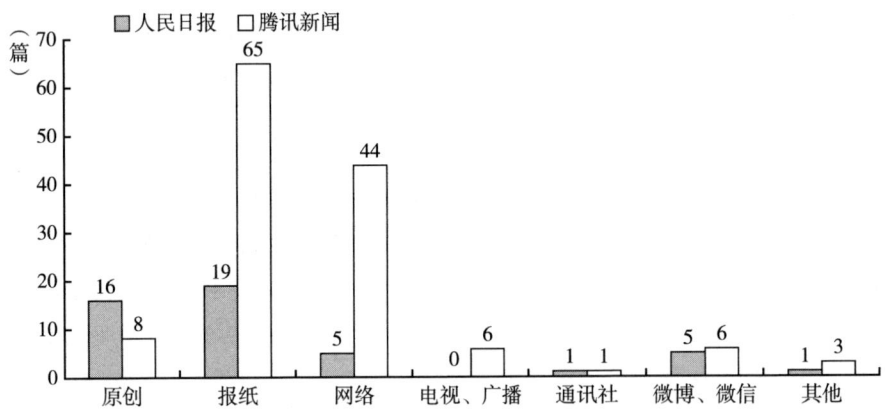

图3 媒体新闻客户端"罗尔事件"新闻报道来源

由图3可以看出，不管是在传统媒体新闻客户端上还是网络媒体新闻客户端上，关于热点事件"罗尔事件"的新闻报道原创与转载内容是同时推送的，可以看出转载的新闻文本数量都远远多于原创的新闻文本的数量。对于原创，"人民日报新闻客户端"的原创新闻报道占比为34%，大于"腾讯新闻客户端"的原创新闻报道所占比例6%。对于转载，两个新闻客户端多转载权威媒体的文章，报道引用最多的新闻来源均为报纸，占转载报道的比例为62%（人民日报新闻客户端）、52%（腾讯新闻客户端），在文章内容的真实性和质量上，人民日报新闻客户端较腾讯新闻客户端更有保证。

无论是传统媒体新闻客户端还是网络媒体新闻客户端，都依靠着相同的新闻来源，因而在两个新闻客户端上新闻报道的转载均多于原创。另外，根据由国务院新闻办公室和信息产业部于 2005 年 9 月联合发布的《互联网新闻信息服务管理规定》，网络媒体暂时没有合法的采访权和首发新闻的资质，经批准只能转发新闻。"人民日报新闻客户端"因其传统媒体的背景，在发布新闻消息上较网络媒体新闻客户端"腾讯新闻"更具主动权。因此，"人民日报新闻客户端"发布了记者采写的原创短消息，"腾讯新闻客户端"原创的新闻信息却以综合整理为主。

2. 网络媒体新闻客户端重事实，传统媒体新闻客户端重评估

在中层次结构框架上，媒体可以通过选择或着重报道热点事件的一些方面，来影响舆论的发展。本报告在对关于"罗尔事件"的新闻报道进行文本分析时，中层次结构分析的分类共分为主要事件、结果、归因、评估、影响 5 个类别。统计结果如表 9 所示。

表 9 媒体新闻客户端"罗尔事件"新闻报道事件呈现倾向分布

	人民日报		腾讯新闻	
	数量（篇）	占比（%）	数量（篇）	占比（%）
主要事件	15	32	58	44
结果	10	21	19	14
归因	8	17	18	14
评估	14	30	31	23
影响	0	0	7	5
合计	47	100	133	100

根据表 9 的数据可以发现，关于"罗尔事件"的"主要事件"报道的比例为 32%（人民日报）、44%（腾讯新闻），"评估"的报道所占比例为 30%（人民日报）、23%（腾讯新闻），为占比最高的两个呈现倾向。同时，"腾讯新闻客户端"倾向于事实呈现的"主要事件"。

网络媒体新闻客户端重事实，传统媒体新闻客户端重评估的原因可以总结为以下几点：网络媒体更重传播效果和传播效率；传统媒体更注重舆论引导。传统媒体因其专业性、权威性往往能够起到打破"流言"，控制舆论，起到设置公众议题的作用。

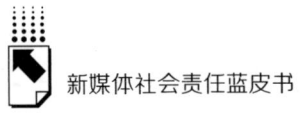

（三）低层次结构框架的异同

低层次结构分析新闻报道就是讲故事，新闻报道主题和新闻报道的文本结构是"故事大楼"的大体框架，新闻报道中所使用的符号、关键词则是"砖瓦水泥"。① 在新闻媒体构建其新闻框架的时候，会选择不一样的新闻关键词，而新闻报道的基调就是通过这些关键词的组合和出现等方式显现出来的。

1. 传统媒体新闻客户端较网络媒体更倾向于客观性关键词

综合阅读180篇新闻报道，总结出"罗尔事件"新闻报道中的主体主要有以下2个：罗尔、刘侠风。两种媒体客户端新闻报道中关键词情况如表10所示。

表10　媒体新闻客户端新闻报道中的关键词

报道主体	人民日报新闻客户端	腾讯新闻客户端
罗尔	普通人、小人物、痛哭、致歉、放过、自私、夸大其词、重男轻女	被钱砸晕、内疚、痛哭、致歉、愧领、软弱、贪婪、骗子、羞耻、利用善心、厚颜无耻、网络乞丐、穷酸文人
刘侠风	做好事、接受调查、退款、致歉、捐款被拒、炒作、营销、伪善	好事做到底、不怕风凉话、清者自清、理直气壮、否认带血营销、致歉、炒作、营销、以负面稿件换广告合作、私心、借机营销、坐牢、破产

对比分析表10中关于新闻事件主题两个客户端所选择的关键词，从大体上可以发现，"人民日报新闻客户端"对于事件的主角"罗尔"和"刘侠风"所使用的关键词比较客观，对于备受争议的"罗尔"甚至使用了"普通人"、"小人物"、"放过"等词语，这表明其在报道争议性的新闻主体时，传统媒体新闻客户端用词比较客观，在舆论引导的天平上，会为弱势一方"发言"来平缓争议。

进一步对比两个客户端使用的关键词可以发现，"腾讯新闻客户端"对于事件主角"罗尔"和"刘侠风"所使用的关键词更加丰富全面，既有客观中性，也有态度鲜明的。对于"罗尔"既使用了"感动"、"内疚"、"痛哭"等

---

① 清华大学课题组：《新闻框架与国家利益——中美媒体关于中国驻南使馆被炸和学生示威报道的比较分析》，《国际新闻界》2000年第1期。

词来塑造，也使用了"准土豪"、"贪婪"、"羞耻"、"骗子"等立场鲜明的词来进行抨击。对于"刘侠风"既使用"好事做到底、不怕风凉话"、"否认带血营销"、"致歉"来呈现新闻事件的进展，也使用了"炒作"、"营销"、"以负面稿件换广告合作"、"私心"、"借机营销"等关键词来满足大家对事件主体背后事件的了解欲。

2.网络媒体新闻客户端较传统媒体更倾向负面报道

新闻报道一直秉承真实、客观、平衡的理念，但在具体的操作实践过程中，新闻从业者的媒体背景、社会责任感、业务素养、已有知识经验等都会影响到其对新闻事实的选择与呈现。本报告在数据整理时，将新闻基调定为客观报道、偏罗尔报道、谴责罗尔报道三类。数据统计如表11所示。

表11　媒体新闻客户端的报道倾向

	人民日报新闻客户端		腾讯新闻客户端	
	数量	比例(%)	数量	比例(%)
客观报道	38	81	107	80
偏罗尔报道	5	11	2	2
谴责罗尔报道	4	8	24	18
合计	47	100	133	100

根据表11中的数据，可以看到"人民日报新闻客户端"客观报道的比例为81%、偏罗尔报道占比11%、谴责罗尔报道的比例为8%；"腾讯新闻客户端"上客观报道比例为80%、偏罗尔报道占比为2%、谴责罗尔报道的比例为18%。交叉对比这些数据，可以发现"人民日报新闻客户端"与"腾讯新闻客户端"上热点事件新闻报道中客观报道所占比例均最多，且两者比较接近。前者"偏罗尔报道"与"谴责罗尔报道"比例比较接近，这一定程度上表明传统媒体新闻客户端对与热点事件的报道较为客观。而后者"谴责罗尔报道"比例远远大于"偏罗尔报道"所占的比例，则表明网络媒体新闻客户端对于存在争议的热点事件的报道时较传统媒体新闻客户端更倾向于负面报道。

不同媒介性质和定位的媒体在报道热点事件时会有不同报道态度倾向。"人民日报新闻客户端"作为中央级党报的移动新媒体端口，其作用首先还是担任党和政府的"喉舌",其次才是新闻传播的一般功能。党报在报道新闻时,宣传逻辑、新闻逻辑和市场逻辑三者相互制约。"人民日报新闻客户端"将新闻专业主义作为报道新闻过程的准则,致力于提供客观、公正、中立的报道。在报道"罗尔事件"这个具有争议性的新闻时,宣传逻辑成为主要考虑因素,因此它的报道目的重在引导舆论,通常都会通过客观的新闻报道来平缓争议。"腾讯新闻客户端"作为门户网站的移动端,以市场为导向,以读者需求为出发点,因而会挖掘"猛料话题"采用多个消息来源来展现"罗尔事件"反转的细节、隐藏的社会问题等,并态度鲜明地评价"罗尔事件"的人物主体。

五 结语

通过对传统媒体新闻客户端与网络媒体新闻客户端在热点事件报道中的"三层次结构框架"表现,不难看出两个媒体新闻客户端在报道热点事件时,都有值得改进与反思的地方。

首先,媒体新闻客户端,都应该坚持媒体的专业属性。无论是报道主题上,还是报道呈现倾向与报道基调上,传统媒体新闻客户端始终保持着新闻媒体的专业性与严肃性。反观网络媒体新闻客户端,则会发现其以市场为导向,以读者需求为出发点,挖掘"猛料话题"采用多个消息来源来展现"罗尔事件"反转的细节,满足人们寻找、探索新事物的好奇心理,不可避免地会传播出一些虚假消息,有损其作为媒体的专业性与权威性。因此,网络媒体在新闻报道中应加强客观性、公正性与理性。

其次,媒体新闻客户端应"以正确的舆论引导人"。舆论监督是新闻媒体社会责任中一个重要组成部分,是媒体赖以生存、发展的重要支撑。理性的新闻报道,应该到位而不越位,既尊重和满足受众,又不一味地迎合,这样才能称得上具有责任感,能够正确引导社会舆论的新闻舆论监督。

再次,媒体新闻客户端应积极履行大众传播媒介信息传播的基本使命。新闻客户端的诞生,改变了大众使用媒介的方式,使用新闻客户端是人们重要的获取新闻信息的重要方式。在热点事件"罗尔事件"的新闻报道中,尽管传统媒体新闻客户端与网络媒体新闻客户端在媒介属性、传播手段等方面存在诸多差异，但作为大众传媒，在热点事件出现转折时通过大量的新闻报道来"传递信息"，客观、全面、及时地进行新闻报道，是其作为大众传播媒介的基本使命。

最后，媒体新闻客户端不断发展，传统媒体新闻客户端与网络媒体新闻客户端需要不断地相互借鉴和学习。传统媒体新闻客户端学会了网络媒体"海量"信息呈现，但赖以生存的专业性和权威性在逐渐退化；网络媒体新闻客户端学会了借助传统媒体的"用事实说话"，却没坚持传统媒体的控制舆论、引导舆论的使命。移动互联网时代，热点事件频出，作为新闻信息传播"专业机构"的媒体新闻客户端能否真正履行媒体的社会责任，做好新闻信息的把关，坚持用正确的舆论引导人？对于媒体新闻客户端来说极其重要，因此媒体新闻客户端的报道框架研究仍需要进一步地论证与探讨。

参考文献

臧国仁：《新闻媒体与消息来源：媒介框架与真实建构之论述》，三民书局，1999。
梵·迪克，曾庆香译：《作为话语的新闻》，华夏出版社，2003。
郭庆光：《传播学教程》，中国人民大学出版社，1999。
清华大学课题组：《新闻框架与国家利益——中美媒体关于中国驻南使馆被炸和学生示威报道的比较分析》，《国际新闻界》2000年第1期。
《第38次中国互联网络发展状况统计报告》，中国互联网络信息中心，2016。
Gamson W A, Croteau D, Hoynes W, et al. Media images and the social construction of reality. Annual review of sociology, 1992, 18（1）: pp. 373 – 393。
L. M, R. B, S. F. Strategic steps to save media relations. Communication World, 2010, (01).

B.13 区域性微博意见领袖社会责任的实证研究[*]

——以武汉地区为例

芦何秋 张依[**]

摘 要: 本报告以8个典型的区域性意见领袖作为研究对象,对其发布的1578条原创微博信息进行量化统计分析,旨在考察地域性微博意见领袖的社会责任履行情况。研究显示,地域性微博意见领袖的社会责任履行状况还有一定可提升的空间,其社会责任评价得分均值为2.37557分,接近满分的一半。地域性微博意见领袖比较重视"信息生产"的社会责任,但在"文化教育"、"社会监督"和"协调关系"的社会责任履行效能还需要做进一步的优化。

关键词: 微博 意见领袖 社会责任

一 问题的提出

微博数据中心《2016微博用户发展报告》显示,截至2016年9月微博月活跃人数已达到2.97亿,较2015年同期相比增长34%;日活跃用户达到

---

[*] 本报告属于博士后第8批特别资助项目"社交媒体意见领袖社会责任的实证研究"(项目编号:2015T80786)、湖北大学研究生案例库建设项目"大数据背景下网络舆情与意见领袖案例库"(项目编号:520-150270)阶段性成果。

[**] 芦何秋,新闻学博士,华中科技大学新闻与信息传播学院博士后,湖北大学新闻传播学院副教授,主要研究方向为网络传播;张依,湖北大学新闻传播学院2016级研究生。

1.32亿，较2015年同期增长32%，其中，拥有大学以上高等学历的用户始终是微博的主力用户，占比高达77.8%。一方面，微博的活跃用户数量持续保持高增长的态势，为公共事件的发生发展提供了影响力基础；另一方面，更年轻和更高学历的网民结构（相对于全国网民的年龄和学历结构）为公共舆论的形成提供了良好的用户基础。在各种新媒体平台快速生长的环境中，微博依然是公共事件及其舆论的重要策源地。

意见领袖是影响微博舆论的关键人群，各种"大V"凭借其影响力往往能左右公共事件的走向。在舆情生态日趋复杂的微博环境中，意见领袖的影响力越大意味着其社会责任也就越艰巨。意见领袖社会责任开始成为近几年学界和业界关注的热点，但相关讨论集中于能产生全国性影响力（高影响力）的意见领袖群体，这些意见领袖主要来自北京、上海、广州和深圳等经济较为发达的地区，而对于区域性意见领袖的相关研究还不多见。实际上，近年来区域性的公共事件呈现出频发态势，如2014年的"昆山爆炸事故"、"昆明火车站暴恐案"、"兰州自来水苯含量超标事件"、"湖南产妇羊水栓塞死亡事件"、"广东茂名PX项目群体性事件"；2015年的"湖北'东方之星'号客轮翻沉事件"、"上海金山居民抵制PX事件"、"深圳地铁乘客晕倒引踩踏事件"、"深圳机场女司机撞人致多人伤亡事件"、"哈尔滨大火系列事件"、"山东9·14平邑强拆事件"；2016年的"山东毒疫苗事件"、"北京如家和颐酒店女子遇袭事件"、"连云港反核群体性事件"等。在这些重大公共事件中，高影响力的意见领袖常常是微博舆论中的主角，但同时，事件发生地的区域性意见领袖对舆论的影响也不可忽视。

基于此，本报告以区域性意见领袖为研究对象，选择较有代表性的典型账号及其微博信息作为分析样本，通过新媒体社会责任评价指标体系其社会责任履行情况进行考察。

二 研究设计

本报告旨在考察武汉地区微博意见领袖的社会责任履行情况，通过典型案例分析讨论地区性微博意见领袖的社会责任问题。本报告通过对新浪微博中武汉地区名人榜的人工观察，共获得417个实名认证账号，在排除营销账号、娱乐账号以及僵尸账号情况下,对其他账号的活跃度、影响力和公共话题关注度进行评估,最终选取了 8 个典型账号作为研究对象(见表 1)。选取目标账号新近发布的 200 条原创微博信息作为分析样本,共得到 1578 条原创微博分析样本。

表 1 研究对象列表

序号	用户名	粉丝数	发博数	认证内容	信用等级
1	风青杨 V	186720	8845	知名时事评论家	LV38 极好
2	方家评说	203661	11677	知名评论人士方家平	LV42 极好
3	进击的女武神	142944	2161	《战争与大国崛起》作者	LV29 极好
4	汉阳溅三爷	134164	3941	楚天都市报社区记者	LV31 极好
5	喂药师	11855	3271	武汉总医院临床医师	LV34 极好
6	谭显荣财富人生	347753	19263	长江期货董事长	LV38 极好
7	stars1238	56574	9648	武汉大学教授、文学评论家	LV34 较好
8	曾凡顺	11997	5067	武汉青年时评人	LV35 极好

8 位意见领袖的社会身份和职业背景各异,除了评论家唱主角,还有记者、作家、医生和商业人士,样本选取具有多样性、多元化的特征。在样本选取过程中,未发现合适的政府管理人员意见领袖。8 位意见领袖的发博频率以及表达情感的方式各异,共同点是十分关心国内外新闻事件和国内民生热点话题。意见领袖紧跟时事热点,并能够及时发表原创性的评论观点表明自身的立场和态度,不仅频度高,而且平均转发量、评论量和点赞量基本能过百,有一定的社会影响力,这为我们提供了丰富多元的研究样本。

本报告以"信息生产"、"社会监督"、"文化教育"和"协调关系"四个一级指标为逻辑起点,通过对下设的 11 个二级指标和 36 个三级指标进行操作化的量化分析,对以上意见领袖社会责任的履行状况进行实证评估。

三 研究发现

整体来看,8 个意见领袖账号履行社会责任的状况还有可提升空间,综合评价得分均值为 2.37557 分,接近满分的 1/2。8 个意见领袖账号中,排名第一的是"@谭显荣财富人生",社会责任得分为 2.90767,排名第八的是"@曾凡顺",社会责任得分为 1.84537。微博意见领袖在 4 个一级指标的具体表现从好到差的排列依次为"信息生产"、"文化教育"、"社会监督"和"协调关系"（见表2）。

表2 社会责任评价得分

	信息生产	社会监督	文化教育	协调关系	总计
谭显荣财富人生	2.40538	0.25531	0.13368	0.1133	2.90767
喂药师	1.95659	0.55115	0.04687	0.10076	2.65537
汉阳溅三爷	2.15982	0.23834	0.06895	0.17578	2.64289
stars1238	1.96711	0.11088	0.22471	0.04607	2.34877
风青杨V	1.71175	0.26206	0.13478	0.13455	2.24314
方家评说	1.66212	0.07612	0.33511	0.15349	2.22684
进击的女武神	1.68186	0.21988	0.12258	0.11021	2.13453
曾凡顺	1.5305	0.00814	0.15919	0.14754	1.84537
平均分	1.88439	0.21524	0.15323	0.12271	2.37557
一级权重满分	2.6430	1.3775	0.5185	0.4610	5

（一）信息生产责任

新浪微博每天新增信息超过一亿条，每一个微博个体在超载的环境中无法准确地对信息进行判断、筛选和阅读。在这种情况下，微博传播中的意见领袖开始凸显作用，他们能够对信息进行"预处理"，过滤掉某些文本质量不佳、传播效果不高或内容虚假的信息，从而帮助其粉丝更好地使用有价值的信息来指导实践。意见领袖的信息生产活动会影响网民的社会性认知，因而变得非常重要。从一级指标得分上看，意见领袖比较重视"信息生产"的社会责任，意见领袖在该项的均分为 1.88439，在满分为 2.6430 的条件下属于中等偏上的水平。排名第一的意见领袖账号为"@谭显荣财富人生"，得分 2.40538 接近满分。

在"信息生产"二级指标"信息质量"方面，8 个微博意见领袖账号的平均得分为 2.77006，超过满分的 1/2，转换为 100 分满分条件下得分为 66.484，处于中等偏下水平。从"信息质量"三级指标看，8 个微博账号在"真实"上都得到满分 2.0035 分，同时在"原创"这一指标上整体得分良好。这说明武汉地区的微博意见领袖非常重视信息的真实性，能够对信息真实度进行严格把关，同时，他们还比较注重信息的原创度，在这两个方面的社会责任履行情况较好。但是，在其他三级指标的得分上，8 个微博意见领袖账号都存在着很明显的差异，尤其表现是"权威"、"全面"和"客观"这三个指标（见表3）。

表3　微博意见领袖"信息生产责任"一级评价指标

二级指标	风青杨V	方家评说	进击的女武神	汉阳溅三爷	喂药师
信息质量	2.46866	2.36915	2.40086	3.25242	2.86796
流程控制	0.76962	0.77524	0.78086	0.8335	0.8335
二级指标	谭显荣财富人生	stars1238	曾凡顺	满分	平均分
信息质量	3.71697	2.99629	2.0882	4.1665	2.77006
流程控制	0.8335	0.72506	0.80718	0.8335	0.79481

通过对"权威"、"全面"、"客观"三个指标进行分析发现，意见领袖的得分差异原因在于不同账号的社会背景以及其自身的微博使用习惯。如在"权威"和"全面"指标上，社会责任得分排名第一的账号是"@喂药师"，其新近发布的200条原创微博中引用传统媒体或官方信源的数量有77条，比例达到38.5%。排名第八的账号是"@曾凡顺"，其权威信源只有2条，比例为1%。两位意见领袖的微博关注点不同是造成这种得分差异的主要原因。"@喂药师"更关注硬新闻或争议性新闻，此类微博信息对信源的要求很高，而"@曾凡顺"的原创观点较多，有很大一部分讲述的是与新闻无关的人生哲理，因此其在"原创"指标上排名第一，但在"客观"和"全面"这两个指标的得分排名第八。相比之下，其他意见领袖都保持在均分水平线上。在三级指标"时效"这一点上，8位微博意见领袖的均分为0.15701，仅为满分0.706的22%，这说明微博意见领袖并不强调信息的时效性。原因可能是随着网络媒介素养的提升，意见领袖往往等待更多的事实性信息出现后再发言，避免以讹传讹造成不良的社会影响，进而影响其意见领袖的地位。这也是8位意见领袖都能在"真实"这一指标上拿到满分的一个原因。在三级指标"深度"这一点上，除了"@谭显荣财富人生"和"@stars1238"处于较好水平外，其他6位意见领袖都还有较大可提升的空间。大部分意见领袖都是对热点事件进行摘要或即兴的点评，很少跟踪事件发布系列连续性的微博。新闻热点一般都是全国性或全球性的新闻事件，地区性意见领袖没有近信源的优势，细节性信息掌握不够，故在深度上会有所欠缺。同时，在有些情况下这也可能与意见

领袖的专业领域有关,如在"山东疫苗案"中,8 位意见领袖中只有"@喂药师"有转载澎湃新闻并附有简短有力的评论,这与该意见领袖是武汉总医院的临床药师息息相关,作为一名专业人士,这是其擅长的领域,因此相关言论会更深入一些。

在"信息生产"二级指标"流程控制"方面,8 个微博意见领袖账号的平均得分为 0.79481,接近满分,比例为 95%。在三级指标"信息把关"方面,除了"@stars1238"的得分为 2.602 分以外,其他账号都是满分 3.2525 分。这说明这些意见领袖账号在发布信息时都会自觉加强信息内容的自我审核,在账号的信用等级上都是处于极好的水平。在三级指标"广告控制"方面,除了"@进击的女武神"有发布三条寻狗启事的相关微博以外,其他微博意见领袖都处于较好的状况。在三级指标"侵权控制"方面,大部分账号未发现存在侵权行为。但其中"@风青杨V"仅有 0.5748 分,原因主要在于该意见领袖在"罗尔事件"中发表了很多篇原创微博,其中有近 14 篇原创微博直接把矛头指向罗尔,言辞激烈,情绪激昂。相关微博认为:罗尔一直在编造谎言,而且是一个又一个的谎言,牵着公众的鼻子走;批评罗尔"无耻"、"不要脸","没有良心"还"脸皮厚";认为他"卖文"这一行为绑架了公众的好奇心,根本不是"卖文"而是"卖惨",令人"愤然"。"侵权控制"主要考量意见领袖言论是否存在攻击他人或侵犯他人合法权益的情况。意见领袖作为微博传播中的关键节点应当起到引领网友理性讨论的作用。

(二)社会监督责任

意见领袖作为舆论的主导者,经常会在各种舆论监督类事件中发声,针对社会现象中不合理的失范行为进行监督与批评(见表4)。

表4 微博意见领袖"社会监督责任"一级评价指标

二级指标	风青杨V	方家评说	进击的女武神	汉阳溅三爷	喂药师
国家治理	0.33516	0.16758	0.79811	0.19712	2.00055
社会风险	0.20776	0	0	0.66799	0
行为失范	0.39132	0.1087	0	0	0
其他现象	0.01698	0	0	0	0

续表

二级指标	谭显荣财富人生	stars1238	曾凡顺	满分	平均分
国家治理	0.81801	0.05907	0.02954	2.4635	0.55064
社会风险	0	0.34339	0	1.4795	0.15239
行为失范	0.1087	0	0	0.7175	0.07609
其他现象	0	0	0	0.3395	0.00212

在四个一级指标中，微博意见领袖在"社会监督"方面的责任履行情况排名第三，8个微博意见领袖的平均分为0.21524，占据满分的16%。这说明在湖北地区，特别是武汉，微博意见领袖在社会监督方面的活跃度还有待提升。

通过对三级指标得分的样本细读分析，在涉及"社会监督"的诸多议题中，意见领袖的关注点主要集中在"政府管理"和"涉外关系"上。意见领袖关于"政府管理"的微博主要涉及政策与方针解读，大部分微博是对相关条例进行转载，涉及深度见解与评价的微博不多。如"@方家评说"的微博直接传达总理的政府工作报告，政府调整房产税等新闻。在"司法公正"、"生产事故"、"环境污染"、"交通事故"、"警民冲突"、"性与婚姻道德"、"体育赛事"这几个三级指标方面，都只有一位意见领袖账号所发布的微博里面有涉及，并且发布的条数也都很少，最多的是"@汉阳溅三爷"在"交通事故"方面发布了5篇相关微博。

在所有三级指标中涉及范围最多的是"涉外关系"，超半数的微博意见领袖都不同程度地发表了相关内容的微博。其中发表数量最多的是"@进击的女武神"，她的微博主要涉及军事历史，具有很强的军事科普性，专业性很强。同时，其微博账号还关注国际社会和国内外大事，如对萨德事件和南海仲裁事件的关注。其在涉及重大国际事件时，特别是南海问题上，有着鲜明的立场和态度，也有着很强的爱国意识，始终认为南海是属于中国的领土，中国拥有绝对的主权和管辖权利等。"@进击的女武神"前后陆续发表十多篇原创微博对南海仲裁案进行简短有力的评论，认为南海的仲裁结果对中国而言是不公正的，虽然中国做好了心理准备，但是结果还是很让人失望等。在萨德事件上，她指出朝鲜如果进行第六次核试验，只会进一步加强韩国部署萨德的呼声，对很多国家来说，安全而不是经济才是头等大事。

值得一提的是，8位微博意见领袖的最近200条原创微博在"校园事故"、"城市拆迁"、"学术腐败"和"自然灾害"这4个三级指标方面均未涉及。这种情况的原因可能在于意见领袖有着自身账号的安全考虑，对于一些敏感的话题会下意识自觉规避，避免产生不可控的风险。

（三）文化教育责任

在四个一级指标方面，"文化教育"的责任履行情况排名第二，但平均分为0.15323，仅为满分0.5185的29.55%，具有较大的提升空间。

表5 微博意见领袖"文化教育责任"一级评价指标

二级指标	风青杨V	方家评说	进击的女武神	汉阳溅三爷	喂药师
塑造共识	0.30325	2.7795	0.51806	0.30325	0
文化传承	0.63482	0	0.21204	0	0
提供娱乐	0.3616	0.452	0.452	0.3616	0.452
二级指标	谭显荣财富人生	stars1238	曾凡顺	满分	平均分
塑造共识	0.83707	0.63966	0.62226	2.7795	0.75038
文化传承	0	1.07525	0.46082	1.7685	0.29787
提供娱乐	0.452	0.452	0.452	0.452	0.4294

"文化教育"下设三个二级指标分别是："塑造共识"、"文化传承"和"提供娱乐"（见表5），在这三个指标的社会责任具体履行方面，得分最高的是"提供娱乐"（0.4294），十分接近满分0.452分。这说明武汉地区的微博意见领袖能较好地运用优质娱乐信息和内容来吸引受众，在获得受众关注的同时微博账号能保持较好的娱乐健康度。8个意见领袖中娱乐性最强的是"@汉阳溅三爷"，有很多清新的搞笑小段子和笑话，比如熊猫吃竹子的搞笑视频等。

在二级指标"塑造共识"方面，8个意见领袖平均分为0.75038，超过满分2.7795分的1/4。在下设的两个三级指标"主流价值"和"社会风尚"方面，履行社会责任良好的微博意见领袖是"@方家评说"，其账号涉及社会主义核心价值观的微博有16条。同时在其新近所发布的200条微博中，关于"保护环境"的有1条，"遵纪守法"1条，"服务群众"4条，"奉献社会"2

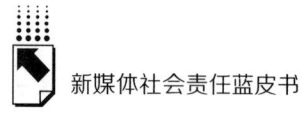

条,"男女平等"3条,具有多样性。"@喂药师"在这两个三级指标上均未涉及,这与其职业有很大的关联性,由于是职业医生,该意见领袖的微博绝大多数都与医疗有关,基本不涉及社会风尚和主流价值观的塑造。

在二级指标"文化传承"方面,平均得分为0.29787分,未超过满分的1.7685的1/5。"文化传承"包括对"传统文化"、"民俗文化"以及"红色文化"三个方面的传承。在这一指标下,有半数的微博意见领袖并未有涉及,履行责任状况最好的是"@stars1238",共发表7篇有关弘扬传统文化的微博,都是有关孔子、易经等中华民族的传统历史文化。该意见领袖认为中国文化能够走向世界,因为现在《易经》、《论语》、《孙子兵法》都已经在西方有相当大的影响力。但这与该意见领袖是武汉大学教授和文学博士的学术背景和社会地位相关。

(四)协调关系责任

"协调关系"在所有二级指标中的得分排名第四,8位意见领袖的平均分为0.12271,占满分0.4610的26.62%,具有较大可提升的空间。在"线下活动"方面,大部分意见领袖的账号中都不涉及相关现实中的社会活动信息,只有"@曾凡顺"参加武汉市新媒体行业协会成立大会并发布了微博。

在"线上沟通"方面,8位意见领袖得到1.21075分的平均分,不及满分的1/2(见表6)。下设的"公共服务"、"用户体验"和"互动"三个三级指标,平均得分最高的是"用户体验",8位意见领袖的平均分为1.16779分,占满分1.4155的82.5%。意见领袖在微博传播中比较注重信息的多元化呈现,如图片、视频、链接等形式,通过这些形式的综合运用,满足不同受众接受信息的不同偏好,从而满足受众的多样化需求。三个三级指标中"互动"的得分最低,平均分为0.27853,不及满分的1/3。选取的8位微博意见领袖的最近10条原创微博进行比较分析,互动性最好的意见领袖是"@喂药师",最近10条原创微博的平均评论数是52.1,评论数偏低。而互动性最低的意见领袖是"@曾凡顺",最近10条原创微博的平均评论数仅为0.2,评论数较少。而其他意见领袖的互动性也处于偏低的水平。地区性意见领袖的微博互动程度还有待进一步提升。在三级指标"公共服务"方面,履行情况最好的是"@汉阳溅三爷",该意见领袖是楚天都市报的社区记者,因此有着十分稳定的信息来源，发布的微博大都是武汉身边事，会提醒公众武汉地区的交通通行情况以及地铁运行情况，服务性比较强。比如街道的车辆通行情况，告知公众要记得避开高峰和拥堵的主城区出行；发布因为恶劣的暴雨天气，交警部门新推出的一系列便民举措；提示公众个别公交改线的通知等。

表6　微博意见领袖"协调关系责任"一级评价指标

二级指标	风青杨V	方家评说	进击的女武神	汉阳溅三爷	喂药师
线上沟通	1.45931	1.66473	1.19536	1.90654	1.09288
线下活动	0	0	0	0	0

二级指标	谭显荣财富人生	stars1238	曾凡顺	满分	平均分
线上沟通	1.22887	0.49967	0.63867	2.5	1.21075
线下活动	0	0	0.9615	2.5	0.12019

四　对策展望

（一）加强信息生产把关

整体上看，武汉地区微博意见领袖的信息把关质量尚可，是四个一级指标中得分最高的部分。但是，其中也存在一些可提升的方面，如两个二级指标中，"信息生产"的得分明显低于"流程控制"。这种情况一定程度上反映出部分意见领袖对自己在微博信息传播中的地位与责任还没有一个清晰的判断，并没有完全发挥"把关人"的作用，表现在对于社会热点话题的讨论不够深入和全面，信息的深度和广度还有可提升的空间。在信息质量方面，不仅需要保持现有的真实性，同时还要加强对权威信息的关注。此外，由于意见领袖的言论具有较强的导向作用，在具有争论性的事件发生时，意见领袖需要注意自身言论的客观性，而不是持有偏见或者恶意攻击他人。因此针对这些问题，相关管理者需要加强对微博意见领袖的培养。对于原有的意见领袖，要增强其社会责任感，培养"把关人"意识。对于潜在的意见领袖则需要挖掘和引导其正确发挥作用。

（二）扩大社会监督范围

当前武汉地区的微博意见领袖的社会监督主要集中在政府管理和涉外关系两个方面，对于其他方面的监督则相对较少。因此在未来发展中，微博意见领袖如果需要扩大自身影响力，更好履行社会责任，就需要将社会监督类话题的范围扩大。同时，意见领袖还要了解社情民意，重点关注公众关心的、关系到公众生活的事件，真正做好全面的社会监督。从前文分析来看，对于涉及公序良俗和社会风尚的公共事件是需要微博意见领袖主动关注的，但武汉地区微博意见领袖在这一方面还不够，需要有针对性地提升监督效能，发挥好社会监督的作用，促进社会公平正义，与政府相互监督相互促进。但同时，对于该类事件中可能存在的舆情风险，意见领袖也应当需要进行主动的提前规避。

（三）加强文化教育的多样性

在国家提高软实力的大环境下，在文化教育方面，微博意见领袖需要积极拓展文化教育的各个方面的内容，而不仅仅局限于社会风尚方面。文化教育本身的内容是丰富多样的，并且是比较容易受到社会大众关注的。因此在这一方面，微博意见领袖需要清楚地认识到自身的社会责任，积极弘扬社会主义核心价值观，积极传播传统文化、民俗文化与红色文化，引导社会大众树立正确的价值观念，推动社会良好风气的形成。

（四）促进良好关系协调

相对于全国性微博意见领袖来说，武汉地区的微博意见领袖无论是线上沟通还是线下活动，可提升的空间都还比较大。协调关系功能的发挥并不只取决于意见领袖自身的传播行为，还需要政府管理者、网络运营商、网络受众等诸多方面共同努力。首先，搭建良好的线上线下沟通平台，在制度和技术上保障意见领袖的传播权利与义务。其次，积极培养各方的社交媒体媒介素养，使理性协商沟通逐步成为一种网络文化，使不同利益群体的争议性话题得到充分而系统的讨论。最后，积极组织或促进线上与线下的活动和互动。

B.14
地方新闻客户端的媒体社会责任
——基于上游"重庆"和ZAKER"广州"的比较

贺建平 庄学勋 黄琪[*]

摘　要： 地方新闻客户端是所在地区用户知悉本地新闻的重要平台，也是外地人士了解该地信息的重要窗口。本报告以上游"重庆"与ZAKER"广州"为研究对象，以内容分析法分析二者在新闻主题、题材来源、报道品质等方面的差异，从而检视二者的媒介社会责任及其差异。本报告随机抽取两个客户端10天内所发布的新闻共计800则进行分析，研究发现两个客户端在新闻生产者、新闻主题、报道对象等多项类目比较上有显著差异，但最终在信息生产、社会监督、提供娱乐、协调关系四个指标上得分持平且偏低，对社会责任的履行均存在问题。同时，从内容、问责制度和规范三个方面提出应对的建议。

关键词： 新闻客户端　社会责任　上游新闻　ZAKER新闻

一　文献回顾

（一）新媒体社会责任

"媒介社会责任"作为一个学术概念，是指媒体在享受新闻自由的同时必

---

[*] 贺建平，西南政法大学新闻传播学院教授，主要研究方向为传播理论与应用；庄学勋，西南政法大学新闻传播学院2016级研究生；黄琪，西南政法大学新闻传播学院2016级研究生。

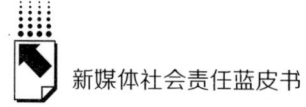

须履行相应的义务,这种义务便是对社会负责,尽到媒体的职责。① 新媒体社会责任与传统媒体社会责任一脉相承,是媒体社会责任在新媒体时代的发展与延伸,同时又被赋予了新媒体时代特有的崭新内涵与全新评判维度。然而,此前大多数研究只是在论证传统媒体的"媒介伤害",并借此希望媒体能够负责一系列的社会问题。而随着媒体和通信环境的多样化、全球化、个性化,移动和互动媒体将"媒介伤害"、媒体责任再次提升为值得去构想、讨论和研究的新问题。②

中外学者对新媒体社会责任的担忧,主要是基于新媒体传播的强大影响力。博客、微博、社交网站和媒体分享网站都是共享社交平台,能够使思想从一个人到另一个人,沿着社会关系网一波波传送,而不是非得挤过广播媒体那严格把关的瓶颈。因此新技术要经常忍受怀疑的眼光,甚至有人斥责它们的出现就是反社会的。③ 这种反社会的质疑,主要是因为新媒体使信息的传播不受控地以指数形式扩散。在互联网上进行传播的观点,即使是不可靠或者是不真实的,都能够更加容易抓住和吸引一大群人的视线和注意力。尽管信息来源无法确定,可信度也很可疑,但依旧能够渗透到流行文化中。这些"传奇"能够通过互联网得到传播,在很大程度上正是因为其病毒传播的本质特征大大加速了流言传播的过程。④ 新媒体时代信息的病毒传播,加上对其管控并不严格,使各种在传统媒体被禁止传播的信息能够在互联网、数字媒体上大量传播。因而,对当前的新媒体信息应该严加管控,媒体也应该对所传播的信息负责,进行筛选和限制性分类。⑤ 此外,数字信息可以轻易改变、抄袭、歪曲甚

---

① 〔美〕威尔伯·施拉姆、弗雷德·西伯特、西奥多·彼得森:《报刊的四种理论》,中国人民大学出版社,2008,第84页。
② Livingstone, Sonia. Do the media harm children?: reflections on new approaches to an old problem. Journal of children and media, 2007 1 (1), pp. 5 – 14.
③ Tom Standage, Writing on the Wall: Social Media-The First 2, 000 Years. Bloomsbury USA, 2013.
④ J. Charles Sterin, Mass Media Revolution. MA: Allyn and Bacon, 2012.
Xujun Tang, Chuxin Huang. Ruisheng LiuNational Strategy: A New Stage in the Development of China's New Media. Development Report on China's New Medi, 2017, pp. 3 – 33.
⑤ Daniel King, Paul Delfabbro, Mark Griffiths. The Convergence of Gambling and Digital Media: Implications for Gambling in Young People. Journal of Gambling Behavior September 2009.

或通过匿名蒙混过关，缺少了标准的质量控制与评价。① 同时，网络信息延展与动态的特性对政府所制定的标准也提出了挑战。因此，与传统媒体相比，新媒体所提供的信息也就需要有更新的标准进行评估。②

在对媒介社会责任进行测量方面，国内的钟瑛等学者（2015）参与修订了新媒体社会责任的评估指标，③ 其指标体系分为三层，其中一级指标包括信息生产、社会监督、文化教育和协调关系四大类。我们发现，国外近年来新媒体社会责任的相关研究也集中于这四个方面，与国内不谋而合。

（1）信息生产。新媒体应该提供信息的社会责任是毋庸置疑的，然而，提供的信息是否经过筛选，其准确性、客观性……却是不能得到保证的。一项数据显示，44%的美国人通过社交媒体（Facebook）获取新闻，然而他们并不相信社交媒体：认为Facebook上的新闻是真实的比例不到20%。④ 而且，随着新媒体传播的信息和社交关系的增强，用户所接收到的信息量大大增加，甚而出现超负荷的状况。⑤ 除此之外，谣言、赌博、鼓励犯罪等信息在新媒体上的病毒式传播，也会对社会及用户导致许多不良的影响。⑥ 这主要是因为当前新媒体的把关人并不存在专业记者，每个人都是自己的看门人，传统把关人的身

---

① David R. Danielson, Web Credibility, in Encyclopedia of Human-Computer Interaction, ed. Claude Ghaoui Hersey, PA: Idea Group, 2005, pp. 713 – 21.
Miriam J. Metzger, Andrew J. Flanagin, Karen Eyal, Daisy R. Lemus, and Robert M. McCann, Credibility for the 21st Century: Integrating Perspectives on Source, Message, and Media Credibility in the Contemporary Media Environment, Communication Yearbook 27, 2003, pp. 293 – 335.
Rieh and David R. Danielson, Credibility: A Multidisciplinary Framework, in Annual Review of Information Science and Technology 41, ed. Blaise Cronin (Medford, NJ: Information Today, 2007), pp. 307 – 364.
② Flanagin, Andrew J., and Miriam Metzger. "Digital Media and Youth: Unparalleled Opportunity and Unprecedented Responsibility." Cambridge, MA: The MIT Press, 2008, pp. 5 – 28.
③ 钟瑛等：《中国新媒体社会责任研究报告（2015）》，社会科学文献出版社，2015，第12～15页。
④ Niemanlab, Americans don't have much trust in social as a source of news, a new report says. 2016.
⑤ Marisa Ragonese, Christin P. Bowman, Deborah L. Tolman. Sex Education, Youth, and Advocacy: Sexual Literacy, Critical Media, and Intergenerational Sex Education (s). Palgrave Macmillan UK. 2017, pp. 301 – 325.
⑥ Daniel King, Paul Delfabbro, Mark Griffiths. The Convergence of Gambling and Digital Media: Implications for Gambling in Young People. Journal of Gambling Behavior September 2009.

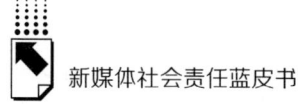

份在新媒体上缺失，才会导致出现这些问题。①

（2）社会监督。"谁将在 twitter 时代当看门狗？"现如今，新媒体便是最为重要的"看门狗"，它们依旧要跟传统媒体一样，承担起对政府决策、官员与行政行为以及公民个人行动进行监督批评的责任，因此，还需要建立起一套完整的新媒体问责工具：道德规范、媒体评论、新闻自检委员会、新闻评论以及公共/公民新闻的举措。② 除此之外，还有学者对非洲新媒体社会政治改革过程中新媒体所起的作用进行分析，认为新媒体正在成为沟通抵制政治压迫和经济剥削权力结构的平台，如尼日利亚的 Ogas，大胆讽刺尼日利亚精英所犯下的社会不公，促进社会的改革。③

（3）文化教育。新媒体的高度互动性，使受众可以随时随地参与，为人们提供了前所未有的新的学习机会，但也带来了发展适应性的问题：如何通过发挥自身特性，让用户学习知识、接受教育正成为新媒体急需解决的问题。以青少年性教育为例，新媒体应该创造出一些不同的涉及"性规定"的信息，帮助年轻人发展技能，让他们成为受过新媒体教育的性教育者和主动的性教育者。④ 而且，在意识形态和价值观引导方面，有学者发现，新媒体所传输的教育观点与年轻人接收时的理解存在着很大的差距。twitter 的互动显示，互动是在虚拟大厅中进行的，不是一个有亲和力和学习的空间。因而，如何将文化教育融合为新媒体产品，也是新媒体应该及时进行探索的领域。⑤

（4）协调关系。关于这方面的最新成果体现在其公共服务方面，Elizabeth

---

① Jacob Groshek, Edson Tandocb. The affordance effect: Gatekeeping and (non) reciprocal journalism on Twitter. Computers in Human Behavior. Volume 66, January 2017, pp. 201 - 210.

② William A. Babcock, Media Accountability: Who Will Watch the Watchdog in the Twitter Age? 1st Edition. Routledge; 1 edition, 2011.

③ Philip Effiom Ephraim&Tutku Akter&Martin Gansinger. New media-new voices: satirical representations of Nigeria's socio-politics in Ogas at the top. Critical Studies in Media Communication Volume 34, 2017 - Issue 1.

④ Marisa Ragonese, Christin P. Bowman, Deborah L. Tolman. Sex Education, Youth, and Advocacy: Sexual Literacy, Critical Media, and Intergenerational Sex Education (s). Palgrave Macmillan UK. 2017, pp. 301 - 325.

⑤ Alfonso Gutiérrez-Martín, Alba Torrego-González. The Twitter games: media education, popular culture and multiscreen viewing in virtual concourses. Journal Information, Communication & Society. 2017.

从 2016 年"兹卡"病毒成为全球卫生问题的角度着手研究，发现传统主流媒体对 zika 病毒的报道数量以及质量没能消除公众对其传播和健康的不确定性，但新媒体可以通过监测公众对该疾病的认识和了解，从而为危机管理者提供重要的见解，并且第一时间发布最新预防或者治疗信息，帮助用户处理相关问题。①

（二）地方新闻客户端

新闻客户端是指"为手机用户提供持续、实时、全方位新闻资讯更新，内容覆盖国内、国际、军事、社会、财经、体育、娱乐等方面的新闻类应用软件。"② 地方新闻客户端在此定义的基础上，则是指在考虑了地方自身优势和资源后，为本地用户提供贴合其生活的新闻信息，为其他地方用户提供了解本地文化、本地资源的服务窗口。③

通过设定关键词"地方新闻客户端"、"地方新闻 App"在中国知网进行搜索，统计了不同年度相关研究的数量（2017 年统计数字截至 4 月底）。学者们将研究视角转向地方新闻客户端始于 2014 年，而后呈现递增趋势。2014 年有 5 篇文献，其主题为地方新闻客户端的发展特点以及创新；2015 年有 11 篇文献，其研究主题为地方新闻客户端的内容运营以及未来趋势；2016 年有 15 篇文献，其研究主题为传统地方媒体转型成为新媒体，创立新闻客户端的必要性、定位以及发展的趋势；2017 年至今的 6 篇文献，其关注主题则是地方新闻客户端的发展困境与发展策略。综合已有研究文献可以发现，地方新闻客户端的社会责任为研究者所忽略。

二 研究问题与方法

（一）研究的问题

根据上述文献，本报告主要研究的问题如下。

---

① Elizabeth Johnson Avery, Public information officers' social media monitoring during the Zika virus crisis, a global health threat surrounded by public uncertainty. Public Relations Review. Available online 15 March 2017. In Press, Corrected Proof.
② 艾媒咨询：《2013 年中国手机新闻客户端市场研究报告》，2014 年 2 月 24 日。
③ 段世刚：《媒体 App 的垂直细分之路》，《中国报业》2016 年第 10 期。

（1）从上游"重庆"与ZAKER"广州"的内容来看，二者在新闻生产者、报道主题与对象、报道品质、媒介伤害等方面存在着什么差异？

（2）上游"重庆"与ZAKER"广州"所反映的社会责任状况如何？作为地方新闻客户端，应该如何履行相应的社会责任？

（二）研究方法

本报告采用内容分析法，将样本媒体的内容做系统的量化统计分析，对所反映的社会责任现况进行全貌描述并加以分析。

1. 样本与分析单位

本报告将上游和ZAKER作为研究对象，原因如下：（1）上游新闻由重庆日报报业集团倾力打造，于2015年11月19日上线。根据创办人在上游一周年发布会上所公布数据，其用户下载量突破了100万，日均活跃用户超过30万，日均发稿数120条，日均浏览量达265万。其在重庆地区的影响力较大，故选择其作为研究对象具有较高研究价值。（2）速途研究院《2016～2017年新闻客户端市场报告》研究数据[1]显示，ZAKER累积下载量已达到1.3亿，有着较大的影响力。

除了"重庆"和"广州"作为基本中国地方城市的代表性和影响力之外，将上游的"重庆"和ZAKER的"广州"作为研究的对象，原因如下：（1）上游在其主页设置了"头条""重庆""洞见"等栏目，相较于其他栏目，"重庆"只提供本地新闻信息，且其推送的时间与数量均较为稳定。（2）ZAKER作为一个聚合类新闻App，其设置了地方订阅号，考虑到其总部设立于广州，因而选择了"广州"这一栏目作为研究的对象。（3）二者所提供的新闻信息，涵盖着其他栏目，可以在一定程度上代表整个客户端新闻内容的水准，同时也避免会出现较大的误差。

取样时间段为4月3日至4月12日共10天时间，将两个客户端所推送新闻收集完毕后，采取了随机抽样方法，从两个样本中各抽取400条新闻，共800条作为分析的样本。

---

[1] 速途研究院：《2016~2017年新闻客户端市场报告》，2017年4月18日。

2. 类目建构

在编码的过程中，经 2 位编码员讨论，将"社会责任"总体状况操作化为以下 8 个类目。除了消息源可能出现多个选项之外，我们限定其他类目为单选，即在模棱两可的情况下，选择最为接近的一项。8 个类目及操作如下。

（1）新闻生产者

上游和 ZAKER 的新闻既有原创，也有从其他媒体转载后经编辑修改而成。经过整理，本报告将各种资讯的新闻来源划分为以下七类：①原创（上游或 ZAKER 内部的记者等人采写）；②非专业新闻媒体（如好奇心日报、"百思不得姐"等）；③传统主流媒体及网络平台（新华社、人民日报、央视等及其微信公众号、微博、客户端等）；④新闻门户网站（华龙网、金羊网、新浪网等）；⑤地方媒体及网络平台（重庆市或广州市的本地媒体及其网络平台，如广州参考、合川日报等）；⑥其他（没有注明新闻来源或来自网友爆料）。

（2）消息源（多选）

消息源通常是指新闻材料的出处或者向新闻机构提供消息的个人、机构或其他媒介，是记者获取各类新闻线索和新闻素材的重要渠道。[1] 盖伊·塔奇曼在《做新闻》中指出了新闻源的作用不只是提供新闻，更重要的是决定了新闻的可信度。[2] 本报告将消息源分为以下 6 类：①政府（包括引述官员讲话、官方新闻发布会、政府文件等）；②专业人士（各行业专家学者）；③网络新闻源（来自论坛、贴吧、微博等处的消息）；④民间消息（普通市民、村民的爆料、在接受采访时的回答等）；⑤外媒报道（援引其他国家以及港澳台地区媒体的新闻作为本稿件的一个素材、资料，而非简单的全文翻译）；⑥记者/媒体/作者本身（如记者本人在灾难现场的所见等）；⑦其他或无清晰消息源。

（3）新闻类别

李良荣在《新闻学概论》中指出，在中国以新闻内容来分类，可以分为政法新闻、经济新闻、文教卫生新闻、体育新闻、社会新闻。[3] 考虑到地方新闻客户端新闻信息的区域性特征，综合《中文新闻信息分类与代码》的 23 种

---

[1] 程曼云、乔云霞：《新闻传播学辞典》，新华出版社，2012。
[2] 盖伊·塔奇曼：《做新闻》，华夏出版社，2008。
[3] 李良荣：《新闻学概论》，复旦大学出版社，2011。

分类后,本报告将新闻类别划分为9个类目:①社会新闻(邻里纠纷、家庭矛盾等);②时政新闻(政治改革、官员任免等);③文教新闻(如教育改革、论文抄袭等);④法治新闻(抢劫行凶、嫖娼强奸、贪污腐败等刑事犯罪或重大的民事纠纷属于法治新闻);⑤娱乐新闻(明星名人八卦、影视推介等);⑥财经新闻(股票资讯、金融市场变动等);⑦国际新闻(发生在境外的事件,不含港澳台);⑧生活新闻(地区生活服务,如天气、家庭医生服务等);⑨其他。

(4) 报道主题

报道主题分为15项,①方针政策(包括国家或地方政府的大政方针,以及官员任免);②法治/道德伦理(包括普法、违法行为的报道,道德伦理指社会生活中人与人之间的相处时体现出来的情况);③经济;④科技;⑤文化教育(与学校相关以及与传统文化、艺术传承等相关);⑥医疗/健康(包括有关公众健康、医疗福利等);⑦娱乐(包括名人轶事等);⑧旅游(即介绍旅游景点以及有关旅游问题的报道);⑨饮食(包括推荐地方特色美食或饮品等);⑩事故(包括了造成死亡、疾病的意外情况,如车祸或生产安全事故等);⑪灾害(如泥石流、雪崩等新闻);⑫境外事件(包括境外发生的军事行动、政治变动、民间活动、轰动案件等);⑬轶事奇闻(主要是生活轶事、自然奇观、超乎想象的见闻等);⑭生活纠纷(多为家庭、邻里矛盾);⑮其他。

(5) 报道对象

报道对象分为以下12类:①政府/官员(包含港澳台地区官员);②外国政要(国外高官,如特朗普、金正恩等);③明星名人(影视明星、歌舞明星、著名艺术家、网络"大V"等);④商人白领;⑤师生群体(包括学生、教职员工、校长);⑥农民工;⑦普通群众;⑧犯罪嫌疑人/受害者;⑨社会团体(公司企业、NGO组织等);⑩事物/事件(新闻中无固定人物,主要针对事件或事物进行报道,如股市行情、新车发布会等);⑪历史;⑫其他。

(6) 报道的语气

报道语气描述的是新闻中所呈现的或积极或中立或消极的态度。本报告依照前人研究的习惯,将其分为3种语气:①正面(包括赞扬、关心、肯定等积极语气);②中性/混合(报道或描述时语气中性或夹杂积极、消极或其他一种以上不同的语气）；③负面（包括夸大、道德评判、丑化、贴标签等消极语气）。

（7）报道的品质

报道品质是对一则新闻的总体评价，本报告将其分为4类：①一般品质（报道无太大偏差，报道中立客观）；②可信度低（凭借某一不可靠的线索进行报道，其真实性难以证实；引用消息源不清晰，出现据悉、据传等不明消息源；在争议巨大的新闻中片面地陈述某一方观点）；③身体消费（露骨的身体信息暗示，如"胸器""性""身材劲爆""裸照"等）；④滥用网络热词（如"也是醉了""我去""神马鬼"等）；⑤耸人听闻（标题、内容哗众取宠、博人眼球或者有较明显的黄色新闻痕迹）；⑥价值导向偏差（偏离主流价值观，违背公序良俗，如"男子盗窃四张存折，神奇的是都猜对了密码"，报道内容忽略其盗窃行为的恶劣本质，却将其盗窃手法明示）。

（8）媒介伤害对象

"媒介伤害"是基于媒介批评和法学实践而提出的概念，① 泛指受众在使用大众传播媒介的过程中，由于媒介传播的内容包含不雅不敬、色情、暴力、亵渎、侮辱、诽谤、歧视等负面信息，或者传播未经授权的个人信息，从而引发接受者（包括报道对象）情感上的不快、痛苦，以致造成精神、名誉和地位等的无形损失。本报告只将对报道对象的伤害进行测量，分为8类：个人（跳楼视频截图、"女子被撞瞬间"、女性走光照）；群体（如"女司机"、"洋妞"）；社会团体（如富士康、麦当劳、肯德基等）；教派（如基督教、道教）；地区（如河南、东莞）；民族（如藏族、满族）；国家（美国、朝鲜、菲律宾）；未涉及。

与此同时，本报告沿用社会责任评价体系参考2015年新媒体社会责任指标的"一级指标与权重"，以信息生产、社会监督、文化教育、协调关系四项指标来评价上游新闻和ZAKER新闻的社会责任状况。

（三）编码及信度检验

本报告的编码工作由两位硕士研究生担任，编码员在正式编码前受过编码

---

① 王君超、来扬：《网络时代的媒介伤害——定义、成因、案例及预防措施》，《新闻与写作》2009年第6期。

训练，用以培养对各个类目的共识。在编码完成后，采用复证的方法来检验信度，即两位编码员重新分配任务，对同一篇文本进行第二次编码，以全部800篇文本作为抽样框进行随机抽样，获取样本80个。编码员根据Holsti（1969）的信度公式检测后得出的归类一致性指数如下：新闻生产者1；消息源0.925；新闻类别0.925；报道主题0.95；报道对象0.9；报道的语气0.9；报道的品质0.9；媒介伤害对象0.9。

三 数据统计分析

（一）新闻生产者和消息源

数据统计分析显示：上游新闻与ZAKER新闻客户端的新闻生产者方面有显著的差异（$x^2 = 424.460$，$df = 5$，$p < 0.001$）。上游重庆的新闻原创率为43.8%，ZAKER广州的原创率仅有66条，占比12.8%；来源为非专业新闻媒体的，上游新闻占3.2%，ZAKER新闻16.8%；来源为传统主流媒体及其网络平台的，上游新闻3.2%，ZAKER新闻41.0%；来自新闻门户网站的上游新闻4.8%，ZAKER新闻25.2%；来源于地方媒体及其网络平台的上游新闻42.2%，ZAKER新闻3.8%；新闻生产者未注明的上游新闻占2.8%，ZAKER新闻为0.5%（见表1）。

表1 上游重庆与ZAKER广州新闻生产者 N=800

新闻生产者	客户端		合计
	上游重庆	ZAKER广州	
原创	43.8(175)	12.8(66)	28.2(226)
非专业新闻媒体	3.2(13)	16.8(67)	10.0(80)
传统主流媒体及网络平台	3.2(13)	41.0(164)	22.1(177)
新闻门户网站	4.8(19)	25.2(101)	15.0(120)
地方媒体及网络平台	42.2(169)	3.8(15)	23.0(184)
其他	2.8(11)	0.5(2)	1.6(13)
合计	100.0(400)	100.0(400)	100.0(800)

注：括号前为所占百分比，括号内为新闻则数。

在消息源上，上游新闻与 ZAKER 新闻客户端也有显著的差异（x^2 = 105.749，df = 7，$p < 0.001$）。上游重庆样本中的总消息源共有 552 个，ZAKER 广州样本中的总消息源有 753 个（一则新闻存在多个消息源，因此总消息源数超过了样本总量）。其中，上游重庆的消息来源中，来自政府/官方、民间消息、无清晰消息源的较多，分别占样本量的 25.2%、26.1%、32.1%；ZAKER 广州的消息来源中，来自政府/官方、专业人士、民间消息的较多，分别占样本量的 21.1%、16.9%、22.7%（见表2）。

表2　上游重庆与 ZAKER 广州消息源　N = 800

消息源	客户端	
	上游重庆	ZAKER 广州
政府/官方	25.2(139)	21.1(159)
专业人士	10.5(58)	16.9(127)
网络新闻源	2.1(12)	6.4(48)
民间消息	26.1(144)	22.7(171)
外媒报道	0.0(0)	2.9(22)
记者/媒体/作者本身	0.5(3)	13.3(100)
其他	3.5(19)	2.9(22)
无清晰消息源	32.1(177)	13.9(104)
合计	100.0(552)	100.0(753)

注：括号前为所占百分比，括号内为新闻则数。
一则新闻存在多个消息源，因此总消息源数超过了样本总量。

本报告者将来自政府/官方、专业人士、外媒报道、记者/媒体/作者本身的新闻归为可信度更高的消息源，将网络新闻源、民间消息、其他或无清晰消息源归为可信度较低的消息源，进一步对比分析可以看出，上游重庆可信度高的消息源占样本量的 36.2%，ZAKER 广州中可信度高的消息源占样本量的 54.2%。在来自"民间消息"与"其他或无清晰消息源"这两项可信度较低的消息源中，上游重庆（26.1%、32.1%）共有 58.2%，而 ZAKER 广州（22.7%、13.9%）则有 36.6%。

（二）新闻类别和报道主题

上游新闻与 ZAKER 新闻客户端在新闻类别中也有显著的差异（x^2 = 105.749，$df=8$，$p<0.001$）。上游重庆以社会新闻、文教新闻和生活新闻居多，分别为 50.0%、17.0%、12.8%，ZAKER 广州则以社会新闻、法治新闻和生活新闻为主，各自为 48.0%、16.2%、8.2%。上游重庆在文教新闻（68条）比 ZAKER 广州（15条）更多，在法治新闻（38条）方面则少于 ZAKER 广州（65条）。二者在社会新闻、时政新闻、生活新闻方面的差异并不明显，且两个客户端在娱乐新闻、财经新闻以及国际新闻所占比重均较少。从总体来讲，上游重庆和 ZAKER 广州所提供的新闻类别数量并不均衡，存在着较大的偏向（见表3）。

表3　上游重庆与 ZAKER 广州新闻类别　N=800

新闻类别	客户端		合计
	上游重庆	ZAKER 广州	
社会新闻	50.0(200)	48.0(192)	49.0(392)
时政新闻	9.8(39)	6.5(26)	8.1(65)
文教新闻	17.0(68)	3.8(15)	10.4(83)
法治新闻	9.5(38)	16.2(65)	12.9(103)
娱乐新闻	0.5(2)	6.0(24)	3.2(26)
财经新闻	0.5(2)	6.2(25)	3.4(27)
国际新闻	0.0(0)	3.8(15)	1.9(15)
生活新闻	12.8(51)	8.2(33)	10.5(84)
其他	0.0(0)	1.2(5)	0.6(5)
合计	100.0(400)	100.0(400)	100.0(800)

注：括号前为所占百分比，括号内为新闻则数。

在报道主题方面，从图1可以看出上游重庆中方针政策、文化教育、事故、轶事奇闻所占比较高，分别为 16.2%、15.5%、14.2%、18.5%，但相互之间偏差不算太大；ZAKER 广州中可以明显看出报道主题有较大的偏差，特别是在法治/道德伦理主题上，有117条新闻与之相关，所占比为 29.2%，位于第二的是轶事奇闻，共57则新闻，所占比为 14.2%，而其余报道主题几乎都未超过10%。进行卡方分析后发现,上游重庆与ZAKER广州在报道主题上存在显著性差异($x^2 = 163.636$, $df = 14$, $p < 0.001$)。在法治/道德伦理主题上,ZAKER广州明显高于上游重庆;在方针政策、文化教育、事故和轶事奇闻的主题上,上游重庆所占比高于ZAKER广州。从总体来看,报道两个客户端在报道主题方面,均更倾向于选择轶事奇闻、法治/道德伦理和方针政策这三类主题,而忽略了其他主题的新闻报道(见图1)。

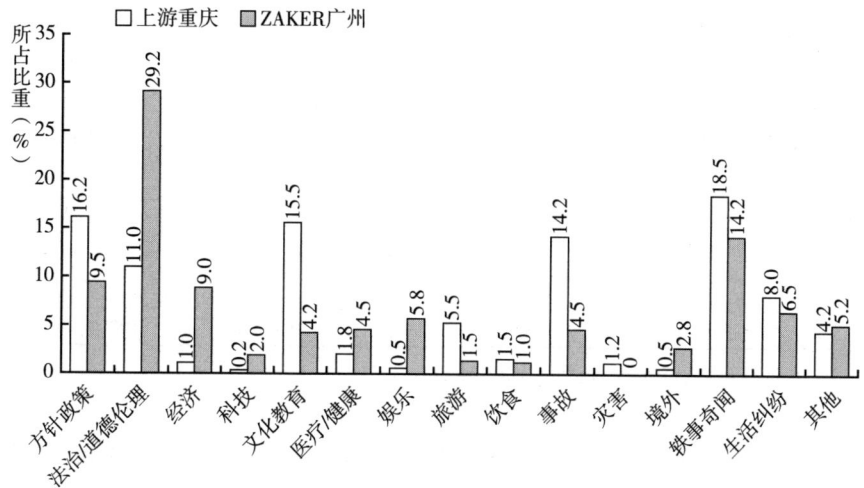

图1 上游重庆与ZAKER广州报道主题

(三)报道对象和报道语气

数据统计分析显示,上游重庆与ZAKER广州在报道对象方面有显著的差异($x^2 = 102.919$, $df = 11$, $p < 0.001$)。上游重庆的报道对象以事物/事件和普通群众为主,分别为34.8%、28.2%;ZAKER广州跟上游重庆一样,也以事物/事件和普通群众为主,各为43.0%、18.2%。对比两个客户端可以发现,ZAKER广州在犯罪嫌疑人/受害者这一群体的报道对象明显多于上游重庆;但上游重庆(9.0%)在以地方历史为对象的报道则高于ZAKER广州(1.0%)。从总体来看,不少报道对象在上游重庆和ZAKER广州均属于缺席状态,如外国政要、农民工人、社会团体以及明星名人(见表4)。

表4 上游重庆与ZAKER广州报道对象 N=800

单位：%

报道对象	客户端		合计
	上游重庆	ZAKER广州	
政府官员	5.8(23)	3.0(12)	4.4(35)
外国政要	0.0(0)	0.2(1)	0.1(1)
明星/名人	2.0(8)	6.0(24)	4.0(32)
商人白领	2.5(10)	1.8(7)	2.1(17)
师生群体	4.8(19)	5.8(23)	5.2(42)
农民工人	0.5(2)	0.2(1)	0.4(3)
普通群众	28.2(113)	18.2(73)	12.0(72)
犯罪嫌疑人/受害者	4.8(19)	16.0(64)	10.4(83)
社会团体	1.2(5)	4.2(17)	2.8(22)
事物/事件	34.8(139)	43.0(172)	38.9(311)
历史	9.0(36)	1.0(4)	5.0(40)
其他	6.5(26)	0.5(2)	3.5(28)
合计	100.0(400)	100.0(400)	100.0(800)

注：括号前为所占百分比，括号内为新闻则数。

在报道语气方面的差异也比较明显（$x^2=44.937$，$df=2$，$p<0.001$）。上游重庆和ZAKER广州均以中性/混合为主，各自为78.5%和66.0%；在正面语气方面，上游重庆和ZAKER广州差别不大，各自为18.0%、15.8%；而在负面语气方面，ZAKER广州（18.2%）的相关报道明显高于上游重庆（3.5%）。（见表5）

表5 上游重庆与ZAKER广州报道语气 N=800

单位：%

报道语气	客户端		合计
	上游重庆	ZAKER广州	
正面	18.0(72)	15.8(63)	16.9(135)
中性/混合	78.5(314)	66.0(264)	72.4(578)
负面	3.5(14)	18.2(73)	10.9(87)
合计	100.0(400)	100.0(400)	100.0(800)

注：括号前为所占百分比，括号内为新闻则数。

将报道对象与报道语气进行交叉分析可以发现，上游重庆中政府官员的报道没有负面语气，以中性语气为主，而ZAKER广州对政府官员的报道各语气均有涉及，中性语气与负面语气比例相同；犯罪嫌疑人/受害者的报道上上游重庆和ZAKER广州均没有正面语气，以中性为主，且ZAKER广州在负面语气方面比例远高于上游重庆；普通群众的报道上，上游重庆各语气均有涉及，以中性语气为主，而ZAKER广州各语气也均有涉及，以中性语气为主，正面语气和负面语气报道比例相同，且其负面语气报道远高于上游重庆；在师生群体、事物事件等方面，两个客户端均有所涉及，都以中性语气为主（见表6）。

表6 报道对象与报道语气交叉表 N=800

报道对象	上游重庆				ZAKER广州			
	正面语气	中性语气	负面语气	合计	正面语气	中性语气	负面语气	合计
政府官员	8.7 (2)	91.3 (21)	0.0 (0)	100.0 (23)	16.6 (2)	41.7 (5)	41.7 (5)	100.0 (12)
外国政要	0.0 (0)	0.0 (0)	0.0 (0)	0.0 (0)	0.0 (0)	0.0 (0)	100.0 (1)	100.0 (1)
明星/名人	50.0 (4)	50.0 (4)	0.0 (0)	100.0 (8)	29.2 (7)	54.2 (13)	16.6 (4)	100.0 (24)
商人白领	20.0 (2)	80.0 (8)	0.0 (0)	100.0 (10)	14.3 (1)	71.4 (5)	14.3 (1)	100.0 (7)
师生群体	21.0 (4)	73.7 (14)	5.3 (1)	100.0 (19)	8.7 (2)	82.6 (19)	8.7 (2)	100.0 (23)
农民工人	0.0 (0)	100.0 (2)	0.0 (0)	100.0 (2)	0.0 (0)	100.0 (1)	0.0 (0)	100.0 (1)
普通群众	10.0 (14)	87.8 (122)	2.2 (3)	100.0 (139)	14.5 (25)	71.0 (122)	14.5 (25)	100.0 (172)
犯罪嫌疑人/受害者	0.0 (0)	94.7 (18)	5.3 (1)	100.0 (19)	0.0 (0)	65.6 (42)	34.4 (22)	100.0 (64)
社会团体	20.0 (1)	80.0 (4)	0.0 (0)	100.0 (5)	35.3 (6)	58.8 (10)	5.9 (1)	100.0 (17)
事物/事件	12.5 (14)	80.5 (91)	7.0 (8)	100.0 (113)	20.5 (15)	63.0 (46)	16.5 (12)	100.0 (73)
历史	52.8 (19)	44.4 (16)	2.8 (1)	100.0 (36)	75.0 (3)	25.0 (1)	0.0 (0)	100.0 (4)
其他	46.2 (12)	53.8 (14)	0 (0.0)	100.0 (26)	100.0 (2)	0.0 (0)	0.0 (0)	100.0 (2)
合计	18.0 (72)	78.5 (314)	3.5 (14)	100.0 (400)	15.7 (63)	66.0 (264)	18.3 (73)	100.0 (400)

注：括号前为所占百分比，括号内为新闻则数。

（四）报道品质和媒介伤害

上游重庆与 ZAKER 广州在报道品质方面有显著的差异（$x^2 = 28.520$，$df = 5$，$p < 0.001$）。上游重庆与 ZAKER 广州的新闻中多为一般品质，各为 87.2%、74.5%；ZAKER 广州在可信度方面，两个客户端所占比例各为 4.2%、4.5%，较为相近；身体消费方面，上游重庆为 2.2%，ZAKER 广州为 4.0%；滥用网络热词这一品质上，上游重庆占 3.0%，ZAKER 广州占 4.8%；上游重庆在价值导向偏差占 0.2%，ZAKER 广州则有 0.8%；前面几项的差异不大，但在耸人听闻这一品质上，两者有较大差异，上游重庆有 12 条（3.0%），ZAKER 广州有 46 条（11.5%）（见表 7）。

表 7　上游重庆与 ZAKER 广州报道品质　N = 800

单位：%

	客户端		合计
	上游重庆	ZAKER 广州	
一般品质	87.2(349)	74.5(298)	80.9(647)
可信度低	4.2(17)	4.5(18)	4.4(35)
身体消费	2.2(9)	4.0(16)	3.1(25)
滥用网络热词	3.0(12)	4.8(19)	3.9(31)
耸人听闻	3.0(12)	11.5(46)	7.2(58)
价值导向偏差	0.2(1)	0.8(3)	0.5(4)
合　　计	100.0(400)	100.0(400)	100.0(800)

注：括号前为所占百分比，括号内为新闻则数。

在媒介伤害方面，上游重庆和 ZAKER 广州均有媒介伤害的现象存在。上游重庆共有 12 条，其中对象为个人的有 12 条，其余没有；ZAKER 广州共有 25 条，其中 18 条的对象为个人，5 条是针对群体的，对地区和社会团体造成媒介伤害的各有 1 条。对于媒介伤害，下面举些例子进行说明。

1. 对个人的伤害

如"云浮一女子深夜遭男邻居劫财又劫色 还拍下裸照"，在这篇报道里，记者详细地将犯罪嫌疑人的全程经过描述了出来，并配上了监控视频截图，受害者家中的床也被拍摄进去，再加上视频截图中相关门牌和楼道并没有进行马赛克处理,很显然会对受害者造成第二次伤害。除此之外,"曝佛山某校女生让男生脱裤露下体拍视频,满嘴脏话辱骂",直接将视频以及截图发在上面等。

2. 对群体的伤害

如"女司机才拿驾照独自上高速,超车道停车接电话",这是因为"她听到电话响,手忙脚乱之下,索性停在超车道上接电话"。除此之外,在所抽取的样本中还存在着不少对女司机的报道,但其报道均跟违法犯罪或者交通事故所联系。

四 上游重庆和 ZAKER 广州的社会责任指标考量

(一)社会责任指标考量总况

新媒体社会责任的履行体现在其功能上,主要是信息生产、社会监督、文化教育和协调关系四个方面,并以此作为社会责任指标体系的一级指标。本报告对上游重庆和 ZAKER 广州两个新闻客户端样本进行内容分析的基础上,参考范孟娟和刘洋对新闻客户端的打分模式,[①] 即对四个一级指标下设的三级指标、二级指标分别打分,然后计算出各个新闻客户端的最后得分。在本报告中,各项一级指标的总和为 5 分,从表 8 中可以看出,两个客户端的综合得分均不高,但差异不大,上游重庆 2.0046616 分略微高于 ZAKER 广州的 2.0104112 分(见表 8)。

表 8 上游重庆与 ZAKER 广州社会责任综合评价

单位:分

一级指标	客户端	
	上游重庆	ZAKER 广州
信息生产	1.7678991	1.7876136
社会监督	0.0731686	0.0983863
文化教育	0.0185451	0.0129661
协调关系	0.1450488	0.1114452
总　　分	2.0046616	2.0104112

---

① 范孟娟、刘洋:《新闻客户端竞争及其社会责任评价》,《中国新媒体社会责任研究报告(2014)》,2014,第 65~66 页。

将两个客户端的一级指标得分与满分进行比较（见表9），可以明显发现，上游重庆和ZAKER广州在信息生产方面得分较高，所承担的信息生产指标状况较为良好；但在社会监督、文化教育和协调关系方面却是极为欠缺，尤其是在社会监督、文化教育方面，二者得分较低。这也就是说，两个客户端在其余三个指标方面所承担的社会责任较差。

表9 新闻客户端一级指标得分与满分对比

单位：分

一级指标	客户端		满分
	上游重庆	ZAKER广州	
信息生产	1.7678991	1.7876136	2.643
社会监督	0.0731686	0.0983863	1.3775
文化教育	0.0185451	0.0129661	0.5185
协调关系	0.1450488	0.1114452	0.461
总　分	2.0046616	2.0104112	5

（二）各级指标详细状况

1. 信息生产

信息生产指标的评价包括两个二级指标：信息质量与流程控制。信息质量又包括：真实、全面、原创、权威、深度、客观和时效；流程控制包括：信息把关、广告控制和侵权控制，从信息质量的指标的得分状况可以发现，两个客户端在深度和客观性这两个指标的得分均比较低。而在流程控制指标得分状况可以发现，ZAKER广州在信息把关指标上的得分远高于上游重庆。而两个客户端在所抽取的样本中没有任何广告，因而二者得分均达到加权满分（见表10、表11）。

2. 社会监督

社会监督指标包括了四个二级指标：国家治理、社会风险、行为失范和其他现象，两个客户端在三级指标所得分均较低，因而不对其三级指标进行赘述。通过考察其二级指标状况（见表12），能明显发现，社会监督的四个二级指标得分与加权满分有着很大的差距，两个客户端均没有很好地履行社会监督责任。

表 10 信息质量指标得分情况

单位：分

信息质量	客户端	
	上游重庆	ZAKER 广州
真实	1.16203	1.5420125
全面	0.5948512	0.3832375
原创	0.601865	0.50479
权威	0.355605	0.29898
深度	0.0571562	0.1104375
客观	0.118125	0.034425
时效	0.402705	0.33858
合计	3.2923374	3.2124625

表 11 流程控制各指标得分情况

单位：分

流程控制	客户端	
	上游重庆	ZAKER 广州
信息把关	1.88645	2.5125562
广告控制	0.7895	0.7895
侵权控制	0.92926	0.898125
合计	3.60521	4.2001812

表 12 社会监督指标得分情况

单位：分

社会监督	客户端	
	上游重庆	ZAKER 广州
国家治理	0.248572	0.33826
社会风险	0.0091843	0.0109659
行为失范	0.0057068	0.0061959
其他现象	0.0021218	0.0679
合计	0.2655849	0.4233218

3. 文化教育

文化教育指标包括了塑造共识、文化传承和提供娱乐三项，两个客户端在各个指标方面的得分均属于低分，远未达到其应承担的文化教育社会责任。特别是在塑造共识方面，两个客户端在传播社会风尚、主流价值观的新闻报道是严重缺乏的（见表13）。

表13 文化教育指标得分情况

单位：分

文化教育	客户端	
	上游重庆	ZAKER 广州
塑造共识	0.089249	0.083854
文化传承	0.0556856	0.0038911
提供娱乐	0.0339	0.03729
合计	0.1788346	0.1250351

4. 协调关系

协调关系指标包括了线上沟通和线下活动。线上沟通下设三个指标，在公共服务上，主要考察其是否提供了相关生活信息的帮助；在用户体验上，则检测其是否具有转发共享、定制服务、个性化订阅以及内外部链接；在互动关系方面，则检测其是否具有评论功能，客户端又是否对评论进行回复以及是否提供咨询功能。线下活动则是指客户端是否在线下开展了推广或公益活动，主要包括了两个层面：商业性活动和非商业性活动。从其线上沟通以及线下活动的得分情况来看，上游重庆的得分分别为0.616981分、0.9615分，ZAKER广州的得分则分别为0.2472337分、0.9615分，加权后的满分各为2.5分。因而可以看出，两个地方新闻客户端均没能够承担好协调关系的社会责任。

五 结论与建议

（一）结论

经过对数据的统计分析以及对两个客户端的社会责任指标的评价，本报告对前面所提两个问题进行回应。

1. 从新闻生产者方面看

上游重庆以原创和转载自地方媒体及网络平台为主，而ZAKER广州则以传统主流媒体及网络平台和新闻门户网主；在消息源方面，上游重庆以来自无清晰消息源为主，次之为民间消息，而ZAKER广州虽然也有无清晰消息源，但其消息源主要为民间消息和政府/官方；在新闻类别方面，上游重庆以社会新闻和文教新闻为主，ZAKER广州则以社会新闻和法治新闻为主；在报道主题方面，上游重庆以轶事奇闻和方针政策为主，ZAKER广州则以法治/道德伦理和轶事奇闻为主；在报道对象方面，上游重庆和ZAKER广州均以事物/事件和普通群众为主；在报道语气方面，上游重庆和ZAKER广州均以中性/混合的语气为主；在报道品质方面，上游重庆的报道品质要高于ZAKER广州；在媒介伤害对象方面，上游重庆和ZAKER广州的媒介伤害对象均以个人为主，而对群体造成伤害的只有ZAKER广州。

2. 从社会责任指标来看

（1）上游重庆和ZAKER广州在信息生产责任上不尽如人意。考量其三级指标，两者的"深度"不足，其主要原因在于其报道呈现形式均属超过大部分为纯新闻，特别是上游重庆，其纯新闻有341篇，而ZAKER广州也有286篇，在特稿、社论、评论或者专题、系列报道、深度访谈方面的新闻报道数量极其少，其呈现形式存在着较大偏向，自然其深度也会有欠缺；二者的"权威""真实""全面"也不能使人满意，从其引用消息源来看，引用了大量的"不清晰消息源"以及可信度较低的"民间消息"和"网络消息源"；二者也没能履行"客观"的责任，从其报道语气来看，记者本人经常将自己的个人喜好也带入了新闻报道中；二者在原创率方面也没能实现其责任的履行，上游重庆的原创率有43.8%，未超过50%，ZAKER广州的原创率仅有12.8%，严重缺乏原创；但二者在新闻时效方面，都表现得较为良好。

（2）上游重庆和ZAKER广州在社会监督方面几乎完全失责。两个新闻客户端的得分超低，特别是上游重庆，在新闻报道中，其新闻类别、报道题材以及报道对象方面，与国家治理、社会风险、行为失范以及其他现象相关的新闻报道内容极少，涉及涉外关系、环境污染、食品安全、城市拆迁、警民冲突、学术腐败、体育赛事方面的新闻报道，均没有出现。尽管ZAKER广州除环境污染之外，其他三级指标的各个方面均有进行相关报道，但其得分也仅有分0.0983863分，距离其满分（1.3775分）存在着较大的距离。

（3）上游重庆和ZAKER广州在文化教育责任上严重缺席。以其新闻类别来看，文教新闻所占的比例，二者的比率仅有15.5%和4.2%，因而其二级指标"文化传承"社会责任得分也就会明显偏低；在塑造共识方面，二者对于社会大众在传播知识、价值、社会规范等方面的影响并没有体现，反而是报道了不少耸人听闻、价值导向偏差、身体消费等方面的劣质新闻来吸引用户的眼球，因而这也就导致了在两个新闻客户端的传播内容中，低俗文本的比例使娱乐健康度不高。

（4）上游重庆和ZAKER广州在协调关系方面都没有履行其社会责任。作为地方新闻客户端，其地方公共服务责任更应该也更有可能履行，然而二者新闻客户端在这方面几乎属于缺席状态；在用户体验方面，二者履行的状况较为良好；尽管用户在新闻下方进行评论，但两个客户端均没有进行回应，足见其互动性极差；两个客户端的商业性活动均没有，但非商业性活动还是有一些，比如ZAKER广州和新快板一起合办的"健康大讲堂"，其活动时间长，且影响力在广州也颇大。但整体上看，二者在协调关系上均没能较好地担起该负的社会责任。

（二）建议

依据以上研究结论，本报告最后就新媒体如何提升社会责任提出以下建议，以供实务和从事相关研究者参考。

1. 内容方面

（1）地方新闻客户端应该提高原创率，且要在报道的深度方面下功夫；引用的消息源要权威，可信度要高，不能在报道中出现不清晰消息源；在报道新闻的题材来源方面，应以本地为主，其余各个题材来源均要有所涉及；新闻报道要全面，而且客观，尤其是注意报道的品质以及语气，媒体在维护新闻自由的同时也应该要考量到报道会不会对其对象造成伤害。

（2）地方新闻客户端应该立足于地缘优势，能够快速掌握本地新闻，且应该摒弃"报喜不报忧"的报道原则，上至国家政策、地方政府，下至学生、人民群众，均应对其实施强而有力的社会监督。

（3）地方新闻客户端应着重注意对民俗文化、地方文化的传承，凸显其地方特色。这样既能够起到宣传本地文化的作用，又能够使用户在潜移默化中学习传统文化、民俗文化、红色文化的知识并接受教育。

（4）地方新闻客户端作为地方服务的新闻窗口，其更应该能够起到公共服务的作用，起到便民利民的作用；要更加关注用户体验，将本地居民的使用习惯考虑入设计的衡量标准之一；对用户的评论及时回复，从而增强用户的使用黏度；设定更为精准的个性化服务，让用户能够依据自己的喜好检索订阅新闻。

2. 问责制度

新媒体自觉承担社会责任是其解决社会问题和保障其合法性的最佳方式之一。那么，这就需要建立起一套完整的新媒体问责工具，树立起报道的道德规范，成立新闻自检委员会。首先，应该建立起一套完整的新媒体问责工具，应该包括：政治问责、市场问责、专业问责以及公共问责①。其次，成立新闻自检委员会，媒体可以定期向社会及公众报告自身社会责任履行状况，公布其社会责任履行报告。媒体敢于问责，彰显了其不再是被动的承担责任方，而是转向主动的责任践行者。

3. 规范（自律与他律）

新媒体的规范，包括了自律以及他律。新媒体的自律，既包括了新媒体机构应该制定统一的报道规范，以严格的新闻专业主义原则、新闻职业道德等规范与约束自己的新闻报道。除此之外，新媒体工作者也应该要管束自己、持续创新、注重个人声誉并且能够对未来事件进行预测②。而新媒体的他律，则应该是以政府为主体，强制整治新媒体大量的低俗的新闻报道，确保新媒体传播的健康度。

本报告存在着不足：其一，在样本选择方面，其时间跨度不够大，因而是否具有代表性还有待考证；其二，在对两个客户端的社会责任评价打分机制方面，虽参照了已有的评分模式，但是否有更为科学的衡量机制，需要进一步讨论；其三，从题材来源和媒介伤害的角度对新媒体承当社会责任的作用进行衡量，尚且还需要更多相关研究。在本报告中，虽发现在新闻报道中确实存在着媒介伤害现象，但仅针对报道对象，未能够对整个受众/用户群进行详细的调

---

① Jo Bardoel and Leen d'Haenens. Media Responsibility and the Countablity: New Conceptualizations and Practices. Communications, European Journal of Communication Research. 2004.

② Rosalind Gill. Life is a pitch: Managing the self in new media work. In Mark Deuze (ed.) Managing Media Work. London (etc) Sage. 2010.

查统计。若在未来的研究中,应进一步细化媒介伤害的类型,从媒介伦理以及媒介侵权的角度考察新媒体的社会责任。

本报告以实证方法,对比了同种形态不同性质的新闻客户端的社会责任,从"地方"这一角度切入,对研究新媒体社会责任状况提供了一个新的角度,即面向地方的新闻客户端,其公共服务、信息选择、报道对象等受其针对用户所影响,其偏向性也会更大,那么在评价指标的赋值方面,能否进一步细化,相关研究仍需在未来不断完善和发展。

案 例 篇

The Case Part

B.15
社交网络中中美战略传播比较研究[*]
——以"习特会"为例

李卫东　沙传宇[**]

摘　要： 近年来以Facebook、YouTube、Twitter、新浪微博等为代表的世界级社交网络应用,对国际舆论格局产生了深刻的影响,社交网络已经成为各国政府开展国际传播、公共外交的重要渠道。本报告以2017年4月"习特会"为例,以美国政府和官方媒体、中国政府和官方媒体的新浪微博账号及Twitter账号为研究对象,采用基于框架理论的内容分析方法对"习特会"期间中方和美方发布内容进行深入挖掘与分析,借以比较两国对于"中美关系""两国发展""地区形势"等重大问题的不同认识

---

[*] 国家自然科学基金面上项目"移动社交网络中政府形象传播机理及治理研究"(项目编号:71473094)的部分研究成果之一。
[**] 李卫东,华中科技大学新闻与信息传播学院副教授,沙传宇系华中科技大学新闻与信息传播学院硕士研究生。

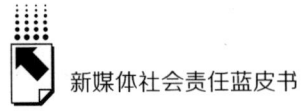

和关切,总结两国在海外社交网络的战略传播样态,最后提出提升我国在国际社交网络中国家战略传播能力的建议。

关键词: 社交网络 战略传播 框架分析

一 研究背景与问题提出

近年来随着移动互联网技术的发展和智能终端的快速普及,数以亿计的互联网用户成为信息传播结构中的节点,人们在线下的社交活动逐渐挪移到线上,一个新的虚拟与现实结合的社会网络空间正在形成。可以说,社交网络的诞生是互联网深入发展与人类内在需求相契合的产物。社交网络不仅满足了使用者信息检索与浏览的需求,还允许他们利用互联网维系、拓展个人社交关系,并基于社交关系进行信息创造、共享。它以传播迅捷、反馈及时、多维互动、信息内容形态丰富多元以及开源技术特征带来的服务拓展性等特点,成为当代社会政治、经济、文化各个领域重要的信息平台和公众参与社会生活、进行社会实践的公共平台。政治作为人类活动的重要领域和现象,它既是一种由权力主体之间结成的特定关系,也是社会成员参与社会生活的一项活动,它必然要受到社交网络的影响。

近年来以 Facebook、YouTube、Twitter、新浪微博等为代表的世界级社交网络应用,对国际舆论格局产生了深刻的影响,社交网络已经成为各国政府开展国际传播、公共外交的重要渠道。如何利用好社交网络进行政治宣传、鼓励公民政治参与、建构和维护符合本国利益的国家形象成为各国政府思考的重要问题。

据统计,截至 2016 年,推特已覆盖 90% 的联合国政府,以及 108 个国家的外交部;其中包括 173 位国家政府首脑和 68 位外交部部长。根据推特官方研究机构@Twiplomacy 的名单,5000 位大使馆成员和外交官活跃在 Twitter 上。在伦敦、纽约、华盛顿、布鲁塞尔和日内瓦,Twitter 外交已在外交工作中发挥着不可忽视的作用。① 美国作为世界上最发达国家,其政府非常重视社交网络

---

① 数据来源:《B-M 洞察 | Twitter 上的各国政要》,http://www.3023.com/6/64003604.html,2017 年 6 月 10 日。

的运用，并将其视为"开放式政府"整体战略的一部分。仅在2011年初，以联邦政府机构名义开设的Twitter账号已超过500个。① 美国总统奥巴马两次竞选中都使用社交网络应用为其宣传造势，被称为"第一位社交媒体总统"。2016年美国大选再一次刷新了人们对社交网络巨大政治影响力的认知，据统计，在大选辩论期间推特上约发布了1700万条和大选辩论有关消息②，Facebook、Twitter等知名社交应用成为特朗普和希拉里争夺选民的主战场。以特朗普为首的现任美国政府甚至将"推特外交"政策（Twiplomacy）升级为"推特治国"战略，从2016年5月4日特朗普成为美国总统准候选人开始至正式就职七个月时间内，特朗普个人账号发表了近2500条推文，这些推文中不仅阐述自己的竞选纲领和施政理念，还批评美国现状、民主党候选人，攻击移民问题等等；正式就职后，特朗普仍旧保持着较高的更新频率，不断在社交网络上提出政见，甚至直接点名批评美国主流媒体、某国政府或领导人，引起国际社会的高度关注。

另外，中国作为世界第二大经济体，越来越多的国家将目光瞄准中国，许多国家借助中国本土的社交网络应用进行公共外交和政治宣传活动。新浪微博庞大的用户数量③和巨大的舆论影响力吸引了众多外国驻华使馆的注意，它们纷纷开通认证账号，积极通过微博开展国际传播活动。艾利艾智库/中国传媒大学互联网信息研究院统计数据显示，截至2015年6月，已有57个国家驻华使领馆开通各类型微博账号229个。④ 各国驻华大使馆官方微博通过微博发布信息、阐发观点、开展互动，其中一些大使馆微博粉丝众多，具有很强的影响力和引导力，在增进理解、塑造国家形象上取得了不错的效果。相较于以美国为代表的西方国家在我国社交媒体的巨大影响，我国政府或官方媒体在海外社交网络中存在传播力、影响力、引导力不足的情况，这客观上造成了当前网络国际传播力量不对等不均衡的情况，如何提升我国政府或官方媒体在海外社交

---

① 数据来源：《美国政府如何运用社交媒体》，http://ndnews.oeeee.com/html/201309/16/260805.html。
② 黄楚新：《从美国大选看社交媒体的功能》，《新闻记者》2016年第6期，第25页。
③ 据新浪2016年财报显示，其月活跃用户数超过3亿。
④ 数据来源：《驻华使领馆运用两微平台开展新媒体外交》，http://www.scio.gov.cn/zhzc/8/5/Document/1441187/1441187.htm。

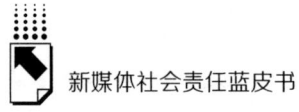

网络的影响力亟待我们深入研究。

中国作为世界上最大的发展中国家,美国作为世界上最大的发达国家,中美关系是当今世界上最重要的双边关系,对世界和平与发展举足轻重。加强在地区和国际问题上的沟通协调,推动中美关系健康稳定发展是中美两国的基本共识。因此对中美两国的战略传播开展情况进行研究极具迫切性和价值性。本报告拟以2017年4月"习特会"为例,以美国政府或媒体新浪微博/Twitter账号和中国政府或媒体Twitter账号为研究对象,采用基于框架理论的内容分析方法对"习特会"期间中方和美方发布内容进行深入挖掘与分析,借以比较两国对于"中美关系""两国发展""地区形势"等重大问题的不同认识和关切,总结两国在海外社交网络的国家传播战略,最后提出符合我国实际情况和国家利益,针对海外社交网络的国家传播战略。

二 理论概述与研究设计

(一)理论概述

一般认为,"战略传播"是英文strategic communication(s)的汉译。"战略传播"的概念兴起于20世纪60年代美国企业界,其意是指大型跨国公司所进行的涉及企业发展目标和企业形象的营销推广活动。进入21世纪以来,特别是"9·11事件"以后,隶属于美国国防部的"国防科学委员会"(Defense Science Board)开始着手研究"战略传播"的概念,试图以此整合美国政府分别开展内、外传播活动的多个部门,最终形成《战略传播:国防部国防科学委员会的报告》(2004)。[①] 该报告将"战略传播"描述为"政府使用各种工具了解全球态度及文化;推动人员和机构开展国际对话;为决策者、外交人员、军事领袖就舆论对政策之影响提供咨询;透过传播策略来影响人们的态度与行为"[②]。2010年3月,奥巴马政府通过了《国家战略传播构架》报告,明确了国家战

---

① 程曼丽:《谈战略传播视角下的议题设置——以美国涉外舆论为例》,《对外传播》2016年第8期,第5页。
② The Defense Science Board. "Report of the Defense Science Board Task Forceon Strategic Communication"(September2004). https://fas.org/irp/agency/dod/dsb/commun.pdf.

略传播的运作机制：国家安全委员会作为国家战略传播的领导机构，协调美国内政、外交、军事情报部门等联合进行战略传播，由此完成美国战略传播由分散到集中再到协调运作的过程。① 同年，在美国国防部（Department of Defense）公布的《军事及相关术语词典》中，战略传播被定义为"重点关注美国政府在理解、吸引关键受众的过程及努力，通过彼此呼应的信息、主题、计划、项目的使用以及与其他国家力量元素同步的行为，创造、加强与维持有利于促进国家利益和目标的环境"。②

美国学者Farwell认为，战略传播是利用言语、行动、图像或符号影响目标受众的态度和观点，塑造它们的行为，以促进利益或政策，实现既定目标。Farwell在《说服与权力：战略传播艺术》一书中总结了战略传播的四种形式：心理操作、宣传、公共事务和公共外交，这四种形式都是以影响目标受众维护国家利益为根本目的。③

由此可见，战略传播是为实现和维护国家战略利益（领土主权完整、国家安全、社会制度、生态环境、核心价值观）和战略目标，对重要的特定受众开展的传播、沟通和接触的活动。在国际政治领域，战略传播开展主体是政府，它从战略高度制订传播目标，选择传播对象，调用国家资源，通过改变特定受众的认知、态度、情感和行动，以期实现认知提升、形象塑造、身份建构、态度转变、价值认同和行为转化等目标，最终达到维护、实现国家战略利益的根本目的。所以战略传播本质上是一种国家行为。"战略传播"涉及传播战略制定、评估、实施、反馈和效果评测等诸多层面，本报告聚焦于战略传播的实施层面，即"国家战略的传播"，试图对中美两国战略传播的内容开展对比研究。

（二）研究设计

本报告采用基于框架理论的内容分析法，拟对中美两国的社交网络战略传

---

① 李昌、杨艾伦：《国内战略传播研究现状综述》，《中国报业》2016年第12期，第77页。
② Caroline Holmqvist. War, strategic communication and the violence of non-recognition. *Cambridge Review of International Affairs*, 2013 (26), p. 634.
③ Qing Huang. Book review Persuasion and Power: The Art of Strategic Communication. *Public Relations Review*, 2015 (41), p. 582.

播内容和基本情况进行对比分析，以此总结中美两国对于两国关系、两国领导人、国际问题和地区形势的不同立场和关切。正如前文笔者所言，战略传播的开展主体是国家或政府，因此笔者主要选取中美两国大使馆或其他政府部门的社交网络应用账号作为主要研究对象，但考虑到中国驻美大使馆目前并未在Twitter上注册账号，其他政府部门或官方机构也很少，因此笔者选取人民日报、新华社、中央电视台三家中国中央级媒体Twitter账号作为研究对象。中央级媒体是我国战略传播体系中的重要组成部分，也是当前我国在国际舆论场最主要的发声渠道，选择这些中央级媒体Twitter账号作为研究对象来考察我国战略传播内容和现状具有可行性和现实性。

1. 样本获取

在进行样本选择前，笔者根据"习特会"事件发展过程确定研究的时间段。"习特会"筹备阶段（3月30日外交部公布习近平访美行程）：2017年3月30日至2017年4月5日；"习特会"开展阶段（两国元首正式会晤）：2017年4月6日至2017年4月7日；"习特会"成果解读阶段：2017年4月8日至2017年4月15日。

为保证抓取的样本与本次研究的核心议题"习特会"、"中美关系"高度相关，本次研究的样本发布时间限定在2017年3月30日至2017年4月15日，抓取的样本为2017年3月30日至2017年4月15日中国政府和中央级媒体Twitter账号发布内容以及美国政府及官方媒体新浪微博/Twitter账号发布内容。

笔者先采用了人工设置关键词搜索的方式进行样本抓取，但发现经过多次关键词优化后仍有部分涉及"习特会"、中美关系的内容被遗漏。考虑到本次研究所抓取的样本的时间跨度较短，本身数据量较少，为了避免遗漏尽量真实还原数据，笔者采用逐个账号人工浏览、记录的方式获取样本。

本报告从16个中美两国政府及官方媒体的社交媒体账号，排除其他内容，共获得与中美关系、"习特会"有关推文321条（见表1）。

本报告的分析单元为单条推文，所有原创、转发、评论的微博都将被重新记为一个单位。需要指出的是，除表1中列举的五个以外，美国驻华使领馆在新浪微博上还开设有12个认证账号，如：美国驻港总领事馆、美国教育资讯、美国国际发展署、美国驻华使领馆商务处、美国使馆签证处、美国新闻学小讲

表1 样本来源账号

	账号	名称	隶属单位	开设平台	认证情况	粉丝数（人）	推文总数（篇）	抓取推文条数（条）
美国	美国驻华大使馆	美国驻华大使馆	美国驻华大使馆	新浪微博	是	1059284	16962	15
	美国驻武汉总领事馆	美国驻武汉总领事馆	美国驻武汉总领事馆	新浪微博	是	10040	1173	4
	美国驻广州总领事馆	美国驻广州总领事馆	美国驻广州总领事馆	新浪微博	是	75394	6236	4
	美国驻成都总领事馆	美国驻成都总领事馆	美国驻成都总领事馆	新浪微博	是	67472	7847	2
	沈阳美国领事馆	沈阳美国领事馆	沈阳美国总领事馆	新浪微博	是	13694	5287	2
	USA_China_Talk	美国驻华使领馆 US MissionCN	美国驻华使领馆	Twitter	是	64.3万	4995	2
	StateDept.	Department of State	美国国会	Twitter	是	423万	4.78万	2
	USAsiaPacific	EAP Bureau	美国国会东亚暨太平洋事务局	Twitter	是	9342	6621	6
	POTUS	President Trump	美国总统唐纳德·特朗普（官方）	Twitter	是	1690万	496	2
	realDonaldTrump	Donald J. Trump	唐纳德·特朗普（个人）	Twitter	是	2850万	3.48万	5
	VOANews	The Voice of America	美国之音	Twitter	是	112万	8.02万	95
	VOAChinese	美国之音中文网	美国之音中文网	Twitter	是	49.1万	14.6万	27
中国	PDChina	People's Daily, China	人民日报	Twitter	是	337万	4.86万	74
	XHNews	China Xinhua News	新华社	Twitter	是	887万	8.53万	48
	CGTNOfficial	CGTN	中国国际电视台（中国环球电视网）	Twitter	是	257万	3.03万	8
	chinascio	China SCIO	中国国务院新闻办	Twitter	否	4950	8106	25

堂、美国驻上海总领事馆商务处等，但这些账号并未在2017年4月8日至2017年4月15日发布相关内容。此外美国驻华使领馆新浪微博账号在此期间发布的相关内容较少，而中国中央级媒体Twitter账号发布的相关内容较多，加之新浪微博主要影响国内舆论场，而Twitter则影响国际舆论场，本报告抓取了美国政府和媒体Twitter账号的有关内容，这样一方面使双方数据量更加对称，增加了研究的客观性和科学性，另一方面也将中美两国置于相同的舆论场进行对比研究。

2. 框架体系

由于样本字符较少，机器判别准确率和完整度较低，故采用人工录入。本报告的编码录入由两名编码人员共同完成，编码员需要仔细阅读分析单元，判断该新闻所归属的主要框架类别，并分别归入该框架内的具体类型。由于一条推文往往涉及多个框架，因此在编码过程中同一条推文可能会被录入不同的框架中。

在充分阅读文本的基础上，本报告共设置了9个一级框架，40个二级框架，具体包括：（1）海湖庄园：地点介绍、现场出现抗议标语和人群；（2）"习特会"：首次会晤、具有建设性和重要性、富有成效、外孙女表演、彭丽媛；（3）朝鲜问题：朝鲜问题影响中美关系、中国应对朝施压、合作应对、朝鲜问题上的合作换取经贸关系的缓和、半岛问题应和平解决、萨德问题；（4）叙利亚问题：化学武器问题、美军袭击叙利亚、给北京和朝鲜的暗示、妥善解决；（5）经贸问题：贸易不平等、美国对中国进行倾销调查、中国让步、中国对美投资、美对华投资、货币操纵国、中美经济相互依靠；（6）人权问题：李明哲、人权问题影响中美贸易、拦截车队上访、人权问题应成为"习特会"议题；（7）台湾问题：美国的筹码、对台军售、其他；（8）中美关系：提升中美关系、惠及人民、加强与扩大合作、减少与管控分歧、相互尊重、取得进展、暗含风险有难度、中美关系良好、中美关系非常重要；（9）"一带一路"。

两位编码员分别对相同的推文样本进行编码预测试，并针对不同意见进行讨论界定，以统一观点。然后重新选定样本，再进行预测试。直到通过公式计算得出两种样本的编码员可信度指数分别达到0.925和0.95。

三 研究发现

（一）数据概览：中美关系、经贸问题、朝鲜问题是本次"习特会"中美两方关注的焦点

经统计，来自美国政府和官方媒体账号的样本累计173个二级框架数量，其中数量排名前五的一级框架分别是："习特会"、朝鲜问题、中美关系、人权问题、经贸问题，这五个一级框架的数量占总框架数量的82%，可见这些框架是本次"习特会"的核心议题和美方关注的焦点。表2展示了排名前五的一级框架中排名前三的二级框架情况。

表2 美国政府及官方媒体二级框架统计

一级框架	二级框架	框架数量（个）	百分比（%）
"习特会"	举行会晤	18	10
	外孙女表演	8	4.62
	富有成效	7	4.05
朝鲜问题	中国应采取行动（施压、制裁）	14	8.09
	影响中美关系	9	5.20
	朝鲜问题上的合作换取经贸关系缓和	7	4.05
中美关系	取得进展	6	3.47
	暗含风险有难度	6	3.47
	加强与扩大合作	5	2.89
	减少与管控分歧	5	2.89
	相互尊重	5	2.89
	惠及人民	4	2.31
人权问题	上访问题	10	5.78
	人权问题应成为"习特会"议题	9	5.20
	李明哲、郭文贵	3	1.73
经贸问题	贸易公平	6	3.47
	中国让步	4	2.31
	倾销、市场经济地位调查	3	1.73
	货币操纵国	3	1.73

来自中国政府和中央级媒体账号的样本累计159个二级框架数量，其中数量排名前五的一级框架分别是："习特会"、中美关系、经贸问题、朝鲜问题、叙利亚问题。与美国方面相比，中国政府和媒体报道的议题框架更为集中，仅"习特会"、中美关系、经贸问题三个一级框架占比就高达86.79%。表3展示了排名前五的一级框架中排名前三的二级框架情况。

表3 中国政府及中央级媒体二级框架统计

一级框架	二级框架	框架数量（个）	百分比（%）
"习特会"	举行会晤	28	17.61
	具有建设性和重要性	20	12.58
	富有成效	8	5.31
中美关系	加强与扩大合作	16	10.06
	提升中美关系	9	5.66
	中美关系非常重要	8	5.31
经贸问题	中国对美投资	11	6.92
	中美经济相互依赖	6	3.77
	贸易公平	4	2.52
	货币操纵国	4	2.52
朝鲜问题	应和平解决	5	3.14
	合作应对	4	2.52
	萨德问题	2	1.26
叙利亚问题	妥善解决	3	1.89
	美军袭击叙利亚	2	1.26

中美两国样本中数量排名前五的一级框架中，有四个是相同的，由此可见，中美两国对于两国元首首次会晤关注的议题是一致的，但是对于这些议题的具体认识、态度、诉求、期待却不尽相同，我们从二级框架中可以管窥一二（见表4、表5）。对于两国元首首次会晤，中美两国都高度重视，关于会晤的时间、地点和细节都做了大量的事实性报道，"举行会晤"是双方使用最多的框架。此外两国都认为此次"习特会"富有成效。但是中国对于"习特会"有着更高的期待，认为"习特会"将成为推动两国关系进一步发展的新起点，

表 4 美国政府及官方媒体框架统计（详细）

框架类目		美国							
一级	二级	美国驻华使领馆	VOANews	VOAChinese	StateDept.	USAsiaPacific	POTUS	realDonald Trump	总计
海湖庄园	地点介绍			5					5
	现场出现抗议标语和人群			4					4
									9
"习特会"	举行会晤	6	1	2	2	6	1		18
	具有建设性和重要性	1							1
	富有成效	5	1	1					7
	外孙女表演	6		2					8
	彭丽媛			2					2
									36
中美关系	提升中美关系	4							4
	惠及人民	5							5
	加强与扩大合作	5							5
	减少与管控分歧	5							5
	相互尊重	5							5
	中美关系良好	5		1					6
	取得进展			5				1	6
	暗含风险有难度								
	中美关系非常重要								
									31

续表

框架类目		美国							
一级	二级	美国驻华使领馆	VOANews	VOAChinese	StateDept.	USAsiaPacific	POTUS	realDonald Trump	总计
朝鲜问题	影响中美关系		2	5				2	9
	中国应采取行动(施压、制裁)	2	1	7		1	1	2	14
	合作应对	4		1					5
	朝鲜问题上的合作换取经贸关系缓和		3	3				1	7	35
	应和平解决								
	萨德问题								
叙利亚问题	化学武器问题	1							1
	美军袭击叙利亚		1	3					4
	给北京和朝鲜的暗示		2	4					6	11
	妥善解决								
经贸问题	贸易公平		2	2					4
	倾销、市场经济地位调查	1		3				1	5
	中国让步		1	3					4
	美对华投资								
	中美经济相互依靠			1					1	17
	货币操纵国		2	1					3

续表

框架类目		美国							总计
一级	二级	美国驻华使领馆	VOANews	VOAChinese	StateDept.	USAsiaPacific	POTUS	realDonaldTrump	
人权问题	李明哲、郭文贵			3					3
	人权问题影响中美贸易			1					1
	上访问题			10					10
	人权问题应成为"习特会"议题			9					9
	小计								23
台湾问题	交易筹码			3					3
	对台军售			2					2
	其他			4					4
	小计								9
"一带一路"			1						2
总计		50	17	88	2	7	2	7	173

表 5 中国政府及中央级媒体框架统计(详细)

框架类目		中国				总计
一级	二级	China SCIO	PDChina	XHNews	CGTNOfficial	
海湖庄园	地点介绍		1	1		2
	现场出现抗议标语和人群	4	11	11	2	28
	举行会晤	6	8	6		20
	具有建设性和重要性		3	4	1	8
	富有成效		1	1		2
"习特会"	外孙女表演	1	1	1	1	4
	彭丽媛					
	小计					62

续表

框架类目			中国				
一级	二级	China SCIO	PDChina	XHNews	CGTNOfficial	总计	
中美关系	提升中美关系	1	4	4		9	49
	惠及人民		1	1		2	
	加强与扩大合作	2	8	6		16	
	减少与管控分歧		1	2		3	
	相互尊重		1			1	
	中美关系良好		1		1	2	
	取得进展	3	3	1		7	
	暗含风险有难度			1		1	
	中美关系非常重要	1	3	4		8	
	影响中美关系						
	中国应采取行动（施压、制裁）						
	合作应对		1	2	1	4	11
朝鲜问题	朝鲜问题上的合作换取经贸关系缓和						
	应和平解决	1	1	2	1	5	
	萨德问题		1	1		2	

续表

框架类目			中国			总计
一级	二级	China SCIO	PDChina	XHNews	CGTNOfficial	
叙利亚问题	化学武器问题					
	美军袭击叙利亚	1	1			2
	给北京和朝鲜的暗示					5
	妥善解决	1	2			3
	贸易公平	1	2		1	4
经贸问题	倾销,市场经济地位调查					
	中国让步					27
	中国对美投资	2	6	3		11
	美对华投资		1	1		2
	中美经济相互依靠	1	4		1	6
	货币操纵国		3	1		4
"一带一路"			1	2		3
总 计		25	70	55	9	159

"具有建设性和重要性",成为仅次于"举行会晤"出现频率最高的二级框架。关于"中美关系",双方都一致认为应该"加强与扩大合作"。美方认为"习特会"后中美关系取得了一定进展,但同时仍存在一定风险和挑战,应尽量"减少与管控分歧"。中方强调"中美关系非常重要",希望能同美方一道"提升中美关系",可以说中国更以建设性的视角看待中美关系。"朝鲜问题"被一致认为是"习特会"的核心议题,这一点在数据上也有所反映,但同时"朝鲜问题"也是中美最大的分歧所在,成为横亘在中美关系中间的一块"挡路石"。美国认为"朝鲜问题"已经影响到"中美关系",希望中国"采取更多行动"应对朝鲜问题,包括制裁和施压。同时美国利用"经贸问题"作为筹码换取中国在朝鲜问题上的退让与合作这一战略意图十分明显,具体而言就是不把中国列为货币操纵国、不开展贸易战和贸易保护主义作为中国加强对朝制裁的交换。而中国对于"朝鲜问题"则坚持一贯的主张,即"和平解决"朝鲜问题,"合作应对"朝鲜半岛紧张局势。同时,中国也展现出对于"萨德问题"的坚定立场,即反对萨德反导系统的部署,表达维护中国核心战略利益的诉求,但美方始终未就这一问题做出回应。

(二)总体词频分析:高频词中度重合,"朝鲜""贸易"在美国方面凸显

在对所有样本进行词频统计的过程中,排除掉连词、介词(从、把、为、比等)、助词(的、地、得等)、人称代词(我、我们、他们等)、指示代词(这、那等)、副词(很、十分等)、判断动词(有、是等)、能愿动词(能、要、应等)、使役动词(使、令、让等)、趋向动词(来、去、上、进等)等,本报告分别归纳了中美两方使用频率最高的词汇,如表6所示。

中美政府和官方媒体推文的"前15位高频词"中,7个相同,即"中国""总统(主席)""会晤""习""特朗普""合作""关系",重合率达46.7%。

在前10位高频词中,有两个关键词较为突出,即"朝鲜"和"贸易",分别排在美国方面关键词第5位和第7位,但是在中国方面却没有体现。这也从侧面说明了美方非常关注"朝鲜"和"贸易"议题,这两个议题恰恰也是特朗普上任后在外交和经贸方面面临的首要问题。

表6　中美双方推文关键词对比

前15位高频词	美方	中方	前15位高频词	美方	中方
1	中国	中国	9	关系	会晤
2	总统(主席)	特朗普	10	希望	关系
3	会晤	访问	11	进展	新闻
4	习	习	12	共同	佛罗里达
5	朝鲜	美国	13	取得	合作
6	特朗普	总统(主席)	14	讲话	首次
7	贸易	中国人(的)	15	负责	敦促
8	合作	习近平			

(三) 美国之音 (VOA) 极力突出人权问题、台湾问题，煽动舆论，抹黑中国

美国之音展现出了在对"习特会"和"中美关系"的报道中与美国政府不同的框架结构，这要归因于其媒体的双重属性或"身份"。一方面，作为媒体机构，美国之音关注的议题更加广泛多元。在众多二级框架中，"VOANews"与"VOAChinese"都多有涉及，其议题覆盖率达到67.5%（见表7）。另一方面，美国之音作为美国广播事业管理委员会（广播理事会）监管下的政府机构，在其新闻报道和评论中反映美国政府立场，充当着美国政府的"隐性发言人"。这一点不仅仅体现在其与政府关注议题的高度重合，更体现在其扮演美国政府的"传声筒"角色，配合美国政府传递一些无法通过政府渠道、上不了"外交台面"的"黑话"甚至是"假话"，从而完成抚慰与威胁、支持与打压、合作与对峙的国际舆论宣传组合拳。例如在朝鲜问题上，"VOANews"和"VOAChinese"表现出强硬立场，要求"中国应采取行动"应对朝核问题，并始终以中国影响中美"贸易公平"、将中国列为"货币操纵国"等议题煽动舆论、威慑中国，希望以此来换取中国在朝鲜问题上的配合与让步。这显然与美国政府当前的外交策略保持高度一致，充分反映了美国政府希望"习特会"在朝鲜问题上取得进展的核心诉求。就在"习特会"举行7天后，即4月13日，特朗普就宣布不将中国列为货币操纵国，同时也有迹象显示中国加大了对朝制裁力度，这表明中美两国在朝鲜问题上加强了合作。

此外"VOAChinese"极力突出人权问题、台湾问题,在这两个一级框架中占比达100%,也就是说,样本中所有关于人权问题、台湾问题的议题都是"VOAChinese"提出的。"VOAChinese"在人权问题框架下大量报道"李明哲、郭文贵"事件,以及"习特会"会面地点——棕榈滩"现场出现抗议标语和人群",并在多天的推送中持续跟进"上访问题"报道,试图借由这些议题抹黑和批评中国,向其受众宣扬"虚伪"的民主价值观。"VOAChinese"有10条推文引述美国政要呼吁"人权问题应成为习特会议题"的观点,似乎想借助习特会这一全球注目的外交事件来煽动舆论,塑造负面的中国形象。在台湾问题上,"VOAChinese"主要涉及两个框架,分别是"对台军售"和"交易筹码",似乎想借助这两个议题凸显美国在对华关系上的主动权和优势地位。

两国政府的新闻通报和社交媒体账户推文中均没有提及台湾问题和人权问题,显然这两个议题并不是习特会的主要讨论对象,但我们并不能说"VOAChinese"在这两个议题上大肆炒作是一厢情愿,反而它是另有准备别有用心。在2017年4月27日前后美国太平洋司令部司令哈里斯26日出席美国众议院军事委员会"印度亚太(Indo-Asia-Pacific)区域的安全挑战"听证会时称美国将继续履行承诺,持续、定期对台军售。就在同一天,台湾地区领导人蔡英文接受路透社专访时声称"不排除与美国总统特朗普再度通话"。这两件事发生的时间如此接近,不得不让人怀疑这是双方早已准备的安排,再一次引发国际舆论对美国能否坚持"一中原则"的担忧。似乎美国希望再次利用台湾问题向中国施压,以达成其在朝鲜等问题上的战略诉求。可以说VOA是美国政府实行战略传播的重要工具。

表7 VOANews与VOAChinese核心框架

一级框架	二级框架	VOANews	VOAChinese	占同类框架比重(%)
海湖庄园	现场出现抗议标语和人群		4	100
叙利亚问题	(美袭叙)给北京和朝鲜的暗示	2	4	100
人权问题	李明哲、郭文贵		3	100
	人权问题影响中美贸易		1	100
	上访问题		10	100
	人权问题应成为习特会议题		9	100

续表

一级框架	二级框架	VOANews	VOAChinese	占同类框架比重(%)
台湾问题	交易筹码		3	100
	对台军售		2	100
	其他		4	100
经贸问题	倾销、市场经济地位调查		3	100
朝鲜问题	朝鲜问题上的合作换取经贸关系缓和	3	3	85.71
	中国应采取行动(施压、制裁)	1	7	57.14

（四）中美双方对"习特会""中美关系"的预期和认识存在差异

通过中美双方二级框架显著度比较可以发现，中美双方对"习特会"和"中美关系"判断和认识存在差异，而且这种差异在一些具体问题上表现得十分显著。

首先关于"习特会"，中方认为"习特会"作为两国元首的首次正式会晤，"具有建设性和重要性"，这一论调在所调查的中国政府及媒体的 Twitter 账号推文中出现频率非常高，"set a constructive tone/direction (for Sino-U. S. Relations)""new beginning"这些词组更是经常出现。可见中方高度重视习特会，认为习特会是两国关系的新起点，希望习特会能为提升双边关系定基调、定方向、定框架。中国政府和媒体在社交媒体上加强这方面的宣传为两国元首会晤和中美关系发展奠定了良好的舆论氛围。而美方对于"习特会"似乎没有抱太大期望，在"具有建设性和重要性"这一二级框架中与中方形成了鲜明的对比。就在习特会举行之前，特朗普还在 Twitter 上发文称"与中方的会谈将会非常艰难"。而在习特会结束后，中美两方使用了"富有成效"（Fruitful）这一框架来评价此次会晤，该框架在美国方面更加显著。一方面习特会确实可能打破了两国在关键问题上的分歧；另一方面"低开高走"也是特朗普政府的舆论引导策略之一，即凸显"在艰难的会谈中取得进展"来为自己的外交成绩加分，巩固自己的政治地位和形象。

其次关于"中美关系"，中方着力强调"中美关系非常重要"（the most

important relationships），表达了愿同美方"加强和扩大合作"。在"提升中美关系"上，中方表现出更加积极、热忱的心态，"boost/improve/push/forward/beef up"成为关键词。美方对这"中美关系非常重要"和"提升中美关系"这两个议题表现冷淡，表达了中美关系"暗含风险有难度"的观点，比起中方对于中美关系建设性、全球性和长远性的认识，美方更加关注当前具体事务的合作与解决，此外有着更加清晰、明确的战略诉求。

经济合作与贸易往来是两国联系最为紧密的领域，也是两国关系的压舱石。特朗普就职后将解决美国贸易逆差作为主要施政目标，因此在"贸易公平"议题上表现出比中国更多的关切，并采取了较为强硬的立场，要求中国在贸易问题上做出让步。中国也表现出在"贸易公平"问题上的利益诉求，要求美方进一步放宽高科技出口限制，并强调"中美经济相互依赖"，和则两利斗则俱伤，以此来回应美方（见表8）。

表8 中美两方关键框架显著度对比

一级框架	二级框架	在所属一级框架中的显著度	
		美方	中方
习特会	具有建设性和重要性	0.028	0.323
	富有成效	0.194	0.129
中美关系	提升中美关系	0	0.184
	加强与扩大合作	0.161	0.327
	暗含风险有难度	0.194	0.02
	中美关系非常重要	0	0.163
经贸问题	贸易公平	0.353	0.148
	中国让步	0.235	0
	中美经济相互依赖	0.059	0.222

注：本报告采用的显著度计算方式为：显著度＝二级框架数量/该二级框架所属一级框架的总数量，数值范围为[0，1]。

（五）"一带一路"并未成为本次"习特会"的主要议题

"一带一路"作为中国当前最重要的国家战略，影响到我国政治、经济、文化、外交各个领域的战略部署，是推动新时期新形势下中国特色大国外交关键决策。"一带一路"自然成为我国政府和媒体国际传播的首要议题。但是研究者发现,"一带一路"并未成为本次"习特会"的主要议题,两国政府对于"一带一路"也有着不同的态度。在本次选取的样本中,中国方面只有三条推文,其核心内容是"欢迎美国参与'一带一路'框架下的各项合作"。而美国政府并未提及"一带一路",但其官方媒体美国之音发了两条相关推文,内容分别是"中国'一带一路'大会将至,国际建设之路险阻重重"、"中国贸易路线发展计划将外交收益放在改革前",并没有对"一带一路"倡议表露积极态度,也没有提及美国。显然中国的"一带一路"倡议势必触及美国在全球的影响力,美方虽未公开表示反对,但其对"一带一路"的戒心和质疑还是显而易见的。总的来说,"一带一路"尚未成为中美合作的新形式。

四 研究结论及建议

结论一:中国官方媒体相较于美国官方媒体新闻报道更加真实、客观。

美国官方媒体美国之音在世界范围内拥有巨大影响力,一直宣称恪守独立、客观、准确、平衡的报道原则,但本报告发现美国之音在社交媒体上的新闻报道严重偏离其报道原则。多主观少客观,多臆测少事实,多评论少报道,在内容上突出领土主权、宗教自由、人权、西藏、新疆、台湾地区、香港地区等涉及中国核心利益的议题,在态度上以质疑、批评、威胁、抹黑中国为主。经统计,"VOANews"和"VOAChinese"样本中有28.93%的推文是对中国的负面报道。反观中国几家中央级媒体其推文客观性明显强于美国之音,基本上都是对事实的陈述,用词准确、客观,少有对美国的负面报道,对于中美关系的看法也非常正面和积极。在复杂、多元,以西方资本主义意识形态为主导的国际舆论场中坚持这一原则,具有一定的适时性和现实性,也体现出我国官方媒体在国际社交网络中的运营思路也更加成熟。

结论二:美国积极利用社交网络实施战略传播。

自"9·11事件"后,美国政府开始战略传播体系建设,至今已经形成了完整高效的战略传播体系,国家战略传播运作也日趋成熟。在战略传播策略与思路上,美国政府积极利用社交网络宣传美国核心价值观,致力于维护和提升美国国家形象,构建、强化符合美国利益的国际舆论场,对敌对国家和政权开展颠覆活动。微观层面,美国政府在国内外社交网络中打造了庞大的宣传矩阵，力求实现全媒体覆盖。以美国驻华使领馆为例，在Twitter、Flickr、新浪微博、新浪博客、QQ、微信、爱奇艺、优酷甚至小众视频分享平台美拍都开设有账号，其在新浪微博开设的账号多达17个，粉丝总量居各国之首。

结论三：战略传播是政府履行社会责任的重要组成部分。

任何传播行为都有一定的目的性，都希望影响受众、触发某种效果，战略传播更是如此，甚至它的目的性更强，也更加鲜明。战略传播以国家和政府为传播主体，借助各种手段和媒介，进行信息作业以影响受众的认知、态度、情感和行动。正因为传播行为、传播活动对社会具有重要影响，我们也始终强调传播主体要有社会责任意识，积极履行社会责任。战略传播的主体是政府，政府是国家行政机关，肩负维护国家安全、消除社会隐患、促进科学技术进步、提高国民生产能力、优化社会结构的社会责任。因此，从根本目的来看，战略传播是政府履行社会责任的一部分。但是从战略传播与社会责任的核心观念和具体的行动手段来看，二者又存在不同。目前学界对于政府在信息公开、政务传播等方面，主要呼吁政府积极推动信息公开，减少隐秘信息区间，保障公民知情权；呼吁政府及时发布信息，提升信息真实性、全面性和完整度。而战略传播更注重传播效果，为此要讲求是否行动（公开/隐秘）、行动时机（立即/延后）、信息类型（全面/片面、正面/负面、真实/虚假）等传播技巧来实现战略目的，而不是最大限度地信息公开。笔者发现，本报告所归纳的"习特会"期间美国政府及媒体在社交媒体发布的内容框架和具体推文内容，有许多是不全面的、甚至是虚假的，试图营造出"中国威胁""中国操纵货币非法倾销进行不公平贸易""中国人权堪忧"的舆论环境，为中美长期角力寻找"筹码"、为中国发展设置"障碍"。这正是美国战略传播的目的所在。因此，战略传播与社会责任在根本目的上是一致的，但在具体观念和手段上存在不同。

建议：中国政府和媒体应积极利用国际社交网络提升战略传播效果、战略预测能力。

中国政府应高度重视利用社交网络传递国家声音、塑造国家形象的战略，利用社交网络的开放性特点构建符合我国国家利益的国际舆论场。首先中国政府，尤其是驻外使领馆应完善在国际主流社交网络中的传播矩阵，更加清晰、准确、高效地传播中国政府的立场和观点。当前我国政府在国际社交网络中缺位，官方媒体承担起传递政府声音与立场的职能，但媒体毕竟不同于政府，其权威性和传播效率上受到牵制。其次，中国政府应培育打造中国主办的开放的国际社交网络平台，这对于我们掌握战略主动权和国际话语权意义重大。拥有强大的舆论引导"根据地"是打赢国际舆论战的关键因素之一。如果一些世界级的主流社交网络平台由中国首创，那么我们在国际舆论格局中将会拥有更多话语权，在国际传播格局中也将处于更为有利的位置。① 最后，中国官方媒体矩阵在国际社交网络中应加强互动，提升运营水平，逐步加强意识形态渗透和价值理念输出。中国官方媒体既要加强媒体矩阵之间的互动，也要加强与海外民众、政府机构、国际组织的互动，提升账号活力，借力传声。同时中国官方媒体还应不断提升运营水平，优化传播内容，以更加隐蔽的方式加强意识形态渗透和价值理念输出。

参考文献

The Defense Science Board. Report of the Defense Science Board Task Forceon Strategic Communication, 2004.

Caroline Holmqvist. War, strategic communication and the violence of non-recognition, *Cambridge Review of International Affairs*, 2013 (26): p. 634.

Qing Huang. Book review Persuasion and Power: The Art of Strategic Communication. *Public Relations Review*, 2015 (41): p. 582.

毕研韬、王金岭：《战略传播纲要》，国家行政学院出版社，2011。

刘强：《框架理论：概念、源流与方法探析——兼论我国框架理论研究的阙失》，《中国出版》2015 年 4 月第 8 期。

吴小坤、李佳运：《国外机构和组织借助新浪微博对华传播的样态探析》，《对外传播》2012 年第 11 期。

周世禄：《西门子冰箱门事件的微博内容框架分析——微博对新闻报道影响初探》，《新闻与传播研究》2013 年第 3 期。

赵良英：《美国的国家战略传播体系及其启示》，《新闻前哨》2015 年第 10 期。

熊澄宇、张铮：《在线社交网络的社会属性》，《新闻大学》2012 年第 3 期。

张力、杨卫娜：《中国主流媒体 Twitter 账号传播分析报告》，《对外传播》2016 年第 11 期。

---

① 李卫东、陈文泰：《在国际社交网络中提升国家形象》，《中国社会科学报》2017 年 4 月 6 日。

B.16
社交媒体中雾霾伪信息：
扩散、纠正与个体责任*

吴世文 侯彤童 聂 迪**

摘 要： 雾霾伪信息包括被事后证实为虚假的雾霾谣言、不实的流言与传言、虚假的雾霾广告等。社交媒体中泛滥的雾霾伪信息严重干扰人们对雾霾的认知、态度与行为。在自媒体状态下，除了机构化的传播行为，个体化的传播是雾霾伪信息扩散与"增殖"的重要机制。在雾霾伪信息快速扩散的背景下，纠正雾霾伪信息紧迫而必要，但面临着种种挑战。治理雾霾伪信息在社交媒体中的肆意传播，本报告强调一般性个体和专业性个体的责任。前者需要提升辨识雾霾伪信息的能力，后者需要开展公开化的纠正行为。这提示我们，治理伪信息在网络空间中的传播，不仅需要关注机构或组织的社会责任，还需要强调个体的社会责任。

关键词： 雾霾伪信息 社交 媒体 纠正 个体责任

---

* 本报告系2014年度国家社科基金青年项目"社会媒体中的伪健康信息传播及其治理研究"（项目编号：14CXW036）的阶段性成果，亦为武汉大学自主科研项目（人文社会科学）研究成果，得到"中央高校基本科研业务费专项资金"资助。

** 吴世文，武汉大学媒体发展研究中心研究员，武汉大学新闻与传播学院副教授，传播学博士，研究方向为新媒体与社会、健康传播、互联网历史；侯彤童，武汉大学新闻与传播学院研究生，研究方向为传播理论；聂迪，武汉大学新闻与传播学院研究生，研究方向为传播理论。

社交媒体中雾霾伪信息：扩散、纠正与个体责任

频频爆发的雾霾是当前中国的重大公共卫生事件。有关雾霾信息的传播直接影响着人们对雾霾的认知、态度和行为倾向，是我们认识和应对雾霾不得不关心的问题。当前，在丰裕媒体环境和自媒体传播语境中，诸多有关雾霾的信息真伪混杂，尤其是雾霾伪信息肆意传播，干扰着人们对雾霾的认知与行为。例如，"微距镜头中显示出北京的细小颗粒雾霾""什么菜能把吸进肺里的雾霾清理出来？为了家人，赶紧看！""抗击雾霾就吃这个！马上吃、赶紧转！""北京肺癌暴增43%，雾霾的事还真不能不当回事""复旦大学144小时雾霾肺部实验，令人震惊！附《雾霾生存手册》！""雾霾吸进肺，八种食物帮你清理出来！"如此一类的雾霾伪信息在社交媒体中泛滥，带来了不可小觑的社会危害。本报告基于新媒体社会责任与信息质量的视角，探讨社交媒体环境下雾霾信息的扩散与纠正，并从个体责任的层面讨论如何纠正雾霾伪信息，降低其危害。

一　社交媒体中的雾霾伪信息：内涵、起因、来源与危害

（一）何为伪信息与雾霾伪信息？

辨明伪信息的概念对我们认识伪信息具有不可小觑的意义。"伪信息"是"缺乏科学事实的信息"。这里的"伪"，具有"假的"（false）、"非法的"（illegal）、"自私的"（asocial）、"膨胀的"（inflated）、"过时的"（outdated）、"不符合规律的"（not in accordance with rules）等意涵。[1]"伪信息"是信息系统的对立面，它不是真正意义上的信息，而是"非信息"或"半信息"，但其也包含着"信息"部分，且常常打着"信息"之形式上的旗号。

进一步分析，由于"科学"之内涵具有时间特性，特定的知识的科学性体现为"此时"科学共同体的共识。斗转星移，"此时"的知识可能在日后被证明是非科学的。因此，Tan等人（2015）指出，应以"此时"（此刻、当

---

[1] 李之团、王诚德：《"伪信息"的文化认同》，《长沙理工大学学报》（社会科学版）2013年第8期，第86页。

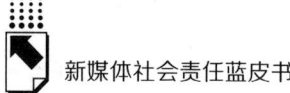

下）专业共同体的共识作为判断信息真伪的标准。① 因此，"伪信息"即指的是被"此时"的专业（科学）共同体认定为假（非真的、非科学的）的信息。它可能基于迷信、神话、民间传说或误解而产生；可能是由于不正确的解释或缺乏对事实的仔细观察而出现；也可能是基于合理化或错误的判断而传播；还可能是缺乏依据的道听途说。

"伪信息"与"谣言"有交叉之处。Jaeger、Anthony 和 Rosnow 认为，谣言是"对信念的普遍循环，不确定其真实性的命题"。② 他们进一步指出，导致谣言快速传播的原因有信息接收者的焦虑、看似"合理可信"的信息，以及对来自同行而非权威人物的信息的认可。也有学者将谣言定义为"流通中未经证实的语句"。③ 由此可见，"谣言"与"伪信息"具有相通之处，它们在传播过程中都是以虚假信息的面目出现的。但是，根据 DiFonzo 及其同事对谣言的解释，"未经证实的声明不一定是不真实的，谣言也可能（在事后被证明）是真的"，而且"谣言的推测性质是它的中心特征"。④ 因此，并不是所有的谣言都是伪信息，只有事后被证明是虚假的谣言才是伪信息。谣言在传播过程中始终是以虚假信息的状态出现的，但结果却不一定被证明是虚假的信息，而伪信息无论是在传播过程中还是结果，都是虚假的信息。伪信息的范围宽于谣言，包括的内容和主题也更加广泛。

基于对伪信息的定义，我们认为，所谓"雾霾伪信息"，指的是与雾霾议题相关的，被当下科学共同体认为是非真的（虚假的）信息，包括事后被证实为虚假的雾霾谣言、不实的流言与传言、虚假的雾霾广告等。

以雾霾谣言为例，环境保护部宣传教育中心和北京市环境保护宣传中心曝

---

① Tan, A. S. L., Lee, C. J. & Chae, J. Y. (2015), Exposure to Health (Mis) Information: Lagged Effects on Young Adults' Health Behaviors and Potential Pathways. *Journal of Communication*, 65, pp. 674 – 698.

② Jaeger, M. E., Anthony, S. & Rosnow, R. L. (1980). "Who Hears What from Whom and with What Effect A Study of Rumor", *Personality and Social Psychology Bulletin*, 6 (3), pp. 473 – 478.

③ DiFonzo, N. & Bordia, P. (2007), "Rumor, gossip and urban legends", *Diogenes*, 54 (1), pp. 19 – 35.

④ DiFonzo, N., Robinson, N. M., Suls, J. M. & Rini, C. (2012), "Rumors about Cancer: Content, Sources, Coping, Transmission, and Belief", *Journal of Health Communication*, 17 (9), pp. 1099 – 1115.

光了"2016年度十大雾霾谣言"（见表1），① 它们已被事后证明是虚假的，是影响深远的雾霾伪信息。

表1 2016年度十大雾霾谣言

序号	伪信息	来源	涉及内容
1	微距镜头中显示出北京的细小颗粒雾霾	微博视频	夸大雾霾的可怕性
2	汽车尾气比空气干净10倍	某汽车网站	夸大雾霾的可怕性
3	因雾霾里有硫酸铵才引发红色预警	微信群	不实信息
4	风电站、防护林挡风致雾霾	不详	对原因的揣度，不实信息
5	雾霾不散是因为鄂尔多斯的"核污染"	新浪博客文章《中国煤炭工业的崩溃和核污染灾难》	对原因的揣度，不实信息
6	"煤改气"加剧北京空气污染	网络文章	对原因的揣度，不实信息
7	北京空气质量在逐步恶化	不详	夸大雾霾的可怕性
8	雾霾只能等风来，应急措施没用	不详	对雾霾治理措施的揣度，不实信息
9	北京空气含抗生素耐药性细菌	微信公众号	夸大雾霾的可怕性
10	北京肺癌发病率远高于全国	不详	夸大雾霾的可怕性

资料来源：环保部发布的《2016年度十大雾霾谣言》。

具体分析这2016年十大雾霾伪信息，其内容涉及对雾霾成因和治理措施的揣度，以及夸大雾霾的危害性。例如，错误揣度雾霾成因的伪信息有："风电站、防护林挡风致雾霾""'煤改气'加剧北京空气污染""中国的雾霾不散是因为鄂尔多斯的'核污染'"等。夸大雾霾危害性的伪信息有："微距镜头中显示出北京的细小颗粒雾霾""汽车尾气比空气干净10倍""北京空气质量在逐步恶化"等，还有一类日常生活中常见的、微信朋友圈里的"防霾食谱"等。从形式上来看，雾霾伪信息的传播形式多样，文字、视频、图片等都被综合应用于传播。

需要指出的是，除却雾霾谣言，还有不实的雾霾流言与传言、虚假的雾霾

---

① 王斌：《环保部门昨天公布2016年度十大雾霾谣言》，《北京青年报》2017年1月1日。

广告等。笔者提出雾霾伪信息，其用意之一是囊括进来这些信息，提醒人们关注这些伪信息的传播及其危害。因为雾霾谣言在很多时候是作为一个事件而传播和被认知的，而不实的雾霾流言与传言、虚假的雾霾广告往往难以引起如此的轰动效应，因此容易被人们忽视。

（二）雾霾伪信息的起因与来源

从伪信息的接收上看，伪信息的扩散源自人们信息认知机制的"缺陷"。Gilbert等学者于1993年研究发现，人类的大脑天生就更愿意接受和记忆已经阅读到的信息，即使接收到的信息是伪信息。[1] Lewandowsky等人研究指出，在许多情况下，特别是当伪信息与之前的信念与预设的判断相符时，人们会倾向于接受伪信息，而非怀疑。[2] Weeks进一步发现，愤怒情绪会让人更倾向于确认原先的观念，更具党派倾向，而非接受正确的观点，而焦虑情绪则相反。[3] 这意味着，先入为主的接触、既有的信念、预设的判断以及情绪等因素，都会影响人们的认知，从而导致人们愿意接收伪信息。结合雾霾议题来看，雾霾伪信息多为夸大雾霾危害性、错误揣度雾霾成因等不实信息，其根源来自人们对雾霾议题的关注与担心，而片面截取科学论据、夹杂不实猜测的说法也容易引发人们的关注，并且人们的关注度会受到情绪等因素的影响。

关于伪信息的来源，学者们研究发现，人们所接收到的"伪信息"主要来自以下几个渠道[4]：（1）谣言与小说。虽然人类社会已与谣言斗争了几个世纪，但小说中蕴含的伪信息可能引起人们对事实的持续性误解。（2）政府与政治家。这是伪信息的强大来源，且因其权威性而可能诱致更加恶劣的影响。

---

[1] Gilbert, D. T., Tafarodi, R. W., & Malone, P. S. (1993). "You can't not Believe Everything You Read", *Journal of Personality and Social Psychology*, 65（2），p. 221.

[2] Lewandowsky, S., Ecker, U. K. H., Seifert, C. M., Schwarz, N., & Cook, J. (2012). "Misinformation and Its correction: Continued Influence and Successful Debiasing", *Psychological Science in the Public Interest*, 13（3），pp. 106–131.

[3] Weeks, B. (2015), "Emotions, Partisanship, and Misperceptions: How Anger and Anxiety Moderate the Effect of Partisan Bias on Susceptibility to Political Misinformation", *Journal of Communication*, 65（4），pp. 699–719.

[4] Colleen M. Seifert, John Cook, Norbert Schwarz, Stephan Lewandowsky & Ullrich K. H. Ecker. (2015). "Misinformation and Its Correction: Continued Influence and Successful Debiasing", *Psychological Science*, 13（3），pp. 106–131. DOI: 10.1177/1529100612451018.

(3)利益集团。企业等利益集团通过发布伪信息来影响公共辩论，从而维护自身利益的行为。（4）媒体。媒体是伪信息的重要源头之一，互联网和新媒体则促进了伪信息的快速、广泛传播。对雾霾伪信息而言，新媒体和利益集团是其主要的来源。特别是某些微信公众号发布未经核实的信息，如《北京空气含抗生素耐药性细菌》，成为误导公众的源头之一。而《"煤改气"加剧北京空气污染》《风电站、防护林挡风致雾霾》这类文章，也让人怀疑其背后是否有企业的利益植入。

二 社交媒体的责任、信息环境与信息质量

简言之，责任是对个体或群体做或不做某些事的要求与规范。谈及社交媒体的责任，似乎是一个悖论。作为崇尚个体表达自由的社交媒体平台，强调其社会责任似乎有悖于其开放、共享、创新的原则。但是，微博微信等社交媒体，兼具媒介与社会双重属性，是一个社会化、大众化、平民化的媒体平台，是"个性化的公共传媒"，担当着不可推卸的社会责任。社交媒体的自由表达与社会责任并不矛盾。

基于社会责任的原则，个人在社交媒体中的自由表达附带的义务指向了包括自己在内的公众，由于个人言论可能损伤公共利益，因此，个体在发表言论前需要三思。① 从法律层面看，虽然处于匿名性与虚拟性交织状态下的网民言论能够起到宣泄情绪的作用，但是，网民言论作为一种新的言论传播形式，需要受到现实社会法律的约束。②

作为当前社会信息生态的主体之一，微博微信等社交媒体当然有责任建立良性的信息环境。如果我们期待社交媒体履行传播科学有效的信息责任，就必须观照其生产与传播的信息质量。信息质量在广义上指的是文学使用的恰当程

---

① 邱超奕：《网络新媒体时代"社会责任论"的再思考——"社会责任论"的现实困境与理论延展探析》，《新闻知识》2013年第5期。
② 任正安、仇韶华：《泛传播与泛责任：新媒体环境下的人格权保护》，《西南政法大学学报》2008第3期。

度。① 社交媒体的用户群由来自不同地区、领域、文化背景、信仰和动机的人组成，因此，用户生产的信息参差不齐。② 许多评论家对网络信息持不信任的态度，认为任何人都能在网上发布信息，而社交网站缺乏社会监督，也没有来自专业和社会的压力迫使其提供准确且公正的信息，③ 这种指责不无道理，也道出社交媒体信息生产质量的隐忧，也折射出丰裕媒体条件下的信息环境所存在的问题。

在健康传播领域，随着20世纪90年代以来E-health研究的推进，互联网中伪健康信息（包括错误的、误导的、不适当的、虚假的、欺骗性的、自私自利的信息等）的传播引起了研究者的担忧，④ 有关网络健康信息的质量和准确度⑤引起了人们的关注。这意味着，我们需要关注健康传播的信息质量。对于中国来说，受到中医文化传播及其实践的影响，诸多与中医有关的信息难辨真假，这给中文的健康信息传播环境与信息质量带来了新的挑战。

三　雾霾伪信息在社交媒体中的扩散与纠正

（一）雾霾伪信息的扩散与"增殖"

在社交媒体环境下，雾霾伪信息能够基于个体的传播节点与社交关系扩散，并在扩散中被不断加入个体的情感、经验、观点等内容，从而实现了"增殖"。

---

① Cappiello, C., Francalanci, C., Pernici, B.: Data Quality Assessment from the User's Perspective. In: *Proceedings of the 2004 International Workshop on Information Quality in Information Systems*, pp. 68 – 73 (2004).
② Agichtein, E., Castillo, C., Donato, D., Gionis, A., Mishne, G.: Finding High-Quality Content in Social Media. In: *Proceedings of the International Conference on Web Search and Web Data Mining*, pp. 183 – 194 (2008).
③ Finberg, H., & Stone, M. L. (2002), Digital Journalism Credibility Study. Washington, D. C.: Online News Association. http://www.journalists.org/Programs/Credibility_study.pdf.
④ Risk, A. & Dzenowagis, J. (2001), Review of Internet Health Information Quality Initiatives. Journal of Medical Internet Research, 3 (4), e28.
⑤ Hansen, D. L., Derry, H. A. & Resnick, P. J. et al. (2003). Adolescents Searching for Health Information on the Internet: An Observational Study Journal of Medical Internet Research, 5 (4), e25.

我们可以从下列案例中瞥见雾霾伪信息增值的一些情状。2016年12月16日开始，我国华北、黄淮等地区出现了持续性的不同程度的雾霾，超过12个省份受到此次雾霾的影响。此间，网友"喵爷—吴淼"爆料了一段名为"微距镜头下的北京雾霾"的视频，在各个微信群内被广泛传播。视频一经发布，便引起网友的关注，"雾霾现原形"等成为网友附言转发的关键词。同时，"太可怕了""出门一定要戴口罩""感觉不能呼吸"等评论随处可见。① 该则雾霾伪信息在传播过程中的增殖可见一斑。

雾霾伪信息的增殖已被人们在谣言传播中观察到。人们发现，谣言在传播过程中会出现内容变异的情况，平化、锐化、添加、同化是其四大"变异机制"。其中，"添加"机制意味着谣言的传播是一个"滚雪球"的过程。谣言在传播的过程中被不断增添进新的信息，从而出现被放大甚至被夸大的情形。在社交媒体中，雾霾伪信息的增殖是通过个体的节点而实现的。

还需要指出的是，有时个体在社交媒体语境中有意识或无意识地扮演了信息增值节点的角色，但是，某些商业利益却有意识地推动雾霾伪信息的扩散及其增殖。例如，鼓吹水果酵素拥有众多神奇的功能，后来被加上了能够"治理雾霾"的噱头。分析传播这些信息的微信公众号"酵道孝道"，不难发现其致力于宣传酵素神奇功效，以达到售卖酵素的目的。从中可见，商业利益也是导致雾霾伪信息增值的一大原因。

（二）雾霾伪信息的纠正及其困境

雾霾伪信息的传播给个体和社会带来了不可低估的危害。对于个体来说，伪信息可能对个人造成生理或心理上的伤害，而这种伤害具有持续性，短期内难以根除。② 一些雾霾伪信息打着"提醒人们保护自己"的旗号，渲染、夸大事实，或者传递不实的信息，误导大众。例如，提供防霾食谱的伪信息，将人们防霾的注意力放在"食补"上，不仅于事无补，还易导致人们忽视真正能够防霾的举措（如戴口罩、少开私家车等）。对于社会来说，Stephan Lewandowsky 等人

---

① 《别再拿雾霾当玩笑了，它是一级致癌物！！！》，搜狐，2016年12月21日，http://www.sohu.com/a/122221811_376238。
② Schuler SR, Choque ME and Rance S, (1994). "Misinformation, Mistrust, and Mistreatment: Family Planninga Mong Bolivian Marketw Omen", *Studies in Family Planning*, 25 (4), pp.211-221.

认为，相信伪信息比无知更加可怕。① 如果大多数人接受了雾霾伪信息，这可能构成与社会最大利益背道而驰的政治和社会决策的基础。同时，辨识和纠正雾霾伪信息需要花费不小的社会成本。

毫无疑问，纠正雾霾伪信息非常必要，但是，也非常困难。从伪信息的治理层面来看，美国等国家大多是在伪信息被传播之后采取措施，而非事前控制。这种办法有其合理性，但未能预防伪信息②。具体到纠正雾霾伪信息的实际过程，存在如下问题。

第一，纠正雾霾伪信息需要花费巨大的社会成本，要求公共机构进行必要的投入，但是这却常常被政府被公共机构忽视。

第二，纠正性的信息难以产生预期的效果。一是纠正性的信息无法保证让所有人（尤其是易感人群）看到，纠正信息的及时性与覆盖率是一大问题。二是即便纠正性的信息得以传播，但其纠正的效果还有待考察。Wilkes与Leatherbarrow等研究发现，即使人们相信、理解并随后接受纠正性的信息，但伪信息的影响依旧不能完全消除，或者说达不到预期的消除效果。③

第三，具体到中国的语境，由于几千年的中医传统及其实践，诸多基于经验或传统的健康信息广泛存在，其中的诸多信息未曾被确切地证实或者证伪，但却被信任和使用。这是纠正雾霾伪信息的一大挑战。

总之，对于社交媒体中泛滥的雾霾伪信息，对其纠正显得迫切而重要，但是，具体的纠正过程与实践面临着不小的挑战。

四 社交媒体中雾霾伪信息传播及其治理的个体责任

网络社会的发展在实现社会网络化的同时，正急剧推动信息个体化传

---

① Colleen M. Seifert, John Cook, Norbert Schwarz, Stephan Lewandowsky & Ullrich K. H. Ecker. (2015). "Misinformation and Its Correction: Continued Influence and Successful Debiasing", *Psychological Science*, 13 (3), pp. 106–131. DOI: 10.1177/1529100612451018.

② Brian G. Southwell & Emily A. Thorson (2015). "The Prevalence, Consequence, and Remedy of Misinformation in Mass Media Systems". *Journal of Communication*, 65 (4), pp. 589–595.

③ Wilkes, A. L., & Leatherbarrow, M. (1988). "Editing Episodic Memory Following the Identification of Error", *Quarterly Journal of Experimental Psychology: Human Experimental Psychology*, 40. pp. 361–387.

播的进程。雾霾伪信息在社交媒体中呈现出个体化传播的特点，并通过个体的传播节点与社交关系不断"增殖"。个体及其自媒体作为传播节点，在传播过程中放大了雾霾伪信息，带来了"次生"的社会危害。因此，在社交媒体语境中，从信息生产与传播环节中遏制雾霾伪信息，需要探讨个体的责任。

社交媒体的责任包括了个体的责任。这里的个体，既包括一般性的个体，如普通网民，又包括专业性的个体，如环境专家、科普人员、医疗专业人士以及编辑记者等。遏制雾霾伪信息在社交媒体中的传播，降低或减少其危害，需要强调这两类个体的责任。强调个体的责任，并不是忽视社交媒体组织或机构的责任，而是强调二者并重，强调个体的贡献。社交媒体的个体化，从根本上要求我们关注个体的社会责任，个体是社交媒体发挥影响的终端。

基于个体的社会责任视角，治理雾霾伪信息的传播，需要做好两个方面的工作。一是一般性个体需要提升自己辨别雾霾伪信息的能力；二是专业性个体需要做好纠正雾霾伪信息的工作。

从一般性个体的角度，辨识雾霾伪信息是认识和开展社交传播行为的第一步，因此是从作为传播节点的个体角度减少雾霾伪信息社交传播的关键步骤。笔者认为，很大程度上讲，完善伪信息治理系统、发挥大众媒体作用、健全相关法律法规、强化科学知识传播，本质上都是在对雾霾伪信息的传播做"事后"补救。雾霾伪信息的传播主体是公众，因此提升公众的辨别能力是治理雾霾伪信息的根本。提升公众的辨别能力，强化其健康素养和信息素养是重要的举措。为应对伪健康信息对网络健康信息传播的干扰，研究者主张对网络健康信息检索者进行教育。[①]

从专业性个体的角度，需要专业性个体积极主动地在社交媒体中开展纠正雾霾伪信息的工作。这是消解雾霾伪信息的过程。具体到实际操作中，一方面，需要解决专业性个体开展纠正工作不足的问题；另一方面，需要解决纠正性信息能够达到一定规模的受众，尤其是到达易感人群的问题。

---

① Crespo, J. (2004). Training the Health Information Seeker: Quality Issues in Health Information Web Sites. Library Trends, 53, pp. 360-374.

这其实是专业性个人面向公众开展科学传播并取得效果的问题。它要求专业群体降低对于公众知识水平的判断,并把专业术语转换成公众能够接受的话语模式。此外,专业性个人介入网络空间纠正雾霾伪信息,能够为公众舆论注入更多的科学知识和理性成分,有利于净化网络环境,为信息质量提供一些保障。

B.17
社会热点事件微博传播中新媒体责任的缺失与完善[*]
——以"丽江打人"事件为例

徐明华 朱晓豫[**]

摘　要： 新媒体日新月异的发展造就了人人都有麦克风的时代。在新媒体的发展过程中，微博因其传播速度快，传播内容碎片化，传播范围广泛而得到了广大网民的关注，并成功推动了多个社会热点事件的解决。新媒体扮演的角色越来越重要，也必然要承担更为重大的责任。本报告以"丽江打人"这一社会热点事件为例，借助新浪微舆情的数据支撑，探究该事件在微博传播的全过程中新媒体所承担的责任。研究发现，依托微博这一传播平台，尽管新媒体已经逐渐开始明确自身的社会责任，并与传统媒体、政府与公民一道推动着社会热点事件良性发展，但也仍存在一定程度上的责任缺失，需要进一步地完善。

关键词： 新媒体　社会责任　社会热点　微博传播

一　研究背景与现状

截至2016年12月，我国网民规模已经达到7.31亿人，相当于欧洲人口

---

[*] 本报告是国家社科基金"多语种国际受众的媒体使用特点与我国对外传播力提升研究"（项目编号：14CXW018）的阶段成果。
[**] 徐明华，华中科技大学新闻与信息传播学院副教授；朱晓豫，华中科技大学新闻与信息传播学院研究生。

总量，手机网民的规模也达到了 6.95 亿人。其中，微博和网络新闻应用的使用率占到了 37.1% 和 84%。① 由此可见，新媒体已经成为我国网民获知并传播新闻的主要场所。一个社会热点事件从发生到发展的全过程都离不开新媒体的参与，新媒体特别是微博甚至推动了社会热点事件病毒式传播，使之成为一场全民参与的传播"盛宴"，这也在一定程度上推动社会热点事件在线下的解决。

新媒体作为当今社会的重要角色，也必然应当承担相应的社会责任。在网络技术迅猛发展、网络普及率日益提高的时代背景下，作为个体的网民和网络媒体依靠着新媒体的传播平台获得了相当大的传播权力，然而，与这种权力相应的责任，却往往被忽视。② 例如在 2016 年"罗一笑"事件爆发后，微博上有一部分新媒体为了扩大自身影响力，在传播信息上过分注重非理性地迎合社会舆论，煽惑性地引导受众，使这一事件谣言四起，多次反转，造成了相当差的社会影响。

中西方学者对媒体的社会责任都有不同程度的探讨。在西方，美国新闻自由委员会在 1947 年发表了著名的报告《一个自由而负责的新闻界》，呼吁新闻媒体在拥有前所未有之权力的同时，也应该自觉承担起为公众利益服务的责任。③ 在我国，学者江波认为，媒体应当对社会负有责任，这种社会责任是指新闻媒体及其从业人员在新闻传播活动中必须履行的对社会安定、国家安全和公众心智健康所承担的法律、道德等公共责任和社会义务。④

随着互联网时代的到来，新媒体的权力日渐增大。在新媒体的社会责任上，学者芮晗认为，与传统媒体相比，新媒体具有传播速度更快、传播范围更广、传播效果更强、受众参与度更高的特点，因此，媒体在利用新媒体平台进行传播时更加要主动地担负起应有的社会责任。⑤ 学者展莲蓉以微博为例，认为其责任意识，首先表现为公民的传播责任意识。通过微博这一信息传播平

---

① http://www.cnnic.net.cn，最后访问时间：2017 年 4 月 2 日。
② 芮必峰、张冰清：《新的传播权力呼唤新的社会责任——以"合肥少女毁容案"的网络传播为例》，《新闻记者》2012 年第 4 期。
③ 〔美〕新闻自由委员会：《一个自由而负责的新闻界》，中国人民大学出版社，2004。
④ 江波：《媒体社会责任的体现及约束》，《新闻导刊》2006 年第 3 期。
⑤ 芮晗：《新媒体在突发事件传播中的社会责任——以"3·01 昆明暴力恐怖事件"为例》，《新闻世界》2014 年第 9 期。

台，一些社会公共事件进入公众视野，满足了公众获取信息和参与信息再造的自我需求，而这种对社会群体的关注本身就是社会责任的体现。①

在对新媒体的社会责任研究上，国内大多数学者从宏观出发，研究我国新媒体社会责任的现状与成因，取得了丰富的研究成果。例如钟瑛等以时间顺序回顾了我国新媒体社会责任的现状，并建立了一套新媒体社会责任考察的指标体系。② 这对新媒体社会责任的衡量有重要的现实意义。也有学者以某一社会突发事件为例，探究新媒体在该事件全网传播中的责任缺失与对策，例如学者芮晗以"3·01昆明暴力恐怖事件"为例，从舆情的喷发期、高温期、回落期三个阶段入手，对新媒体在社会责任的承担上提出了建设性的思考与建议。他认为，新媒体必须避免参与到无谓的讨论中去，避免自身在本已无序的舆论场中成为新的话题。这些研究都为新媒体更好地承担社会责任提供了一定的参考。但鲜少有研究基于某一社会热点事件在微博中的传播，基于一定的新媒体社会责任衡量标准，借助大数据探讨新媒体在其中的社会责任。本报告以"丽江打人"事件为例，借助钟瑛教授的新媒体社会责任标准及新浪微舆情的全微博统计数据，探讨该事件在微博传播过程中新媒体所扮演的角色及其社会责任，为今后新媒体在此类社会事件爆发时更好地承担社会责任提出完善的对策与建议。

二 事件概述

2017年1月24日，新浪微博网友"琳哒是我"称2016年11月11日她与朋友在云南丽江宁蒗烧烤店就餐时，因为和一群当地男子发生言语冲突而遭到这群男子的暴力对待。并称这些暴力行为已经导致自己严重毁容。这篇长微博因涉及屡次传出负面新闻的旅游热门城市——丽江，并配有该网友毁容前后的照片，话题性非常强，引起了网友极高的关注。微博话题"丽江打人"在1月24日当天成为微博的热门话题。随后此事件在网络上被网友大量转发，并有相当一部分的微博"大V"对该事件发表了评论。同时，该事件也引起了

---

① 展莲蓉：《微博的舆论构建与社会责任意识解析》，《中国传媒科技》2012年第5期。
② 钟瑛、李秋华：《新媒体社会责任的行业践行与现状考察》，《新闻大学》2017年第1期。

媒体的关注，并持续跟进。

2月2日，丽江古城宣传部也通过其官方微博"古宣发布"对该事件进行了通报，官方微博表示丽江打人抢劫事件已经引起当地政府的高度重视。当天，云南丽江警方也通过其官方微博通报此案，称主要嫌疑人已被警方控制，将根据受害人的伤情鉴定结果依法办理案件。这一说法也引起了微博网友的质疑以及大量讨论。

2月10日，丽江市召开《提高旅游服务质量提升旅游发展水平工作推进会》，市长郑艺表示要重塑丽江旅游形象。

2月25日，国家旅游局对包括云南省丽江市丽江古城景区在内的3家5A级旅游景区做出严重警告处理决定。

3月9日，丽江古城法院依法受理了"丽江打人"事件中的施暴方涉嫌故意伤害罪、寻衅滋事罪一案。至此，该事件在微博上暂时平息。

截至2017年5月，该微博的评论数已超过50万条，转发数超过40万条。根据新浪微舆情的数据统计，2017年1月24日20时至1月26日9时，全网关于"女子丽江遭暴打致毁容"的消息共84.7万条，各类型媒体报道数量及比例见图1。微博成为该事件的主要舆论和传播平台，相关数据达到了83.8万条，占全部数据的98.9%。在新浪微博上，相关话题#丽江恶性毁容抢劫#的阅读量超过了3.1亿次。这一事件经微博等新媒体广泛传播之后，也得到了

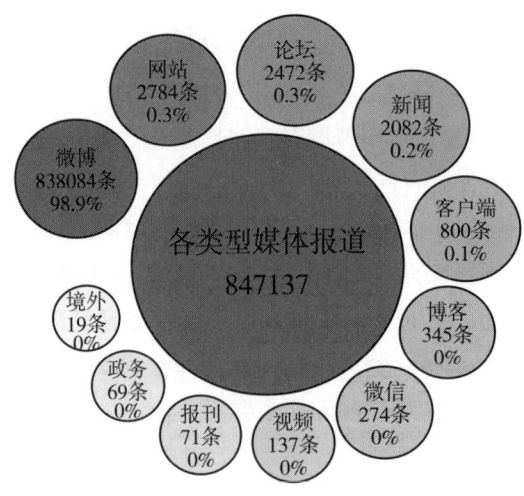

图1 "丽江打人"事件各类型媒体报道数量及比例

传统媒体的高度重视和迅速跟进。2月9日，在事件经微博曝光两周之后，央视新闻对该事件进行了详细报道，报道中采访了"琳哒是我"和另一名受害者，以及事件发生地餐厅的老板。这一报道将该事件再一次推向高潮，引发了网友新一轮的讨论，当事人"琳哒是我"的微博评论区开始大量出现负面评价。

三　研究方法与设计

本报告依据钟瑛教授对新媒体社会责任所划分的指标，对该事件微博传播中新媒体在信息生产、社会监督、文化教育以及协调关系四方面进行研究。并结合新浪微舆情所提供的数据进行分析。本报告选取该事件中五个较有代表性的新媒体微博进行探究，分别为本次事件中主流媒体微博的代表"人民网"，自媒体微博代表"大脸撑在小胸上"和"马伯庸"，政务微博代表"古宣发布"和"云南丽江警方"。其中"人民网"是《人民日报》建设的以新闻为主的大型网上信息发布平台。"大脸撑在小胸上"和"马伯庸"分别是中国科学院气象学博士后和作家，均为微博签约自媒体。"古宣发布"是云南丽江古城区宣传部官方微博，"云南丽江警方"是丽江市公安局的官方微博。

四　研究发现

1. 新媒体微博信息生产表现良好

事件当事人"琳哒是我"于2017年1月24日21：57发布了自己所经历的"丽江打人"长微博。"大脸撑在小胸上"（以下简称"大脸"）微博在次日1：04转发了这条微博，速度最快，并附上了个人的主观评价"这也太吓人了！"。同为自媒体的"马伯庸"在8：17转发了该条微博，并配文"这简直就是公开施暴，如果不尽快处理，谁还敢去啊"。以上自媒体微博在其后传播这一事件时，也均为主观的情绪表达与个人评价。10：45，人民网在其官方微博上客观报道了这一事件，在使用"丽江旅游被毁容"这一微博话题时，加上了"网曝"二字，力求传播的真实客观。并在微博末尾传达了丽江警方已成立工作组对相关情况进行调查处理这一重要信息。其后的几天中，人民网微博持续跟进此事件进行全面深入的报道。"古宣发布"和"云南丽江警方"作为本事件发生地政务部门的官方微博,具有一定的新媒体权威性。前者在事件微博发声的次日12:41发布微博称此事件引起了当地政府的高度重视,已要求公安机关开展调查,并表示会在第一时间向社会公布调查进展。后者也在同一天的12:36通报了此次调查的进展情况。通过新媒体社会责任一级指标表现发现,"信息生产"的表现整体较为良好,信息生产的二级指标"信息质量"中,人民网微博"信息质量"整体表现最佳,两个政务微博"古宣发布"和"云南丽江警方"表现良好,自媒体微博表现中等。

在本次事件的微博传播中,上述五个新媒体在信息把关和流程控制上的表现如下。人民网官微在事件微博爆发之初就对信息严格把关,对之后出现的丽江警方官微转发帖子《死里逃生的丽江大理之旅》等热门信息并没有在第一时间转发,而是在丽江警方官微通报过后才对这一信息进行了客观陈述。并且,人民网官微也在第一时间转发了古宣发布的谣言澄清微博。"大脸撑在小胸上"和"马伯庸"两个自媒体微博在对信息的筛选和把关上就相对缺乏严谨性,在信息传达上多配以引导性较强的文字,容易误导受众。在流程控制和信息把关上还有一定的提升空间。"古宣发布"和"云南丽江警方"两个政务微博则在该事件发生后相继出现信息把关上的问题。事件微博爆发后不久,"古宣发布"就在评论区回复某网友对丽江失望的评价"你最好永远别来!有你不多无你不少!"。1月26日,丽江古城官微称这些言论并非内部人士所为,已向公安机关报警。但有网友质疑声明连时间都写错太草率。之后,"古宣发布"再发声明,相关领导被停职,并进行党纪立案。2月10日,云南丽江警方官微在微博转发帖子《死里逃生的丽江大理之旅》,随同转发的是对丽江被打女游客董某某的评论,言辞间指责其行为放荡。2月11日警方通报称,这是一名民警在阅读网络文章时,操作失误导致的,并对涉事民警给予行政记过处分。综观以上事例,"丽江打人"事件中政务微博在信息把关和流程控制上的责任缺失,并不利于这起社会热点事件的良好发展,也造成了严重的社会负面影响。

2. 新媒体微博社会监督效果明显

新媒体具有社会监督的功能,也应承担社会监督的责任。"丽江打人"事件涉及旅游问题、警民冲突等多种社会风险。本次事件的新媒体社会监督责任指标评测通过三类新媒体微博在这一事件微博爆发后,对事件的"关注度(见图2)"和"舆论影响力(见图3)"进行衡量。关注度主要通过在事件爆发后五个新媒体发微博的数量衡量,影响力则通过在本次事件中五个新媒体微博所发的热门微博的评论数、转发数和点赞数衡量。由图2、图3可知,以上新媒体都能在事件微博爆发后的1~2天内对该事件高度关注,进行报道或评价。事件发生地的政务微博也在事件发生后的第一时间发布了通报。人民网在事件微博爆发后持续关注,两个自媒体微博对该事件虽然关注度不够持续,但也扩大了事件的舆论影响范围(见图4)。最终使本事件得到政府的重视,取得了明显的社会监督效果。

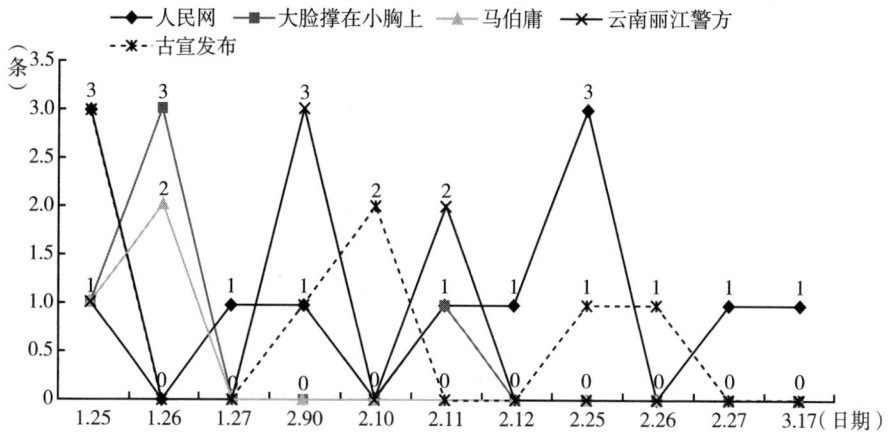

图2　新媒体关注度

本次事件发生在2016年11月,微博爆发于2017年1月底。尽管事件发生后当事人就立即向公安机关报案,但丽江当地的警方却并未较好地处理此事,也未通过其官微向微博网友传播旅游中应注意自身安全等相关信息。在事件微博爆发后,数据统计该事件的敏感信息占比达95.03%,反映出此事件对社会造成了负面影响。这说明作为丽江当地政府发声者之一的"云南丽江警方"和"古宣发布"都没有很好地承担起社会监督的责任,在社会监督这一指标评测上表现较差。在本次事件当中,其他两类新媒体的"社会监督"指标评测表现较好。人民网在社会监督责任的实践上较其他新媒体注重对"国家治理"和"社会风险"的监督,但也存在监督缺乏连续性、深入性等问题。

图 3　新媒体微博舆论影响力

层级 26	有效转发 499796	转发占比	覆盖人次 1472417318	核心转发 TOP15		
第 1 层	307181	61.46%	718081116	大脸撑在小... 转发：22666	银河小公举... 转发：20797	云南警方 转发：17180
第 2 层	92589	18.53%	354460333	冬日战狡A... 转发：20391	宝树 转发：8892	法医秦明 转发：5007
第 3 层	38288	7.66%	124890967	露露大神 转发：20393	开水族馆的... 转发：8736	追风少年刘... 转发：2552
第 4 层	15607	3.12%	53833111	CAKE大... 转发：20211	福州摄影菌 转发：3865	Burni... 转发：3480

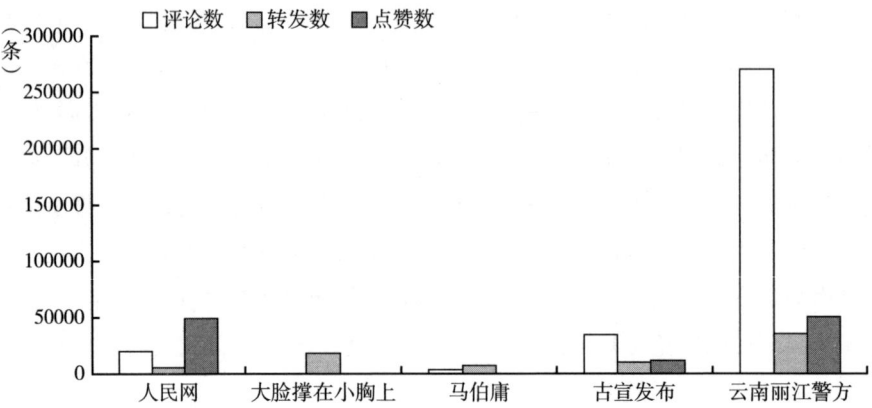

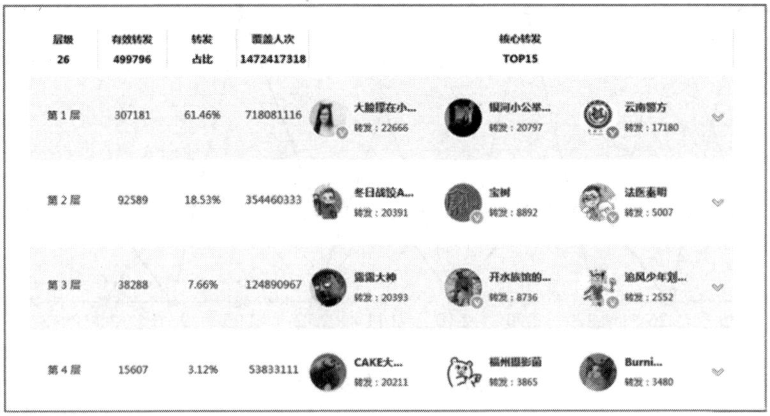

图 4　自媒体微博影响力

两个自媒体微博也较为关注社会问题，使网友能够通过其微博获取信息，从而规避风险。但自媒体相对专业媒体来说，缺乏对社会监督类议题全面深入地传播。

3. 新媒体微博文化教育责任缺失

在这一事件中，文化教育这一责任指标主要考察新媒体在传递价值观、引导受众上所承担的责任。本次事件中微博网友表达的热词见图 5，转发和评论时的主要情绪见图 6。由此可知，网友对事件的后续处理情况较为关注；排名第一的网友情绪为微博表情"摊手",这一表情在微博上多表达"无奈"这一情绪,排名第二、第三的情绪分别为"愤怒"和"呵呵"(这一表情意为"不信任"与"无奈"),这些负面情绪都反映出微博网友对有关部门处理此事的不满以及对事件发生地"丽江"的排斥心理。例如微博网友"露露大神"在转发该事件微博时表示自己再也不会去丽江旅游,这名网友的这条微博随后达到了超过一万次的转发。微博网友"邢晓瑶"在转发时叙述了自己在丽江旅游时所遇到的当地旅游局的不公正行为,也得到了大量转发。这说明微博网友在关注社会热点事件时的情绪非常容易引导舆论,并对社会造成较为严重的负面影响,因此,新媒体在微博传播中有效引导受众树立正确价值观尤为重要。

排名	热词	提及量	排名	热词	提及量
1	微博	135364	11	无法无天	18276
2	丽江	124211	12	感谢	15884
3	云南	83232	13	调查结果	15653
4	可怕	62519	14	工作组	15525
5	怕了	37153	15	进行调查	15449
6	严惩	34485	16	妹子	11378
7	敢去	29418	17	卧槽	8988
8	吓人	25516	18	叙述	8686
9	毁容	23090	19	鉴定	7060
10	没有王法	22039	20	触目惊心	5467

图 5 "丽江打人"事件微博热词

人民网在传播这一事件时多为客观报道,并在第一时间澄清相关谣言。在向受众传播真实信息、正面引导受众这一层面上责任承担效果良好。两个自媒体微博在转发本事件相关微博时都表达了自己的观点,并带有明显的倾向性。

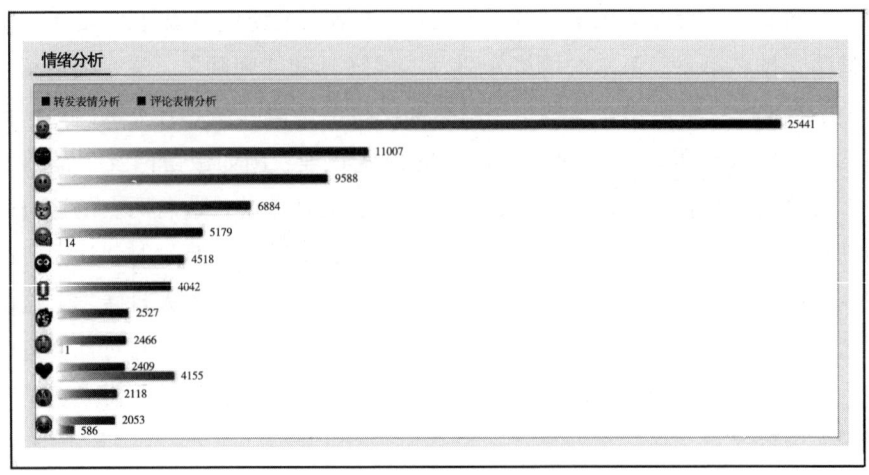

图 6　网友对"丽江打人"事件的主要情绪

例如"马伯庸"在转发时说这种行为是公然施暴，如果不尽快处理，谁还敢去丽江。这条微博的转发数截至 5 月 8 日已达到 7227 条，众多网友在评论区发表自己不会再去丽江旅游、丽江非常乱等言论，把舆论的重心从被打者转移到了丽江政府及警方。这有助于提高此次事件中丽江政府部门的重视和调查的展开，但并不利于此类事件的良性发展。容易导致地域歧视和网络暴力。两个政务微博在文化教育这一责任承担中的表现有待提升，虽事后被证实为"手误"，但"古宣发布"和"云南丽江警方"在官微发布的对受害人和网友的不当言论，确实传递了较为负面的价值观。

4. 新媒体微博协调关系仍需提升

新媒体的协调关系责任分为两个二级指标，分别为线上沟通和线下活动。本次事件中，人民网和两个自媒体微博表现中等，仅为线上的新闻报道或是事件评价与呼吁，在新媒体责任承担上没有涉及线下活动中的沟通处理情况。但值得注意的是，自媒体在微博传播中已经越来越能推动事件的线下解决。本次研究对象"大脸"的微博就在转发该事件当事人微博时，主动提及"云南丽江警方"和"云南警方"两个政务微博，并配文"这也太吓人了，当地警方请给个回应？"这条微博的转发量截至 2017 年 5 月已经达到了 17856 条，引导网友在这两个政务微博下方大量评价"丽江打人"事件，并要求两个政务微博做出回应。这对推动该事件的线下解决有相当大的推动力。政务微博"古宣发布"和"云南丽江警方"在线上沟通表现并不令人满意,在和微博网友的互动上语气和措辞都需要注意,以防再次出现由于工作人员"手误"所导致的伤害事件当事人及网友的言论行为。在线下活动上,两者和自己所发声的部门配合相对较好,推动了事件在线下的解决。但也存在事件处理上的延后性,同时也缺乏对外的公开与透明。

五 总结与建议

1. 新媒体承担社会责任应注重自律与他律的结合

在社会热点事件的传播当中,新媒体无疑发挥了重要的作用,也就必然需要严于律己,承担好自己的社会责任。特别是在本次事件当中,拥有极大舆论影响力的自媒体微博也显示出了自由性、主体多元性、非专业性、非理性与社会性和公民性[①]相结合的特点。在履行和实践社会责任时,往往容易忽略由于自身获得的巨大权力而伴随的责任,容易用煽动性较强的文字或者图片影响社会舆论。在"丽江打人"事件中就表现出由于自媒体微博情绪较为强烈的言论而推动网民对丽江的极端负面言论增多。因此,新媒体在对社会热点事件进行微博传播时,要加强对自身的管理和对信息的把关。避免谣言滋生,反转新闻不断发生的情况。同时,新媒体也不应当忽视网友的意见,回避网友的监督。特别是政务微博,在传播信息时和受众的良性互动是十分有必要的,外部的声音并不是"讨伐"而是监督。

2. 新媒体社会责任的衡量需借力大数据

互联网时代催生了"大数据"这一技术的产生,同为互联网时代新事物的新媒体在传播信息时,也有必要借助大数据更好地承担社会责任。例如在"丽江打人"事件中,由于本事件是在微博中发酵,并引发广泛关注与报道的。因此,微博大数据对于反映舆论演变与新媒体所承担的社会责任就更为直观和重要。在社会热点事件的传播过程中,新媒体就可借助"大数据"监测所需时间段内的舆情,预知舆论的走向,从而更好地引导受众,屡践倡导主流

---

① 南文化:《自媒体社会责任研究》,《长白学刊》2016年第3期。

核心价值观、引领正面社会风尚的责任。①

3.新媒体承担社会责任需传统媒体、政府和公民的共同努力

新媒体的发展日新月异,但相比传统媒体,在公信力和权威性方面确实有待加强。因此,新媒体在传播社会热点信息、承担社会监督责任时,有必要和传统媒体相结合,借助传统媒体强大的公信力和权威性,将社会热点事件及相关舆论更大范围地传播,鼓励公民的参与,并与政府一道,推动事件在现实中的良好解决。

新媒体在传播社会热点事件时加强与传统媒体的合作与良性互动,既能为传统媒体提供新闻线索或进行追踪报道,在社会的各个领域扩大传播范围,同时也能够扩大传统媒体的影响力,使信息的可信度得到提升;传统媒体借助微博便捷的传播可以产生强大的舆论合力,设置有利于形成共同价值判断和行为取向的舆论焦点,引导社会舆论和谐发展。新媒体社会责任的实现需要传统媒体、公民和政府三方共同努力。②

---

① 高超:《我国媒体社会责任的透视研究:媒介生态的视角》,《编辑之友》2016年第1期。
② 王怡红、宁新:《论美国社会责任论的发展及其局限》,《现代传播》1993年第3期。

B.18 社会冲突视阈下的网络重大突发事件及其应对

——以八达岭公园老虎咬人事件为例

张梅兰　朱子鹏*

摘　要： 本报告在社会冲突理论视域下，以北京八达岭公园老虎咬人事件为个案，从社会冲突关系的结构来源、社会冲突中群体意识的形成、社会冲突关系的对话与对抗、社会冲突中的社会情绪与释放四个维度，讨论网络重大突发事件中社会冲突的形成与发展机制及其应对策略。

关键词： 网络重大突发事件　社会冲突　应对

一　引言

在当今网络社会，互联网和社交媒体的高度发达为民众表达不同观点提供了开放的平台，不同观点的交锋、利益的交集在互联网平台上时常形成舆论风暴，而一旦产生网络重大突发事件，这种舆论风暴很有可能会演变成一种社会冲突。此时，新媒体对事件的报道以及对公众冲突的处理就显得尤为关键。

冲突是信仰、价值观以及对于稀缺的权利、资源和地位的分配上的争斗（L. A. Coser，1945）。只要没有涉及基本的价值观念，那么，社会冲突就会对

---

* 张梅兰，华中科技大学新闻与信息传播学院讲师，研究方向为仪式传播、广告仪式与文化、新媒体研究；朱子鹏，华中科技大学新闻与信息传播学院硕士研究生。

社会进步有一定的促进作用：对社会与群体进行内部整合、稳定社会群体、促进新社会与群体的形成、激发新规范和制度的建立起着很重要的制衡作用。为此，科塞提出，要建立完善的社会安全阀制度，促使积累的社会情绪得以释放，以及帮助统治者监测民间舆论，避免爆发破坏社会结构的灾难性冲突（科塞，2005）。

八达岭老虎咬人事件作为网络重大突发事件，曾一度在互联网和社交媒体引发了巨大的社会关注和讨论，形成了网络世界的社会冲突，产生重大的社会影响。本报告拟以北京八达岭野生动物园老虎咬人事件为例，全面考察该事件的发展过程以及围绕该事件的网络上的各种观点的冲突，探讨新媒体社会责任问题。

二 文献分析与研究假设

（一）文献分析

1. 社会冲突理论述评

现代社会冲突理论发端于马克思，他为理解当代社会冲突理论提供了富有启发性的概念和见解。马克思认为，人们在交往过程中会进行对抗，因此，社会冲突也是人们不可避免的一种对抗性行为；其根本的动因在于人们社会和经济地位的不平等，是人们在从事生产活动中资源分配的不平等而导致的；根本的是生产力与生产关系的冲突，其次是经济基础与上层建筑的矛盾，最后由不同阶级之间的对抗表现出来。现代的社会冲突理论都是在马克思社会冲突理论基础上批判继承而来。

在第二次世界大战结束后，社会的发展在一定程度上间接推动了社会冲突理论的发展，涌现了一批社会冲突理论的研究者，其中主要以韦伯、齐美尔、达伦多夫和科塞为代表。韦伯认为，社会冲突的起源有三个条件，即权力、财富和声望的高度相关性，报酬的分配和低水平的社会流动率[①]。权力分配不平等会导致社会冲突。作为新冲突理论的代表，达伦多夫则在马克思的冲突理论

[①] 康俊英：《达仁道夫社会冲突理论述评》，《企业研究》2010年第4期，第52页。

以及韦伯关于"权力、财富和声望"的基础之上形成了自己的冲突理论。达伦多夫认为，社会组织是强制性协调联合体，其内部的各种不同位置具有不同量的权威和权力。社会结构中固有的这种不平等的权威分布，使社会分化为支配和被支配的两大对立的准群体。[①] 准群体是利益群体的来源，当准群体向利益群体过渡时，就会出现一定程度上的紧张和冲突。相反，当准群体没有达到向利益群体过渡的条件的时候，两大对立群体之间就不会出现冲突，利益也只是一种潜在利益。这种潜在的冲突要公开化，需要一定的条件，包括技术条件、政治条件和社会条件以及必要的个人阶级意识。每个强制协调的联合体内部都潜伏着利益冲突。

我国社会冲突理论起步较晚，研究的焦点主要是对西方的社会冲突理论进行梳理，通过理论对国内的一些社会冲突事件进行初步的思考和讨论。相对于新冲突理论，我国的社会冲突理论主要是沿用马克思主义的分析框架，虽然近年来，学术界有意识地引进西方的社会冲突理论，但是总体来说，国内的社会冲突理论研究还是在马克思主义的框架中看待社会冲突问题。此外，国内学者对于全球社会冲突的研究热情明显高于国内社会冲突的研究热情，国内大规模社会冲突事件较少，相对来说，全球范围内的社会冲突事件明显多于国内，特别是全球化的冲击，导致整个世界处于各种冲突之中，使国内学者不约而同地将目光转向全球社会冲突的研究。

2. 网络重大突发事件分类及成因分析

网络突发事件目前学界还没有一个统一的定义，但是根据网络突发事件的发生机制，可以将网络突发事件分为以下三类：现实缘起型、网络缘起型和现实与网络并存型三种。[②] 现实缘起型是指首先在现实中发生的突发事件，经过网络平台的发酵酝酿，在网上引发大规模的讨论和关注，如宁波老虎咬人事件就属此类事件；网络缘起型是指在网络上通过发帖、发博或转载而引发网络讨论，进一步延伸到现实生活中的突发事件，例如魏则西百度医疗事件；网络和现实并存型是指现实中发生的突发事件，通过一定渠道散布到互联网上，引发

[①] 康俊英：《达仁道夫社会冲突理论述评》，《企业研究》2010年第4期，第53页。
[②] 李玉娟：《社会冲突理论视阈下的网络突发事件的发生机理及治理创新》，《西南民族大学学报》2015年第5期，第171页。

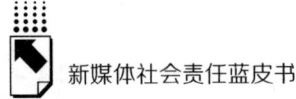

网络和现实的舆论共振，推动事件进程，例如和颐酒店女子遇袭事件和丽江女子被打事件等。

一般来说，首先，网络重大突发事件的最根本的动因是转型期的社会矛盾突出，我国目前进入改革的攻坚期，各种转型期的社会矛盾开始显现出来，学者韩庆祥认为，"有许多社会深层问题无法解决，如权力的市场化，粗放的经济增长方式，缺乏自主创新能力，权力践踏权利，能力恐慌，政府职能越位、缺位，不成熟的公民社会，社会不和谐现象，缺乏独立人格，不注重人的价值和能力的解放与开发等"。① 这些社会的深层次矛盾是导致许多突发事件在网上得以大规模发酵和传播的根本动因。

其次，转型期的阵痛导致民众情绪不稳定，尤其是网民群体的意见表达更加感性，群体极化现象比较严重。社会不同阶层的利益分配不均，当不同群体的利益发生冲突时，就会出现紧张和冲突，而这种冲突一旦公开化，便会在网上引发大规模的讨论。

最后，新媒体技术的发展，赋予了普通大众参与公共事件讨论的权力。尤其是微博的发展，不少网络重大突发事件都是以微博为平台得以大规模地探讨和传播。以此次八达岭老虎咬人事件为例，也是在"咬人视频"被上传到微博平台后，才引发大规模的网民关注和探讨。

（二）研究问题与假设

基于以上理论视点与分析框架，本报告拟以八达岭老虎咬人事件为例，还原、追踪八达岭老虎咬人事件的发展过程以及社会关注的焦点，从四个维度来考察这一网络重大突发事件的社会冲突关系：社会冲突关系的结构来源、社会冲突中群体意识的形成、社会冲突关系的对话与对抗、社会冲突中的社会情绪的释放，考察在这一冲突性事件中，新媒体的报道是加剧了社会冲突还是起到了社会安全阀的作用，进而探讨社会冲突视角下网络突发事件中新媒体的社会责任问题。

---

① 韩庆祥：《社会层级结构与以人为本——一种政治哲学的分析》，《中共中央党校学报》2007年第1期，第18页。

三 研究方法

（一）样本选择

本报告拟以 2016 年 7 月北京八达岭野生动物园老虎咬人事件为个案，对此次事件中新媒体的有关报道以及网友的相关评论进行分析，以人民网和腾讯新闻作为主要研究对象，截取以上两个网站 7 月 23 日至 9 月 23 日期间的相关报道作为研究样本，共抓取人民网全部报道 157 篇，腾讯新闻 168 篇进行数据统计与分析。此外，为了有效了解有关此事的网民情绪表达，本报告还手动抓取了上述两个网站的相关评论约 500 条，对其进行议题的归纳以及关键词的梳理，以期能反映网民社会情绪的关键点。

（二）数据抓取与分析

本报告采用谷歌站内搜索进行数据的采集，设置高级搜索参数，通过搜索的关键词、域名、网页语言、时间范围，形成新闻参数列表，搜索新闻列表的超链接，得到所有的新闻列表的页面后，抽取其中的一条新闻数据作为全样本。成功抽取相关对象网站的所有新闻报道后，为使样本量更具备研究的可操作性，我们进一步对总样本进行抽样，而后采用 SPSS for 3.0 进行数据统计与分析。

四 研究发现

（一）老虎咬人事件中社会冲突关系的结构来源

2016 年 7 月 23 日，北京八达岭野生动物园发生老虎咬人事件，一只老虎将一名在东北虎园区下车的女性游客咬伤，其母在下车施救时遭到老虎攻击致死。网络上曝光该事件以后，迅速引起了网友的强烈关注和讨论，在讨论的众多议题中，该事件的责任主体，即老虎咬人事件到底是游客本身的责任还是园方的责任一度成为网络舆论的焦点。网友们纷纷微博、微信等或各种移动互联网平台、社交媒体平台展开激烈的观点交锋。加之被咬当事人一方在网上自我澄清以及对某些网友观点的反驳，吸引不少法律界专业人士加入讨论，于是，一场因个体行为造成的突发性事件迅速上升为引起全民围观讨论的社会公共重大突发事件，引发了一系列社会公众之间、媒体与公众之间的联动与冲突效应，成为一种新型社会冲突关系的范本。

当人类的传播介质发展到新媒体传播之后，互联网所建构的虚拟社会可以说是一个冲突频发的社会。网络社会的这种冲突涵盖了从争议到争夺的各种不同强度的"对抗状态"，而这种"对抗状态"有着复杂的内部结构，在互联网这一外力的作用下，网络社会情绪的对抗迅速地转化为全社会的利益冲突，从而引发网络社会情绪的"蝴蝶效应"。那么，看看八达岭老虎咬人的内部冲突结构如何？该事件又是如何引发社会情绪爆发的"蝴蝶效应"呢？

上述的疑问我们可以媒体议题的呈现和网络讨论的走向之间的关联来寻找答案。

通过对选取样本的分析与总结，我们发现，新媒体在对老虎咬人相关议题的呈现上有以下两个特点。

其一，对事件直播式地集中曝光以引起强烈关注。事发后一周百度指数关于"老虎咬人"事件的平均峰值在10444。而在此之前的秦皇岛老虎咬人事件中，媒体的报道只有短短的一百多字的短消息，相关时间段关键词"秦皇岛野生动物园"的百度峰值指数也仅仅只有5186，关键词"老虎咬人"的百度峰值指数更是只有797。八达岭老虎咬人事件中各种关系的冲突之所以会成为各方关注的焦点，很大程度上与新媒体曝光现场的监控视频有关，这个视频的曝光使公众第一次见到老虎咬人的全过程，视频的最早曝光时间是事件发生后的第二天下午，视频来源是央视新闻。同时，相关时间段的百度指数也有印证，相关关键词的峰值出现在事发后的第三天和第四天，而不是事发当天。

其二，设置互相对立的议题引发社会争论。围绕着"老虎咬人，谁来担责"这一核心问题的争议，这一突发事件在网络上很快形成了不同意见的冲突和舆论场的博弈，主要形成了以下两对与事件直接相关的社会冲突群体：被咬女事主及其家人与涉事公园，以及围绕被咬女事主是否有过错而自发形成的两大网络意见阵营："同情派"和"挺虎派"。"同情派"同情被咬者，认为动物园的安全防范措施未做到位直接导致了游客被咬，同时，事后园方对游客施救不积极,也体现了园方对游客生命的漠视和人本主义关怀的缺失。"挺虎派"则力挺动物园一方,认为被咬游客擅自在有明显警示标志的园区下车导致被咬,没有规则意识,不值得同情。随着事件的升级和网民讨论的增加,这两者形成直接的利益冲突与对立关系。在激烈的网络讨论中,除了以上两种相互对立的声音,还有一种观点直指国家公共游乐场所和设施的管理体系有漏洞,老虎咬人事件国家相关部门同样负有不可推卸的责任。如此,除了以上两对直接冲突的群体以外,利益相关的"隐性第三方",即野生动物园的上级主管部门和国家有关监管部门也被拉入网络舆论场。由此,一则看似简单的游客被老虎咬的突发事件,经过网络舆论场的讨论与发酵,逐渐形成了一场围绕规则意识、公民素养与国家公共空间权力的网络社会冲突事件。

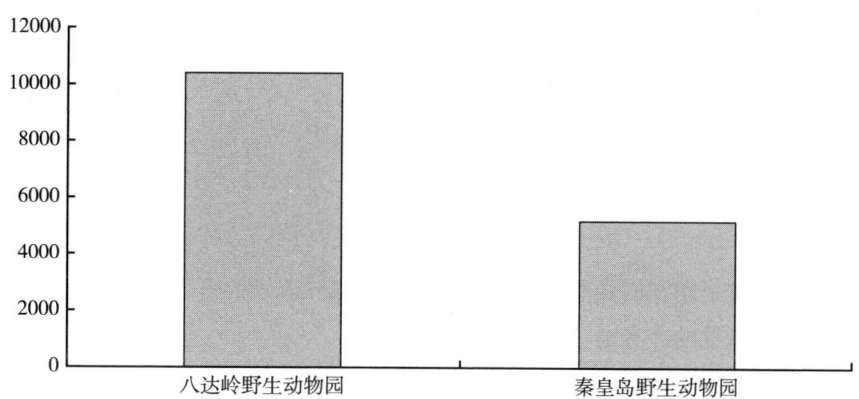

图1 两次老虎咬人事件第一周相关关键词平均百度指数对比

相应地,新媒体通过报道内容的取舍,呈现了两个对立的议题:"吵架说"和"医闹说"。《法制晚报》在事发当天22点21分发题为"八达岭野生动物园两女游客遭老虎袭击一死一伤"的微博报道指出,"车辆行驶至猛兽区的东北虎园里,年轻男女在车内发生口角,女子突然下车去拽男司机的车门,结果被蹿出来的老虎叼走"。次日,《法制晚报》纸质版的内容引用了这篇微博的大部分报道,但是删去了"年轻男女在车内发生口角"这一句。虽然《法制晚报》纸质版删去了年轻男女发生口角的内容,但其微博传播仍在继续,阅读量一度超过了300万人次,转发量超过了5000人次,这对网络舆论产生了很大的影响。在这条微博下，评论呈现了一边倒的态势，大部分网友都在指责受害者规则意识缺失，出现了例如"不值得同情，没常识也应该先看看注意事项啊""竟敢上老虎地盘去吵架""任性＝自杀，'母老虎'斗不过真老虎！悲哀"之类的评论，从而将受害者推入了舆论旋涡的中心。

在"吵架说"之外，新媒体抛出的"医闹说"进一步加剧了对立双方的冲突。事件发生后不久，有媒体指出被咬女子是"职业医闹"。大批媒体微博跟风转发，引发了大量网友的跟帖讨论，形成强烈谴责被咬女游客的强大的舆论风暴，通过新媒体病毒式的扩散效应，将"挺虎派"网友的情绪又引到了一个道德制高点。虽然后来以网易新闻客户端为首的少量新媒体对这种说法进行了澄清，并且发出题为"网传被老虎咬伤女子是'职业医闹'，医院否认"等报道，但在中国情绪化的网络争吵喧嚣中，这种理性的声音很快被淹没了。

至此，除了事件直接关系人双方所形成的利益冲突外，通过媒体的报道，又加剧了"同情派"和"挺虎派"之间的情绪冲突（见图2）。由此可见，在老虎咬人事件社会冲突关系来源的结构框架内，存在以下关系因素：当事人、涉事动物园、第三方、网友、媒体。老虎咬人事件第一时间在新媒体平台上进行报道，引发了网友的强烈反应和讨论，而新媒体议题的不当设置与报道，则加剧了网友意见的冲突与分裂。

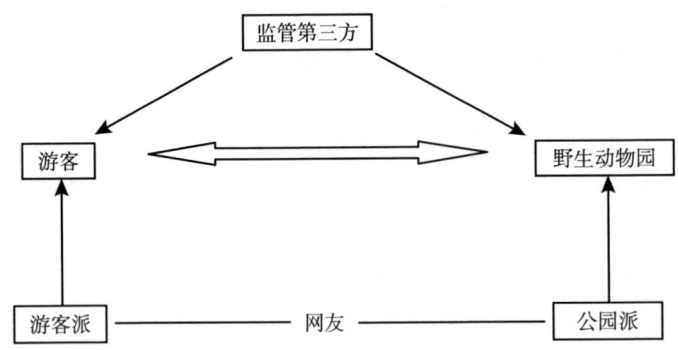

图2　八达岭老虎咬人事件关系

（二）老虎咬人事件中群体意识的形成

亨廷顿认为，"权威的合理化、结构的离异化及大众的参政化构成了现代政体和传统政体的分水岭"。① 在新媒体平台上，网民大众参与政治和重大社会问题讨论的诉求越来越强烈，他们通过新媒体便捷的交流平台和开放式的环境，发表自己的政治见解和诉求。尽管马尔库赛批判科学和技术本身成为意识形态，具有明显的工具性和奴役性，但是不可否认，新媒体对传统意见表达和交流平台的解构、分离和重新建构，为普通大众参与公共事务及群体意识的释放提供了便捷的出口。一旦公众共同的诉求在网络社会中得到聚集，群体意识便在这种聚集中产生了。

群体由两个或更多相互作用和影响的个体所组成（肖，1981）。群体成员彼此之间的联系必须可以被观察，存在着一定的意义并为一个共同目标而努力奋斗（贝克，1977）。群体中各个成员都具有群体意识，意识到自己或其他成员的存在及其与世界周遭的联系。在"老虎咬人事件"的报道过程中，新媒体平台上产生了三类群体及相应的群体意识：以"挺虎派"为代表的网络群体，认为涉事女主规则意识淡薄，对其进行了道德谴责；以"同情派"为代表的群体，认为野生动物园的安全措施未做到位，导致游客在错误下车并且受到老虎攻击后没有得到及时的解救，动物园负有不可推卸的责任；除了这两种在网络上直接对立冲突的群体外，网络上还产生了另外一种中立群体，这一群体不对上述两种对立观点直接讨论，而是由此发散至对国人素质的关注，兼以中外的同类事件为依据，讨论国民素质议题。

社会群体心理与社会冲突的规模、激烈程度及其演变存在密切的关系。上述三种群体意识之间的纠葛与对立，并不是平衡发展的，而呈现出一边倒的态势。在观点的激烈交锋和意见的博弈中，"挺虎派"一直成为网络空间舆论场内占主导地位的群体意识。这种群体意识集中体现了网民通过谴责、批判被咬女游客而释放出长期以来对某些社会现象的不满与愤懑的群体心理特征。这种群体心理显然带有一定的情绪化色彩，并且一边倒地对被咬者的讨伐与愤怒，对于整个事件的理性化处理与消退显然不利。然而在新媒体平台的发酵下，网

---

① 塞缪尔·亨廷顿：《变化社会中的政治秩序》，上海世纪出版集团，2008，第27页。

民之间激动情绪的相互感染，导致这种有失偏颇的群体心理和群体意识以滚雪球的速度蔓延。根据我们对人民网和腾讯新闻两大新媒体平台的网民评论所体现出来的群体意识的归纳与统计，网民在这两个新媒体平台上均不同程度上表现出了对当前公民素质失望、谴责、对社会现象批判的群体意识，正如勒庞所言，"群体中加在一起的只有愚钝而不是天生的智慧。如果整个世界指的是群体，那就根本不像人们常说的那样，整个世界要比伏尔泰更聪明，倒不妨说伏尔泰比整个世界更聪明"。①

那么，这种群体意识是如何产生的呢？勒庞认为，群体意识是在某些特定条件下产生的。自觉地使个性的消失，以及情感和思想转向同一个方向，是就要变成组织化群体的个人所表现出来的特征。② 通过数据的统计分析，我们发现，在老虎咬人事件中，上述群体意识的形成和新媒体的报道方式有密切的关联，即媒体是基于还原事实经过的事实性报道，还是带有明显立场的评论性报道会造成群体意识的割裂。通过对人民网关于此次老虎咬人事件的157篇报道进行分析，我们发现总共有50篇事实性报道，陈述老虎咬人事件发生的经过，评论性报道48篇，其中有约20篇报道对于如何避免此类事件的再发生提出了建设性意见，有16篇评论提出了动物园问责问题。同时，在腾讯新闻的168篇报道中，事实性报道占到了100篇，其中42篇描述了老虎咬人事件的前后细节，仅有12篇评论性报道（见表1、图3、图4）。

表1　新媒体关于八达岭老虎咬人事件报道性质数量一览

媒体 \ 报道性质	事实性报道	评论性报道	其他
人民网	50	48	59
腾讯新闻	100	12	56

媒体对新闻事实客观化呈现，有利于信息传递过程中"熵"的减少甚至消除，从而减少或避免"观点先行"对受众造成的误导。反之，主观性的报道则会造成大量"熵"的存在，干扰甚至误导受众对事实的判断。上述数据

---

① 古斯塔夫·勒庞著《乌合之众》，冯克利译，中央编译出版社，1998，第56页。
② 古斯塔夫·勒庞著《乌合之众》，冯克利译，中央编译出版社，1998。

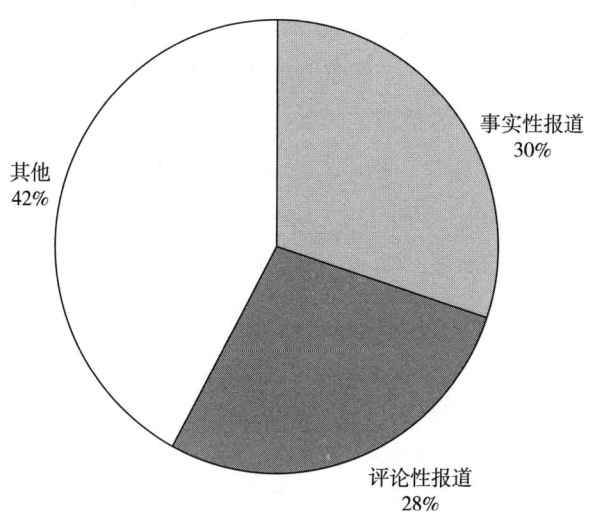

图3　人民网相关报道性质分布

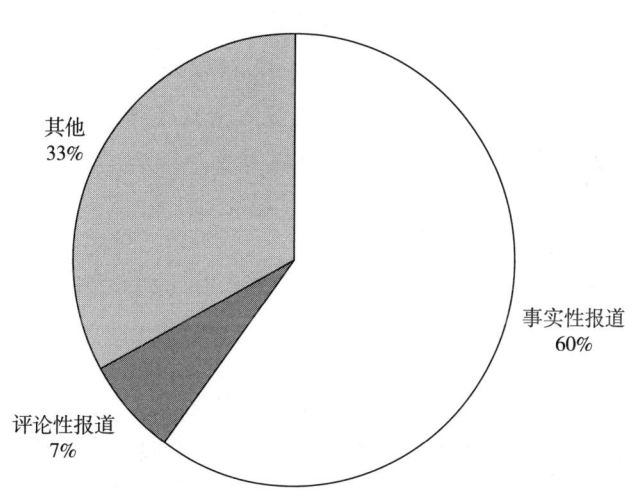

图4　腾讯新闻相关报道性质分布

表明，两个网站的评论性报道，向网友输出有倾向性的观点而非事实，造成评论式报道牵着网民群体意识的"鼻子"走的本末倒置的现象。如腾讯新闻报道："北京老虎伤人细节：女儿下车遭扑咬，母亲施救被咬死""八达岭动物园：女子下车立即用喇叭喊快回，她没听"等评论性报道，带有很强的主观

281

色彩，将网络社会群体意识引向"被咬者有过错，理应受到谴责"的方向。

通过以上数据分析可知，老虎咬人事件中社会群体意识的形成和发展、演化及其较量，和网络媒体的报道之"熵"有直接的联系。克劳修斯在热力学的研究中提出"熵"的概念，指涉一个系统内在的混乱程度。维纳认为，在信息的传递过程中，"熵"乃信息的冗余和不确定性，"熵"的减少或消除可以增强信息传播。如前所述，在网络舆论场中，存在"挺虎派"群体、"同情派"群体以及中间派群体这三种不同群体意识的撕扯与较量。如果说，"挺虎派"的"激愤与无情"是由于网络媒体报道之"熵"带来的副产品，那么，其余两种群体意识则是相对理性和客观化报道所带来的效应（尽管"同情派"的群体意识也有呈现一定的集群分化效应）。在上述两个网站的报道中，均有一定比例的事实性报道，这些报道更趋理性，注重事故背后的解决方案，而不仅仅是关注老虎咬人这个单一的事实。如人民网在观点频道援引《中国青年报》的评论："精英带头不守规则，老虎吃人事件就还会再发生。"除了援引一些大型媒体的评论，人民网自己也做出了大量的原创性的评论："舆论别再成为一只伤人的'老虎'""老虎袭人事件引发舆论争议，比猛兽更可怕的是人的冷漠"。这些评论都跳出了单一的老虎咬人这个事实，而是直击事情的本质，引导受众和网民理性思考，从而稳定整个社会的情绪，缓解社会冲突。

（三）老虎咬人事件中社会冲突关系的对抗与对话

通过对网络评论的分析发现，在老虎咬人整个事件的发展过程中，网友之间由老虎咬人事件而引发的社会大讨论始终没有平息。狄恩·普鲁和金盛熙在《社会冲突：升级、僵局及解决》中，针对社会冲突的特性，提出了"冲突群体动员""冲突解决培训""和平建构""宽恕及和解"等冲突解决框架。[①] 其中，冲突关系双方的对话是化解冲突的关键环节。那么，在八达岭老虎咬人事件的网络平台上，社会冲突关系双方的对抗与对话关系如何？

关于双方的对抗，在前文已有详细论述。

[①] 狄恩·普鲁和金盛熙著《社会冲突：升级、僵局及解决》，王凡妹译，人民邮电出版社，2013。

简言之,"挺虎派"和"同情派"之间的分歧与争论成为该事件中社会冲突关系的两大主体,二者形成该事件中社会关系冲突双方的对抗。在这种对抗背后,是否存在一种对话的通道,以便于冲突关系的疏导与缓解呢?这里,我们通过追踪两大样本网站相关报道的"评论走向"(评论数量以及观点态势)以及"媒体引导"两个因素变量来进行测量。

从网友的评论走向来看,网友的评论数量和新媒体的报道强度呈正相关态势。从整个百度指数来看,八达岭老虎咬人事件发生后第一周,对整个事件的关注指数最高,关键词"八达岭老虎"在2016年7月24日至2016年7月30日的周平均值达到了10444(见图5)。人民网157篇报道中,有88篇集中在事件发生后的第一周,也就是受众关注度最高的时候。同期,腾讯新闻总共有112篇报道,占了样本总数的2/3(见图6)。与之相对应,相应的评论总数在这一时期也达到了最高峰。以人民网为例,人民网在2016年7月23日22时55分发出第一条微博,信息源来自《法制晚报》。通过内容分析发现,该条新闻交代的事故原因是由于当事男女在车内发生争吵,女子在下车拽男子的车门时被突然蹿出来的老虎攻击。在人民网这条微博下,累计评论666条。相应地,评论的观点态势也呈现两极分化:"挺虎派"逐渐占据主导地位,"同情派"逐渐被边缘化。纵观两个网站同一时期的评论,几乎呈现一边倒的态势,网民们义愤填膺地申讨涉事女主不守规矩,出现了诸如"真是没吃饱的老虎遇到吃饱了撑的了""在老虎的家也敢吵架,真是智商不够拿命来凑""老虎是无辜的,请别伤害老虎"等评论。值得一提的是,在事件发生后,传出了涉事老虎被处死的谣传,更是加剧了网民对当事人的声讨。在这两种冲突关系的撕裂与对抗中,网络媒体没有能够及时疏导,未能为冲突的双方搭建起对话的平台,新媒体在社会冲突议题方面的协调沟通机制呈集体弱化趋势。

为何会出现这种弱化?归根到底,还是由于新媒体报道信息的不对称和网络自由空间的过度自由化和议题泛化所致。从整个事件发生后一周的报道来看,媒体的信息大多来自野生动物园方面和被咬女游客的朋友,动物园方面的信息主要是来自于事发现场工作人员和监控录像。在这一观点激烈交锋的混乱时期,网络上没有报道被咬女游客及其丈夫的相关采访及报道,重要的涉事一方处于严重失语的状态,导致网络舆论出现了"沉默的螺旋",舆论一边倒地

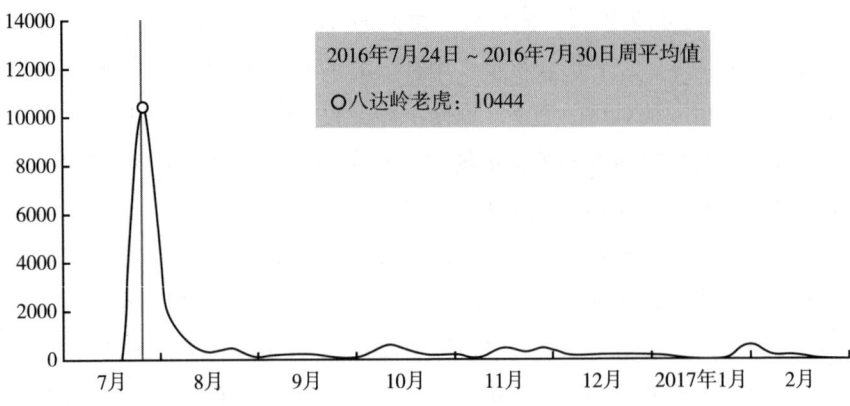

图 5　八达岭动物园老虎咬人事件百度指数（2016 年 7 月～2017 年 2 月）

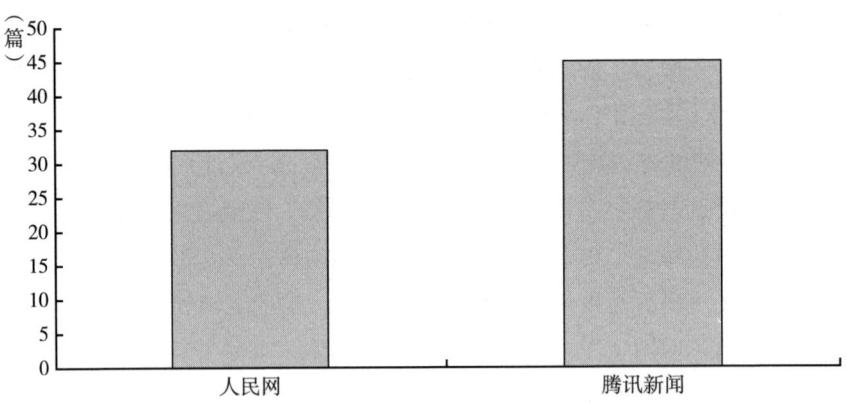

图 6　事发后第一周人民网、腾讯新闻报道情况对比

谴责女游客。直到 2016 年 10 月 13 日，媒体才首次报出被咬女游客的声音，讲述车内情况，并且提出了与之前"吵架说"截然不同的"晕车说"，同时还报道被咬女游客欲向动物园索赔 200 余万元的消息。但是从网友评论来看，被咬女游客的发声对于缓解这场社会冲突的效果甚微，反而更激发了"挺虎派"的逆反情绪，出现了大量诸如"恶人先告状，一分钱都不该赔""这脸还是不要的好"等评论。

可见，在这场网络空间的社会冲突关系的对抗中，新媒体未能有效架起双方沟通的桥梁，反而在一些问题上，由于报道的原因，加剧了双方的冲突。

（四）老虎咬人事件中社会冲突情绪及其释放

情绪反映人的心理特征和态度倾向，社会情绪指的是在某一群体中，一个人或一些人由于不同原因，在一定程度上对其他人有着心理上的联系，产生同情，并在情绪上引起共鸣的一种状态。① 社会情绪依赖于个体的体验和知觉，同时受到特定群体成员的影响，是建立在情绪基础上的"再加工产物"。社会情绪的群体情绪认同较强，由个体情绪集聚而成，同时对社会群体成员的行动产生影响。

在八达岭老虎咬人事件中，网民通过网络平台的互相情绪的传递，汇集成带有共性的"国人素质低下""世风日下"等认知观点，在经过大量讨论和交流后，一些有着共同态度体验的人群形成了比较稳定的"挺虎派"。这种共同的态度体验逐渐演化成社会情绪，从而对个体和集体行为产生重要的作用。如被咬女游客向公众发出声音并声明向动物园索赔 200 万元之后，人民网关于这一消息的报道得到了 6262 条评论，而绝大部分都是谴责性地集体声讨。我们从网友的 6262 条评论中截取了 200 条评论，发现其中共有 168 条谴责涉事女主的评论，23 条中性评论，仅有 9 条评论认为女游客虽然有错，但是应该得到一定的赔偿（见图 7）。我们姑且不论被咬女游客的说法是否客观还原了事实本身（即下车并非因为吵架，她本人也非职业"医闹"），但是在事实还没有弄清的情况下，大量网民的这种群体性认知，逐渐在网络上发展成为社会情绪，在经过网络扩散以后，逐渐对同类事件形成一种刻板印象。加之不能得到及时的宣泄，以至于在后来出现的游客被咬事件（如宁波游客被咬事件），这种社会情绪在网上再次出现。

社会情绪在传统的传播模式中聚合速度较慢，传染性也相对弱化。社会情绪在新媒体时代的合流速度加快，同时感染性得到强化，网民情绪快速发酵，出现情绪共振，从而掀起舆论高潮，形成强大的舆论场。社会情绪分为网络社会情绪和现实社会情绪，具有不同的表现形式，同时产生不同的社会影响。一方面，由于新媒体的传播，个人情绪往往会升级为社会情绪，与现实紧密交织

---

① 张润泽、杨华：《转型期乡村治理的社会情绪基础：概念、类型及困境》，《三农中国》2005 年 5 月 26 日，http：//www.snzg.net/shownews.asp? newsid =6090。

在一起。另一方面，网民的情绪受到网络社会情绪的影响，又反作用于社会现实，影响着人们的情绪和行为，又引发新的社会情绪。

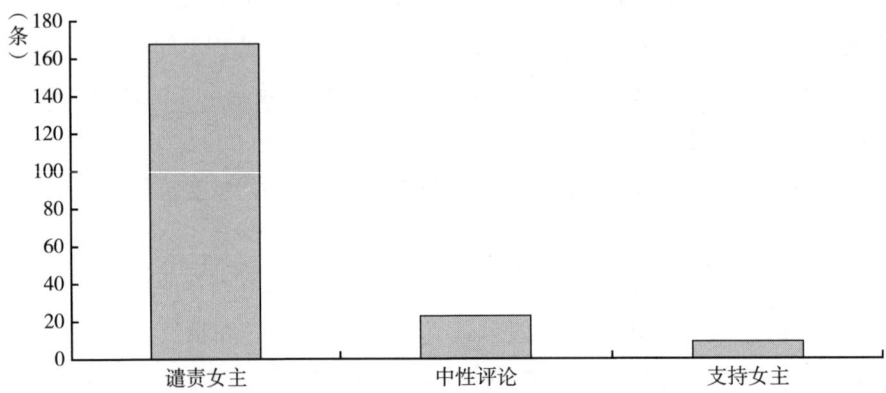

图7　人民网关于涉事女主首发声的报道网友评论色彩对比

很明显，网络社会情绪的释放成为解决网络社会关系冲突的一个重要突破口。弗洛伊德认为，虽然情绪受无意识的控制，但都是在意识中发生的事件，因此情绪可看作能够释放的过程。那么，社会情绪如何释放？根据情绪的社会结构理论，情绪包括四种社会结构成分：个体动机情绪、个体的需要与期待、在认知基础上形成的价值观和信念、在人际关系基础上形成的价值观与信念。所有这些结构成分总是依据变化的社会情境进行着不同的整合。可见，要释放网络社会情绪，必须要形成网络社会情境的协调机制，即针对网民在已有认知基础上形成的（错误的）价值观进行调整、引导，同时注入更多理性的声音进行情绪的交融，形成不良社会情绪的良性输出与释放。而通过以上分析可知，新媒体不论是在对事实的呈现，还是观点和意见的交换市场的形成，乃至社会目标及价值标准的树立都差强人意，网络平台的社会情绪疏导机制处于缺位状态。

五　小结与讨论

在传统媒介时期，大众传媒对公共事务具有议程设置能力，能够对报道内容进行有效筛选和把关。因此，大众传媒能够建构一个意见统一，矛盾冲突少,社会关系融洽的"媒介现实"。而在新媒体平台上,人们之间各种争议和不满的释放得以最大化,由于新媒体的全景式呈现,本已存在的社会冲突和社会矛盾就在一定程度上加剧了。新媒体所表达的"冲突性",其实是社会冲突的另一种表达和呈现方式,即媒介表达与呈现。

在八达岭老虎咬人事件中,很明显存在一个新媒体所建构的"冲突性社会"(尽管这种建构并非有意),主要通过四个方面得到体现。

其一,网络新媒体通过对事件直播式地集中曝光引起强烈关注,以及设置"挺虎派"和"同情派"两个互相对立的议题引发社会争论,形成网络社会意见的分裂,从而构建了老虎咬人事件中社会冲突关系的结构来源。

其二,网络新媒体在报道事件时大量"熵"的存在,导致对网络公众意见的误导,导致在网络舆论场中出现"挺虎派"群体、"同情派"群体以及中间派群体这三种不同群体意识的撕扯与较量。

其三,与第二个议题紧密关联的是,在老虎咬人事件中,存在"挺虎派"与"同情派"及其辐射出两种社会冲突关系的对抗。出现这种对抗的原因,乃是新媒体报道信息的不对称和网络自由空间的过度自由化和议题泛化所致。而在这场网络空间的社会冲突关系的对抗中,新媒体未能有效架起双方沟通的桥梁,反而加剧了对抗双方的冲突。

其四,在八达岭老虎咬人事件中,网民通过网络平台的互相情绪的传递,汇集成带有共性的"国人素质低下""世风日下"等消极社会情绪。施拉姆曾提出现代社会对传统媒介的五种要求,分别是:对事实真实完整地报道、形成交换意见的场所、不偏不倚地反映社会真实、对社会目标及价值标准的阐明要做到价值中立、提供最新的消息以满足大众的需求。新媒体报道未能及时阐明事实,亦未能形成良好的观点和意见的交换市场,更无法在网络交集的社会情绪震动中提供社会目标及价值标准议题,因而未能对网络社会冲突情绪进行及时疏导与释放。

任何社会都存在着冲突,社会冲突无时、无处不在。社会冲突既有影响社会稳定的负功能,同时也有一定的积极作用。科塞认为,冲突不但有助于群体内部的凝聚与整合,而且能够整合群际关系,可以使对抗双方由对抗转向对话,加强对抗双方的交流和了解,此外,社会冲突还具有社会安全阀的作用,社会为解决矛盾和冲突形成制度,这种制度能够为社会的群体和成员提供正常渠道,将基于某些冲突而积蓄的不满、敌对情绪甚至于成员之间的怨恨予以宣泄和消除，从而维护稳定的社会关系，发挥类似于锅炉上的"安全阀"的功能。①

目前，我国目前进入改革的攻坚期，各种转型期的社会矛盾开始显现出来，这些社会的深层次矛盾导致许多突发事件在网上得以大规模发酵和传播，转型期的民众情绪不稳定，尤其是网民群体的意见表达更加感性，群体极化现象比较严重。社会不同阶层的利益分配不均，当不同群体的利益发生冲突时，就会出现紧张和冲突，而这种冲突一旦公开化，便会在网上引发大规模的讨论。新媒体技术的发展，赋予了普通大众参与公共事件讨论的权力。不少网络重大突发事件都是以新媒体为平台，从而得以大规模地探讨和传播。因此，在社会冲突视角下，面对网络重大突发事件，新媒体应当担负起缓和解决社会冲突的责任。

对于受众来说，传播是一种意义的构造过程。与之相对应，媒介作为信息的提供者，其呈现的信息以及信息呈现的方式，其实就是为构造特定的事件或意义做铺垫。由此，信息提供者（传媒）很大程度上影响公众对特定事件或意义的判断。那么，意义是怎样构造的呢？社会学家舒茨认为，当个体处于行动状态中时，他/她就因沉浸在时间流中而没有清晰的体验；只有个体脱离了这种时间流，借助时光的回溯，才能使持续的意识流转化为空间化的完成状态，并最终构成行动的真正意义。自我意义的确立过程和对他人提供的信息及经验的理解过程是两种不同的过程，前者是基于个人不同的生平情境所形成的不同人生体验。在新媒体对"八达岭老虎咬人事件"中，受众能够借助传播进行意义建构，通过媒介呈现的信息以及呈现方式，加强对事件意义的理解。传播者的媒介框架会影响受众的判断。在新媒体对"八达岭老虎咬人事件"的报道过程中，由于传播主体双方背景和价值观的因素，传者和受众的解释图示会出现偏差。媒介在进行信息呈现时理应追求最大限度的理性和客观性，使媒介现实最大限度接近客观现实，这是媒介最基本的底线。

而在面对网络突发事件，新媒体又该具体如何应对？笔者认为，首先，新媒体应该客观公正地报道网络重大突发事件，满足受众的知情权，不能传谣更不能造谣。在八达岭老虎咬人事件报道的早期，出现了一些谣言，造成了次生危机，加剧了社会冲突。这是面对网络重大突发事件所有新媒体都应该反思

---

① 科塞：《社会冲突的功能》，华夏出版社，1989。

的。只有正面报道，为公众提供释放情绪的通道，冲突和矛盾才会得到缓解。其次，对于信息源要严格把关，增加新闻报道的透明度和确定性。再次，注意报道内容和议题的平衡性，避免由于网络高度自由化带来报道与评论的泛化。最后，新媒体要学会疏导不良社会情绪。对于媒体而言，除了对事件本身进行报道以外，还应该通过言论去引导社会舆论，尤其是新媒体，网络舆论相对现实舆论更加错综复杂，网民群体比起现实公民群体更易冲动，表达更趋感性。新媒体要充分把握网络舆论的特点，加强与网民的沟通，对网民意见和疑问进行及时反馈和报道，对负面信息进行重点监测，通过发挥议程设置和意见领袖的作用，防止信息异化而衍生的次生舆情。

总之，在当前复杂多元的媒体环境下，网络重大突发事件往往会伴随着一定的社会冲突问题，对现实社会的稳定带来困扰，同时更对新媒体处理社会冲突的能力提出了更大的考验。尽管在社会矛盾凸显的网络社会，要构建出帕森斯所提倡的完全均衡与和谐的"乌托邦"不太现实，但是，我们应该看到社会成员共同持有的价值取向对于维系社会整合、稳定社会秩序的作用，努力寻求消除冲突的机制。

参考文献

科塞：《社会冲突的功能》，华夏出版社，1989。
马克思：《政治经济学批判（序言）》，《马克思选集第二卷》。
杰克·奈特：《制度与社会冲突》，上海人民出版社。
狄恩·普鲁和金盛熙著《社会冲突：升级、僵局及解决》，王凡妹译，人民邮电出版社，2013。
塞缪尔·亨廷顿：《变化社会中的政治秩序》，上海世纪出版集团，2008。
古斯塔夫·勒庞著《乌合之众》，冯克利译，中央编译出版社，1998。
N·维纳著《人有人的用处——控制论和社会》，陈步译，商务印书馆，1978。
舒茨著《社会世界的意义构造》，游淙祺译，商务印书馆，2012。
韩庆祥：《社会层级结构与以人为本——一种政治哲学的分析》，《中共中央党校学报》2007年第1期。

B.19
新媒体环境下"互联网+公益"的发展探析

于婷婷 魏蓝天*

摘 要： 互联网与公益的结合让"指尖公益"成为可能，行走、购物、游戏等都可以成为公众参与公益的一种形式，网络为公益的发展创造了一个全新的空间，让公益资金的筹集更加简单便捷。本报告旨在分析从传统公益模式向新型公益模式的转变过程中，公益组织、企业、政府以及捐赠人各自的资源环境，讨论如何在新形势下开展合作实现资源共享，明确各自角色和责任的同时通过探索未来互联网公益的发展趋势，拓宽其现实的发展思路。

关键词： 新媒体 互联网 公益

投身公益是践行社会责任的重要表现，在移动互联网技术推动下，公益参与的便捷性使公众对公益事业的参与热情越来越高，社会责任感越来越强，他们希望通过自己的力量传递正能量。同时，企业也将公益纳入企业社会责任（CSR）的具体实践中，积极利用"互联网+公益"的模式进行CSR的策划与执行，如"助跑""捐步"等。公益组织在新环境下也有了更规范、更广阔的成长空间。"互联网+"给公益事业带来的既是机遇也是挑战，如何打造高质量公益项目、如何最大限度地信息透明地去调动公众捐赠热情、如何提高公益

---

* 于婷婷，华中科技大学新闻与信息传播学院副教授，主要研究方向为新媒体营销、广告传播理论与实务、电子商务与网络购物；魏蓝天，华中科技大学2016级硕士研究生。

传播的影响力等这些问题都值得深思。随着公益的参与方式多样，其传播风险和不可控因素也逐渐增多，企业、公益组织、媒体、政府以及公众更应该明确自己的公益责任和公益使命，强化各自在公益传播中所担负的责任，利用互联网技术与公益事业进行跨界创新与深度融合，真正实现从传统到新型互联网公益模式的转变。

一 从传统公益到"互联网＋公益"

在第十二届全国人民代表大会第三次会议上，李克强总理在《2015年政府工作报告》中指出："加快实施创新驱动发展战略，改造传统引擎，打造新引擎。"推动"大众创业、万众创新"。制订"互联网＋"行动计划，将"互联网＋"提到前所未有的高度。近些年，互联网＋金融、互联网＋电商、互联网＋医疗等方兴未艾，不同领域都开始探索与互联网的结合，公益慈善也不例外，公益行业不断加入互联网元素，逐渐从传统公益模式向新型公益模式转变。

"互联网＋公益"模式并不是互联网和公益简单地两者相加，而是利用信息通信技术以及互联网平台，让互联网与公益事业进行深度融合，创造新的发展生态。这种模式将改变公益慈善界以往的思维模式，互联网不再只是公益慈善组织用来筹款或者传播的工具，而是公益慈善事业不可缺少的生态条件。① 新环境下，公民慈善行为较传统慈善发生较大变化，互联网公益的特点和优势也越来越明显（见表1）。

表1 传统公益与互联网公益对比

	传统公益	互联网＋公益
相关方	政府主导	跨界合作成常态
传播成本	传播成本高	传播效率高、成本低
公众参与	公众参与形式单一	互动性强、参与度高
支付方式	传统支付手段低效、手续烦琐	网络支付工具支付宝、微信支付等，快速便捷

---

① 王云斌：《中国实现"互联网＋慈善"的路径研究——以公益慈善信息管理系统为例》，《社会福利》（理论版）2016年第3期。

1. 政府主导与跨界合作

传统意义上的公益大多由政府主导，公益性组织发起，通过传统媒体比如电视、报纸等向社会公众传递信息吸引更多人参与，其中主要以传统企业捐赠为主。互联网公益模式下跨界合作成为常态，逐渐模糊了商业和慈善的界限，也模糊了政府、市场与社会的界限。越来越多的互联网企业家进入公益慈善圈，政府、公益组织、企业、网民的联系日益紧密，通过跨界合作最大范围内吸引捐赠人，小额捐赠、普通网民捐赠活力凸显。

2. 在传播效率与成本方面

传统形式下，一方面公益组织会因为资金问题造成很多公益计划无法顺利实施；另一方面在投入运行的项目中为了获得最大的传播效果往往需要付出较大的人力物力以及财力，比如与媒体谈合作。互联网环境下，网络的及时性让网民能在第一时间实现信息的传递与互动，同时打破空间局限，将现实关系延伸到线上，通过"点赞"、评论与转发，使公益信息广泛而高效地传播，拓展了公益涉及的领域和参与范围，同时也降低了传播成本。

3. 在互动方面

传统意义上的公益信息不对称，公众不能完全了解相关公益项目的捐助方和受助方，也没有及时的疑问反馈渠道从而形成沟通屏障。网络的互动与开放让人人都能传播、生成信息，微博、微信等自带的留言和评论功能成为公益组织与公众之间沟通的桥梁。公益组织可以通过这种反馈形式实时了解公众意见和态度，从而有针对性地调整传播策略，达到预期的传播效果。[①] 同时，公益的参与形式不断创新，逐渐连接人们的日常生活，使走路、购物、玩游戏等都成为公益的表现形式，趣味与互动提高了公众参与公益的热情。

4. 在传播形式方面

传统传播形式过于单一，新媒体环境更利于公益传播形式的创新，例如，文字、视频、动画等多种表现形式的运用丰富了公益传播的形态，而且，针对不同的群体、不同的事件的差异包装，使公益传播不仅仅停留在平面图文、电视广告的层面，集声画于一体的移动端H5传播以及各种3D视频技术让公益信息的

---

① 李彤：《浅论新媒体对公益传播的影响》，《新闻研究导刊》2016年第19期。

呈现更加生动而富有创意,达到更佳的传播效果。①

5. 在支付方式方面

传统慈善时代的捐款方式主要有邮局汇款、银行卡打款、捐款箱等,手续比较烦琐。互联网时代,电子商务的兴起引发了支付方式的变革,支付宝、财富通、微信的快捷支付等为公益活动提供了便捷、安全的捐助通道,提升了捐款效率,小额捐款成为一种新的时尚。第 39 次《中国互联网络发展状况统计报告》显示,截至 2016 年 12 月,我国手机网民规模达 6.95 亿人,手机网上支付用户规模增长迅速,达到 4.69 亿人,其中,有 32.5% 的中国网民使用过互联网进行慈善行为,用户规模达到 2.38 亿人。这种快捷的支付方式,节省筹款时间的同时提高了效率。

二 "做好事"背后的思考

较之传统形式,互联网的互动性、跨地域性等天然优势有利于构建一个低门槛、方便高效的网络公益平台,公益传播的触角正逐渐向更大范围的互联网用户扩散,然而,公益组织、企业、网络捐赠平台等在互联网公益发展过程中也逐渐呈现出一些问题,比如:很多公益组织拥有好的公益项目以及专业的公益经验,但是缺乏资金和技术的支持;互联网企业拥有平台和技术人才但是在公益方面经验不足,整体项目运作不成熟等,以公益组织、企业、政府、媒体等在内的相关主体如何利用自己的资源开展跨界合作将是对"互联网+公益"发展的最大考验。通过分析目前存在的传播困境,有助于各相关主体明确自己的角色和责任,主要有以下几点。

(一)信息透明度较低

无论是对公益组织、企业还是政府,信息透明度都是影响其公信力的重要因素。如果公众不能及时了解所赠资金的投入使用情况、资金流向等,过多的疑虑与怀疑必定会伤害其长久捐赠热情。公益组织成立后,为了快速筹款必须高效传播,为了筹款可持续,必须做好捐赠人服务,而为了获得广泛而持久的支持,必须信息公开,特别是财务信息的透明。《中国民间公益组织透明度发

---

① 郭枫:《浅析新媒体环境下的公益传播》,《新闻爱好者》2012 年第 23 期。

展研究报告（2015）》表明，我国公益组织往往过于重视项目信息的建设，而忽略了财务信息的披露（见图1）。

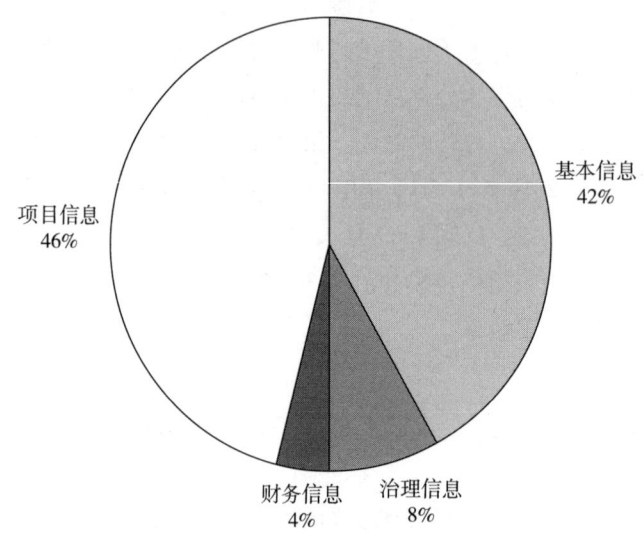

图1　GTI四个一级指标的得分情况

资料来源：《中国民间公益组织透明度发展研究报告（2015）》，第8页。

GTI由基本信息、治理与管理信息、项目信息、财务信息四个一级指标组成，分别代表了机构透明度的四个方面。四个一级指标得分的高低中基本信息得分最高，为13.87分；财务信息得分最低，为2.45分，财务信息的不透明严重影响公众的捐赠意向。

企业公益在信息披露方面也有待加强。随着国家相关制度的不断完善及资本市场的不断推动，越来越多的企业将履行社会责任融入整体发展战略中，参与解决社会问题，企业公益逐渐成为连接公众参与和公益组织发展的重要途径[1]。但是我国当前大部分企业较少对社会责任信息进行全方位披露，很多企业的年度报告的重点只是回顾已完成项目，很少提及有哪些可能和公益组织合

---

[1] 中经未来产业研究院：《2016年中国企业公益发展趋势》，载自研究报告网，http：//www.19baogao.com。

作的机会，忽略了许多值得开发的新兴公益项目，信息不对等也阻碍了民间公益组织和企业的进一步合作。

信息的透明可以让更多人去了解公益、关注公益、参与公益，除了让公众知道你在做什么之外，公益组织更应该告诉公众特别是捐赠人资金的流向，所以，新环境下公益组织如何全面提高自身信息透明度，财务信息以一种怎样的方式呈现，如何更好地与企业展开合作，实施地方性企业社会责任项目，这都需要纳入发展日程。

（二）互联网技术应用能力差异

1. 公益组织缺乏技术人才

从对公益组织的现状调查中发现，中国大部分公益组织专业性的人才资源不足，特别是在移动互联网环境下，好的公益项目往往需要运营和推广，介于技术的原因，有些公益项目难以深入推进。《中国公益组织互联网使用与传播能力第五次调研报告》显示，公益组织在使用互联网的限制方面主要集中在"缺少互联网专业人员"，这类组织占到61.58%，只有16.20%的公益组织认为使用互联网未受到限制（见图2）。

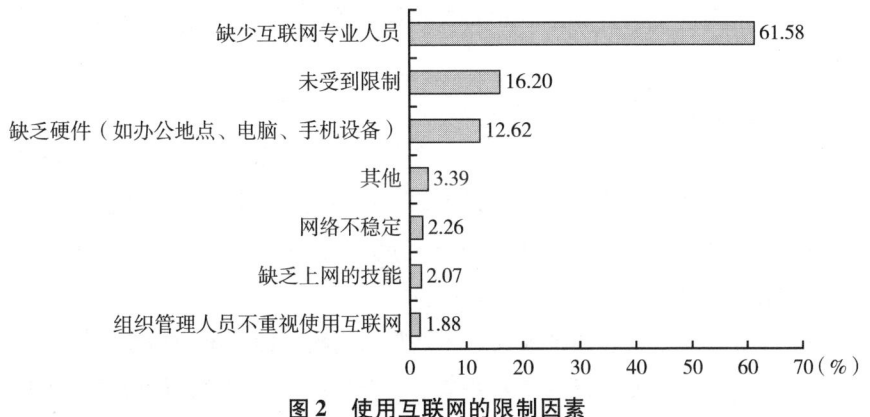

图2 使用互联网的限制因素

大多数的民间公益组织没有统一的官网，拥有自身App的更是少之又少，多数将微信公众号、微信及微信群作为主要传播渠道，页面搭建、后台运营、移动传播策略等一直是各社会组织渴望拓展和提高的方面。除此之外，利用分析工具分析数据的能力也欠缺。对公益信息的传播效果进行分析和检测，有助于提高信息传播的针对性和实际到达率。比如，分析微信发布文章的访问量，分析微博、官网等的用户访问量。目前，各类公益组织都对数据分析有一定需求，但是对各类分析工具还不熟悉，《中国公益组织互联网使用与传播能力第五次调研报告》结果如图3所示。

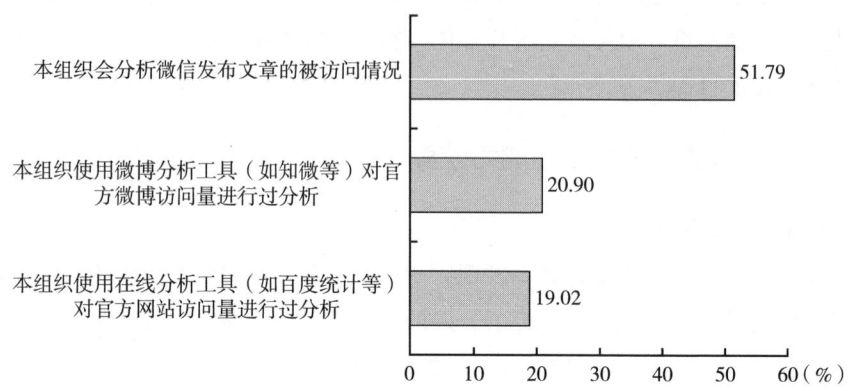

图3　公益组织数据分析的应用情况

这意味着公益机构在了解、使用更多分析工具、了解自己在线传播效果方面还有很大的提高空间。如何利用自身项目资源优势开展合作，寻求更大的技术支持是当务之急。

2. 互联网企业技术和平台是否开放

除了传统的资金、实物外，时间、经验、专业技术等都可以作为公益活动的捐赠资源。一些互联网企业拥有强大的平台和技术力量，在参与公益的过程中凭借技术优势跨界创新，比如，腾讯和网易通过推出"月捐""日捐"计划，让公益组织借助其平台开展公益项目。

当前企业公益主要有四种模式。一是直接捐赠，即传统的捐款捐物；二是与专业机构合作，比如与青少年发展基金会合作；三是直接运作项目，企业自己设计、自己运作整个公益项目并进行管理；四是产品公益，对一些互联网企业来说，技术就是它们的产品，通过把自己的产品技术开放给公益组织，帮助它们提升技术能力，就是产品公益的一种形式，还有直接打造自身公益平台，运作公益项目的。企业特别是互联网企业参与公益的形式不断丰富，关键在于它们是否愿意利用其平台、技术资源开展合作，实现资源共享。

总之，公益组织始终面临着复杂、综合、多元的社会环境，虽然拥有较为成熟的项目经验，但在运营过程中需要社会各界专业技能的支持，寻求与技术先进而公益项目运作经验相对缺乏的互联网企业最大的合作空间，通过技术化手段让组织管理更高效值得思考。

（三）公益传播缺乏整体策略

1. 忽视传统媒体传播能力

将互联网公益单纯理解为以互联网为载体进行的公益传播活动，这是一种误解。通过互联网传播更多强调的是一种公益参与方式，就公益传播效果而言，并不局限于公益信息的网上传播，追求传播效果最大化，传统媒体的传播能力也不容忽视。

然而数据表明，在传播公益信息方面，绝大多数公益组织会通过官方网站、微信、微博或社交网络等方式发布机构项目活动进展，倡导公众参与，主要利用微信公众号、微信群扩散传播，很少利用传统媒体多方位发布信息。《中国公益组织互联网使用与传播能力第五次调研报告》显示，部分机构有几家固定的媒体（包括报纸、电视）合作伙伴，但不到一半的组织主动通过媒体发布项目及活动信息（见图4）。

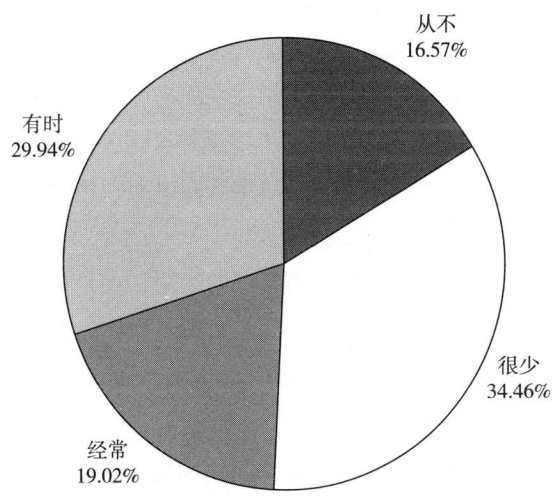

图4 主动通过媒体发布项目及活动信息

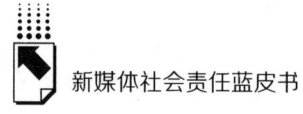

微博、微信点赞转发式的传播扩散快,效率高,但专业媒体在公信力方面仍然很占优势,很多机构重视移动化的社群传播而忽视了专业媒体的传播能力,既要利用社交媒体提升话题热度,又要利用传统媒体扩大其社会影响力。

2. 公益信息的虚假传播和过度传播

随着移动互联网的发展和普及,网络捐赠第三方平台逐渐成为公众进行公益捐赠的主要选择。它降低了公众捐赠的门槛,越来越多的人通过网络获得救助,但以网络募捐之名、行诈骗之实的现象仍有发生。

公益信息的虚假传播主要源于平台对发起人相关信息的审核机制不健全。不同的平台对发起人有不同的门槛准入要求,有些门槛相对较低,比如众筹网、积善之家等,个人和公益组织均可在平台上发起公益众筹。而由于时间、距离等的限制,众筹平台对于发起人的姓名、住址、受助信息等难以实地取证,只能通过网络途径对提供的书面资料和照片初步审核。这种不够严格和规范的审核程序让一些"虚假公益"乘虚而入。所以,从公益信息的选择看,如何审核项目发起人的求助信息,需要提供哪些证明材料,举报与实名认证如何落实等平台都应该严格把控,此外,经平台流动的资金等财务信息要公开透明,设置查询功能给予捐赠人反馈,接受政府和公众的监督。

过度传播问题也不容忽视。为了达到预期的传播效果而刻意炒作往往适得其反。公益营销是现在很多企业采用的一种营销模式,它将经营活动与公益活动联结,从而提高消费者的购买意愿、品牌忠诚度和企业形象。有些企业借公益之名过度炒作,很容易引起公众的反感,从而影响企业声誉和品牌形象。企业做公益应该把握一个度,不仅要考虑消费者需求和公司需求,还要考虑社会的长期利益,在平衡公益和营销之间,尊重客观事实,将公益情怀转化为品牌影响力,带动更多的人和资源来支持和参与。

当前面临的传播困境,不管是传播方式的运用,还是传播内容的监管与审核等都与我们每个人息息相关,企业、公益组织、媒体、公众以及政府应该通过合作实现公益传播效果的最大化,共同营造一个干净安全的网络捐赠环境。

三 政策和技术层面的原因探析

造成信息透明度低、互联网技术应用能力差以及网络捐赠环境混乱的原因有很多，这里主要从政策层面和技术层面探讨。

1. 政策体系尚未完全成型

在信息透明度方面，相关条例的规定缺乏权威的信息公开标准，没有专门的法规条例对公益的信息公开程度进行规范，现有的透明制度也未完全覆盖所有类型的慈善组织、民办非企业单位和社会团体，这些都导致公益组织在信息公开时动力不足。在虚假信息审核方面，既要对发起人的项目质量进行约束，又要有完善的资格准入制度，对捐赠平台的公募资格和发起主体的项目发起资格进行严格审核，防止不符合要求的平台和组织非法开展资金募集活动。

2016年3月16日，《中华人民共和国慈善法》（以下简称《慈善法》）正式出台，由此我国公益事业的法制化发展达到一个新的高度。关于慈善组织应该如何加强信息公开有了进一步规范，同时，针对当前网络募捐平台出现的诈捐骗捐现象，民政部评审通过了首批13家互联网募捐信息平台，对平台资格进行了限定。总的来说，《慈善法》通过对慈善行为、慈善活动及慈善参与者之间的相互关系进行规范和调节，优化了慈善事业的管理体制，但对于规范网络募捐的行为、网络募捐活动的监管等具体细则还有待进一步完善。①

2. 公益慈善信息化建设待加强

信息披露需要一定的成本，一些中小型慈善组织因资金、技术缺乏，往往没有能力进行透明建设。大部分慈善组织深知信息不透明会影响公众捐赠热情，不是不愿做到信息公开透明，现实情况更多的是鉴于技术瓶颈无法达到公众满意的透明程度。如何利用技术创新，全面多样化呈现公益信息，实时反馈给捐赠人有关项目的资金流向及进展，用更为生动的形式接受社会监督有待进一步探索。

此外，在公益传播上，硬件投入不足、软件开发能力落后、专业人才缺乏等问题，导致慈善组织的募捐信息、项目信息、款物使用信息难以及时准确地传递给受助人、捐赠人和社会公众，沟通渠道受阻导致公益信息的传播无法有效到达，使公众有捐赠意愿而不知道通过什么渠道实现，有困难的人不知道去哪里寻求帮助，社会公众对慈善组织的项目进展一无所知，所以，培养专业化技术人才，加快慈善信息化建设将是未来互联网公益发展的重点方向。

---

① 张奇林：《〈慈善法〉与中国慈善事业的可持续发展》，《江淮论坛》2016年第4期。

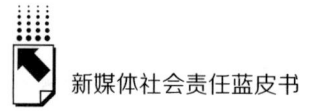

四 互联网公益的发展趋势

未来互联网公益的发展需要更多的群体和资源去投入关注，企业、公益组织、基金会、政府、媒体以及公众展开合作，实现公益资源的优化合理利用，"互联网+公益"会走向深度融合，在寻找公益项目、选择捐赠平台、帮助受捐对象上会更加人性化，主要表现在以下几方面。

（一）合力构建"互联网+公益"新生态

大部分公益组织缺乏融资渠道，在互联网背景下，其内部行政、财务、项目及资源管理的信息化程度不高，急需技术化手段实现组织的高效管理。而企业和基金会在项目运作上有足够的资金支持，一些互联网企业平台和用户资源优势明显，在良好的政策环境下，未来互联网公益会逐渐实现经验、资金、技术和渠道的融合，借助网络慈善募捐平台，实现政府、公益组织、志愿者的衔接，打通传统慈善与网络慈善，实现社会慈善资源的有效整合。① 当前，一些互联网企业开始跨界创新，通过平台搭建助力合作，腾讯宣布推出的"创益计划"中，提供总额价值20亿元人民币的广告资源，搭建一个囊括公益机构和项目、创意团体、广告创意评选机构以及公众在内的链接平台，激励多方在充分互动中产出优质的传播成果，帮助公益机构和项目提升公益创意的展现能力。② 除了提供平台的资金支持，一些互联网企业还可以利用技术优势帮助公益组织实现转型，比如腾讯云和随手记与公益的结合。

腾讯云+公益。很多公益组织拥抱互联网的最大瓶颈在于缺乏基础的网站建设能力，从而限制了项目整体发展，而社会上内容管理系统没有现成公益项目功能定制版，公益组织不能直接套用。腾讯云利用自身优势与专业制作公益网站系统的"极益公益平台"合作，为公益组织定制了"极益公益云镜像"系统，方便其快速搭建专属于自己的公益网站。此外，腾讯云还为正规公益组织免费提供云服务器、云数据库、对象存储等一系列专业资源，助其免除IT

---

① 张作为：《网络慈善募捐模式构建与实施》，《北方经济》2011年第4期。
② 程楠：《探索中国互联网公益，首度披露"十大发现"》，《中国社会组织》2017年第12期。

硬件投入的困扰，提高影响力，互联网企业和公益组织真正实现了融合，让公益事业在互联网环境中滋长。

随手记+公益。财务透明问题，一直是影响公众参与公益的重要因素，公益组织一直在探索以什么样的方式接受社会监督更为有效。个人记账App随手记公益助力免费午餐38所开餐学校实现财务透明化管理和社会化分享，针对公益组织和捐赠人分别设置记账模块和查账模块，项目的每笔收支时间、明细、金额、票据凭证等都可以通过PC/移动端随时记录，自动生成账本后分享至社交平台供公众下载查看。① 通过"互联网+"技术创新直接打通捐款人和受助学校，公众可以定向监督受助学校每日收支状况。随手记与公益的结合创新了财务管理的模式，让公益财务公开更加透明。

互联网企业利用其技术优势助力公益组织，除了解决网站建设问题、数据库问题以及透明度问题外，未来公益的跨界合作形式更加多样，就像全民参与的捐步运动一样，真正的互联网公益会以各种可能的形式成为我们生活中的一部分。同时，政府致力于为互联网公益的发展提供良好政策环境，除了加强网络捐赠平台的管理外，还将慈善信托纳入慈善法规范，通过税收优惠鼓励企业参与公益慈善事业，与公益组织相互协调合作，为了让地方政府和更多社会力量参与进来，鼓励它们通过公益创投等方式，给予正处于初创期的慈善组织更多支持。② 总之，对待公益组织发展创新中出现的新情况，政策上比以往更加开放和包容。

（二）技术引领公益创新

技术正在提高互联网公益的创新性和有效性，利用互联网技术和用户的碎片化时间，结合社交化场景和趣味化互动，不断创造出新的参与性强的互联网公益模式。技术与公益的结合可能会是一种全新的体验形式，也可能是在技术的某种功能驱动下的公益呈现，两者都可以作为内容和形式去融合创新，就像直播、大数据以及VR等与公益的结合。

---

① 2016中国信息技术公益联盟峰会主办：《2016年中国信息技术公益发展白皮书》，2016年8月28日。
② 张奇林：《〈慈善法〉与中国慈善事业的可持续发展》，《江淮论坛》2016年第4期。

1. 直播 + 公益

直播成为最热的互联网互动方式，直播业态也成为"互联网 + 公益"的一种有益探索。"爱心一碗饭"公益直播活动就是由多家慈善机构联合发起的，由挑战者直播做饭或吃饭，并@微博好友进行爱心接力，参与公益直播所产生的打赏收益将全部用来为贫困地区的学生改善午餐营养。除了直播参与捐赠的人以外，直播受捐人的生活场景也可以是一种选择。在公益直播的应用中，更应该考虑直播场景、直播对象及规模、社群组织方式等的不同，选择合适的直播平台，吸引更多潜在用户。此外，还可以将直播与远程在线支教相结合，让更多专业的教师资源通过这样一种方式得到共享。

2. 大数据 + 公益

大数据与公益的结合利于推动公益行业的透明化制度建设，让公益机构的披露更有价值。除此之外，利用大数据技术可以帮助机构发掘数据背后的意义，比如，项目是否有效，如何做得更好？哪种传播方式能打动人，效果怎样？让数据为机构的实际决策提供参考，理性地推进项目筹款与传播。对于捐赠人的维护、志愿者的管理、公益项目的评估等，未来大数据可以实现更加精准和个性化。未来大数据在公益信息收集、存储、处理上的潜力有待进一步开发和挖掘。

3. VR + 公益

利用 VR 技术不仅可以帮助有需要的人向"外"看，比如，公益项目"捕梦行动·把北京带进山"，通过拍摄 VR 视频记录北京最真实的风貌，让山里的孩子更加真切地感受到美丽的北京。而且能为网友提供身临其境的公益现场参与体验，京东公益新的儿童关怀项目就将利用 VR 等高科技技术，拍摄展示山区风貌及孩子们的真实生活环境，VR 与公益的结合还可以通过设置各种虚拟体验馆开展相关公益项目，提高公众参与公益的热情，比如 VR 监测保护滇金丝猴项目，让观众可以通过 VR 眼镜，观察滇金丝猴的一举一动。未来，将会有更多的技术融入公益项目，两者的结合将引领公益创新，给公益带来更多的可能性。

总之，公益事业是一项全民参与的事业，"互联网 + 公益"的长远发展需要企业、公益组织、政府、媒体以及公众的通力合作。尽管面临一系列挑战，但在新环境下，明确各自的公益责任和公益使命，利用技术实现跨界合作与资源共享，不断探索更加有效的实践模式，才能在最大化践行社会责任的同时创造"互联网＋公益"更好的未来。

参考文献

王瑾、周荣庭：《互联网＋公益：玩转公益新媒体》，电子工业出版社，2016年第5期。

首都互联网协会编著《互联网＋公益：开启全民公益时代》，北京日报出版社，2016。

王云斌：《中国实现"互联网＋慈善"的路径研究——以公益慈善信息管理系统为例》，《社会福利》（理论版）2016年第3期。

李彤：《浅论新媒体对公益传播的影响》，《新闻研究导刊》2016年第19期。

郭枫：《浅析新媒体环境下的公益传播》，《新闻爱好者》2012年第23期。

张奇林：《〈慈善法〉与中国慈善事业的可持续发展》，《江淮论坛》2016年第4期。

张作为：《网络慈善募捐模式构建与实施》，《北方经济》2011年第4期。

中国信息技术公益联盟峰会主办：《2016年中国信息技术公益发展白皮书》，2016。

Alex Nicholls. "The Legitimacy of Social Entrepreneurship：Reflexive Isomorphism in a Pre-Paradigmatic Field", *Entrepreneurship Theory and Practice.*

Florentine Maier, Micheal Meyer, Martin Steinbereithner. "Nonprofit Organizations Becoming Business-Like：A Systematic Review", *Nonprofit and Voluntary Sector Quarterly*, 2016, 45（1）, pp. 64 – 86.

B.20
谁该为抑郁症负责？
——健康传播视域下社交媒体对抑郁症的建构与归因

马 旭*

摘　要： 抑郁症作为威胁大众健康的心理疾患，不仅危害个人健康，也是影响社会发展的沉重障碍。在过去的十年左右，社交网络及社交媒体在很大程度上改变了人们交流与互动的模式，也改变了人们搜寻与接收信息的方式。所以，对抑郁症的呈现除了传统的主流媒体之外，社交媒体上信息互动成为建构抑郁症和传播抑郁症相关信息的重要渠道。基于此，研究从健康传播的理论框架出发，以新浪微博为例，汇总了近4年来该平台上有关抑郁症的博文，重点考察了社交媒体上媒体类博主、影响力排名前十的主流媒体、"大V"及健康类"大V"对抑郁症的呈现，旨在呈现抑郁症社交媒体传播的基本生态和归因指向，分析产生这种现状的原因以及改善的可能。研究发现，社交媒体上有关抑郁症的信息主要偏向"轶事框架"，对其产生的归因框架和解决方案都更多地指向个人，而非社会，报道内容和讨论话题同质性倾向严重，抑郁症的信息普及与社会支持度不容乐观，抑郁症的健康传播依旧任重道远。

关键词： 健康传播　社交媒体　抑郁症　归因

---

* 马旭，博士研究生，研究方向为传播理论、新媒体传播。

一 引言

心理疾病相比于生理疾病而言，是更加典型的时代产物。作为心理精神疾病的一种，抑郁症因其发病率高、与自杀密切相关而日益受到广泛关注，成为当下健康传播的热门话题。

据世界卫生组织统计，到2020年，抑郁症将成为仅次于心脏病的第二大疾病（WHO，2000）。中国抑郁症的患病率为6.1%，比全球平均水平高3个百分点，而且发病率近年来呈逐年上升趋势，然而我国目前抑郁症的治疗率不到10%[1]。抑郁症造成的社会危害是隐性、长期、难以估量的。作为一种个体社会化障碍疾病，从宏观视角看，抑郁症的流行和蔓延，会造成整体社会劳动力发展的沉重负担，有报道称，如不采取相应防治措施，至2030年将有累计120亿个工作日会因抑郁症和焦虑情绪等现代心理问题而被浪费，由此造成的全球经济损失可高达9250万美元[2]。

如此全球化的疾病，在中国社会文化的语境中，被呈现在大众视野，是2003年以后的事情，在此之前，抑郁症一直被认为是从身体出发的"神经衰弱"。2003年10月10日，"世界精神卫生日"开始把抑郁症引入中国大众视野，提出了"抑郁影响每一个人"这一主题，抑郁症开始在大众媒体上得到重视。随着全球化的进程，抑郁症的传播有着被本土建构的色彩，除了神经科学的健康传播背景，医药售卖、名人患病、明星自杀等现象和事件，以及"健康/疯癫""理性/非理性""正常/病态"的二元对立话语，使大众认知对精神疾病的"污名化"和对抑郁症的认知偏见一直存在。

媒体报道对人们感知的影响是不证自明的，有调查报道显示，抑郁症的主要患病人群潜藏在底层经济困难的人群中（谢启瑞等，2016）。而大众传媒所关注的、聚焦的抑郁症患病人群却集中在演艺明星、艺术家、政府官员、企业高管等，未能反映出社会真实的患病全貌。因为患病者的显著性和影响力，让

---

[1] 李颖：《抑郁症不是"心灵感冒"别把病说得那么浪漫》，中国科技网，2017年4月7日，http://www.stdaily.com/cxzg80/kebaojicui/2017-04/07/content_530701.shtml。
[2] 张帆：《各国对心理疾病缺乏关注 抑郁症和焦虑致浪费巨大》，中国网，2017年4月14日，http://news.china.com.cn/world/2016-04/14/content_38242865.htm。

"抑郁症"成为一种"贵族病",抑或是"精英病"。而社会上依然存在着饱受抑郁症折磨却无法言说的贫困人群,默认为疾病发生的客体应是具体的、可供展示的"身体",而非情绪或心理的不适,加之中国文化根植在人们意识形态中的"隐忍"和"压抑",所以他们或许并不认为自己的"心情不好""兴致不高"是某种疾病,而认为是自己意志力不高,或被认为是"懒惰""矫情"等,从而加重愧疚感和心理负担,增加病症风险,或因"病耻感"羞于就医,贻误治疗。

关于抑郁症媒体报道和呈现的研究,前人已有梳理和总结。然而随着媒体形态的更迭,传统纸质媒体的受众被网络分流,其中社交媒体占比尤高。作为现代公共领域,社交媒体已经成为人们获取信息和讨论公共事务的重要渠道,调查显示1/3的美国人会通过网络来搜寻医疗诊断信息(PRC,2013),社交媒体上健康话题的讨论和信息搜寻也成为健康话题建构的重要平台,而社交媒体上鱼龙混杂的信息更可能加剧"抑郁症"误读的风险。

事实上,抑郁症发病机理比较复杂,对于其产生原因的探讨,科学家、医学家们也没有定论,但是可以肯定的是,这种疾病的产生,与遗传基因、神经病变、家庭环境和社会压力都有关系。谁应该为社会问题包括健康问题承担更多的责任,个人还是社会?这是学者们一直在讨论的问题。(Kim & Willis,2007),同样地,抑郁症应该更多地归因于个人——内向的病理机制,还是社会——外部的压力倾轧,也就意味着相应的归因对象应该承担更多的解决问题的责任或得到更多的解决问题的资源,这也应该是一个置于政策语境的话题,而这种归因策略在社交媒体信息生态中的呈现,影响着抑郁症问题的正视和解决,在精神疾病的研究案例中,个人倾向的归因有可能会增加负面的公众认知和"污名化"(Yuan Zhang et al.,2016)。另外,抑郁症是否可愈,也是关涉该疾病风险感知的重要维度,研究治疗和解决方案在社交媒体上的呈现,针对其存在的不确定性风险的勾画,对于风险的监控与回避具有实践意义。

二 文献回顾

健康传播与社交媒体

社交媒体的兴起为健康传播实践带来了巨变。相比于互联网健康传播体现出的便捷、匿名、交互、共享、分群性（刘瑛，2011），社交媒体在健康传播中的角色是集优势与挑战于一体的。

Moorhead 等（2013）指出社交媒体在健康传播中的优势为增强与他人之间的互动、提供更多、可分享的、加工后的信息，提供更多获取健康信息的方式，提供平等的、社会的、情感的支持，有助于公共信息健康的检测，以及具有影响健康政策的潜质。Korda & Itani（2013）认为社交媒体中的用户生成数据提供可用于健康预防的实时数据，提高卫生服务提供者对受众的理解，允许他们开发量身定制的、引人入胜的、用户特定的信息。在对抗健康相关的"污名化"议题研究中，Horgan & Sweeney（2010）发现 Web 2.0 时代，特定用户网络允许人们通过健康相关信息的搜寻和获取形成群体支持。

同时也有研究表明，社交媒体存在缺乏可信性、保密和隐私性，传播有害或不正确建议的风险，信息冗余，信息使用困惑，负面健康行为影响，患者寻求专业医疗救助的阻滞以及与患者沟通不充分的局限性（Moorhead et al.，2013）。郑满宁（2014）认为，包括社交媒体在内的新媒体的使用降低了对医生的信任，一定程度上增加了民众获取健康信息的难度，但并没有促进健康行为的发生和有效地改善医患之间信息传播质量。McNeil 等（2012）担心"污名化"盛行的社交媒体一如传统媒体，而前者的快速增长和波及之广可能会加强"污名化"的蔓延。

社会媒体的兴起在很大程度上挑战了传统媒体效果范式。胡百精（2011）指出适应社交媒体的健康传播应重视"从宣传到对话、从信息流到关系网、从利益共同体到价值共同体"的传播变革。其中，社交媒体在社会族群培育方面带来的一个显著变化，是在权力主体和公众之间正在形成一个活跃的意见领袖群体。他们对信息和意见做出选择，对粉丝关系进行维护和拓展，正是他们决定了哪些信息进入公众议程，影响、牵引着公共讨论和社会对话。所以在研究社交媒体生态时，意见领袖即"大 V"的博文信息需要纳入考察范围。

抑郁症与媒体

国内有关抑郁症媒体建构的研究大多聚焦于纸质新闻媒体对抑郁症相关情况的报道和梳理（庞旭，2016；王翠，2010；董伟，2010）和电视媒体的报道（任金州、康云凯，2015）。通过研究分析媒体是如何塑造抑郁症患者形象的，分析结论大多认为媒体在抑郁症议题方面未能投入足够关注，在报道内容上仍然处于提供健康信息的阶段,对抑郁症及其患者的报道也主要以事件为导向,且将抑郁症患者塑造成一种危险且暴力的形象,可能会影响受众对抑郁症的完整、科学认知。还有学者研究了抑郁症概念发展和诊断变迁历史(何伶俐、汪建新,2012;萧易忻,2016),抑郁症患者的社会支持(陈佳芝、高雁,2010;王思萌,2010)等。

国外学者对抑郁症与媒体及社交媒体的研究,主要分为三个方面。

一是社交媒体的使用对抑郁症致病率的影响情况,相关研究主要集中在神经科学、行为科学和心理学方面;有学者(David A. Baker et al., 2016)在考察了30篇有关两者关系的实证研究后,认为社交网络和抑郁症的关系可能是复杂的,并伴有多种心理、社会、行为和个人因素。其中16%的研究持积极态度,6%的研究认为社交媒体的使用对抑郁症具有消极影响,13%的研究认为两者没有必然关系,剩下的大部分研究认为两者之间存在复杂关系。此外,在线社交网络对幸福感的影响可能是正面也可能是负面的,取决于参与调查的实验者以及网络更迭进化等因素。Igor Pantic(2014)认为在过去的十年中,在线社交网络给人们的交流和互动带来了深刻的变化。长期使用社交网站(SNS),如脸谱网等,可能引起抑郁症的症状和体征。一些研究已经表明,某些SNS活动可能引起低自尊,特别是在儿童和青少年时期。其他则证明了社会网络对自尊的积极影响。社交网络使用和心理问题之间的关系到今天仍然存在争议,并在这个问题上的研究面临着许多挑战。还有很多学者研究了特定群体社交媒体使用对于其罹患抑郁症的风险(Lauren, Jens &Megan, 2012),认为由澳洲社交媒体所报道的,SNS的使用可能会导致青少年抑郁的"Facebook抑郁",事实上是被夸大的,家长们对此的担心过早。①

二是社交媒体作为平台对抑郁症患者互助的作用和影响。Xu & Zhang(2016)从语义学的角度研究了豆瓣上重症抑郁障碍患者在线健康交流小组的语言模式和社会网络,发现抑郁症组的社会网络小世界和无标度特性与其他社群媒体平台网络及经典网络模式相比,具有更高的互易比和聚类系数

---

① Lauren A. Jelenchick, Jens C. Eickhoff, Megan A. Moreno (2013), "Facebook Depression?" Social Networking Site Use and Depression in Older Adolescents, Journal of Adolescent Health Volume 52, Issue 1, January 2013, pp. 128 – 130.

值。无论是强的相关性或收敛趋势，抑郁症小组成员之间具有拓扑性质和语言属性。然而也有研究综述发现（Elizabeth M Seabrook el al., 2016）社交媒体使用与心理障碍是有相关性的，但是具体作用是有利还是有害取决于社交媒体环境中的社会因素，只有少量的研究是直接利用社交网络驱动的数据研究社交媒体对抑郁及焦虑的影响，大部分数据都来自横切面的研究对象自我报告，所以后续研究应针对即时的社交媒体数据。Kross 等（2016）研究发现用社交媒体与亲友沟通与抑郁症状的消退有着很大关联。同时他们也发现由于不适用社交媒体而造成的亲友关系变淡，让这部分"局外人"增加抑郁和孤独①。

三是抑郁症的媒体呈现及建构等相关问题，其中占有很大比重的是精神疾病与去"污名化"的相关研究。

有学者研究了美国的新闻媒体如何建构抑郁症，及报道抑郁症时的归因和归责（Yuan Zhang, Yan Jin, Sean Stewart & Jeannette Porter, 2016），② 在对 1980～2012 年美国的印刷和广播新闻媒体有关抑郁症的报道进行分析后发现，媒体更倾向于将抑郁症的发生和解决责任归因到个体层面而非社会层面，印刷媒体更多地呈现了导致抑郁症的个人层面原因，而广播媒体更加聚焦于个人与社会层面的解决路径。地方媒体比全国性媒体更倾向于将抑郁症的解决责任划归于个人。有线电视频道在讨论抑郁症的整体责任方面比网络电视分配的时间更长。也有以中国报纸关于抑郁症报道的归因和归责研究（Yuan Zhang, Yan Jin, Yunbing Tang, 2015），研究比较了党媒和市场导向的都市报在建构抑郁症和归因归责抑郁症之间的差别，研究还探讨了文化和组织因素对抑郁症框架建构的影响。研究发现，与情节轶事框架相比，新闻报道更倾向于运用主题框架。然而，随时间推移，主题逐渐减少，情节轶事框架逐渐增加。相比于西方国家，中国的报纸更多地将问题解决归责于社会环境。都市报相比党媒更少地

---

① Igor Pantic, (2014), Online Social Networking and Mental Health, Cyberpsychol Behav Soc Netw. 2014, Oct 1; 17 (10), pp. 652 – 657.
② Yuan Zhang, Yan Jin, Sean Stewart & Jeannette Porter (2016), Framing Responsibility for Depression: How U. S. News Media Attribute Causal and Problem-Solving Responsibilities When Covering a Major Public Health Problem, Journal of Applied Communication Research, 44: 2, pp. 118 – 135.

采用社会层面的归责框架①。

有学者探讨了微博媒体博主及意见领袖有关抑郁症的微博与用户评论之间呈现出的"污名化"和支持的相关性研究。Weirui Wang & Yu Liu（2016）对2009年到2013年6月新浪微博上影响力排名前十的主流媒体博主和意见领袖有关"抑郁症"或"抑郁"的102条微博进行分析，并对微博下面的评论进行抽样补充，提取了8261条评论。研究发现，有影响力的用户确实会在抑郁症相关话题上影响他们的"粉丝"态度，刻板印象的内容会增加对抑郁症的"污名化"，而将抑郁症归因于社会等外部因素、有关治疗和康复的相关内容则会减少对抑郁症"污名化"的评论；有关治疗和康复的信息不仅会减少"污名化"的内容，同时也会减少对抑郁症持支持理解态度的评论②。

综上所述，有关抑郁症与媒体呈现的研究大多集中在传统媒体，对于社交媒体信息上的考察寥若晨星，Wang & Liu（2016）的研究给予了本报告很多启发，然而该研究采用的样本时间较早，且舍去了多媒体的信息内容，随着新媒体技术的发展，链接、配图、视频成为博文信息中不可忽略的部分，往往承载着文字之外的更多信息，应予以考察；且近年发生的很多抑郁症相关社会事件具有典型性，可以反映社交媒体健康传播的新生态，具有一定的研究价值，连续时间线上的研究或可弥补空缺，与早期研究进行总结对比。

以往的研究，对于媒体"污名化"精神疾病的研究已经十分丰硕，随着媒体对抑郁症相关的报道增多，"污名化"无可避免，媒体定型的存在也是媒体呈现世界的方式，基于此，本报告重点考察中国社交媒体对抑郁症的归因框架和呈现模式，讨论谁应该为抑郁症的产生负责？

---

① Yuan Zhang, Yan Jin, Yunbing Tang（2015），Framing Depression：Cultural and Organizational Influences on Coverage of a Public Health Threat and Attribution of Responsibilities in Chinese News Media, 2000 – 2012, Journalism & Mass Communication Quarterly, 2015, Vol. 92（1），pp. 99 – 120. Kim, S. -H., Carvalho, J. P., & Davis, A. G.（2010），Talking about Poverty：News Framing of Who is Responsible for Causing and Fixing the Problem. Journalism & Mass Communication Quarterly, 87（3），pp. 563 – 581.

② Weirui Wang & Yu Liu（2016）. Discussing Mental Illness in Chinese Social Media：The Impact of Influential Sources on Stigmatization and Support among Their Followers, Health Communication, 31：3, pp. 355 – 363.

三 研究设计

按照新浪微博对影响力的界定,影响力=覆盖度×活跃度×传播力,其中覆盖度与粉丝登录数量、粉丝互动频率相关。活跃度指原创微博、转发、评论、私信等行为越多,活跃度越高。传播力指微博被转发、被评论得越多,传播力越强。研究选取了新浪微博上 2017 年 4 月份影响力排名前十的媒体:人民日报、新浪新闻、央视新闻、中国新闻网、环球时报、法制晚报、人民网、秒拍、财经网、中国经营报。

研究表明很多意见领袖的影响力驱动更多地体现在其拥有大规模粉丝的社交网络联结,而非其专业性(Park,2013),所以综合考量其影响力后选取 2017 年 4 月影响力排名前十的博主("大V"),分别为:全球健身中心、思想聚焦、最神奇的视频、回忆专用小马甲、当时我就震惊了、同道大叔、韩国me2day、happy 张江、英国报姐、我的朋友是个呆 B。以上各个"大 V"涉及领域不尽相同,有娱乐、星座、幽默、文化等类别,为了更有针对性地了解网络"大 V"对抑郁症话题的呈现,选取了新浪微博"健康"话题排名前十的"大 V",分别是:治愈系心理学、触碰心灵的话、走之井二、文摘精选、健康—生活常识、心中那一抹微光、全球大百科、笙南、说给女生听、美食天天见。

在各自博主主页搜索处,搜索"抑郁症"或"抑郁"(后期筛出与抑郁情绪相关博文)。时间从 2014 年 4 月 1 日零时开始,2014 年 4 月起多起媒体人、公务员等因抑郁自杀的消息现于网络,同年 8 月美国影星罗宾·威廉姆斯因抑郁症自杀离世,一时国内外媒体报道、追忆文章频出,引发了抑郁症健康传播的高潮,到 2017 年 4 月 7 日 24 时截止,4 月 7 日是世界卫生日,今年世界卫生日的主题是"一起来聊聊抑郁症",而我国的活动主题是"共同面对抑郁,共促心理健康",有关"抑郁症"话题的样本比较集中。剔除不相关的博文,筛选出博文 431 条。

与以往研究主体稍有不同的是,随着媒体技术对视频、图片等多媒体元素信息的支持,仅仅分析微博博文的文字内容,会遗漏一些附加信息,由于用户接受信息具有一定视动性的优先模式,所以研究将微博链接、配图与视频统一纳入研究,除纯画面的配图外,图文结合的博文内容列入主题考察的范畴,对视频内容根据其信息内容的时长和主要呈现框架进行编码。并根据其内涵所指判断其具体变量属性。由于大部分微博博文体量有限，所以在编码过程中对其展示出的最显要的框架进行记录。

Entman（1993）指出新闻框架往往着重体现某个议题中的特定部分，以促进其理解和传播。归因理论认为，人们会根据从社会环境中得到的信息去推测他们所关注事件的成因（Hewstone，1989），在框架与责任归因的研究中，Iyengar（1991）的"个体/社会责任框架"运用最为广泛。他认为不同的新闻框架会影响受众对某个社会问题的责任归因。轶事框架，即聚焦在个人故事或零散新闻上的框架，容易使受众把社会问题归咎于个人；而事实框架，即聚焦在社会宏观背景或环境上的新闻框架，容易使受众把社会问题归咎于社会，倾向于质问社会的和制度的原因。① 根据以上理论，研究对以下变量进行编码考察，值得注意的是，在选取样本时，博主有关抑郁症的博文并非都是新闻，所以在主题框架编码时引入"折中框架"，对既未呈现事实也没有轶事的博文进行记录。

表1　关键变量及操作定义

变量	编码	操作定义
信息来源	1 = 媒体 2 = 官方机构 3 = 专家 4 = 企业 5 = 个人或其他	1：该媒体的报道，或转自其他媒体或媒体人员自述 2：政府机构，如世界卫生组织、卫计委等；研究机构，如研究所、学校等；公立医院及其他非营利组织 3：医学、心理学、社会学相关领域专家 4：医药厂商、经纪公司等 5：抑郁症患者或其他信息来源
主题框架	1 = 事实框架 2 = 事实—轶事框架 3 = 折中框架 4 = 轶事—事实框架 5 = 轶事框架	1：把问题放在更大更抽象的社会语境。重点提供关于主题的上下文和宏观信息，可能会使用到历史数据、统计数字或专家访谈。整体诉求是提供客观信息，目的在于鼓励读者认知信息加工 2：结合了两种框架，但更偏向事实框架 3：结合了两种框架，比重相当 4：结合了两种框架，但更偏向轶事框架 5：重点在"讲故事"，问题是在特定事件或案例中提出的。主要焦点是讲述个人故事，描述具体事件或个别个案。会使用典型的讲故事技术，如人物、情节、发展和冲突消解。整体诉求在于让读者产生情感响应

---

① 韩晶晶：《信息框架与行为主体——气候变化信息对效能和责任归因的影响研究》，复旦大学硕士学位论文，2013。

续表

变量	编码	操作定义
归因指向	0 = 无法确定 1 = 个体层面 2 = 社会层面	0:未提及原因或原因指向不明 1:将罹患抑郁症的原因指向:人口统计学特征:年龄、性别、职业、收入、社会经济地位、教育程度、宗教信仰等。基因、个体特征及健康状况:遗传和生物因素、人格因素、情感缺陷和其他身心健康问题(如妊娠、分娩、忽视心理健康问题,饮食、睡眠障碍、损伤、障碍、心血管疾病、癌症等)。行为、生活方式和生活事件:不健康的生活方式(在饮食、睡眠、工作与生活的平衡上),药物使用或其他嗜好,不爱活动或孤独的生活方式以及创伤性生活事件。其他任何超出上述三类的个人原因,例如不当使用药物或医疗设备来处理其他健康问题或做出失败的生活决定等 2:将导致抑郁症的原因指向:微观社会环境:家庭、学校、工作场所或社区等直接社会环境中的致郁因素,或这些环境中对心理健康问题的关注和理解不够。宏观层面的社会环境:文化因素、刻板印象、歧视或侮辱;社会不公正,社会资源分配严重两极化,就业率低、失业率高等;媒体表达带来的消极社会影响(例如媒体偏见或名人自杀报道导致的模仿行为等);高压力的现代生活中,犯罪率高,竞争激烈;社会凝聚力不强,社会支持有限等。公共卫生制度和政策:可用性差,大众缺乏公共健康教育和意识,公共政策支持和保险措施不足。其他外部社会原因如环境危害、季节变化和天气条件、自然灾害等
解决方案	0 = 没有提及 1 = 个人层面 2 = 社会层面	0:对于抑郁症的治疗和解决方案语焉不详 1:将解决方案更多地指向:人口因素:年龄、教育、职业、收入等的改变;个人健康状况:改善个人情感缺陷;寻求医学预防和治疗身体及精神健康问题(例如学习健康相关知识、寻求辅导、服用药物、住院或替代疗法等);个人行为和生活方式的改变:健康饮食和生活方式,戒除成瘾,更多的体育活动锻炼,活跃的社会生活等。其他除上述范畴的解决方案,如寻求精神信仰或宗教信仰等 2:将解决方案更多地指向:家庭、学校和社区的改善:健康的家庭、学校和社区环境,对医学心理健康问题的理解和更多地关注,家庭、学校、社区层面的预防与干预。公共卫生、公众态度、公共政策的变化:加强公共卫生教育,提高精神卫生保健意识,改善抑郁症的预防治疗政策(例如,科研投入、医疗改革等)。文化和社会的改变:创造拥有更强凝聚力的社会环境,提供更多的社会交往与支持,构建社会救助机制等。其他社会解决方案,如社会经济地位的调整,健康榜样的树立,环境保护与改善等

四 研究结果及分析

(一)喧嚣的假象——微博中抑郁症话题的整体呈现

通过对博文附加信息的编码发现431条微博中,仅有1条是纯文字,剩下整体中59%是有配图,33%有链接,8%有视频,故纯博文文字的编码,会遗漏大量显性和隐性信息。从2014年4月到2017年4月,并未发现有规律的增量,但有几个特殊时间点,整体微博量十分显著,分别是2015年4月,2016年5月和2016年9月,而这几个时间段对应的讨论最多的话题是:"合肥一婴儿坠亡,其母疑有产后抑郁症"、"川师大血案嫌疑人称患有抑郁症"和"演员乔任梁自杀,生前患有抑郁症"。纵观整体样本,同质性内容较多,就同一话题的信息增量十分有限。如视频短片"我有一只名叫抑郁症的小黑狗"配上不同文字在样本中出现8次,而含有视频内容的博文一共32条。

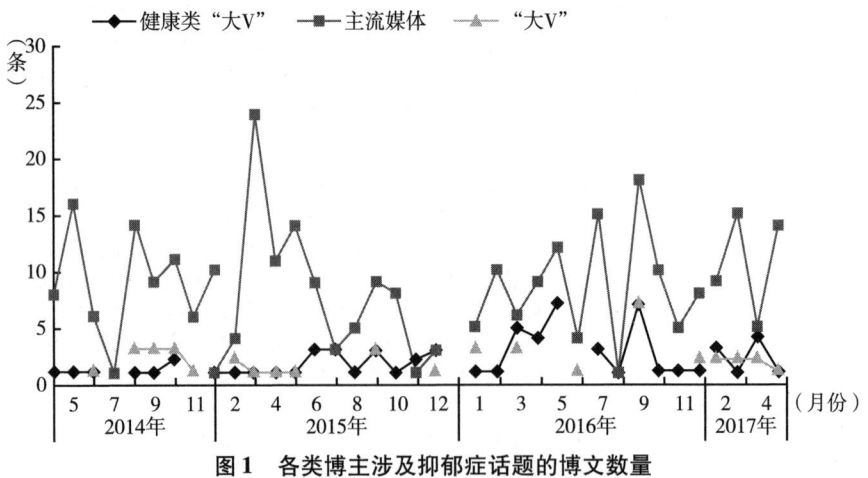

图1 各类博主涉及抑郁症话题的博文数量

具体而言,主流媒体涉及抑郁症话题最多(N=319),健康类"大V"次之(N=69),"大V"(N=43)。而博主们在采纳不同信源上也有所偏好,不同的博主在采纳信源时也存在较强的倾向性(Pearsonχ^2 = 334.621, df = 8, P = 0.000 < 0.05),主流媒体偏向于采纳媒体信源(88.4%),"大V"和健康类"大V"都更倾向于采纳个人或其他信源(94.2%,93.0%)。

（二）沉重的暗示——框架与归因倾向的偏好

同样地，不同类型的博主在选择框架时，也有所偏好（$x^2 = 85.916$，$df = 8$，$p = 0.000 < 0.05$），其中主流媒体（56.4%）和"大V"（67.4%）都更偏向"轶事框架"，反而健康类"大V"（78.3%）更偏向"事实框架"，整体来说"轶事框架"偏多。在对抑郁症话题的框架竞争中，轶事框架大多呈现的是具有戏剧化、新奇性和显著性的新闻，从而更偏向将患病责任归因于个人（Zhang et al.，2015）。

如表2所示，不同博主的框架归因是有显著区别的，而在解决方案上却没有明显差异，都倾向于回避此话题。一方面"大V"与健康类"大V"在归因上含糊不定；另一方面主流媒体却将矛头剑指个体，将引发抑郁症的主要原因归于个人，当然一方面与其选择的叙事框架有重要关系；另一方面也说明在公共健康领域，主流媒体对患病风险的归因策略，呈现出贝克所说的"有组织地不负责任"。

表2 不同类型博主的归因及解决框架

单位：条

		归因指向				解决方案			
		无法确定	个体层面	社会层面	总计	无法确定	个人层面	社会层面	总计
博主	主流媒体博主内的(%)	125 39.2	172 53.9	22 6.9	319 100.0	223 69.9	73 22.9	23 7.2	319 100.0
	"大V"博主内的(%)	26 60.5	13 30.2	4 9.3	43 100.0	31 72.1	7 16.3	5 11.6	43 100.0
	健康类"大V"博主内的(%)	45 65.2	22 31.9	2 2.9	69 100.0	56 81.2	12 17.4	1 1.4	69 100.0
总计博主内的(%)		196 45.5	207 48.0	28 6.5	431 100.0	310 71.9	92 21.3	29 6.7	431 100.0
统计量		$x^2(1, n=431) = 21.673, df = 4,$ $p = 0.000 < 0.05$				$x^2(1, n=431) = 6.877, df = 4,$ $p = 0.143 > 0.05$			

而不同消息来源的归因策略再一次印证了媒体信源对抑郁症归因的个体化倾向，如表3所示，不同的消息来源倾向于对抑郁症的患病风险进行不同层面

的归因。媒体和官方机构都暗示着个人应该为抑郁症风险承担更多的责任，而专家信源显得比较中立，企业与个人没有明确的归因对象。相应地，在解决方案中，大部分信源都选择沉默或中立，而专家信源倾向于从个人层面入手处理抑郁症风险。

表3 不同消息来源的归因及解决框架

		归因指向				解决方案			
		无法确定	个体层面	社会层面	总计	无法确定	个人层面	社会层面	总计
消息来源	媒体消息来源内(%)	117 (41.3)	147 (51.9)	19 (6.7)	283 (100)	201 (71.0)	60 (21.2)	22 (7.8)	283 (100)
	官方机构消息来源内(%)	6 (26.1)	14 (60.9)	3 (13.0)	23 (100)	13 (56.5)	8 (34.8)	2 (8.7)	23 (100)
	专家消息来源内(%)	0 (0)	2 (50.0)	2 (50.0)	4 (100)	1 (25.0)	3 (75.0)	0 (0.0)	4 (100)
	企业消息来源内(%)	1 (100)	0 (0.0)	0 (0.0)	1 (100)	0 (0.0)	1 (100.0)	0 (0.0)	1 (100)
	个人或其他消息来源内(%)	72 (60.0)	44 (36.7)	4 (3.3)	120 (100)	95 (79.2)	20 (16.7)	5 (4.2)	120 (100)
总计 消息来源内(%)		196 (45.5)	207 (48.0)	28 (6.5)	431 (100)	310 (71.9)	92 (21.3)	29 (6.7)	431 (100)
统计量		$x^2(1, n=431)=31.509, df=8, p=0.000<0.05$				$x^2(1, n=431)=17.180, df=8, p=0.028<0.05$			

研究还考察了带有什么属性的博文会更受欢迎。通过检验发现，不同归因指向与博文的转发、评论和点赞都并未呈现显著差异（转发量 $f=1.005$, $df=2$, $p=0.367>0.05$；评论量 $f=0.731$, $df=2$, $p=0.482>0.05$；点赞量 $f=1.212$, $df=2$, $p=0.299>0.05$）。即不同的归因指向对博文的传播力影响十分有限。同样，不同的解决方案指向与博文评论、点赞量也没有明显显著相关关系（评论量 $f=1.155$, $df=2$, $p=0.316>0.05$；点赞量 $f=0.047$, $df=2$, $p=0.954>0.05$），但不同的解决方案与转发量具有相关性（转发量 $f=4.920$, $df=2$, $p=0.008<0.05$），通过进一步检验发现，由于大量博文中没有提到解决方案，所以个人层面解决方案与社会层面解决方案的转发量并无相关性（$T=-0.39$, $df=233$, $p=0.969>0.05$）。

也就是说，博文中隐含的归因框架与解决方案框架并不会引起其传播力的增减，进一步推测，社交媒体用户对于抑郁症的归因与解决框架并不敏感。

而不同的主题框架与转发量（$f=6.585$，$df=4$，$p=0.00<0.05$）、点赞量（$f=3.138$，$df=4$，$p=0.15>0.05$）与评论量（$f=6.585$，$df=4$，$p=0.1>0.05$）都相关，即选取不同主题框架会影响博文的影响力。相比之下，尽管轶事框架的占比最高，但事实—轶事框架的传播力最强，说明事实—轶事框架博文中既有信息量，又有情感相应的属性，最吸引社交媒体用户。博主类型与传播力具有显著相关性（$f=9.202$，$df=2$，$p=0.00<0.05$）。这符合新浪微博影响力测评指数的设定。

(三)高光的背后——抑郁症人物群像与案例分析

通过对转发、评论、点赞量排名前十的博文进行考察发现，6条都来自人民日报，2条来自央视新闻，1条来自中国新闻网，仅有1条"大V"博文，审视这10条博文，5条都提到了患抑郁症的明星，罗宾·威廉姆斯、张国荣、乔任梁等，配图中有对抑郁症的科普介绍，也有明星剧照，多次出现了"抑郁症自测量表"。

而通过直接搜索新浪微博中媒体类微博涉及"抑郁症"博文488条，对博文中提及的人物进行编码分类，共涉及人物（非泛指）288人次，剔除无效案例，汇总计数得到215人次，其中影视明星占比65%，艺术家、主持人、作家、学者等名人共占比78%，产后抑郁症患者占比8%，校园欺凌类占7%，企业高管和政府官员各占2%和1%，如图2所示。事实上，这与现实的抑郁症患病生态相去甚远，我国大部分抑郁症患者集中在低收入及贫困人群，且有低龄化蔓延的趋势。媒体对现实社会的呈现不可能做到绝对客观，但是资源的倾斜与无知的倾轧可能对抑郁症的健康传播造成两极化的鸿沟，存在着健康风险信息不对称的隐患。

"明星效应"在社交媒体健康信息传播中无可厚非，有研究认为（Elizabeth L. Cohen & Cynthia Hoffner，2016），名人健康事件对公共健康教育和意识有积极的影响，部分因为人们在社交网站上传播与名人相关的健康信息。尤其在名人死亡或其他悲剧发生时，社交网站提供了与他人共同悼念的公共空间。该研究以美国影星罗宾·威廉姆斯的自杀为案例讨论其对社交媒体用户健康传播的影响。然而研究也显示，"伤感"作为调和因素影响了健康信息的共享，同时在名人自杀

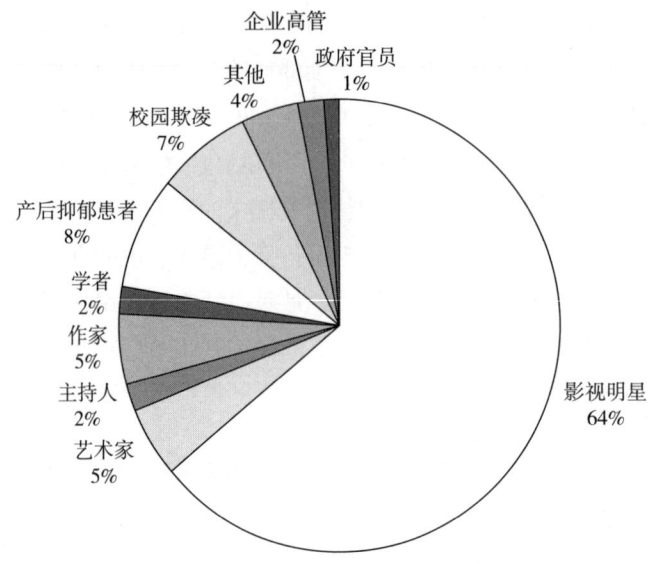

图 2 具名人物出现人次比率

现象的健康教育中只有当信息搜寻者试图寻找积极意义时才发挥作用。

反观上述十条微博，信息的表层意思和深层内涵，每个个体对信息的加工都会有所出入，所以同样的信息，理解几乎大相径庭。其中对于分析内容中大量的抑郁症自杀新闻，事实上大部分都只是推测，并无呈现出绝对的因果关系，"生前罹患抑郁症"与自杀行为之间的关系推断事实上极易让信息接受者产生心理定型。"自杀倾向"只是抑郁症患者的诊断标准之一，并不意味着抑郁症患者必须背负这个标签被认知、被传播。

另外，博文内容配图中的所谓"自查"的量表，也只能算是抑郁症诊断的参考之一，博文信息中广泛传播的片段节选，囿于篇幅和易读性，完整度不够高，也不见得足够严谨，即便是 DSM、ICD 等专业的精神障碍诊断标准也只是精神课医师临床判断的一小部分，如若断章取义、生搬硬套，不仅无益于抑郁症的健康传播，反而会造成一些误读和误传的风险陷阱。

五 讨论

贝克（Beck，1999）指出了当代人面临的窘境：个体化的矛盾。也就是说，一方面，人逐渐从传统的信仰与规范中解放，但却面临着信仰与规范的丧失，陷入孤立，失去传统社群网络的支持；另一方面，当代人又面临着许多社会风险。作为一种疾病的"抑郁症"事实上是一种个体社会化障碍。

随着西方精神健康模式全球化，人们习得的知识和实务限制了自我理解负面情绪的视野，仅在个人层面讨论问题。精神病理学的病理描述和治疗将群体生活所面对的社会问题个人化。个人被当作研究对象，接受药物治疗、行为矫正或认知行为治疗（Parker，1992）。奥尔伍德（allwood，1995）指出抑郁诊断让人把生活事件看作个人内心挣扎而非公众之事，鼓励自我内化规训。但过分个人化的精神病理学反而加剧了学科知识原本宣称欲解决的问题，加剧了疏离感、无助感和绝望感。

本尼迪克特《文化模式》中指出，心理障碍及相关文化必须结合判断的驱动力，也就是说本土化的文化治疗十分必要。中国社会文化的真空导致的不安全感，自我膨胀和现实之间的差距拉大，语境转换中的断层，这些问题应如何通过个人的努力治愈自己克服？

福柯认为语言包含不同意义系统，掌握意义系统的人握有权力，得以排除他者。而在本报告的研究中，媒体作为权力的执掌者却在否认社会对于抑郁症所应该承担的责任，只有改变这种定式，才有反转与突破的可能。

在健康传播领域，人们可利用媒介信息进行自我保护以降低健康风险（Wei，Lo，&Lu，2008），人们感知到的媒介信息对自我的影响可用于预测行为结果。当从媒介报道中感知的健康风险增强时，人们更倾向于搜寻相关疾病的信息，以降低风险的不确定性，并更加倾向于采取相关保护行为以控制健康威胁。然而在社交媒体关于抑郁症的呈现样本中，不难发现大量的转发和复制信息，科普的信息增量十分有限，一些内容在不同的媒体和自媒体之间反复传播，除了改换博文由头，有关抑郁症的信息同质性极高，不可否认一再反复的信息暗示可以达到一定的传播目的，在一个较长的时间线中，不时提及也有利于受众理解接受信息中的知识内容，但是缺乏创新、对于真正寻求信息的用户而言，可利用的信息量并不可观。

附着在"名人"，尤其是"明星"话题上的抑郁症报道和描述，传播力最广，这与微博平台用户的使用习惯有很大关系，然而通过对高转发、高点赞的博文评论考察和统计发现，对抑郁症话题的讨论并非热点，蹭热度、追话题、讲段子的评论才能得到高赞和回复。在评论中也不难发现，很多用户拿"抑郁"情绪来抵抗现实压力，但对"抑郁症"却缺乏足够和深入的了解，断章取义，隔岸观火，一方面用"自杀"或"自杀倾向"这种极端症状来定型抑郁症；另一方面还是用中国传统的中庸处世哲学来规训和抵制承认抑郁症作为一种有生物基础的心理精神疾病的存在。有很多不辨真假的留言称通过"自测"发现自己患有"抑郁症"，但这种现象无法称为是抑郁症健康传播的有效影响，正如萧易忻（2016）等学者研究表述，抑郁症的传播与经济全球化浪潮的推力有着重要关系，媒体难辞其责，作为社交媒体中话语权力的执掌者，媒体理应尽到"瞭望者"和"把关人"的责任。

参考文献

Elizabeth L. Cohen, Cynthia Hoffner, Finding Meaning in a Celebrity's Death: The Relationship Between Parasocial Attachment, Grief, and Sharing Educational Health Information Related to Robin Williams on Social Network Sites, Computers in Human Behavior, Volume 65, December 2016, Pages 643 – 650, ISSN 0747 – 5632, https://doi.org/10.1016/j.chb.2016.06.042.

Elizabeth M Seabrook, Margaret L Kern, Nikki S Rickard, Social Networking Sites, Depression, and Anxiety: A Systematic Review, JMIR Ment Health. 2016 Oct – Dec; 3 (4), e50.

Entman R M. Framing: Toward Clarification of a Fractured Paradigm. Journal of Communication, 1993, 43 (4), pp. 51 – 58.

Horgan, A., & Sweeney, J. (2010), Young students' Use of the Internet for Mental Health Information and Support. Journal of Psychiatric and Mental Health Nursing, 17, 117 – 123. doi: 10.1111/j.1365 – 2850.2009.01497.x

Iyengar S. Is Anyone Responsible?: How Television Frames Political Issues. University of Chicago Press, 1994.

Korda, H., & Itani, Z. (2013), Harnessing Social Media for Health Promotion and Behavior Change. Health Promotion Practice, 14, 15 – 23. doi: 10.1177/1524839911405850.

McNeil, K., Brna, P. M., & Gordon, K. E. (2012), Epilepsy in the Twitter Era: A Need to re-tweet the Way We Think About Seizures. Epilepsy & Behavior, 23, pp. 127 – 130. doi: 10.1016/j.yebeh.2011.10.020.

Park, C. S. (2013), Does Twitter Motivate Involvement in Politics? Tweeting, Opinion Leadership, and Political Engagement. Computersin Human Behavior, 29, 1641 – 1648. doi：10. 1016/j. chb. 2013. 01. 044.

Wei R, Lo V H, Lu H Y. Third-person Effects of Health News：Exploring the Relationships among Media Exposure, Presumed Media Influence, and Behavioral Intentions. American Behavioral Scientist, 2008, 52（2），pp. 261 – 277.

庞旭：《健康传播视域下的抑郁症报道研究（2011～2015 年)》，华东师范大学，2016。

任金州、康云凯：《我国电视媒体健康传播视角下的抑郁症》，《今传媒》2015 年第 3 期。

王翠：《国内报纸对抑郁症患者的形象呈现研究》——以《人民日报》《新京报》《健康报》的报道为样本，《新闻世界》2010 年第 6 期。

董伟：《健康传播视角下抑郁症报道研究》，《新闻世界》2010 年第 5 期。

王翠：《媒介真实与现实世界的背离：国内报纸抑郁症患者形象再现研究》，安徽大学，2010。

郑满宁：《缺位与重构：新媒体在健康传播中的作用机制研究——以北京、合肥两地的居民健康素养调查为例》，《新闻记者》2014 年第 9 期。

胡百精：《健康传播观念创新与范式转换——兼论新媒体时代公共传播的困境与解决方案》，《国际新闻界》2012 年第 6 期。

宫贺：《公共健康话语网络的两种形态与关键影响者的角色：社会网络分析的路径》，《国际新闻界》2016 年第 12 期。

刘瑛：《互联网健康传播：理论建构与实证研究》，华中科技大学出版社，2013。

萧易忻著《抑郁症在中国产生的社会学分析》，华东理工大学出版社，2016。

〔英〕伊恩·帕克等：《解构疯癫——精神疾病的制造与解放》，魏瑄慧译，北京师范大学出版社，2016。

〔美〕露丝·本尼迪克特著《文化模式》，社会科学文献出版社，2009。

B.21
展演还是从众
——受众理论视阈下对抗跟帖产生研究

张雯 余红*

摘 要： 新闻跟帖中的对抗话语影响媒体议程设置和风险传播的效果。但鲜有研究从受众视角考察对抗话语产生的原因。研究基于观展/展演理论与从众理论，使用山东疫苗事件的91篇新闻与936条跟帖为样本，建立媒介、跟帖情境与对抗跟帖行为的逻辑回归模型考察对抗跟帖产生机制。研究发现：1. 框架设置与发帖人身份成为个体展演的工具，显著影响对抗信息的产生；2. 跟帖情境引发从众行为，一旦网民感知身处对抗氛围时书写对抗跟帖的概率显著提高；3. 跟帖情境对框架效应产生调节作用。与主流情境相比，对抗情境中的从众现象更明显，消解了框架在对抗信息产生上的差异。因此，避免对抗情境在社交媒体平台上的早期形成是治理对抗新闻跟帖的有效路径。

关键词： 新闻跟帖 观展/展演理论 从众理论 对抗

根据中国互联网络信息中心统计报告，手机移动端已经成为网民获取新闻最主要的途径。这一趋势催生网民生产内容的蓬勃发展，其中，新闻跟帖以开

---

* 张雯，江汉大学武汉语言文化研究中心，讲师，华中科技大学新闻与信息传播学院2014级博士生，主要研究方向：风险传播、新媒体与网民行为；余红，华中科技大学新闻与信息传播学院教授，博士生导师，主要研究方向为风险传播、新媒体与社会、网络舆情。

放性、多元性以及幽默性深受多数网民青睐。① 然而，新闻跟帖中总会出现一些抗争话语，频繁地、轻易地解构官方舆论生产的结构化文本、对抗式地重新诠释主流话语。② 抗争往往充满负面情绪与对现实的不满，容易让阅读者产生对政府的不信任感③、激起负面情绪④以及某种偏见，⑤ 负面调性的跟帖对读者态度的影响甚至超过新闻本身。⑥ 特别在突发事件发生后，跟帖中出现大量的抗争话语与新闻针锋相对，不仅减弱舆论引导力，拖延事件处理的效率，导致真相扑朔迷离，还挑战政府信息的权威性，影响社会的稳定。厘清跟帖中对抗话语出现的原因显得尤为重要。

　　对抗话语是对主流话语进行反抗的某种代替性话语形式。⑦ 谩骂、嘲讽、恶搞，情绪化迅速地表达观点是新媒体中对抗话语的特点。对抗话语产生的原因研究较为宏观，有学者认为对抗话语的出现由于社会矛盾、社会冲突加剧并长期得不到解决，是社会病态的反应;⑧ 也有学者从新闻媒体入手，认为媒体关注的问题的错位、信息缺失不公开、立场居高临下、文风曲高和寡、⑨ 官方

---

① Diakopoulos, Nicholas, & M. Naaman, "Towards Quality Discourse in Online News Comments," *ACM Conference on Computer Supported Cooperative Work*, CSCW 2011, Hangzhou, China, March DBLP, 2011, pp. 133 – 142.

② 张淑芳:《公众对抗式解读官方舆论的原因及对策》,《当代传播》2013 年第 4 期。

③ Mutz, D. C., & Reeves, B., "The Videomalaise: Effects of Televised Incivility on Political Trust," *American Political Science Review*, Vol. 99, no. 1, 2005, pp. 1196 – 1211.

④ Ng, E., &Detenber, B, "The Impact of Synchronicity and Civility in Online Political Discussion on Perceptions and Intentions to Participate," *Journal of Computer-Mediated Communication*, Vol. 10, no. 3, 2005.

⑤ Anderson, A. A., Brossard, D., Scheufele, D. A., Xenos, M. A., &Ladwig, P., "The 'Nasty Effect': Online Incivility and Risk Perceptions of Emerging Technologies," *Journal of Computer-Mediated Communication*, Vol. 19, no. 3, 2014, pp. 373 – 387.

⑥ Yang, H., "The Effects of the Opinion and Quality of User Postings on Internet News Readers' Attitude Toward the News Issue," *Korean Journal of Journalism & CommunicationsStudies*, Vol. 52, no. 2, 2008, pp. 254 – 281.

⑦ 刘涛:《环境传播的九大研究领域（1938~2007 年）：话语、权力与政治的解读视角》,《新闻大学》2009 年第 4 期。

⑧ 陈龙:《对立认同与新媒体空间的对抗性话语再生产》,《新闻与传播研究》2014 年第 11 期。

⑨ 张淑芳:《公众对抗式解读官方舆论的原因及对策》,《当代传播》2013 年第 4 期, 第 36~38 页。

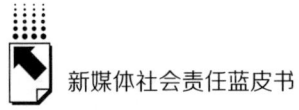

话语与民间话语对话性的缺失、① 无法满足受众的信息期待②是产生对抗话语的主要原因;还有研究者从心理学视角认为网民被激发的负面情绪是维持对抗性的心理机制,③ 公民意识的觉醒也被认为是对抗话语产生的影响因素。④

但是,以往研究忽略了受众研究范式。互联网提供的公共参与平台使大量的社会成员成为传播者,新闻已由刊出(publish)转为公开(publicize),新闻跟帖区的公众具有对刊出的新闻进行评论、审阅、分享模式,跟帖区已成为网民展演与观展的舞台。"跟帖"这一"展演"既要承受被观展的压力又是观展他人表演后的结果。那么,在这个层面上,对抗话语到底是取得注目且获得认同的展演方式?还是受到网民这一"想象共同体"群体压力产生的从众行为?本报告基于观展/表演理论与从众理论进行实证分析。

一 文献回顾与研究问题

(一)跟帖中的对抗话语

Robert Cox 在环境传播中将抗拒主流话语的话语形式称为对抗话语(counter discourse)。⑤ 对抗者在主流的文本与话语中寻找冲突与矛盾,以重新解读或者解构的方式,把边缘化的社会主体或者理念加以放大和阐释。在跟帖研究中,学者对公民对抗话语的定性存在两种观念。一是视为公共领域中不规范的部分,即与理性辩论相对的行为——"网民使用带有讽刺、嘲笑特征的无礼或者粗鲁的陈述对其他网民、组织、媒体以及政府进行攻击或者诽谤",⑥

---

① 王凤仙:《社交媒体场域的传播失灵现象观察:基于官方与民间话语互动的案例分析》,《当代传播》2015 年第 6 期。
② 尹连根、黄敏:《政府官方微博:形似公共领域和次私密领域的集合体》,《国际新闻界》2016 年第 5 期。
③ 郝永华、芦何秋:《网民集体行动的动力机制探析:以"郭美美事件"为研究个案》,《国际新闻界》2012 年第 3 期,第 61~66 页。
④ 禹夏、邓亮:《探析微博用户对主流媒体报道的对抗式解读》,《媒体时代》2014 年第 7 期。
⑤ 刘涛:《环境传播的九大研究领域(1938~2007 年):话语、权力与政治的解读视角》,《新闻大学》2009 年第 4 期。
⑥ Rowe, Ian., "Deliberation 2.0: Comparing the Deliberative Quality of Online News User Comments Across Platforms," Journal of Broadcasting & Electronic Media, Vol. 59, no. 4, 2015, pp. 539–555.

"讨论对话中使用不必要的对议题、传播者以及参与者不尊重的语气"①,"嘲笑、故意歪曲、攻击性语言以及咒骂",② 将此界定为"不文明"跟帖行为。围绕不文明跟帖效果与控制的研究随之展开。

二是看作对抗主流群体的一种自我表达。Fraser 提出"反公众"的概念,他将反主流的对抗言语聚集的空间被称为"反公众空间",是与主流话语平行的一种讨论空间,由边缘社会群体组成,他们通过反对主流话语的形式为身份、兴趣与诉求进行抗争,是对统治群体的抗争,在于重建民主社会秩序,扩展话语空间,部分抵消社会主流群体不公平的参与特权。③

那我国的新闻跟帖行为更偏向于公共领域的变形还是对抗主流群体的自我表达呢?孙卫华以美国学者亨廷顿的发展中国家的政治参与模式审视我国,认为网络化社会使一直被排斥和挤压的社会大众的政治诉求得到集中释放,形成社会大众自发推动,得到中产群体支持自下而上的"大众政治模式",矛头直指体制内上层精英,质疑其合理性和合法性。④ 这种政治模式决定了"抗争"为主的参政形式,抗争性政治已经成为中国政治社会学的基本问题。

除此之外,情感是我国网民参政的原动力。有学者将网民参政看作一种负面情绪的宣泄,于建嵘提出"群体泄愤"概念,认为网民利用"无直接利益冲突"事件发泄累积的社会情感。⑤ 应星认为在无利益相关者的群体事件中,以政治表达的方式宣泄情绪本身为目标,行动自发性明显。⑥ 余红等认为新媒体的网络表达是对社会怨恨情绪传统媒体表达通路的补偿,让社会共生的负面情绪得以稀释。⑦ 随后,学者发现参政源于"道德震撼"产生的情绪。陈顾等

---

① Coe K, Kenski K, &Rains S A., "Online and Uncivil? Patterns and Determinants of Incivility in Newspaper Website Comments," *Journal of Communication*, Vol. 64, no. 4, 2014, pp. 658 – 679.
② Sarah Sobieraj, & Jeffrey M. Berry., "From Incivility to Outrage: Political Discourse in Blogs, Talk Radio, and Cable News," *Political Communication*, Vol. 28, no. 1, 2011, pp. 19 – 41.
③ Fraser, N. "Rethinking the Public Sphere: A Contribution to the Critique of Actually Existing Democracy," In C. Calhoun (Ed.), *Habermas and the Public Sphere*, 1992, pp. 109 – 142. Cambridge, MA: MIT Press.
④ 孙卫华:《表达与参与:网络空间中的大众政治模式研究》,《新闻大学》2016 年第 5 期。
⑤ 于建嵘:《抗争性政治》,人民出版社,2010。
⑥ 应星:《"气场"与群体性事件的发生机制——两个个案的比较》,《社会学研究》2009 年第 6 期。
⑦ 余红、王庆:《社会怨恨与媒介建构》,《华中科技大学学报》(社会科学版) 2015 年第 3 期。

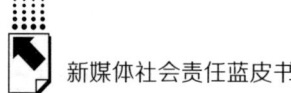

指出我国的群体运动大多源自对"不公"道义产生负面情感。媒体将社会群体刻画成强—弱二元对立形象，使群众基于情感正义同情弱者，攻击"强"者，加入到政治表达中。学者还指出公民的情感表演是政治动员中的重要环节。网民利用情感表演争取更多的网络声援，调动起更大范围的社会同情与支持。[1]因此，基于道义的情感促使网民以激进的方式参与到了政治表达中。

因此，在"断裂的社会"环境中，社会分层与阶级分化加剧矛盾发生，社会变迁的受害者成为抗争者，抗争或是成为讨回社会变迁中被损害的正当利益的手段，或是成为发泄不满、愤怒情绪的渠道，从而达到道义上的正义感的满足。跟帖中的"对抗"话语贡献的不全是理性观点，更多是一种脱轨解读，无力促进公共领域的形成，对抗跟帖行为更是一种对抗主流群体的自我表达。

（二）观展/表演的对抗

英国学者 Abercormbie 和 Longhurst 在 1998 年出版的专著《受众》中提出观展/表演范式，强调受众在媒体消费过程中对意义的二次建构。他们认为社交媒体成为观展和表演的舞台，人们既是他人注视的表演者，又是观展者，观看他人表演的同时自己的表演也会被他人看到[2]，有着"看/被看"与"观看凝视/公开展示"的双重含义。社交平台上作为表演者的受众，在观众面前进行想象性的表演，并认为自己的一切行动，都像是在他人不断注视中进行，是真实或者想象的观众的焦点。这与戈夫曼的《日常生活中的呈现》中强调的观点类似，人类沟通依靠着明确的语言符号以及非语言符号在他人心目中创造出他所期待的印象。网络传播以控制性更强的文字交流为基础，缺少非语言线索，使网民在自我呈现表现出更多的选择性、可塑性以及自我审查性；加上网络交流属于不同步交流，具有异步性，这给予网民更多时间有意识地建构信息，战略性地呈现自己。[3] Jang，Kim 和 Jung（2016）认为"良好的自我呈现"

---

[1] 陈颀、吴毅：《群体性事件的情感逻辑以 DH 事件为核心案例及其延伸分析》，《社会》2014 年第 1 期。

[2] Abercrombie, N. & Longhurst, B. J. (1998), Audiences: A Sociological Theory of Performance and Imagination. London: Sage Publications.

[3] 张雯：《真实的我？实际的我？——网络交友的自我暴露和自我呈现研究的回顾》，《人文论坛》，2013。

是发表新闻跟帖的主要动机之一,① 就算发布"不怀好意"的跟帖也为了让自己显得特立独行。②

如果从展演角度解读受众跟帖,我们需要改变新闻效果机制的解释,比如框架理论。自恩特曼将框架理论从社会学运用至传播学后,框架理论成为传播学中出现频率最高,使用最广泛的理论。媒体运用框架建构事实,进行意义"阐释"。③ 传统意义上,大量研究证明不同框架的设置会影响受众的情绪,④ 情绪会影响随后的信息处理、评价以及行为。⑤

但是,我们现在置身于媒介化的观展社会,每个人都认为自己网络上的表演受到瞩目,借此建立自我所追求的形象,并且策略性地设定自我表演的进行方式。受众从被媒体主宰的被动接受者转变成利用媒体进行自我展演的表演者,新闻信息反而变成了网民表演的工具与素材。框架效果不仅不是文本操纵的被动反应,反而是受众利用框架的不同而进行展演。他们可能利用新闻信息的"漏洞"或者"可能激发的情绪",进行对抗展演,跟帖中的负面情绪如愤怒、恐慌、悲伤不是简单的资源或工具,而是引发群体对抗⑥、认可与共鸣的手段,使网民成为想象中的英雄形象。比如"不确定性""充满争议""负面""个人化"特征的网络新闻跟帖容易脱颖而出成为聚焦热点,⑦ 这些草根网民

---

① Jang, Y. J., Kim, H. W., & Jung, Y. "A Mixed Methods Approach to the Posting of Benevolent Comments Online." *International Journal of Information Management the Journal for Information Professionals*, Vol. 36, no. 3, 2016, pp. 414 – 424.

② Lee, S. H., & Kim, H. W. "Why People Post Benevolent and Malicious Comments Online." *Communications of the Acm*, vol. 58, no. 11, 2015, pp. 74 – 79.

③ 曾繁旭、戴佳、郑婕:《框架争夺、共鸣与扩散:PM2.5 议题的媒介报道分析》,《国际新闻界》2013 年第 8 期。

④ Lu H. "The Effects of Emotional Appeals and Gain Versus Loss Framing in Communicating Sea Star Wasting Disease". *Science Communication*: *Linking Theory and Practice*, Vol. 38, no. 2, 2016, pp. 143 – 169.

⑤ Nabi, R. L. "A Cognitive-functional Model for the Effects of Discrete Negative Emotions on Information Processing, Attitude Change, and Recall," *Communication Theory*, Vol. 9, no. 9, 1999, pp. 292 – 320.

⑥ 郝永华、芦何秋:《网民集体行动的动力机制探析:以"郭美美事件"为研究个案》,《国际新闻界》2012 年第 3 期。

⑦ Ziegele, M., Breiner, T., & Quiring, O. (2014). What Creates Interactivity in Online News Discussions? An Exploratory Analysis of Discussion Factors in User Comments on News Items. *Journal of Communication*, Vol. 64, no. 6, 2014, pp. 1 – 28.

也被视为"民众的代言人"或"拥有独立思考力"。民间话语天生缺乏权力与地位,为了获得更好的表演效果,抢占话语制高点、通过对抗话语压制媒体话语成为一种有效自我美化的策略。①

假设一:突发事件发生时,越是代表政府立场的新闻框架会激发更多的对抗话语。

除了新闻框架的设定,信息发出者的身份同样是网民可以利用进行表演的工具。学界将信息发出者分为主流媒体与非主流媒体。主流媒体是党和政府的喉舌,以严肃新闻为主要报道内容,具有专业理念、专业操作方法和文化自觉精神,着力弘扬主流价值观。② 在一定意义上,主流媒体代表着公权,对抗公权能产生对立认同效应。伯克将对立认同定义为一种通过分裂而达成凝聚的最迫切的形式,大家有某种共同反对的东西而形成的联合。③ 社会的剧烈变革产生严重的两极分化,从而导致社会心态失衡,滋生了普通网民对公权力的不满,对抗公权成为跟帖者与其他网民的一种默契,迎合着大量观展者的期待,易获得认同、建立同盟关系。因此,政府、主流媒体账号下对抗信息占多并不稀奇。另外,一些研究也证明网民对不同身份的信息发布有着不同的评判标准和考虑,从而导致不同的行为。④

假设二:突发事件发生时,官方和主流媒体账号下的对抗话语比非主流账号数量多。

最后,时间与展演也有着密切联系。公共事件爆发后,网民一开始接受的信息碎片化严重,在片面、不实信息的驱使下,容易爆发负面情绪,往往"先骂再说"。这个时候如果展演出"正面形象"易被视为"五毛"。随着时间推移,网民话语则会逐渐回归理性,⑤"理性形象"的接受度随之提升。

假设三:随着时间推移,对抗性话语呈现显著减少趋势。

---

① 陈龙:《对立认同与新媒体空间的对抗性话语再生产》,《新闻与传播研究》2014年第11期。
② 强月新、刘莲莲:《对主流媒体传播力公信力影响力关系的思考》,《新闻战线》2015年第3期。
③ 陈龙:《对立认同与新媒体空间的对抗性话语再生产》,《新闻与传播研究》2014年第11期。
④ 谢耘耕、荣婷:《微博传播的关键节点及其影响因素分析——基于30起重大舆情事件微博热帖的实证研究》,《新闻与传播研究》2013年第3期。
⑤ 王帝、周婉娇:《舆情监测:网络舆论场的"理性回归定律"》,http://yuqing.people.com.cn/n/2015/0115/c210134-26390853.html,引用于2017年5月17日。

(三)从众的对抗

从众理论指出个体极易受到他人行为的影响,以他人的态度和行为作为参照物维持积极的自我评价,使自己的言行更容易被社会接受、符合社会标准。① 从众不仅可以获得他人好感,也提高了行为效率与正确率。② 为了达成这一目的,人们尝试观察他人的行为和态度进行学习。观察可以发生在面对面的情境下,也可以通过语言和文字或者媒介。③ 比如,电视中播放着高频率、严重的各种暴力场景成为人们学习暴力行为的模型。④

我们认为跟帖行为也存在从众行为,已存在的跟帖意见会影响网民的跟帖行为。如果跟帖者的意见与所在群体意见不同,也可能会压抑个人意见,书写下更趋同群体的强势观点。如果跟帖者身处由持相同观点的人组成的群体当中的时候,尤其可能会加深自己的观点。⑤ 新闻跟帖实践可能形成不同的跟帖情境:①网民理性跟帖,形成认同主流媒体的主流情境;②网民对抗性表达,形成与主流媒体博弈的对抗情境。诸多研究证实情境影响网络表达。在对抗情境中,存在的对抗信息如"模型"般使攻击、咒骂等不文明行为变得可接受并且合法化。⑥ Zimmerman 等人通过实验发现博客下的攻击性留言如社会模型导致匿名被试的留言有更强的语言暴力倾向。⑦ 与此同时,Han 和 Brazeal 发现暴露在文明方式跟帖下的被试与暴露在暴力方式跟帖下的被试相比,不仅在跟帖

---

① Cialdini, R. B., & Goldstein, N. J. "Social Influence: Compliance and Conformity." *Annual Review of Psychology*, Vol. 55, 2004, pp. 591 – 621.

② Deutsch M, Gerard H B. "A Study of Normative and Informational Social Influences Upon Individual Judgement." *Journal of Abnormal Psychology*, Vol. 51, no. 3, 1955, p. 629.

③ Bandura, A. (1986), Social Foundations of Thought and Action: A Social Cognitive Theory. Prentice-Hall, Inc.

④ Anderson, A. A., Brossard, D., Scheufele, D. A., Xenos, M. A., & Ladwig, P. "The 'nasty effect:' Online Incivility and Risk Perceptions of Emerging Technologies." *Journal of Computer-Mediated Communication*, no. 19, 2014, pp. 373 – 387.

⑤ 〔美〕凯斯·R. 桑斯坦:《极端的人群》,郭彬彬译,新华出版社,2010,第3页。

⑥ Rösner L, Winter S, &Krämer N C., "Dangerous Minds? Effects of Uncivil Online Comments on Aggressive Cognitions, Emotions, and Behavior," *Computers in Human Behavior*, Vol. 58, 2016, pp. 461 – 470.

⑦ Zimmerman, A. G., & Ybarra, G. J. (2014), Online Aggression: The Influences of Anonymity and Social Modeling. Psychology of Popular Media Culture.

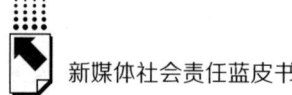

方式上采取了温和的语调，也表现出更愿意参与讨论并为之提供更广泛观点的意愿。① 因此，主流情境与对抗情境所传递的意见氛围会使跟帖者产生从众行为。也就是说，认同或对抗的跟帖情境某种程度上调节了新闻报道的效果。那么，哪种情境的调节作用更大？诸多研究表明消极情绪更易在互联网上传播并产生情绪感染效应，② 网民更擅长识别和注意消极信息。③ 一旦网民与对抗的跟帖情境产生"认同"，更容易发生从众效应，从而消解了新闻本身的框架效应。

假设四：突发事件发生时，跟帖情境调节媒体框架效应，抗争情境产生的调节效应高于主流情境。

二 研究设计

（一）研究对象

2016年3月山东失效疫苗事件的曝光引起家长集体恐慌，政府第一时间组织三部委同时监管此案并修改疫苗运输条例。形似公共领域与次私密领域的集合体的微博上既驻扎着各类传统媒体、政府机构，也有个人专家与专业组织，通过发文与转发不同程度地参与了疫苗风险的建构。另外，微博活跃用户达到3亿人，微博的开放性极大地增加了新闻下的跟帖量，易形成从众环境。新浪微博本身也提供了较好的搜索工具以及时间信息，因此，我们选择微博中山东疫苗事件的传播现象为本次研究的对象。

（二）样本获取

我们使用微博高级搜索工具，以"山东疫苗""疫苗事件"等为关键词，类别选择全部类别，未限制新闻发布时间、地点与账号类别进行多轮组合式的

---

① Han S H, &Brazeal L A M. Playing. , "Nice: Modeling Civility in Online Political Discussions," *Communication Research Reports*, Vol. 32, no. 1, 2015, pp. 20 – 28.
② Walther JB. , & D'Addario. K. , "The Impacts of Emotions on Message Interpretation in Computer-mediated Communication," *Social Science Computer Review*, Vol. 19, no. 3, 2001, pp. 324 – 347.
③ Bartel C A, &Saavedra R. , "The Collective Construction of Work Group Moods," *Administrative Science Quarterly*, Vol. 45, no. 2, 2000, pp. 197 – 231.

检索。在初步编码时，选择附有热门跟帖超过 8 条的所有文章下的热门跟帖，① 过滤内容无关与重复的数据，最后获得新闻样本 91 条，跟帖 936 条。

（三）研究变量确定

1. 因变量

本报告的因变量为"是否为对抗信息"，是 = 1，否 = 0。跟帖信息类型判定使用聚类分析，聚类指标为情绪类别（恐慌、愤怒、悲哀、肯定、无情绪）、情绪强度（1~5）和内容质量（1~5）。聚类结果形成六类（见表1）：第一类为理性信息 390 条（34.6%），无明显情绪，质量较高（3.36），情绪较弱（1.88）；第二类恐慌信息 76 条（6.7%），情绪为恐慌，信息质量较高（3.49），情绪中性（2.95）；第三类肯定信息 95 条（8.4%），情绪正面，信息质量尚可（3.00），情绪强度中等（3.15）；第四类悲哀信息 91 条（8.1%），情绪悲哀，信息质量较高（3.33），情绪偏弱（2.82）；第五类泄愤信息 301 条（26.7%），情绪愤怒，信息质量偏低（2.47），情绪偏强（3.62）；第六类批判信息 175 条（15.5%），情绪愤怒，信息质量很高（4.53），情绪很强（4.21）。使用 Welch 以及 Brown-Forsythe 进行均值相等性的健壮性检验（$p<0.00$），认为聚类质量佳。将包含负面情绪的泄愤信息、批判信息、恐慌信息和悲哀信息判定为对抗信息。

表 1 跟帖聚类类别描述

类别	1	2	3	4	5	6
跟帖信息	理性信息	恐慌信息	肯定信息	悲哀信息	泄愤信息	批判信息
情绪类别	无情绪	恐慌	正面	悲哀	愤怒	愤怒
质量高低	3.36	3.49	3.00	3.33	2.47	4.53
情绪强弱	1.88	2.95	3.15	2.82	3.62	4.21
N	390	76	95	91	301	175
占比（%）	34.6	6.7	8.4	8.1	26.7	15.5

---

① 从众理论的研究指出从众行为的发生依赖"众人"的数量。早期的从众实验指出从众出现的可能性会因群体中人数的增加而增加，但从众程度与群体一致性人数并非线性相关。我们认为 8~10 条跟帖可以视作参照群体，这个体量的参照群体中存在的一致观点的数量即会使跟帖者发生从众行为但又不至于出现群体极化现象。

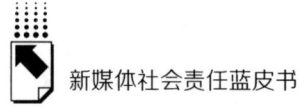

2. 控制变量：跟帖情境

跟帖情境的判定以新闻为分析单位，对其下所有跟帖使用两步聚类进行判定，将包含泄愤、批判、恐慌和悲哀信息占多的情境界定为对抗情境，将理性信息与肯定信息占多的情境命名为主流情境。[①] 跟帖情境为虚拟变量。研究设立两组模型来对比不同情境对新闻框架效果的影响：第一组模型（模型1，2，3）中主流情境＝0，对抗情境＝1；第二组模型（模型4）中，主流情境＝1，对抗情境＝0。

3. 自变量

自变量包括新闻框架、发布者类型和发布时间。学界常使用恩特曼的四大框架功能（问题界定、解释原因、道德判断与对策建议）划分框架。本报告结合实际情况，参考恩特曼与郝永华等人提出的框架，[②] 归纳出五个框架，框架间的差别和界限清晰，共生成4个虚拟变量（民众行动框架＝0），具体框架如下所示。

(1) 严重框架（事件定义）：描述事件的严重性；无效疫苗对人体的严重威胁。

(2) 不严重框架（事件定义）：接种失效疫苗对人体健康无太大影响。

(3) 失责框架（解释原因）：事情发生的原因，政府或者其他组织的失责或没有尽到义务和责任的行为。

(4) 政府行动框架（对策建议）：政府或者其他相关组织对于山东疫苗事件所做的弥补性或者预防性行动，包括调查、清查、逮捕、发布法规条例等。

(5) 民众行动框架（对策建议）：应该继续接种，接种后的补救措施。

微博发布者类别包括体制内媒体、商业媒体、政府机构、专业组织以及个人账号，分为主流账号＝0（体制内、商业媒体、政府机构）与非主流账号＝

[①] 以新闻为分析单位，对其下跟帖使用两步聚类，最终聚为两类。第一类为主流情境（55条），其中泄愤信息1.58，批判信息0.92，悲哀信息1.03，恐慌信息0.31，理性信息4.44，肯定信息1.22。第二类为对抗情境（36条），泄愤信息3.75，批判信息2.38，悲哀信息0.65，恐慌信息0.95，理性信息1.82，肯定信息0.2。独立样本t检验结果显示，对抗情境与主流情境中基本各类型的评论数量显著不同，对抗情境中泄愤跟帖、批判跟帖、恐慌跟帖显著高于主流情境，主流情境中的理性跟帖与肯定跟帖显著高于对抗情境。

[②] 郝永华、芦何秋：《网民集体行动的动力机制探析：以"郭美美事件"为研究个案》，《国际新闻界》2012年第3期。

1（专业组织、个人账号），设为虚拟变量。发布时间为连续变量。

4. 交互变量

模型共包括4个交互变量，即框架类型乘以情境类型（见表2）。

（四）编码与处理

本编码工作由本报告作者与新闻传播学专业的一名学生共两名编码员共同完成。在正式编码开始之前，两名编码员对编码表中的类目进行了多次的讨论达到同样的理解。随机抽取了100个样本予以检验，编码员间信度达到90%。本报告采用IBM SPSS22进行统计数据的分析。

（五）研究模型

我们使用二分逻辑回归模型（以是否为对抗信息为因变量）考察新闻框架、发布账号类别、跟帖场类型、发布时间以及场与框架的交互作用对对抗信息形成的影响。模型方程如下所示。

$$\log\left(\frac{P_i}{1-P_i}\right) = b + \sum_k B_k X_{ki} + \sum_c G_c C_{ci} + \sum_{ck} d_c CX_{ci}$$

其中，P_i是指第i条信息成为对抗信息的概率。X_{ki}代表所有自变量（影响成为对抗信息概率的假设因素），B_k是自变量的回归系数，反映自变量对成为对抗信息概率的影响程度。本报告首先考察的影响因素是新闻框架、账号类别和发布时间。C_{ci}是场类别的虚拟变量，它是模型中的控制变量（控制跟帖场对跟帖的影响），G_c是场的回归系数，代表场的影响力。CX_{ci}表示场与各个框架的交互项，d_c是交互项的回归系数，反映框架效应在场的影响下对对抗信息形成的影响力。

三 研究结果与分析

（一）展演的道具

表2列举了以"是否成为对抗信息"为因变量的logit模型分析结果。模

型1包括框架类型、发布者类别、发布时间这三个自变量，未纳入场类型。模型1的框架类型与发布者类型的回归系数均为显著，这表明，如果不考虑网民从众可能造成的影响，新闻框架与发布者类型影响网民对抗信息的产生。

数据结果显示，新闻框架对对抗信息形成影响显著，报道框架的差异导致对抗信息的产生概率。以民众行动框架为参照框架发现，民众行动框架产生最少的对抗信息，与民众行动框架相对比，政府失责框架产生的对抗信息为其1.417倍，政府行动框架为其3.178倍，不严重框架为其5.078倍，最后的严重框架产生最多的对抗信息，为民众行动框架的5.686倍。账号类型也显著影响网民对抗信息的产生，主流账号下出现的对抗信息是非主流控制账号下对抗信息的1.469倍。假设一和假设二得到证实。

所有模型中，时间变量作用都不显著，对抗性跟帖行为发生的概率并没有随着时间推移而下降，假设四被证伪。

（二）从众形成的对抗信息

模型2包括了模型1中所有的自变量，并且纳入跟帖场类型这一控制变量。模型2中控制变量、部分框架的回归系数保持显著，但账号类型变得不显著。这表明，在控制场类型的情况下，只有部分框架保持对网民角色的影响作用，政府行动框架下的对抗信息为民众行动框架下对抗信息的3.133倍，不严重框架为其3.782倍，严重框架为其3.239倍。可见，跟帖场是决定网民是否写下对抗信息的重要因素。

跟帖场类型会使框架在决定跟帖信息方面变得更加复杂。模型3中增加了场类别与框架的交互项，交互项的回归系数反映出框架在场影响下发生的变化。"框架×场"的回归系数显著说明场对框架效应产生了调节效应。模型3中框架×场的回归系数为负数，说明对抗情境使框架产生的对抗信息数量差距缩小。在主流情境中，不严重框架产生的对抗信息是民众行动框架的7.428倍，在对抗情境中，倍数降为7.209倍，其他框架虽然不显著，但回归系数均为负，一种可能是对抗情境促使民众行动框架产生更多的对抗信息。

同时，在加入框架×场交互项后，对比模型3和模型4（见表3）的框架回归系数可以考察网民在接受新闻框架与其他网民的对抗信息时，与接受新闻框架与正面信息相比，跟帖信息的类别是否会有变化。如果网民处于主流情境

表2 框架、账号类型、对抗情境对跟帖行为的影响（Logistic Model）

自变量	模型1			模型2			模型3		
	B	S.E.	Exp(B)	B	S.E.	Exp(B)	B	S.E.	Exp(B)
框架类型（参照：民众行动框架）									
政府失责框架	.348	.302	1.417	.557@	.323	1.745	.71@	.415	2.033
政府行动框架	1.156***	.309	3.178	1.142**	.331	3.133	1.702***	.468	5.483
不严重框架	1.625***	.312	5.078	1.330***	.331	3.782	2.005***	.462	7.428
严重框架	1.738***	.317	5.686	1.175**	.339	3.239	1.487***	.567	4.425
账号类型（高控制=1）	.385*	.196	1.469	.047	.215	1.048	-.051	.247	.950
发布时间	.129	.200	1.138	.009	.217	1.009	-.139	.228	.871
场（对抗情境=1）				1.452***	.167	4.271	2.404***	.649	11.063
场×政府失责							.381	.861	1.464
场×政府行动							-1.167@	.702	.311
场×不严重							-1.519*	.717	.219
场×严重							-.863	.778	.422
常量	-1.090**	.328	.336	-1.298	.356	.273	-1.441**	.432	.237
-2loglikhood	1177.340	1068.873	1057.005						
Df	6	7	11						
N	936	936	936						

注：*** 表示 p<0.001，** 表示 p<0.01，* 表示 p<0.05，@ 表示 P<0.1。

（模型3中场取值0），民众行动框架仍然产生最少的对抗信息，政府行动框架是其5.483倍，不严重框架是其7.428倍，严重框架是其4.425倍。如果网民处于对抗情境（模型4中场取值=0），无论哪种框架，都会产生大量的对抗信息，框架之间产生的对抗信息数量之间变得没有差异。

表3 框架与主流情境交互作用对跟帖行为的影响（Logistic Model）

自变量	模型4		
	B	S.E.	Exp(B)
框架类型(参照:民众行动框架)			
政府失责框架	1.091	.753	2.976
政府行动框架	.535	.537	1.707
不严重框架	.487	.545	1.627
严重框架	.624	.527	1.866
账号类型(高控制=1)	-.051	.247	.950
发布时间	-.139	.228	.871
场(主流情境=1)	-2.404	.649	.090
场×政府失责	-.381	.861	.683
场×政府行动	1.167@	.702	3.211
场×不严重	1.519*	.717	4.566
场×严重	.863	.778	2.371
常量	.963	.593	2.619
-2logliklihood	1057.005		
Df	11		
N	936		

注：*** 表示 p<0.001，** 表示 p<0.01，* 表示 p<0.05，@ 表示 P<0.1。

四 结论

无论是100年前，古斯塔夫庞勒在《乌合之众》中描述那样，"一个个有着自己独立主见的人，一旦进入受到人民崇拜意识形态蛊惑的群体中，便成为乌合之众的一员"，还是现代社会的桑斯坦所言："一群人最终考虑和做的事情是群体的成员在单独的情况下本来绝不会考虑和做的。"[①] 群体潜移默化地

---

① 〔美〕凯斯·R. 桑斯坦：《极端的人群》，郭彬彬译，新华出版社，2010，第2页。

改变着个体固有的行为和想法。网络社会中，人们为了获得更多的认同，会观察其他网民的想法，容易产生从众行为。

风险事件发生后，主流媒体的新闻信息旨在稳定恐慌，维护政府信任度。新闻下的对抗跟帖往往扭转新闻的正面舆论引导效应。以往关于对抗信息产生原因的研究忽略了从受众角度的研究。跟帖呈现在新闻正下方且阅读率高，是网民展演的舞台。对抗信息的产生的动机更为复杂，一种可能是网民利用新闻进行对抗攻击性表演，引起众人注目与认同；另一种可能是网民为了表演不出错，压抑自身想法，学习所在跟帖场其他网民的跟帖方式，产生从众行为。本报告就此进行分析。

本报告以2016年山东疫苗事件为研究案例，实证探讨影响对抗跟帖产生的原因。研究假设四被证伪，假设一、假设二和假设三证实。

（一）新闻框架成为对抗展演的道具

山东疫苗事件是典型的健康危机传播，隶属健康传播。在健康危机（公共卫生事件）发生时，大众传媒首要任务应该是控制危机的社会扩大，也就是通过媒介报道，控制健康危机事件与心理的、社会的、制度的以及文化的交互过程时所引起的扩大或者削弱人们的危机感知以及相应的危机行为的作用。[①] 媒体报道应该将健康、科学、危机和教育结合，不应该淡化任意一方面。特别应该呼应民众对科学与健康信息的要求。过度的政府宣传反而成为网民对抗式展演的道具。

表2结果表明，不同的框架产生不同的对抗信息数量。民众行动框架最少、政府失责框架、政府行动框架、不严重框架与严重框架依次攀升。首先，政府行动框架下产生的对抗信息是民众行动框架下的3倍，说明发生风险事件后，民众更加关注如何对抗风险、风险的危害信息，对政府事后措施并不买单。一味地站在政府立场强调政府行动反而引发更多的对抗展演，印证了前文所述。从本报告数据来看，政府媒体使用最多的框架正是政府行动框架

---

① Kasperson R E, & Kasperson J X., "The Social Amplification and Attenuation of Risk", *The ANNALS of the American Academy of Political and Social Science*, Vol. 545, no. 1, 1996, pp. 95–105.

（63.2%），主流媒体在框架设定上与政府保持了默契。但是，这种长期以来形成的正面框架的报道常规①引发的对抗信息降低了风险沟通的效率。其次，与政府行动框架相比，政府失责框架反而得到了更多肯定，媒体监督与"泄阀"能缓和民众的愤怒情绪。最后，不严重框架也引来了大量的对抗信息，转发世界卫生组织、医学专家的"失效疫苗不会危及生命"的信息旨在平定恐慌，但或被解读为"掩盖危机"或"百姓命如蝼蚁"，说明主流媒体的公信力受到严重质疑，任何不符合受众心理的表述都有成为受众对抗展演素材的可能。

（二）非主流媒体缓冲对抗信息

主流账号下的对抗信息将近是非主流账号下对抗信息的1.5倍。在民众行动框架与不严重框架下，这个差距更加明显。非主流媒体的组成者是距离政治中心较远的专业组织、专家个人账号与媒体人个人账号，长期以来以专业知识和去政治化收获网民的信任。从文本来看，就算传达相同的框架，"非主流"账号发布的新闻信息收获了更多的正面信息，跟帖情绪更理性，在风险事件中发挥了平定恐慌的作用；而主流媒体发布的新闻信息下多质疑、否定信息，怨恨情绪蔓延。比如同时使用不严重框架，跟帖内容截然不同。长期在新浪微博做疫苗知识科普的签约自媒体账号@疫苗与科学（博主为从事预防接种管理工作十五年的一线工作者）下的跟帖如"恐慌了这么多天，陶医生这样说，终于安心了"，而主流媒体@人民日报使用此框架下的跟帖却是"只要不死就没关系是吧?!"。分析原因之一是粉丝群体与关注目的不同，专业自媒体账号下的粉丝较为小众，多为利益直接损害者，主要构成为焦急的父母，迫切需要及时和必要的信息。主流账号下的粉丝为普通民众，通过事件抒发情绪，对抗主流媒体意味着对抗公权，迎合着大量观展者的期待，易获得认同且建立同盟关系。除此之外，更需要注意长期以来建立起来的刻板印象。主流媒体长期保持"正面宣传为主"的原则，遵守严格宣传纪律和相配套的操作程序，对主管部门的指令采取被动服从姿态，②导致网民认为主流媒体更多

---

① 夏倩芳、王艳：《"风险规避"逻辑下的新闻报道常规——对国内媒体社会冲突性议题采编流程的分析》，《新闻与传播研究》2012年第4期。
② 夏倩芳、王艳：《"风险规避"逻辑下的新闻报道常规——对国内媒体社会冲突性议题采编流程的分析》，《新闻与传播研究》2012年第4期。

是"反映党和政府的精神",并非"体现普通民众利益"与"表达民众真实心声",① 这种刻板印象一旦形成,无论主流媒体说什么都会成为对抗展演的工具。

(三)跟帖情境影响跟帖并调节新闻框架效应

逻辑回归的交互效应结果显示对抗情境对框架效应有调节作用,对抗情境会缩小不同框架下对抗信息的数量差距,主流情境则会加剧这一差距。产生这一现象的原因可能是对抗情境扭转了原本正面的信息,也转为对抗信息,使不同框架下的对抗信息数量更加趋于一致;主流情境的调节效果更加明显,使我们相信主流情境对改变某些框架下的对抗信息更为有效,对某些框架并没有那么有效,因此框架间的差异越来越大。从本报告数据可以看出,更容易产生正面信息的框架在主流情境的影响下会产生更多的正面信息,比如群众行动框架;更容易产生对抗信息的框架受主流情境的影响较小,比如严重框架。同样,我们改变参照框架,发现此调节作用同样出现在对抗情境中,即更容易产生对抗信息的框架在对抗情境的作用下产生更多的对抗信息。因此,我们认为从众能够调节受众的展演,受众在跟帖之前会参考其他网民的意见,如果观点相异,跟帖者出现从众行为的可能性较大。

(四)对抗情境中的从众行为解构框架效果

受众处于主流情境中,框架效应依旧显著。然而当受众处于对抗情境的时候,各种框架产生的对抗者数量已无统计学意义,对抗情境带来的强负面情绪消解了框架间的差异。这证明了在网络的文字传递中,集体如果呈现负面情绪,则更容易激发个体的负面情绪和行为,正面情绪则不然。一是证明了网民的中立偏见与消极偏见同样出现在跟帖场中。中立偏见指在文字交流中,网民无法认出积极情绪并倾向评价情绪为中立,消极偏见指人们更加注意消极情绪,网民更擅长识别和注意消极信息,② 加上相比积极情绪,消极的情绪会引

---

① 潘忠党、於红梅:《互联网使用对传统媒体的冲击:从使用与评价切入》,《新闻大学》2010年第2期。
② Walther JB., & D'Addario. K., "The Impacts of Emotions on Message Interpretation in Computer-mediated Communication," *Social Science Computer Review*, Vol. 19, no. 3, 2001, pp. 324–347.

起更强烈的情绪感染,① 对抗情境的群体压力更容易导致从众行为发生。二是说明了网民的负面表达倾向。我国急剧的社会变迁造成的高相对剥夺感发展成一种广泛的结构性怨恨,② 直接导致无直接利益冲突群体会认"搭便车"的方式发泄负面情绪,矛头一致指向政府和体制。③ 加上正面情绪的公开表达反而易被指责为"五毛党"。因此,只要有对抗信息作为引子,很可能引起对抗信息井喷。

五 讨论

风险传播中,学界聚焦于主流媒体对风险的建构,认为风险事件发生后,媒体积极的风险建构是稳定社会恐慌、提高公民信任度的关键。但新媒体赋权使主流媒体的话语与网民的话语同时呈现,接受媒体引导的同时也会阅读网民跟帖。网民跟帖极易形成单一情绪、意见气候的对抗情境,消解主流媒体的舆论引导效应。从受众角度分析,对抗信息的产生一是一种网民展演的欲望,对抗公权在自己的想象中化身为"有思想"或者"为民请命"的有志人士高举民粹主义大旗,他们利用新闻信息进行对抗展演,成为网友附和与点赞的对象,以高赞数登上舞台的中心。二是跟帖场的意见气候容易影响缺乏判断力和独立思考能力的网民,如果跟帖场为对抗情境,那么阅读跟帖的网民因从众心理写下对抗信息的概率增大,舆论引导难度进一步加剧。因此要控制对抗信息数量,除了把握跟帖场意见气候,抢占跟帖场的制高点之外,更重要的是以透明、公正、法制为基础,从根本改变"对立"的社会环境。

另外,什么样的跟帖能成为热门跟帖是群体意见气候的关键。新浪如此解释热门跟帖筛选的方式:"当一条微博的评论次数超过一定的条数时,系统会对这条微博的评论内容进行打分,包括内容质量等因素都在评分范围内,再将

---

① Bartel C A, &Saavedra R., "The Collective Construction of Work Group Moods," *Administrative Science Quarterly*, Vol. 45, no. 2, 2000, pp. 197–231.
② 余红、王庆:《社会怨恨与媒介建构》,《华中科技大学学报》(社会科学版) 2015 年第 3 期。
③ 怨恨解释、动员结构和理性选择。

这些微博的评论得分进行从大到小的排列即为热门跟帖列表。"① 但并未对内容质量的评判的量化标准做更详细的解释。《人民日报》评论算法主导的信息分配机制虽然迎合受众口味，却抹杀了多元声音。算法主导的时代，更需要把关、主导、引领的总编辑，更需要有态度、有理想、有担当的"看门人"。②不能没有依据对主流价值观进行信息选择和推荐。因此需要强调社交媒体平台的社会责任，加强对评论排序算法、热门跟帖算法的管理。社交媒体平台要着眼于社会进步和发展，利用技术更好地服务社会福祉。

---

① 参见新浪微博微博帮助，http://help.weibo.com/faq/q/2363。
② 人民日报评论：《算法盛行更需"总编辑"》，《人民日报》2016年12月23日。

B.22
新媒体的情感动员与社会责任
——以于欢杀人案为例

晏慧思*

摘　要： "刺死辱母案当事人于欢被判无期"的话题在短短四天内引起巨大网络舆论浪潮，成为一堂全民共享的"法治公开课"，新媒体在这次舆论的瞬间聚势中起着重要的推动作用。从情感动员视角发现新媒体在该热点事件中通过建构刺激性的情境和身份话语引爆和感染公众情绪，利用议程设置、道德归因以及意见领袖推波助澜的方式进行情绪管理，引发了社会公众关心的快速聚焦。新媒体的情感动员除了起到舆论监督、改善社会治理等积极作用外，也有煽动公众情绪、违背新闻真实、平衡报道原则等诸多弊端，在"后真相时代"，新媒体要敢于承担促进社会治理的社会责任，不断增强从业人员的职业素养，构建理性交流沟通、解决问题的公共领域。

关键词： 情感动员　道德震撼　情感共同体　社会责任

一　研究背景

目前，中国社会已全面进入互联网时代，截至2016年12月，中国网民数量达7.31亿人，规模庞大。互联网普及率达到53.2%；其中，手机网民数量

---

* 晏慧思，华中科技大学新闻与信息传播学院硕士研究生。

增至6.95亿人，占比率为95.1%，增长率连续3年超过10%。① 移动互联网和社交新媒体的诞生塑造了全新的社会生活形态，赋予了普通民众广泛的话语权和广阔的话语空间，以微博、微信为代表的社交媒体成为人们表达建议和利益诉求的新场所，网民能够自由表达观点、发表意见和抒发情感。

个人观点诉求的表达、道德情感的宣泄往往能够在网络空间内激起群体共鸣和认同感，引起一定规模的网民对事件的关注和参与，从而形成网络集群行为。在网络集群行为的发生发展机制中新媒体的组织和策动作用不可或缺，如2010年"我爸是李刚"事件中多家媒体对一篇帖子的过度解读触及社会官民矛盾的敏感神经，聂树斌案中媒体报道引发社会大众对司法公正的大探讨。和西方普遍认为的理性组织动员不同，中国的网络集群行为中情感往往发挥着核心作用。本报告以于欢杀人案为例从情感社会学视角探究新媒体在社会热点事件中的情感动员策略和方法，并反思新媒体应承担的社会责任。

二 文献综述

（一）集群行为与网络集群行为

法国学者勒庞最早意识到人类群体行为的非理性特征，其在《乌合之众》中指出群体中个人易受群体情绪的感染，具有盲目、无意识的特性。布鲁默则认为集体行动起源于社会变化和动荡所引起的不安，是一种循环反应的过程。乔纳森·H. 特纳认为集群行为是一种符号互动，其受到冲动、兴奋、愤怒、悲伤等人类本能心理因素的影响，缺少组织性。我国学者赵鼎新（2006）认为集体行动是有较多个体参加，有较大自发性的制度体制外的群体行为。

互联网为集群行为的发生提供别样的温床和新的研究方向，网络集群行为是新的历史时期下复杂的社会问题和矛盾在网络平台上爆发的产物。微博、微信以及贴吧等社交媒体虚拟性、匿名性的特征助推网络集群行为的规模和阵势越发浩大，影响深远。网络集群行为研究大体可分为三类：一类是从理论上探

---

① 中国互联网络信息中心：《中国互联网络发展状况统计报告（2017）》，http://media.people.com.cn/n1/2017/0123/c40606-29042485.html。

究网络集群行为的定义、理论模型，如乐国安（2011）运用斯梅尔塞的加值理论分析网络集群行为发生、发展的内在机制；一类是从社会学和心理学角度探究网络集群行为的发生、演变、成因、应对策略等；另一类是利用社会热点事件对网络集群行为进行伦理分析和道德审视。

（二）集群行为中的情感因素研究

19世纪末20世纪初，西方学者开始注意到集体行动中的情感因素，美国学者布鲁默继承和发展了勒庞的乌合之众理论，提出"循环反应"理论，认为集群行为的爆发需经历"集体磨合"、"集体兴奋"和"社会感染"三个时期。格尔（1970）提出"相对剥夺感"的观点，当社会制度变动所造成的价值升值无法满足个人的理想期许时，个体就会产生落差、失望、不满等诸多情绪，即"相对剥夺感"，这种感受积累到一定程度就会引发集群行为。斯梅尔塞率先进行了研究视野的转向，其从社会学角度审视集体行为提出加值理论，认为社会运动的产生需要具备结构诱因、怨恨与剥夺感、凝聚的一般化信念、触发行动的因素、有效的社会动员、社会稳定性下降等六个条件①。早期的集体行为研究偏向于强调情感的非理性和破坏性的特征，认为情感是导致过激性行为和社会动荡的因素。

1970年，美国反对种族歧视的民权运动和反越战抗议游行此起彼伏，一些学者开始对传统理论进行批判，以麦卡锡、扎尔德、梯利为代表的学者提出政治过程理论和资源动员理论，认为参加集体行动的个体的利益诉求和理性思考、非营利性组织及其提供的资源以及政治机会在集体行动的发生和发展过程中起到重要影响。②强调社会运动的理性特征，并认为情感是可资动员和调配的资源。这种研究转向导致社会运动研究中的情感分析销声匿迹。20世纪90年代兴起新情感主义研究视角，学者开始对情感表达的层次维度和作用机制进行探究，贾斯柏（2011）提出"道德震撼"的概念，其认为社会公众对某些突发事件产生强烈的情绪反馈，是因为某些发生的事件或公开的信息违背了人们经年累月所认知的道德准则和规范，这种挑战所激起的强烈的情感和道德刺

---

① 赵鼎新：《社会与政治运动讲义》，社会科学文献出版社，2012，第21页。
② 赵鼎新：《社会与政治运动讲义》，社会科学文献出版社，2012，第32页。

激诱发了集体行为的诞生。除了分析愤怒、恐慌、喜悦、兴奋等情绪对社会运动的不同影响，新情感主义的学者还受到资源动员理论的熏陶，强调社会运动中的情感是可以被调动支配的，运动组织者可以通过各种情感管控策略达到组织动员和强化个体抗议力量的目的。西方的集体行动中的情感分析经历了一个从非理性到理性视角的转变。情感不再被认为是一种人类本能心理，而是具有社会建构特性的文化。

国内集群行为中的情感因素研究主要是吸收和引进西方的理论进行拓展，比较零散、缺乏固定范式，大多都是从道德角度对集体行动中的情感演化进行分析，如应星（2009）提出"气"或"气场"的概念将怨恨情绪和道德感结合起来，强调情感的累积与集体抗争爆发和激化之间的关系。郭小安（2013）认为中国的网络抗争遵循情感动员的逻辑，谣言是促使情感动员转化升级最常用的剧目。白淑英（2011）认为微博的群体情感动员逻辑分为同情、戏谑和情感冲突三种，对公共事件的进程和社会环境都会产生影响。由以上研究综述可以看出，国内研究者大多研究群体性事件和群体性抗争如何情绪动员公众或者是探究某一新媒体平台的情感动员逻辑。而笔者发现在一个社会热点事件中，新媒体平台的报道对于公众的情绪动员可能是多平台联动，并且连续有策略。因此本报告想探究在社会热点事件的报道中新媒体进行情感动员的策略、方法和进程，并对此进行反思。

三　事件回顾

2016年4月14日，由杜志浩等十多名社会闲散人员组成的催债队伍到于欢母亲苏银霞的公司进行暴力催债，辱骂、殴打于欢母子并裸露下体侮辱苏银霞。混乱之中，于欢刺伤4人，其中一人死亡。2017年2月17日，于欢因故意伤害罪被判处无期徒刑。2017年3月23日，南方周末发表《刺死辱母者》报道，在经由凤凰网和网易新闻转载后引起巨大的舆论关注。3月25日，《中青报》《新京报》《人民日报》、澎湃新闻等诸多媒体在微信公众号、App客户端、官方微博上纷纷争相报道此事件并发表评论，激发了社会大众对此事的广泛关注。3月26日一审判决书曝光，舆论进一步发酵，不少网友通过百度贴吧、微信留言评论、微博等新媒体参与此事件的讨论。截至3月27日凌晨，由中国青年报发起的微博热点话题"刺死辱母者被判无期"的话题阅读量达到9.3亿次。2017年3月26日，山东高法公布于欢杀人案的情况通报表示已接受当事人上诉，当天最高人民法院、山东省公安厅、聊城市纪委、市委政法委相继发布通报表示将对此案进行严肃调查，3月28日舆论逐渐平息。从媒体曝光引发巨大舆论浪潮到官方回应重新彻查此事仅仅只有四天时间。

四 新媒体动员策略和方法

"新媒体"是一个相对的宽泛概念，因关注方向的不同，学界和业界对新媒体的界定有不同的内涵和外延，没有定论。笔者认为当前的新媒体就是在数字传播技术下兴起的新型媒介形态，包含网络媒体、移动媒体等多种形式。本案例中进行情感动员的新媒体主要包括传统媒体的App客户端、微博、微信、门户网站等4类具有代表性的新媒体形式，笔者主要运用文本分析研究方法总结新媒体在于欢杀人案中的情感动员机制和内在道德逻辑。

（一）情感引爆：刺激性的情境建构引发"道德震撼"

社会热点的引爆需要冲击人们的认知和情感底线，突发事件的信息刺激通常是突破和冲击的关键。于欢杀人案发生在2016年4月，直到近1年后，南方周末才首发《刺死辱母者》。据微舆情服务号发布的关于该事件所做的"全网信息走势图"显示2017年3月23日南都文章首发当日并未引发网络舆论，信息量较低，直至24日，该事件的全网信息量才开始攀升。为何于欢杀人案报道首发当日反响平平，直到24日才瞬间爆发呢？笔者发现3月23日，南方周末纸质版刊登的《刺死辱母者》，3月24日凤凰网和网易新闻分别将此篇报道标题改为《山东：11名涉黑人员当儿子面侮辱其母1人被刺死》和《母亲欠债遭11人凌辱儿子目睹后刺死1人被判无期》进行转载，两个媒体修改标题后引发公众的跟帖评论和多方媒体的转载。截至30日，网易新闻门户网站上该文章达到239万条的跟帖评论，公众普遍表达对于欢母子的同情理解和对暴力讨债的愤怒之情。两家媒体修改的标题意为涉黑人员讨债，儿子目睹母亲遭辱因而刺死一人被判无期，让受众形成了先验性的善恶判断；报道中采用春秋笔法对新闻细节进行模糊化处理更让受众浮想联翩。如文章中对辱母细节的描述是"杜志浩脱下裤子,用极端手段侮辱苏银霞,当着苏银霞儿子于欢的面","极端手段侮辱"一词模糊化辱母细节,激发人们无限想象。后续的新闻报道中甚至出现"用生殖器蹭脸、堵嘴"等不实描述,但就公布的一审判决书看,被害人杜志浩"露下体"这一事实是存在的,而"极端手段侮辱"和"生殖器蹭脸、堵嘴"等细节纯属造谣。凤凰网和网易新闻运用吸睛的刺激性标题和春秋笔法式的叙事手段建构了网络上最易激活公众兴奋点的情境:金钱、性、暴力三个要素全都具备,对普通大众传统的孝道伦理和道德准则形成强烈冲击,瞬间激发了人们的愤怒情绪共鸣。就如同杨国斌所说"不同类型的网络事件的生成基于某些被伤害的情感和'道德语法',有其情感逻辑"。①

(二)情绪感染:身份建构凝聚结构性怨恨和群体认同感

斯梅尔塞的加值理论认为在特定的社会结构影响下,普通公众的社会认知都会存在相应的结构性怨恨和剥夺感。中国目前正处于社会转型期,经济飞速发展的同时,社会阶层分化明显,贫富差距拉大,各种社会矛盾日益突出。这种严重的两极分化和社会认同危机也逐渐蔓延到网络空间,一旦涉及官民冲突、执法不公、"富二代"、"官二代"等话题,极易触碰人们的阶层敏感神经并唤醒人们固化的社会不公记忆,引起公众的情感共鸣。在于欢杀人案的报道中从最初的道德震撼引发受众的关注焦点,记者选择性地报道新闻事实,构建一种涉黑的催债势力与欠债弱者之间的身份对抗,很容易勾起人们对特权阶层为虎作伥、社会不公平的集体记忆和结构怨恨,获得一种更高的集体认同感。如起初的《南方周末》的《刺死辱母者》报道中极力强调"还不完的高利债"和吴学占涉黑团伙运用按进马桶、限制于欢母子人身自由等暴力手段进行催债的事实,同时还描述了吴学占涉黑被警方控制以及杜志浩之前涉嫌驾车撞死一名14岁女学生并逃逸等与本案关系不大的情节,却一笔带过于欢母亲苏银霞因非法集资被逮捕和其欠银行许多债的事实,其目的是塑造出一对暴力催债的社会涉黑团伙和无力还债被逼反抗的受害母子的对抗形象。而该文对公权力执法的描述是民警进入接待室说了两句话随后离开,让读者很容易产生"为何

---

① 〔美〕杨国斌:《连线力:中国网民在行动》,邓燕华译,广西师范大学出版社,2013,第259页。

警方不制止暴力催债行为？警方怎么会离开现场？"的疑问，引发读者对警方执法不公的质疑，从后续曝光的判决书可以看出虽然警方处理存在"执法不当"的嫌疑，但警察并没有离开现场，而是出门进行巡查。这种偏向性地选择报道新闻事实，塑造涉黑势力、弱势欠债母子、执法不公的警方等话题性的身份标签，让读者的愤怒情绪不断被感染，迅速形成弱势母子声讨的"情感共同体"，产生群体认同。

（三）情绪管理：媒体联动进行道德归因和意见领袖的推波助澜

最初的情感引爆和情绪感染已经建构了对立的身份，激发了网民对暴力催债者的愤慨、对警察执法不公的怀疑以及对于欢母子的同情，而要想维持受众的愤怒情绪并升级为集体行动，对事件形成舆论压力倒逼机制，还需要更进一步的策略。在于欢杀人案中媒体主要通过多平台联动进行议程设置和质疑性的道德归因进行情绪管理，意见领袖对于事件的评论和看法推动受众形成一般化信念。

1. 媒体联动进行议程设置和道德归因

笔者在对该案的舆论发展进行梳理后发现：在凤凰网和网易新闻将南方周末的原稿标题进行修改引发各大媒体的转载和网民的跟帖评论后，25~26日国内大多数媒体都有一种追寻热点的自觉进行联动的议程设置，都对此事进行追踪报道和评论。笔者统计了人民日报、中国青年报、新京报、澎湃新闻四家媒体的官方微博在3月23日至3月28日6天内发表的关于于欢杀人案案情进展的微博数量，从图1的报道趋势可以看出，25~26日是各大媒体集中发力在微博报道此事与公众互动的时期，舆论场出现了转移，微博、微信等自媒体成为媒体除了门户网站和App端以外的主要发声和互动平台，由中国青年报发起的"刺死辱母者被判无期"的话题25日开始稳居微博热门话题前列，截至27日该话题阅读量达到9.3亿次，讨论达到44.8万次，激起公众的讨论高潮，其讨论内容也基本呈现同情于欢母子、支持于欢做法以及对司法判决不公的愤慨。媒体的议程决定了大众议程，网民对于此案的关注和情绪也在不断发酵。

除了设置公众议程维持公众对此案的关注度，媒体还运用道德归因的策略手段将凝聚的结构性怨恨转化为一般化信念从而激发公众的网络讨论浪潮，造成舆论压力。斯梅尔塞认为人们对于社会结构或制度的结构性怨恨需要转化为

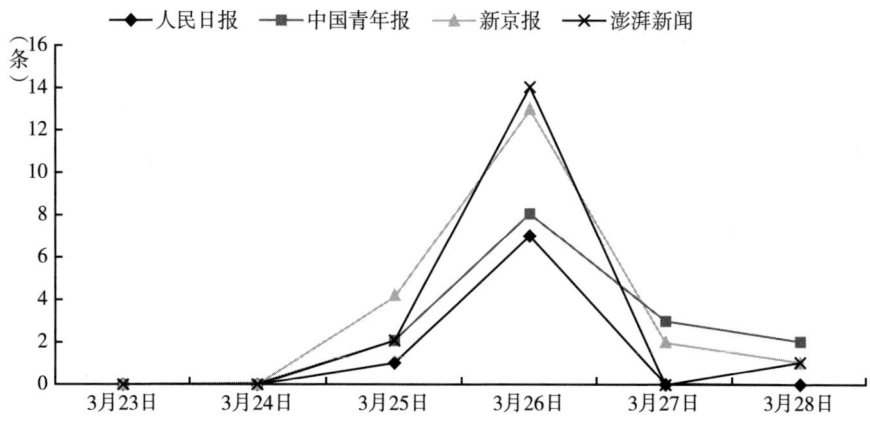

图1　3月23日~3月28日4家媒体的报道数量分布

一般化的信念才有可能激发集体行为的发生。① "一般化信念"是社会大众对社会问题或社会矛盾产生原因的普遍认知和归因，它与事件的真实情况和真相毫无关系，而是人们对以往社会不公的记忆和怨恨情绪的积累、提升和转化。在如今信息沟通和传递迅速快捷的网络时代，这些固化的怨恨记忆在媒体报道渲染和新媒体迅速传递的基础上可以立刻转化为"一般化信念"，所用策略即是道德归因。道德归因是当前中国贫富差距过大、阶级矛盾突出的社会现实情况下最直接的抗争手段，大众本能性地以为自身经济和社会利益的缺失是因为其他阶级的剥夺和获取，因此产生对其他阶层人群的嫉妒、不满和愤怒的情绪。于欢杀人案的媒体跟进报道中就很好地彰显了道德归因，将此案的关注点转移到社会矛盾和痛点上。

笔者分析25~26日的报道和评论时发现即使"辱母"细节还没有被证实，所有媒体的报道和评论都在认定"辱母"是事实的前提下运用质疑手法进行关注焦点的转移：一是于欢的行为是否属于正当防卫，质疑法律判刑过重，如人民日报评论《辱母杀人案：法律如何回应伦理困局》中指出必须要正视司法案件中的伦理困境问题，让普通百姓真正感受法律的公平正义。二是质疑警方执法不公，警方不作为，如《中国青年报》中青评论《刺死辱母者被判无期：请给公民战胜邪恶的法律正义》中认为辱母杀人案中的警察仅用

---

① 赵鼎新：《社会与政治运动讲义》，社会科学出版社，2012，第64页。

话语警告的方式制止高利贷人员对于欢母子的人身监禁，于欢母子仍存在人身危险，警察执法涉嫌不得力。三是质疑高利债暴力催债问题，如澎湃新闻社论《辱母案：期待"正义"的理据》认为此案件最终一死三伤的惨烈结果主要是因为我国当前的地下金融过度猖獗导致暴力讨债等非法行为层出不穷，我国相关部门应重视整顿民间借债问题。由此可以看到媒体认为此案的发生与当前社会法治急需完善、公权力执法不公、黑社会暴力催债、中小型企业借债难等诸多社会痛点和矛盾点有关，让生活在各种转型矛盾交织社会环境下的公众立刻找到情绪的发泄口，公众将在该事件的刺激下衍生出的怨恨、愤怒、谴责、恐慌等诸多负性情感形态全都归因于当前的社会制度不够完善并借由此事件对官方形成舆论压力，期望得到顺应民意的改变来平息内心的愤怒和恐慌。

2. 意见领袖的推波助澜

随着网络时代的到来，一些公共知识分子、名人、专业人士通过主动的自我表达、积极的公众参与和多元的互动传播逐渐在网络传播领域拥有一定的话语权，成为网络时代的意见领袖。当社会热点事件引爆网络时，意见领袖们会凭借自身在某一领域的专业知识和良好的口碑声望迅速发声，依据现有的公开信息进行分析判断并发表言论引导舆论走向，他们的态度观点会对普通网民产生较大影响。不同类型的意见领袖也会对网民的观点产生不同的作用。

在于欢杀人案报道中，众多公知、法律专业人士通过微信、微博平台进行参与发声对公众情绪和言论有导向作用。既有对公众的愤怒、同情等负面情绪进行推波助澜的情绪型意见领袖，如知名学者易中天3月26日发微博称于欢刺死辱母者属于正当防卫更是孝道所致恳请司法部门判于欢无罪，此微博点赞数达30万次。也有从法理层面对此案中的司法判决、警察、舆论进行理性分析的意见领袖，如西南政法大学副教授蔡斐发表评论《辱母杀人案：对司法失去信任才是最可怕的》认为司法制度不仅要严守规则，更重要的是价值追求，不能忽视伦理人情。该文章的阅读数达到10万次加，点赞数达5万次以上。一种以"血性男儿""见义勇为"等词煽动公众情绪，期望以"舆论审判"的方式改变判决，一种有理有据进行理性分析希望司法重视民意，虽然观点十分多元化，但是这些"大V"的发声引发了公众的二次讨论，进一步扩大舆论浪潮，让舆论压力的旋涡越来越大。

(四)情绪疏导:司法部门回应降温负面情绪,媒体成为"救火员"

面对负面情绪的不断发酵,3月26日《法制日报》率先披露于欢杀人案一审判决书,曝光了更多案件信息,许多媒体都对"辱母"细节和是否是正当防卫进行了核实和报道。同时山东高法、最高人民检察院等相关部门相继对此案做出回应,及时公布案情进展对网络舆论有及时的降温和控制作用,网络舆论情绪开始趋向理性化。据微舆情服务号《从数据探查"辱母杀人案"三个关键舆论拐点》大数据调查显示在官方回应前后,网民的观点由"警方不作为""法院判决不当"等负面情绪观点转向"期待公正判决""为最高检法点赞"等理性观点(见表1),而在这期间媒体成为疏导公众负面情绪的"救火员",《人民日报》《新京报》《中国青年报》、澎湃新闻、网易新闻等官方微博除了第一时间转发司法部门的回应微博来安抚公众情绪以外,媒体还将报道焦点从案件本身转移到案件导火索——民间借债乱象上,各大媒体分别针对民间借贷乱象问题进行深度追查报道,如第一财经网发表文章《"辱母伤人案"揭地下金融链:月息一分收十分放,年息120%》,中青在线发布文章《起底聊城讨债江湖:手机定位、老家"宣传"、宾馆扣人》都是深挖民间借贷乱象,引发公众关于民间借贷的热议,至此公众情绪趋于平和。

表1 2017年3月23日~30日网民观点分布比例

单位:%

网民观点	23~25日	26~30日
认为于欢是正当防卫	30.36	21.28
认为警方不作为	22.32	12.77
认为法院判决不当	23.22	10.64
认为应严惩侮辱者	19.64	5.67
认为法院依法判决	4.46	1.42
期待公正判决		25.53
为最高检做法点赞		6.38
认为死者杜志浩并不冤枉		11.35
探讨地下金融的合理性		4.96

资料来源:选自新浪微舆情服务号的《从数据探查"辱母杀人案"三个关键舆论拐点》。

五 新媒体情感动员的反思与展望

于欢杀人案中媒体的情感动员一方面展现了新媒体在实现舆论监督,影响公共事件进程、改善社会治理上的积极影响。另一方面也反映出新媒体的议程设置和道德归因在一定程度上会影响受众情绪和判断,存在舆论审判的嫌疑;同时新媒体从业人员在报道过程中利用刺激性的吸睛标题和未经核实的信息来博取受众的注意力也彰显了新媒体发展需要全面的行业监管和监督,笔者认为新媒体要承担起相应的社会责任应做到以下几点。

(一)理性地进行监督,避免陷入舆论审判的嫌疑

1948年传播学家拉斯韦尔提出"媒体的三功能说":环境监测、社会协调和社会遗产继承,后来又增加了娱乐功能,形成了媒介的"四功能说",在我国由于媒体性质的特殊性,媒体的喉舌功能和监督功能成为我国媒体最义不容辞的责任。而新媒体由于传播速度的快捷性、交互性和大众性让其在为公众传递新闻信息、实行舆论监督和促进公共事件良性解决上有着不可或缺的推动作用,如唐慧案、聂树斌案、邓玉娇案,新媒体所引发的汹涌的舆论对案件司法公正的走向起到了巨大的助推作用,而此次于欢杀人案2016年4月就已发生,直到2017年3月在南方周末率先报道,各新媒体平台持续跟进的情况下才引发民众关注给官方形成巨大的舆论压力,此案件所激起的舆情波澜引起了司法部门的重视和法律专业人士对我国法治建设的积极讨论,这对推动我国法治进行有重要作用。2017年6月23日,山东高法对此案的二审判决公布:于欢因故意伤害罪被判处有期徒刑5年。在宣判后也有不少声音质疑是媒体在此次事件中的推波助澜造成了两次审判完全不同的结果,存在舆论审判的嫌疑。今后新媒体在报道此类事件时应规范自身报道行为,理性进行报道和监督,扮演好自身的角色。

(二)促进社会治理,争做社会稳定的"安全阀"

美国政治学家萨缪尔·亨廷顿认为现代性产生稳定,而现代化产生不稳定。[1]

---

[1] 〔美〕萨缪尔·亨廷顿:《文明的冲突与世界秩序的重建》,周琪等译,新华出版社,2010,第34页。

这意味着社会的变迁速度和经济发展影响着社会稳定程度。当代中国社会正处于快速转型时期，贫富差距拉大、阶层分化、资源分配不公、官民关系紧张，民众的多元利益诉求渠道不通，表达沟通受阻，社会冲突和问题频现，社会不安定因素增加，而微博、微信等新媒体平台则给公众提供了恰当的情绪宣泄和沟通表达的渠道。社会学家科赛认为有一种可称为"安全阀"的社会机制具有安抚社会不稳定情绪的功能，即发生社会矛盾或冲突时，"安全阀"可以释放愤怒、恐慌等负面情绪，转移攻击对象，有利于稳定社会秩序。①，微博、微信等新媒体平台就充当了"安全阀"中介，在于欢杀人案中我们看到社会热点一旦触及敏感区域，公众在媒体报道和情感动员下关于尖锐的社会转型矛盾的集体记忆被激活，负面情绪倾泻而出，政府在巨大的舆论倒逼下倾听公众的要求和不满进而做出社会治理的沟通和改变，这种方式能改变或弱化公众固有的结构性怨恨和偏见，有较好的维稳作用。

（三）警惕"后真相时代"，构建形成共识的公共领域

2016年《牛津英语词典》提出post-truth（"后真相"）概念，意为"诉诸情感及个人信念，较陈述客观事实更能影响舆论的情况"②，随着自媒体的快速发展，用户生产内容成为网络信息的常态，人人都可报道事件、表达观点，因而形成碎片化信息爆炸式传播的现状，事实和谣言交织，人们在海量的信息和多元化的观点面前更愿意从主观臆断去"重塑"甚至"扭曲"新闻事实，社会开始进入"后真相时代"，在信息传播的过程中，真相不再为公众所看重，大众更在意的是宣泄情绪和观点。新媒体对热点事件的情感动员策略则进一步形塑了后真相语境，公众被情绪和观点指引而忽略了事实，这不利于舆论的理性发展，更加不利于多方力量的沟通对话和矛盾的解决。在这种情形下，新媒体除了利用情感动员所形成的舆论倒逼机制让政府重视问题，更应该利用自身"人人都具有话语权"的自由、公开、共享特性为公共领域的实现提供

---

① 〔美〕科赛：《社会冲突的功能》，孙立平译，华夏出版社，1989，第33页。
② 《后真相时代：情感太多，事实已经不够用了》，http：//www.infzm.com/content/122102，2017年4月25日。

信息传递的工具、表达意见的平台和公共讨论的空间，为当下社会问题的解决构建理性对话的公共领域，有利于政府部门听取民意，吸取民智。

（四）加强行业监管，提高媒体从业人员的职业素养

在于欢杀人案的报道中，新媒体的报道存在利用谣言刻意制造热点，忽略新闻真实性，未坚守新闻工作者的中立立场，忽略报道平衡，具有情感偏向性等弊端。如在《南方周末》发表《刺死辱母者》的文章后，凤凰网和网易新闻对该文修改了标题进行转载，瞬间吸引了观众的注意力并引发了各大媒体平台的转发。网易新闻的标题是"母亲欠债遭11人凌辱"完全不符合事实，其利用刺激性标题、谣言煽动公众情绪，从业人员完全枉顾职业操守；同时南方周末的这篇报道通篇渲染暴力讨债的事实，一笔带过于欢母亲本身的违法事实，具有一定的情感偏向性，误导受众视听，这说明记者没有把握好平衡报道的立场。因此从外部环境来讲，要不断完善新媒体行业规范、加强政府行政监管和丰富相关法律法规，为新媒体创造良好的外部发展环境，而媒体自身要加强自律意识，认识到自己在促进社会治理、稳定社会秩序方面的重要角色，承担相应的社会责任；新媒体从业人员要不断增强自身的专业学识、技能水平和政治道德素质，努力提高自身发现新闻、鉴别新闻、选择新闻的新闻敏感度和职业操守。

（五）提高公众的媒介和思想素质，做理性的参与者

随着我国网络新媒体的快速发展，公众拓展了获取信息、表达维权的渠道，但是由于新媒体传播的信息繁多冗杂，而我国网民的明辨是非和鉴别真假的判断能力较弱，导致社会大众在海量的碎片化信息面前无法辨别真假，容易受主观态度和情绪左右。如于欢杀人案中公众在媒体报道和意见领袖的推波助澜下，在微博评论中甚至出现"辱母不护，国家何御"和"当社会把你逼得走投无路的时候，不要忘了，在你身后还有一条路，那就是犯罪，记住，这并不可耻"等偏执反动话语，失去了对社会制度和公权力的信心，这反映出公众情绪易被煽动的特点，因此加强公众的媒介素养是当务之急，公民要提升自身的文化素质、媒介素养，有效辨别信息，自觉规范言论，遵守网络社会道德行为规范，理性发表自己的观点意见，同时国家应主张在微博、微信等新媒体

平台推行网络实名制，促使公民意识到要对自己的言行负责，有利于网络言论健康理性地发展。

参考文献

〔法〕古斯塔夫·勒庞：《乌合之众：大众心理研究》，冯克利译，中央编译出版社，2004。

郑知：《网络集群行为框架及其情感动员研究》，华中科技大学，2013年2月。

赵鼎新：《社会与政治运动讲义》，社会科学文献出版社，2012。

陈欣、吴毅：《群体性事件的情感逻辑以DH事件为核心案例及其延伸分析》，《社会》2014年第1期。

景东、苏宝华：《新媒体定义新论》，《新闻界》2008年第3期。

〔美〕杨国斌：《连线力：中国网民在行动》，邓燕华译，广西师范大学出版社，2013。

郭小安：《网络抗争中谣言的情感动员、策略与剧目》，《国际新闻界》2013年第12期。

刘涛：《情感抗争：表演式抗争的情感框架与道德语法》，《武汉大学学报》2016年第5期。

应星：《"气场"与群体性事件的发生机制——两个个案的比较》，《社会学研究》，2009。

黄鹤：《悲情、愤怒、戏谑：网络集群行为的情感动员》，华中师范大学，2015。

白淑英：《新浪微博中网民的情感动员》，《兰州大学学报》2011年第5期。

卞大珺：《新浪微博公共事件中的情感动员》，苏州大学，2013。

杜骏飞：《网络群体事件的类型辨析》，《国际新闻界》，2009。

Abstract

This is the 2017 Annual Report by the Research Group on "new media social responsibility", issued by school of journalism and communication of Huazhong University of Science and Technology, Huazhong University of Science and Technology-Hubei Jingcaishixun Science and Technology Ltd new media Joint Laboratory as well as the China New Media Communication Association.

With "new media social responsibility" as the theme, This report makes a theoretical analysis of frontier issues and phenomena of new media in 2017, and uses the system to examine current main new media platforms.

On the basis of the feedback from academia and industry over the past three years, the observation paths of the existing research framework and index system are continuously optimized to describe the performance of new media social responsibility more comprehensively, systematically and objectively in 2017. We first summarize some new scenes of social responsibility, mainly including four aspects: the popularity of mobile social media changes the state of subject, intelligent technology challenges the paradigm of practice, the trend of platform concentration affects the power pattern, the rise of network video broadcast increases the difficulty of supervision. Second, we generalize the means of governance, including the content supervision policy is improved, the subject of regulation is always clear, law enforcement ability is enhanced. Last, we cognize the performance of social responsibility presents unbalanced characteristics with a systematic inspection.

The evaluation index system of social responsibility article using the new media social responsibility evaluation of typical new media types, the main evaluation object for the traditional madia micro-blog, government WeChat public number, madia WeChat public number, live video site, commercial website, online fundraising platform, government website in ethnic minority area. According to the social influence ranking of new media in recent years, for the first time, live video site and online fundraising platform are included in the scope of investigation, which will help the academic community and the industry to have a more accurate and timely understanding of the new media social responsibility.

In terms of performance of social responsibility, because of the differences in the main forms, user coverage, content carriers, and operational sources of different new media, they face different situations and bear different pressures in the fulfillment of social responsibility, resulting in significant differences in performance level.

Specifically, the top three of the highest total score are news site, media micro-blog and madia WeChat public number, the score on game site are lowest. First, because of the differences in functional properties. The function attribute of news new media fits well with the index system, so it can get better score. At the same time, the news new media is subject to professional ethics and norms, so the performance is better than others. Second, due to differences in funding sources. The new media platform dominated by public capital has the best ability to safeguard social responsibility while pursuing social benefits and business interests. Last, because of the differences in the geographic coverage. Local new media pay more attention to the local life services, lay particular stress on the information interesting and entertaining, but doesn't attach importance to culture education. Moreover, the principle of territorial management leads to social supervision is easily interfered by local government.

The special report section provides analysis on the focus groups, typical phenomena and hot issues in new media communication. Typical phenomena, including the problem of social responsibility of live video site, news client and WeChat public number. Hots issues include the policy discourse production of new media, the false information in healthy communication, and the public awareness of false news. The focus group is mainly regional opinion leaders on micro-blog. The special report section presents the focus of the new media studies in 2017, and it is also a systematic study and summary of the development trend of new media social responsibility.

The case study section analyzes the social responsibility of major public events in the past 2016 – 2017 years through discourse analysis, content analysis, theoretical induction, and discussesBased on "Xi te Hui", "Misinformation of haze", "the beating incident in Lijiang", "the incident of beast beating that happened in Beijing Badaling national park", "the case of Yu Huan murder" and so on. the social responsibility of social network platform from the perspectives of international communication, health communication, social conflict and social mobilization.

Keywords: New Media, Social Responsibility, Quantitative Analysis

Contents

Ⅰ General Report

B. 1 Scene Changing and Governance Upgrading: New
　　　Trend of New Media Social Responsibilities
　　　　　　　　　　　　　　　　　　　Zhong Ying, Shao Xiao / 001

Abstract: The development of media technology innovation creates continuous influence on new media industry to fulfill their social responsibilities. Since 2017 new media has been facing a new scene when fulfilling responsibilities: popularity of mobile social media changes social responsibility subject status, application of intelligent technology challenges social responsibility practice paradigm, platform concentrating trend affecting social responsibility power pattern, and rising of network video broadcast increases difficulty in supervision. Confronting the changing situation, the national governance means constantly adjusts and upgrades, specifically in three aspects: Content supervision policy continuously improves, government supervising subject gradually specifies, government law enforcement capability constantly strengthens. Practically, new media differ in main form, funds, user coverage and so on, and therefore are facing different situations, under different pressure. Eventually different new media show significant differences in their social responsibility levels.

Keywords: Mobile Social Media; AI; Network Video Broadcast; National Internet Information Office; Social Responsibility; New Media

II The Evaluation Part

B.2 Study of the Social Responsibility of Traditional
      Media Micro-blog　　　　　　　*Chen Ran, Liu Yang* / 020

Abstract: This paper takes eight representative newspaper micro-blog account as cases to evaluate their social responsibility empirically. Data results show that on the whole the reality of media micro-blog's social responsibility is optimistic. The level of fulfillment of the four dimensions from high to low is as follows: the production of information, social coordination, social supervision, cultural and education. "People's Daily" micro-blog' social responsibility score highest. At present, homogenization of content is a serious problem. Content shows a more obvious "negative topic preference" and entertainment orientation. it also exists the problem of lake of depth in newspaper micro-blog account. As a professional information production organization, the traditional media microblogging should provide more original content, pay attention to the comprehensiveness of news reports, optimize the content's quality and improve the ability to guide public opinion.

Keywords: Traditional Media; Media Micro-blog; Social Responsibility

B.3 Social Responsibility and Evaluation of Media and
      Government Wechat Official Accounts　　　*Li Yaling* / 034

Abstract: This research is based on the wechat official accounts data of jc-index, taking thirty media and government wechat official accounts as samples, evaluates their social responsibility. The data shows that the media and government wechat official accounts can perform the functions of information production and culture better, but social supervision and coordination is generally unsatisfactory. Among them, only the public security professional media can better realize the social supervision because of its directivity, media and government WeChat official accounts pay less attention to national governance, social risk and other public issues. Further more, this research suggests how to play the role of public opinion supervision and public opinion guidance in the complex information field of WeChat official accounts, which is an urgent subject to be studied.

Keywords: Media; Government; Wechat Official Accounts; Social Responsibility

B.4 Social Responsibility and Evaluation of Live Video Streaming Websites *Liu Qiong, Lei Ting* / 057

Abstract: With the popularity of mobile social media, the number of users of live video streaming websites has been increasing rapidly in recent years, and their influence has been expanding day by day. This research assesses the social responsibility performance of 6 representative live video streaming websites. The result shows that, on the whole, the level of social responsibility performance of these websites is slightly above the average, and the gap between the websites is small. Among them, "information production" responsibility performance is better, "coordination" and "cultural education" responsibility performance is not ideal. Next, the research points out the main problems in the development of live video streaming websites. In the end, this research proposes that live video streaming websites should continue to strengthen the sense of responsibility, and be governed by multiple subjects such as government agencies, live video streaming platforms, users and other multi responsibility bodies.

Keywords: Live Video Streaming Websites; Social Responsibility; Evaluation

B. 5　Social Responsibility and Evaluation of
　　　The Large Commercial Website　　　　　　　Wang Jing / 072

Abstract: Large scale commercial website is one of the most important network media in all of the information media, so it is very important to study its social responsibility. On the basis of empirical data, qualitative and quantitative methods are used to construct the index system of the social responsibility of the commercial web site, and carry on the comprehensive evaluation of the social responsibility of the commercial website. The results show that the overall level of social responsibility performance is good, but there are still five major issues, such as agenda setting and ineffective public opinion guidance. On the basis of this, it discusses the effective way to improve the social responsibility performance of large commercial website.

Keywords: Commercial Website; Social Responsibility; Quantitative Evaluation

B. 6　Study of the Social Responsibility of Internet Fundraising
　　　Platform　　　　　　　　　　　　　Li Qingqing, Wang Peng / 085

Abstract: Online fundraising platform has became an important field of charity network. In this paper, 12 internet fundraising platform for the study, analysis of China's Internet fundraising platform social responsibility performance and problems, and make comments and suggestions.

Keywords: Internet Fundraising Platform; Social Responsibility; Suggestions

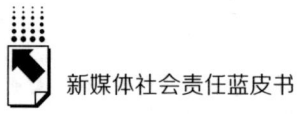

B.7 The Analysis of The Responsibility Government Websites Society in Ethnic Minority Regions
—Based on the Government Website of Ethnic Minority Autonomous Province

Jiang Yu, Du Yiyi and Wang Jiamei / 097

Abstract: As the external publicity and internal communication window of minority areas, government websites in minority regions is a cross-sectoral, comprehensive business application system and the government affairs information public platform, as well as takes the important responsibility on regional characteristic information dissemination and national cultural heritage. In this paper, five provincial government website of ethnic minority autonomous region were taken as the monitoring object, in accordance with the unified index system of new media's social responsibility, using the content analysis method, to evaluate the performance of government site in fulfilling its social responsibilities. At the same time, on the basis of analysis of the research, from the information structure and content, website construction, nationality presenting, three Suggestions. were summarized to promote government websites fulfill the social responsibility of government website better.

Keywords: Minority Area; Government Website; Social Responsibility

Ⅲ The Thematic Part

B.8 The Co-governance Model of New Media Platform: the Policy Network Analysiswith Live Stream

Liu Rui, Jiang Wenjia / 110

Abstract: This study took live stream policy network for example and explored the mutual interaction of ministries and commissions, local governments, Web self-discipline Alliance, live video platform, media organization and the public in this policy progress, by comprehensively applying research methods such as text analysis, policy process trace and depth interview. Consequently, we analyzed the integration and gambling between the thought of the party leading the media and the logic of platform governance and development of cultural industries under the background of media convergence. During the advanced stage of media convergence in the field of live video, we found that new media policy was confronted with big stress of regulation convergence in our country. Related policies excessively emphasized the limitation on new media platform without enough protection for the rights and interests. Furthermore, the common public and live video users were impeded in the participation of policies to some extend. Although the country integrated new media platform to regulation system, it also needed the new media platform to initiatively shoulder the regulatory responsibility and avoid the sole orientation of economic benefit.

Keywords: Live Video; Media Convergence; Co-governance; Policy Network

B. 9 Policy Discourse Production and Social Responsibility of New Media
—An Case of The Belt and Road   Zeng Runxi, Yang Xixi / 129

Abstract: Sorting out the production process and current situation of the policy discourse in the social media is an effective way to evaluate the social responsibility of the new media and to further optimize the dissemination of the policy. This paper examines the production of the Belt and Road policy discourse in the public address of the WeChat, and finds out that the production of the Belt and Road policy discourse is a result of the participation of the government department and the non-government department. New media that involved in the process of policy communication has enriched the channels of policy communication, but also increased the risk of policy alienation because of inadequate function of its policy dissemination, and interfered with the public awareness of the correct discourse of policy. Therefore, the spread of new media on policy discourse should meet new media social responsibility, encourages the non-government platform to improve its original level and the authority of the source, and form a policy to spread the new media matrix with the government platform.

Keywords: The Belt and Road; Social Media; Policy Communication; New Media Responsibility

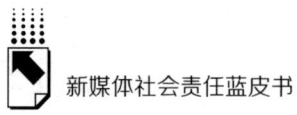

B.10 The Organize Norm and Social Responsibility of the Official Account in the We-chat Pubic Welfare Mobolization
—The Analysis of Social Capital Based on "Luo Yixiao Event"
Deng Xiujun, Liu Jing / 146

Abstract: As a kind common mind mobilization with fewer conflict and contradiction, public welfare mobilization without so much event's character. The public welfare mobilization on the social media platform try to have much more attractive and effective by the way of ceremony and emotional movements. With the community character of the wechat official account, pubic welfare movements on wechat can easily gathering groups of people, and was accused to short on the realness and reliability because of the motivation, relationship and persuade words. This negative comments could reduce the social capital of subject of public welfare mobilization, to deal with this kind of situation, the organizational social capital could protect the social capital and realize arm of the public welfare mobilization, with more clear of the subjective function and more normal of the mobilization actions.

Keywords: Official Account; Social Capital; Public Welfare Mobilization; Organizational Norms; Social Responsibility

B.11 The Study on the Public's Recognition of False News in the New Media Environment *Niu Jing, Wu Jing / 157*

Abstract: The purpose of the study is to analyze the public's recognition of false news in the new media environment, to measure the public's ability to identify false news. In this study, a total of 540 valid samples are obtained. The study finds the public consider there are plenty of false news in Internet field, they think false news concentrate in entertainment news and social news field and exist in the WeChat, WeiBo platform and network forum. The reasons caused false news are the following factors: commercial interests driven, lack of strict information check, short of legal regulations. The public think there are some methods of solving false news that include strengthening media supervision, the legal supervision and management, and improving journalists' professional moral quality. In addition, the public ability of false information discrimination is not good, so the study suggests that it is necessary to improve the level of public media literacy and ability to distinguish false news.

Keywords: False News; New Media; Recognition of False News; Communication Platform

B. 12　The Study on the Reporting Framework and Social Responsibility of Media News Client in Hot Spots

Yu Xiucai, Tong Shishi / 174

Abstract: This paper compares and analyzes the reporting framework of traditional media news clients and online media news clients in reporting hot spots, by means of the "three-level structure" framework theory. The hot event in the text is the hot spots occurred on November 29, 2016, Luoer raise money for his daughter with leukemia by WeChat awarding (hereafter referred as "Luoer Event"). After analyzing the reasons for the similarities and differences, drawning the law and the lack of the current Media News Client hot spots in the reporting framework.

Keywords: "Three-level structure" Framework Theory; The Media News Client; Luoer Event

B. 13　An Empirical Study on Social Responsibility of Regional Microblogging Opinion Leaders
　　　—*Take Wuhan as an Example*　　　*Lu Heqiu, Zhang Yi* / 190

Abstract: This study takes 8 typical regional opinion leaders as the research object, and carries out quantitative statistical analysis of 1578 original microblogging information published by them, aiming at examining the social responsibility of regional microblogging opinion leaders. Studies have shown that there is room for improvement in the social responsibility of local microblogging opinion leaders. The average score of social responsibility assessment was 2. 37557 points, which was close to half of the total score. Regional microblogging opinion leaders pay more attention to the social responsibility of "information production", but the performance of social responsibility in "cultural education", "social supervision" and "coordination relationship" needs to be further optimized.

Keywords: Microblog; Public Opinion Leader; Social Responsibility

B. 14　Local News Client Media Social Responsibility
　　—Based on The Comparision Between The ShangYou
　　"Chongqing" and ZAKER "Guangzhou"

He Jianping, Zhuang Xuexun and Huang Qi / 201

Abstract: Local news clients are an important platform for local users to be aware of local news and an important window for foreigners tocomprehendinformation. In this study, ShangYou "Chongqing" and ZAKER "Guangzhou" are used as the object, and analysis of the differences between news subject, source and quality of report by content analysis, so as to examine the media social responsibility of the two and their differences. This study randomly selected two clients published within 10 days of a total of 800 news published analysis, and found that two clients in the news producers, news topics, reported objects and many other categories have significant differences, but in the final Information production, social supervision, entertainmentproduction, coordination of the four indicators on the score was flat and low, the implementation of social responsibility all have problems. Simultaneously, wewillbe in the content, accountability and norms to make the appropriate recommendations.

Keywords: News Client; Social Responsibility; ShangYou News; ZAKER News

Ⅳ The Case Part

B. 15 A Comparative Study of Strategic Communication Between China and America in the Social Network
—Taking "Xi Te Hui" as an example

Li Weidong, Sha Chuanyu / 225

Abstract: In recent years, the world-class social network applications represented by Facebook, Youtube, Twitter, Sina Weibo have had a profound impact on international public opinion pattern. Social network has become an important channel for governments to carry out international communication and public diplomacy. This article takes the event "Xi-Tramp meeting" as an example, to Twitter/Sina Weibo accounts operated by Chinese/American government and media as the object of study. The writer used the content analysis method based on the frame theory, digging and analyzing the contents published by Chinese and American Twitter/Sina Weibo accounts during Xi-Tramp meeting. This article compares the different understandings and concerns of the two countries on major issues such as "Sino-US relations", "development of the two countries" and "regional situation", summed up the two countries strategic communication patterns in the overseas social network, and finally put forward proposals to promote China's strategic communication capacity in international social network.

Keywords: Social Network; Strategic Communication; Frame Analysis

B. 16 Misinformation of Haze in Social Media: Diffusion, Correction and Individual Responsibility

Wu Shiwen, Hou Tongtong and Nie Di / 248

Abstract: Misinformation of haze (MOH) includes unreal haze rumors, untrue gossip and hearsay, false haze advertisements and so on. The flush of MOH in

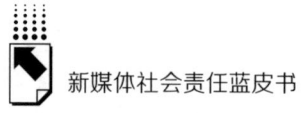

social media influences the public's cognition, attitude and behaviorrelated to haze. The individualized transmission is an important mechanism for MOH in addition to the institutional transmission in social media age. It is urgent and necessary to correct MOH because of their rapid diffusion. The paper emphasizes the responsibility of general individuals and professional individuals to govern MOH in social media. The former needs to enhance the ability to identify MOH, and the latter should conduct public corrective action. This suggests that to govern MOH in cyberspace not only needinstitutional effort, but also call for individual social responsibility.

Keywords: Haze; Misinformation; Social Media; Correct; Individual Responsibility

B.17 Social Hot Events: Lack and Perfection of New Media Responsibility in Micro-blog Communication
—*Take the Beating Incident in Lijiang as an Example*

Xu Minghua, Zhu Xiaoyu / 259

Abstract: The development of new media makes everyone has a microphone In the process of the development of new media, micro-blog because of its transmission speed, communication content fragmentation, spread widely and by the vast number of Internet users, and successfully promoted the solution of the multiple social hot issues of new media is playing an increasingly important role, is also bound to assume more responsibility In this paper, the beating incident in Lijiang. This social hot issues, for example, with the aid of micro data support of public opinion, to explore the incident spread in the whole process of the responsibility of the new media. The study found that relying on micro-blog this communication platform, although the new media has gradually started to clear their social responsibility, and the government and the citizens and the traditional media to push the benign development of the social hot issues, there are still lack of a degree of responsibility, need further perfect.

Keywords: New Media; Social Responsibility; Society Hot Spots; Micro - blog spread

B. 18 The Network Emergency and the Responsbilities of New
Meida Under the Perspective of Social Conflict
—*Taking the Incident of Beast beating That Happened in Beijing
Badaling National Park For Example*
Zhang Meilan, Zhu Zipeng / 271

Abstract: The paper is based on the perspective of social conflict in four aspects: the source of structure in social conflict relation, the development of mass mind in social conflict relation, the conversation and confrontation in social conflict relation and the outburst of public emotion in social conflict, and taking the incident of beast biting that happened in the Beijing Badaling national park for example to discuss the social conflict development mechanism in network emergencies and their countermeasures.

Keywords: Network Major Emergencies; Social Conflict; Coping

B. 19 Research on the Development of Internet Public Welfare
in New Media Environment   *Yu Tingting, Wei Lantian* / 290

Abstract: The combination of the Internet and public welfare makes fingertip public service possible. The forms of public welfare participation are abundant, such as walking, shopping, games and so on. Network creates a new space for the development of public welfare, and makes it more easier for raising public funds. This paper aims to analyze the resources of nonprofit organizations, enterprises, governments and donors in the transition from the traditional public welfare model to the new model, and discuss how to cooperate and share resource in the new situation. By exploring the future development trend of Internet public welfare, the author hopes to broaden its reality development ideas.

Keywords: New Media; Internet; Publicwelfare

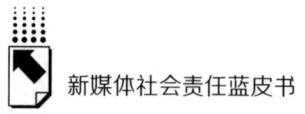
新媒体社会责任蓝皮书

B. 20 Who Should be Responsible for Depression?
—*The Construction and Cause Attribution of Social Media on Depression From the Perspective of Health Communication*

Ma Xu / 304

Abstract: As a threat to public health, depression does not only harm to personal health, but also is a serious obstacle to the society development. Over the past decades, social networks and social media have largely impact the way people communicate and interact with each other and changed the way people search and receive information. In addition to the traditional mainstream media, social media has become an important channel for depression building and spreading. However, the information on social media is mostly disorganized, which has brought risks and hazard to the health communication of depression. Therefore the research origins from the theoretical framework of health communication, exposes the information ecology and cause attribution of depression on social media, analysis the reasons for this situation and the possible improvement. Take Sina WeiBo as an example, summarizes all the information related to depression for the past 4 years on this platform, focused on the media bloggers, the top ten mainstream media, verified weibo users and health bloggers on depression. The study indicates that social media information about depression tend to take anecdotical frame, the attribution and recovery solution are more directed at individual rather than the society. Homogeneity tendency of reporting content and topic discussion is serious, social support of depression and the information popularization is not optimistic. There still need efforts to help spreading the health communication of depression.

Keywords: Health Communication; Social Media; Depression; Responsibility Attribution

B. 21　Performance or Conformity
　　　—The Study of Uncivil Online News Comments
　　　Based on the Audience Theory　　　Zhang Wen, Yu Hong / 322

Abstract: Online commenting sections are often full of destructive or uncivil and aggressive comments. This study operationalizes audience theory as an alternative theoretical perspective. Based on theory of performance and imagination and theory of conformity, we juxtaposes a content analysis of all articles about Shandong vaccine incident (n =91) with comments posted below these articles (n =936). It finds: 1. News frame and ID affects production of uncivil comments; 2. Climate of comment sections influences production of uncivil comments; 3. Climate of comment sections shaped framing effect differently.

Keywords: Comment Sections; Theory of Performance and Imagination; Theory of Conformity; Confrontation

B. 22　Emotion Mobilization and Social Responsibility
　　　of New Media
　　　—the Case of Yu Huan Murder　　　Yan Huisi / 342

Abstract: The topic of "Yu Huan was sentenced to life imprisonment" caused a huge wave of online public opinion in just four days, and the case has become an open class of law which was shared by everyone. The new media played an important role in promoting the public opinion in this case From the emotional mobilization perspective, we found that the new media in the hot events detonated and infected public sentiment through the construction of stimulating situations and identity, and managed the emotion using agenda settings, moral attribution and opinion, triggering public concern rapidly. In addition to some positive effects, like playing the role of public opinion, improving social governance, the new media also has drawbacks, such as inciting public sentiment, violating the principles of journalistic truth and the principle of balanced reporting. In the "post-truth", the new media should bear the social responsibility for promoting social governance, and continuously enhance the professional quality of employees, and build a public sphere for rational communication and solution.

Keywords: Emotional Mobilization; Moral Shock; Emotional Community; Social Responsibility

社会科学文献出版社　皮书系列

❖ 皮书起源 ❖

"皮书"起源于十七、十八世纪的英国,主要指官方或社会组织正式发表的重要文件或报告,多以"白皮书"命名。在中国,"皮书"这一概念被社会广泛接受,并被成功运作、发展成为一种全新的出版形态,则源于中国社会科学院社会科学文献出版社。

❖ 皮书定义 ❖

皮书是对中国与世界发展状况和热点问题进行年度监测,以专业的角度、专家的视野和实证研究方法,针对某一领域或区域现状与发展态势展开分析和预测,具备原创性、实证性、专业性、连续性、前沿性、时效性等特点的公开出版物,由一系列权威研究报告组成。

❖ 皮书作者 ❖

皮书系列的作者以中国社会科学院、著名高校、地方社会科学院的研究人员为主,多为国内一流研究机构的权威专家学者,他们的看法和观点代表了学界对中国与世界的现实和未来最高水平的解读与分析。

❖ 皮书荣誉 ❖

皮书系列已成为社会科学文献出版社的著名图书品牌和中国社会科学院的知名学术品牌。2016年,皮书系列正式列入"十三五"国家重点出版规划项目;2012~2016年,重点皮书列入中国社会科学院承担的国家哲学社会科学创新工程项目;2017年,55种院外皮书使用"中国社会科学院创新工程学术出版项目"标识。

中国皮书网

发布皮书研创资讯，传播皮书精彩内容
引领皮书出版潮流，打造皮书服务平台

栏目设置

关于皮书：何谓皮书、皮书分类、皮书大事记、皮书荣誉、
皮书出版第一人、皮书编辑部

最新资讯：通知公告、新闻动态、媒体聚焦、网站专题、视频直播、下载专区

皮书研创：皮书规范、皮书选题、皮书出版、皮书研究、研创团队

皮书评奖评价：指标体系、皮书评价、皮书评奖

互动专区：皮书说、皮书智库、皮书微博、数据库微博

所获荣誉

2008年、2011年，中国皮书网均在全国新闻出版业网站荣誉评选中获得"最具商业价值网站"称号；

2012年，获得"出版业网站百强"称号。

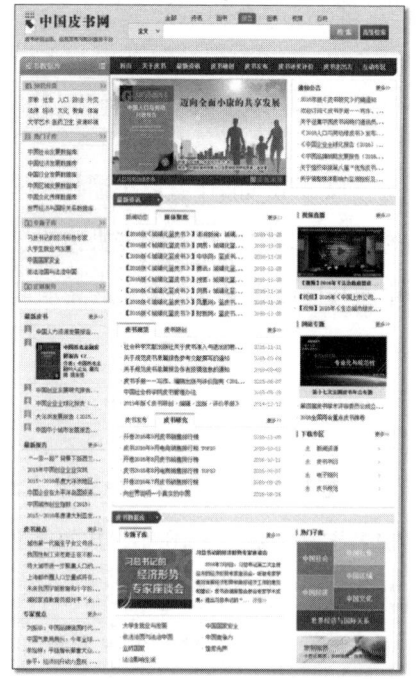

网库合一

2014年，中国皮书网与皮书数据库端口合一，实现资源共享。更多详情请登录www.pishu.cn。

权威报告·热点资讯·特色资源

皮书数据库
ANNUAL REPORT(YEARBOOK) DATABASE

当代中国与世界发展高端智库平台

所获荣誉

- 2016年，入选"国家'十三五'电子出版物出版规划骨干工程"
- 2015年，荣获"搜索中国正能量 点赞2015""创新中国科技创新奖"
- 2013年，荣获"中国出版政府奖·网络出版物奖"提名奖
- 连续多年荣获中国数字出版博览会"数字出版·优秀品牌"奖

成为会员

通过网址www.pishu.com.cn或使用手机扫描二维码进入皮书数据库网站，进行手机号码验证或邮箱验证即可成为皮书数据库会员（建议通过手机号码快速验证注册）。

会员福利

- 使用手机号码首次注册会员可直接获得100元体验金，不需充值即可购买和查看数据库内容（仅限使用手机号码快速注册）。
- 已注册用户购书后可免费获赠100元皮书数据库充值卡。刮开充值卡涂层获取充值密码，登录并进入"会员中心"—"在线充值"—"充值卡充值"，充值成功后即可购买和查看数据库内容。

数据库服务热线：400-008-6695
数据库服务QQ：2475522410
数据库服务邮箱：database@ssap.cn
图书销售热线：010-59367070/7028
图书服务QQ：1265056568
图书服务邮箱：duzhe@ssap.cn

社会科学文献出版社 皮书系列
卡号：837737294366
密码：

子库介绍
Sub-Database Introduction

中国经济发展数据库

涵盖宏观经济、农业经济、工业经济、产业经济、财政金融、交通旅游、商业贸易、劳动经济、企业经济、房地产经济、城市经济、区域经济等领域，为用户实时了解经济运行态势、把握经济发展规律、洞察经济形势、做出经济决策提供参考和依据。

中国社会发展数据库

全面整合国内外有关中国社会发展的统计数据、深度分析报告、专家解读和热点资讯构建而成的专业学术数据库。涉及宗教、社会、人口、政治、外交、法律、文化、教育、体育、文学艺术、医药卫生、资源环境等多个领域。

中国行业发展数据库

以中国国民经济行业分类为依据，跟踪分析国民经济各行业市场运行状况和政策导向，提供行业发展最前沿的资讯，为用户投资、从业及各种经济决策提供理论基础和实践指导。内容涵盖农业，能源与矿产业，交通运输业，制造业，金融业，房地产业，租赁和商务服务业，科学研究，环境和公共设施管理，居民服务业，教育，卫生和社会保障，文化、体育和娱乐业等100余个行业。

中国区域发展数据库

对特定区域内的经济、社会、文化、法治、资源环境等领域的现状与发展情况进行分析和预测。涵盖中部、西部、东北、西北等地区，长三角、珠三角、黄三角、京津冀、环渤海、合肥经济圈、长株潭城市群、关中—天水经济区、海峡经济区等区域经济体和城市圈，北京、上海、浙江、河南、陕西等34个省份及中国台湾地区。

中国文化传媒数据库

包括文化事业、文化产业、宗教、群众文化、图书馆事业、博物馆事业、档案事业、语言文字、文学、历史地理、新闻传播、广播电视、出版事业、艺术、电影、娱乐等多个子库。

世界经济与国际关系数据库

以皮书系列中涉及世界经济与国际关系的研究成果为基础，全面整合国内外有关世界经济与国际关系的统计数据、深度分析报告、专家解读和热点资讯构建而成的专业学术数据库。包括世界经济、国际政治、世界文化与科技、全球性问题、国际组织与国际法、区域研究等多个子库。

法律声明

"皮书系列"(含蓝皮书、绿皮书、黄皮书)之品牌由社会科学文献出版社最早使用并持续至今,现已被中国图书市场所熟知。"皮书系列"的LOGO( )与"经济蓝皮书""社会蓝皮书"均已在中华人民共和国国家工商行政管理总局商标局登记注册。"皮书系列"图书的注册商标专用权及封面设计、版式设计的著作权均为社会科学文献出版社所有。未经社会科学文献出版社书面授权许可,任何使用与"皮书系列"图书注册商标、封面设计、版式设计相同或者近似的文字、图形或其组合的行为均系侵权行为。

经作者授权,本书的专有出版权及信息网络传播权为社会科学文献出版社享有。未经社会科学文献出版社书面授权许可,任何就本书内容的复制、发行或以数字形式进行网络传播的行为均系侵权行为。

社会科学文献出版社将通过法律途径追究上述侵权行为的法律责任,维护自身合法权益。

欢迎社会各界人士对侵犯社会科学文献出版社上述权利的侵权行为进行举报。电话:010-59367121,电子邮箱:fawubu@ssap.cn。

社会科学文献出版社

皮书系列

2018年

智库成果出版与传播平台

社会科学文献出版社
SOCIAL SCIENCES ACADEMIC PRESS (CHINA)

社长致辞

蓦然回首，皮书的专业化历程已经走过了二十年。20年来从一个出版社的学术产品名称到媒体热词再到智库成果研创及传播平台，皮书以专业化为主线，进行了系列化、市场化、品牌化、数字化、国际化、平台化的运作，实现了跨越式的发展。特别是在党的十八大以后，以习近平总书记为核心的党中央高度重视新型智库建设，皮书也迎来了长足的发展，总品种达到600余种，经过专业评审机制、淘汰机制遴选，目前，每年稳定出版近400个品种。"皮书"已经成为中国新型智库建设的抓手，成为国际国内社会各界快速、便捷地了解真实中国的最佳窗口。

20年孜孜以求，"皮书"始终将自己的研究视野与经济社会发展中的前沿热点问题紧密相连。600个研究领域，3万多位分布于800余个研究机构的专家学者参与了研创写作。皮书数据库中共收录了15万篇专业报告，50余万张数据图表，合计30亿字，每年报告下载量近80万次。皮书为中国学术与社会发展实践的结合提供了一个激荡智力、传播思想的入口，皮书作者们用学术的话语、客观翔实的数据谱写出了中国故事壮丽的篇章。

20年跬步千里，"皮书"始终将自己的发展与时代赋予的使命与责任紧紧相连。每年百余场新闻发布会，10万余次中外媒体报道，中、英、俄、日、韩等12个语种共同出版。皮书所具有的凝聚力正在形成一种无形的力量，吸引着社会各界关注中国的发展，参与中国的发展，它是我们向世界传递中国声音、总结中国经验、争取中国国际话语权最主要的平台。

皮书这一系列成就的取得，得益于中国改革开放的伟大时代，离不开来自中国社会科学院、新闻出版广电总局、全国哲学社会科学规划办公室等主管部门的大力支持和帮助，也离不开皮书研创者和出版者的共同努力。他们与皮书的故事创造了皮书的历史，他们对皮书的拳拳之心将继续谱写皮书的未来！

现在，"皮书"品牌已经进入了快速成长的青壮年时期。全方位进行规范化管理，树立中国的学术出版标准；不断提升皮书的内容质量和影响力，搭建起中国智库产品和智库建设的交流服务平台和国际传播平台；发布各类皮书指数，并使之成为中国指数，让中国智库的声音响彻世界舞台，为人类的发展做出中国的贡献——这是皮书未来发展的图景。作为"皮书"这个概念的提出者，"皮书"从一般图书到系列图书和品牌图书，最终成为智库研究和社会科学应用对策研究的知识服务和成果推广平台这一整个过程的操盘者，我相信，这也是每一位皮书人执着追求的目标。

"当代中国正经历着我国历史上最为广泛而深刻的社会变革，也正在进行着人类历史上最为宏大而独特的实践创新。这种前无古人的伟大实践，必将给理论创造、学术繁荣提供强大动力和广阔空间。"

在这个需要思想而且一定能够产生思想的时代，皮书的研创出版一定能创造出新的更大的辉煌！

社会科学文献出版社社长
中国社会学会秘书长
2017年11月

社会科学文献出版社简介

社会科学文献出版社（以下简称"社科文献出版社"）成立于1985年，是直属于中国社会科学院的人文社会科学学术出版机构。成立至今，社科文献出版社始终依托中国社会科学院和国内外人文社会科学界丰厚的学术出版和专家学者资源，坚持"创社科经典，出传世文献"的出版理念、"权威、前沿、原创"的产品定位以及学术成果和智库成果出版的专业化、数字化、国际化、市场化的经营道路。

社科文献出版社是中国新闻出版业转型与文化体制改革的先行者。积极探索文化体制改革的先进方向和现代企业经营决策机制，社科文献出版社先后荣获"全国文化体制改革工作先进单位"、中国出版政府奖·先进出版单位奖，中国社会科学院先进集体、全国科普工作先进集体等荣誉称号。多人次荣获"第十届韬奋出版奖""全国新闻出版行业领军人才""数字出版先进人物""北京市新闻出版广电行业领军人才"等称号。

社科文献出版社是中国人文社会科学学术出版的大社名社，也是以皮书为代表的智库成果出版的专业强社。年出版图书2000余种，其中皮书400余种，出版新书字数5.5亿字，承印与发行中国社科院院属期刊72种，先后创立了皮书系列、列国志、中国史话、社科文献学术译库、社科文献学术文库、甲骨文书系等一大批既有学术影响又有市场价值的品牌，确立了在社会学、近代史、苏东问题研究等专业学科及领域出版的领先地位。图书多次荣获中国出版政府奖、"三个一百"原创图书出版工程、"五个'一'工程奖"、"大众喜爱的50种图书"等奖项，在中央国家机关"强素质·做表率"读书活动中，入选图书品种数位居各大出版社之首。

社科文献出版社是中国学术出版规范与标准的倡议者与制定者，代表全国50多家出版社发起实施学术著作出版规范的倡议，承担学术著作规范国家标准的起草工作，率先编撰完成《皮书手册》对皮书品牌进行规范化管理，并在此基础上推出中国版芝加哥手册——《社科文献出版社学术出版手册》。

社科文献出版社是中国数字出版的引领者，拥有皮书数据库、列国志数据库、"一带一路"数据库、减贫数据库、集刊数据库等4大产品线11个数据库产品，机构用户达1300余家，海外用户百余家，荣获"数字出版转型示范单位""新闻出版标准化先进单位""专业数字内容资源知识服务模式试点企业标准化示范单位"等称号。

社科文献出版社是中国学术出版走出去的践行者。社科文献出版社海外图书出版与学术合作业务遍及全球40余个国家和地区，并于2016年成立俄罗斯分社，累计输出图书500余种，涉及近20个语种，累计获得国家社科基金中华学术外译项目资助76种、"丝路书香工程"项目资助60种、中国图书对外推广计划项目资助71种以及经典中国国际出版工程资助28种，被五部委联合认定为"2015-2016年度国家文化出口重点企业"。

如今，社科文献出版社完全靠自身积累拥有固定资产3.6亿元，年收入3亿元，设置了七大出版分社、六大专业部门，成立了皮书研究院和博士后科研工作站，培养了一支近400人的高素质与高效率的编辑、出版、营销和国际推广队伍，为未来成为学术出版的大社、名社、强社，成为文化体制改革与文化企业转型发展的排头兵奠定了坚实的基础。

宏观经济类

经济蓝皮书
2018年中国经济形势分析与预测
李平/主编　2017年12月出版　定价：89.00元

◆ 本书为总理基金项目，由著名经济学家李扬领衔，联合中国社会科学院等数十家科研机构、国家部委和高等院校的专家共同撰写，系统分析了2017年的中国经济形势并预测2018年中国经济运行情况。

城市蓝皮书
中国城市发展报告 No.11
潘家华　单菁菁/主编　2018年9月出版　估价：99.00元

◆ 本书是由中国社会科学院城市发展与环境研究中心编著的，多角度、全方位地立体展示了中国城市的发展状况，并对中国城市的未来发展提出了许多建议。该书有强烈的时代感，对中国城市发展实践有重要的参考价值。

人口与劳动绿皮书
中国人口与劳动问题报告 No.19
张车伟/主编　2018年10月出版　估价：99.00元

◆ 本书为中国社会科学院人口与劳动经济研究所主编的年度报告，对当前中国人口与劳动形势做了比较全面和系统的深入讨论，为研究中国人口与劳动问题提供了一个专业性的视角。

宏观经济类·区域经济类

中国省域竞争力蓝皮书
中国省域经济综合竞争力发展报告（2017~2018）
李建平　李闽榕　高燕京 / 主编　2018年5月出版　估价：198.00元

◆ 本书融多学科的理论为一体，深入追踪研究了省域经济发展与中国国家竞争力的内在关系，为提升中国省域经济综合竞争力提供有价值的决策依据。

金融蓝皮书
中国金融发展报告（2018）
王国刚 / 主编　2018年6月出版　估价：99.00元

◆ 本书由中国社会科学院金融研究所组织编写，概括和分析了2017年中国金融发展和运行中的各方面情况，研讨和评论了2017年发生的主要金融事件，有利于读者了解掌握2017年中国的金融状况，把握2018年中国金融的走势。

区域经济类

京津冀蓝皮书
京津冀发展报告（2018）
祝合良　叶堂林　张贵祥 / 等著　2018年6月出版　估价：99.00元

◆ 本书遵循问题导向与目标导向相结合、统计数据分析与大数据分析相结合、纵向分析和长期监测与结构分析和综合监测相结合等原则，对京津冀协同发展新形势与新进展进行测度与评价。

 社会政法类

皮书系列
重点推荐

社会政法类

社会蓝皮书
2018年中国社会形势分析与预测

李培林 陈光金 张翼 / 主编　2017年12月出版　定价：89.00元

◆ 本书由中国社会科学院社会学研究所组织研究机构专家、高校学者和政府研究人员撰写，聚焦当下社会热点，对2017年中国社会发展的各个方面内容进行了权威解读，同时对2018年社会形势发展趋势进行了预测。

法治蓝皮书
中国法治发展报告 No.16（2018）

李林　田禾 / 主编　2018年3月出版　定价：128.00元

◆ 本年度法治蓝皮书回顾总结了2017年度中国法治发展取得的成就和存在的不足，对中国政府、司法、检务透明度进行了跟踪调研，并对2018年中国法治发展形势进行了预测和展望。

教育蓝皮书
中国教育发展报告（2018）

杨东平 / 主编　2018年3月出版　定价：89.00元

◆ 本书重点关注了2017年教育领域的热点，资料翔实，分析有据，既有专题研究，又有实践案例，从多角度对2017年教育改革和实践进行了分析和研究。

社会政法类

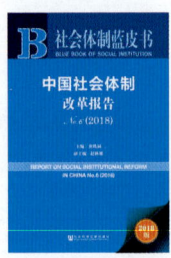

社会体制蓝皮书
中国社会体制改革报告 No.6（2018）

龚维斌 / 主编　2018年3月出版　定价：98.00元

◆ 本书由国家行政学院社会治理研究中心和北京师范大学中国社会管理研究院共同组织编写，主要对2017年社会体制改革情况进行回顾和总结，对2018年的改革走向进行分析，提出相关政策建议。

社会心态蓝皮书
中国社会心态研究报告（2018）

王俊秀　杨宜音 / 主编　2018年12月出版　估价：99.00元

◆ 本书是中国社会科学院社会学研究所社会心理研究中心"社会心态蓝皮书课题组"的年度研究成果，运用社会心理学、社会学、经济学、传播学等多种学科的方法进行了调查和研究，对于目前中国社会心态状况有较广泛和深入的揭示。

华侨华人蓝皮书
华侨华人研究报告（2018）

贾益民 / 主编　2017年12月出版　估价：139.00元

◆ 本书关注华侨华人生产与生活的方方面面。华侨华人是中国建设21世纪海上丝绸之路的重要中介者、推动者和参与者。本书旨在全面调研华侨华人，提供最新涉侨动态、理论研究成果和政策建议。

民族发展蓝皮书
中国民族发展报告（2018）

王延中 / 主编　2018年10月出版　估价：188.00元

◆ 本书从民族学人类学视角，研究近年来少数民族和民族地区的发展情况，展示民族地区经济、政治、文化、社会和生态文明"五位一体"建设取得的辉煌成就和面临的困难挑战，为深刻理解中央民族工作会议精神、加快民族地区全面建成小康社会进程提供了实证材料。

产业经济类

房地产蓝皮书
中国房地产发展报告 No.15（2018）

李春华 王业强 / 主编　2018年5月出版　估价：99.00元

◆ 2018年《房地产蓝皮书》持续追踪中国房地产市场最新动态，深度剖析市场热点，展望2018年发展趋势，积极谋划应对策略。对2017年房地产市场的发展态势进行全面、综合的分析。

新能源汽车蓝皮书
中国新能源汽车产业发展报告（2018）

中国汽车技术研究中心　日产（中国）投资有限公司　东风汽车有限公司 / 编著　2018年8月出版　估价：99.00元

◆ 本书对中国2017年新能源汽车产业发展进行了全面系统的分析，并介绍了国外的发展经验。有助于相关机构、行业和社会公众等了解中国新能源汽车产业发展的最新动态，为政府部门出台新能源汽车产业相关政策法规、企业制定相关战略规划，提供必要的借鉴和参考。

行业及其他类

旅游绿皮书
2017~2018年中国旅游发展分析与预测

中国社会科学院旅游研究中心 / 编　2018年1月出版　定价：99.00元

◆ 本书从政策、产业、市场、社会等多个角度勾画出2017年中国旅游发展全貌，剖析了其中的热点和核心问题，并就未来发展作出预测。

行业及其他类

民营医院蓝皮书
中国民营医院发展报告（2018）

薛晓林 / 主编　　2018 年 11 月出版　　估价：99.00 元

◆ 本书在梳理国家对社会办医的各种利好政策的前提下，对我国民营医疗发展现状、我国民营医院竞争力进行了分析，并结合我国医疗体制改革对民营医院的发展趋势、发展策略、战略规划等方面进行了预估。

会展蓝皮书
中外会展业动态评估研究报告（2018）

张敏 / 主编　　2018 年 12 月出版　　估价：99.00 元

◆ 本书回顾了2017年的会展业发展动态，结合"供给侧改革"、"互联网+"、"绿色经济"的新形势分析了我国展会的行业现状，并介绍了国外的发展经验，有助于行业和社会了解最新的展会业动态。

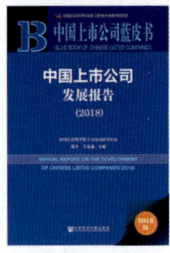

中国上市公司蓝皮书
中国上市公司发展报告（2018）

张平　王宏淼 / 主编　　2018 年 9 月出版　　估价：99.00 元

◆ 本书由中国社会科学院上市公司研究中心组织编写的，着力于全面、真实、客观反映当前中国上市公司财务状况和价值评估的综合性年度报告。本书详尽分析了2017年中国上市公司情况，特别是现实中暴露出的制度性、基础性问题，并对资本市场改革进行了探讨。

工业和信息化蓝皮书
人工智能发展报告（2017～2018）

尹丽波 / 主编　　2018 年 6 月出版　　估价：99.00 元

◆ 本书国家工业信息安全发展研究中心在对2017年全球人工智能技术和产业进行全面跟踪研究基础上形成的研究报告。该报告内容翔实、视角独特，具有较强的产业发展前瞻性和预测性，可为相关主管部门、行业协会、企业等全面了解人工智能发展形势以及进行科学决策提供参考。

 国际问题与全球治理类

国际问题与全球治理类

世界经济黄皮书

2018年世界经济形势分析与预测

张宇燕 / 主编　2018年1月出版　定价：99.00元

◆ 本书由中国社会科学院世界经济与政治研究所的研究团队撰写，分总论、国别与地区、专题、热点、世界经济统计与预测等五个部分，对2018年世界经济形势进行了分析。

国际城市蓝皮书

国际城市发展报告（2018）

屠启宇 / 主编　2018年2月出版　定价：89.00元

◆ 本书作者以上海社会科学院从事国际城市研究的学者团队为核心，汇集同济大学、华东师范大学、复旦大学、上海交通大学、南京大学、浙江大学相关城市研究专业学者。立足动态跟踪介绍国际城市发展时间中，最新出现的重大战略、重大理念、重大项目、重大报告和最佳案例。

非洲黄皮书

非洲发展报告No.20（2017～2018）

张宏明 / 主编　2018年7月出版　估价：99.00元

◆ 本书是由中国社会科学院西亚非洲研究所组织编撰的非洲形势年度报告，比较全面、系统地分析了2017年非洲政治形势和热点问题，探讨了非洲经济形势和市场走向，剖析了大国对非洲关系的新动向；此外，还介绍了国内非洲研究的新成果。

皮书系列
重点推荐　国别类

国别类

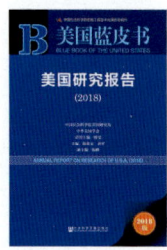

美国蓝皮书
美国研究报告（2018）
郑秉文　黄平/主编　2018年5月出版　估价：99.00元

◆ 本书是由中国社会科学院美国研究所主持完成的研究成果，它回顾了美国2017年的经济、政治形势与外交战略，对美国内政外交发生的重大事件及重要政策进行了较为全面的回顾和梳理。

德国蓝皮书
德国发展报告（2018）
郑春荣/主编　2018年6月出版　估价：99.00元

◆ 本报告由同济大学德国研究所组织编撰，由该领域的专家学者对德国的政治、经济、社会文化、外交等方面的形势发展情况，进行全面的阐述与分析。

俄罗斯黄皮书
俄罗斯发展报告（2018）
李永全/编著　2018年6月出版　估价：99.00元

◆ 本书系统介绍了2017年俄罗斯经济政治情况，并对2016年该地区发生的焦点、热点问题进行了分析与回顾；在此基础上，对该地区2018年的发展前景进行了预测。

 文化传媒类

文化传媒类

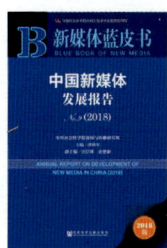

新媒体蓝皮书
中国新媒体发展报告 No.9（2018）
唐绪军 / 主编　2018 年 6 月出版　估价：99.00 元

◆ 本书是由中国社会科学院新闻与传播研究所组织编写的关于新媒体发展的最新年度报告，旨在全面分析中国新媒体的发展现状，解读新媒体的发展趋势，探析新媒体的深刻影响。

移动互联网蓝皮书
中国移动互联网发展报告（2018）
余清楚 / 主编　2018 年 6 月出版　估价：99.00 元

◆ 本书着眼于对 2017 年度中国移动互联网的发展情况做深入解析，对未来发展趋势进行预测，力求从不同视角、不同层面全面剖析中国移动互联网发展的现状、年度突破及热点趋势等。

文化蓝皮书
中国文化消费需求景气评价报告（2018）
王亚南 / 主编　2018 年 3 月出版　定价：99.00 元

◆ 本书首创全国文化发展量化检测评价体系，也是至今全国唯一的文化民生量化检测评价体系，对于检验全国及各地"以人民为中心"的文化发展具有首创意义。

地方发展类

北京蓝皮书
北京经济发展报告（2017～2018）

杨松／主编　2018年6月出版　估价：99.00元

◆ 本书对2017年北京市经济发展的整体形势进行了系统性的分析与回顾，并对2018年经济形势走势进行了预测与研判，聚焦北京市经济社会发展中的全局性、战略性和关键领域的重点问题，运用定量和定性分析相结合的方法，对北京市经济社会发展的现状、问题、成因进行了深入分析，提出了可操作性的对策建议。

温州蓝皮书
2018年温州经济社会形势分析与预测

蒋儒标　王春光　金浩／主编　2018年6月出版　估价：99.00元

◆ 本书是中共温州市委党校和中国社会科学院社会学研究所合作推出的第十一本温州蓝皮书，由来自党校、政府部门、科研机构、高校的专家、学者共同撰写的2017年温州区域发展形势的最新研究成果。

黑龙江蓝皮书
黑龙江社会发展报告（2018）

王爱丽／主编　2018年1月出版　定价：89.00元

◆ 本书以千份随机抽样问卷调查和专题研究为依据，运用社会学理论框架和分析方法；从专家和学者的独特视角，对2017年黑龙江省关系民生的问题进行广泛的调研与分析，并对2017年黑龙江省诸多社会热点和焦点问题进行了有益的探索。这些研究不仅可以为政府部门更加全面深入了解省情、科学制定决策提供智力支持，同时也可以为广大读者认识、了解、关注黑龙江社会发展提供理性思考。

宏观经济类

城市蓝皮书
中国城市发展报告（No.11）
著(编)者：潘家华 单菁菁
2018年9月出版 / 估价：99.00元
PSN B-2007-091-1/1

城乡一体化蓝皮书
中国城乡一体化发展报告（2018）
著(编)者：付崇兰
2018年9月出版 / 估价：99.00元
PSN B-2011-226-1/2

城镇化蓝皮书
中国新型城镇化健康发展报告（2018）
著(编)者：张占斌
2018年8月出版 / 定价：99.00元
PSN B-2014-396-1/1

创新蓝皮书
创新型国家建设报告（2018~2019）
著(编)者：詹正茂
2018年12月出版 / 估价：99.00元
PSN B-2009-140-1/1

低碳发展蓝皮书
中国低碳发展报告（2018）
著(编)者：张希良 齐晔
2018年6月出版 / 定价：99.00元
PSN B-2011-223-1/1

低碳经济蓝皮书
中国低碳经济发展报告（2018）
著(编)者：薛进军 赵忠秀
2018年11月出版 / 估价：99.00元
PSN B-2011-194-1/1

发展和改革蓝皮书
中国经济发展和体制改革报告No.9
著(编)者：邹东涛 王再文
2018年1月出版 / 定价：99.00元
PSN B-2008-122-1/1

国家创新蓝皮书
中国创新发展报告（2017）
著(编)者：陈劲 2018年5月出版 / 估价：99.00元
PSN B-2014-370-1/1

金融蓝皮书
中国金融发展报告（2018）
著(编)者：王国刚
2018年6月出版 / 估价：99.00元
PSN B-2004-031-1/7

经济蓝皮书
2018年中国经济形势分析与预测
著(编)者：李平 2017年12月出版 / 定价：89.00元
PSN B-1996-001-1/1

经济蓝皮书春季号
2018年中国经济前景分析
著(编)者：李扬 2018年5月出版 / 定价：99.00元
PSN B-1999-008-1/1

经济蓝皮书夏季号
中国经济增长报告（2017~2018）
著(编)者：李扬 2018年9月出版 / 定价：99.00元
PSN B-2010-176-1/1

农村绿皮书
中国农村经济形势分析与预测（2017~2018）
著(编)者：魏后凯 黄秉信
2018年4月出版 / 定价：99.00元
PSN G-1998-003-1/1

人口与劳动绿皮书
中国人口与劳动问题报告No.19
著(编)者：张车伟 2018年11月出版 / 定价：99.00元
PSN G-2000-012-1/1

新型城镇化蓝皮书
新型城镇化发展报告（2017）
著(编)者：李伟 宋敏
2018年3月出版 / 定价：98.00元
PSN B-2005-038-1/1

中国省域竞争力蓝皮书
中国省域经济综合竞争力发展报告（2016~2017）
著(编)者：李建平 李闽榕
2018年2月出版 / 定价：198.00元
PSN B-2007-088-1/1

中小城市绿皮书
中国中小城市发展报告（2018）
著(编)者：中国城市经济学会中小城市经济发展委员会
中国城镇化促进会中小城市发展委员会
《中国中小城市发展报告》编纂委员会
中小城市发展战略研究院
2018年11月出版 / 估价：128.00元
PSN G-2010-161-1/1

区域经济类

东北蓝皮书
中国东北地区发展报告（2018）
著(编)者：姜晓秋　2018年11月出版／估价：99.00元
PSN B-2006-067-1/1

金融蓝皮书
中国金融中心发展报告（2017～2018）
著(编)者：王力　黄育华　2018年11月出版／估价：99.00元
PSN B-2011-186-6/7

京津冀蓝皮书
京津冀发展报告（2018）
著(编)者：祝合良　叶堂林　张贵祥
2018年6月出版／估价：99.00元
PSN B-2012-262-1/1

西北蓝皮书
中国西北发展报告（2018）
著(编)者：王福生　马廷旭　董秋生
2018年1月出版／定价：99.00元
PSN B-2012-261-1/1

西部蓝皮书
中国西部发展报告（2018）
著(编)者：璋勇　任保平　2018年8月出版／估价：99.00元
PSN B-2005-039-1/1

长江经济带产业蓝皮书
长江经济带产业发展报告（2018）
著(编)者：吴传清　2018年11月出版／估价：128.00元
PSN B-2017-666-1/1

长江经济带蓝皮书
长江经济带发展报告（2017～2018）
著(编)者：王振　2018年11月出版／估价：99.00元
PSN B-2016-575-1/1

长江中游城市群蓝皮书
长江中游城市群新型城镇化与产业协同发展报告（2018）
著(编)者：杨刚强　2018年11月出版／估价：99.00元
PSN B-2016-578-1/1

长三角蓝皮书
2017年创新融合发展的长三角
著(编)者：刘飞跃　2018年5月出版／估价：99.00元
PSN B-2005-038-1/1

长株潭城市群蓝皮书
长株潭城市群发展报告（2017）
著(编)者：张萍　朱有志　2018年6月出版／估价：99.00元
PSN B-2008-109-1/1

特色小镇蓝皮书
特色小镇智慧运营报告（2018）：顶层设计与智慧架构标准
著(编)者：陈劲　2018年1月出版／定价：79.00元
PSN B-2018-692-1/1

中部竞争力蓝皮书
中国中部经济社会竞争力报告（2018）
著(编)者：教育部人文社会科学重点研究基地南昌大学中国中部经济社会发展研究中心
2018年12月出版／估价：99.00元
PSN B-2012-276-1/1

中部蓝皮书
中国中部地区发展报告（2018）
著(编)者：宋亚平　2018年12月出版／估价：99.00元
PSN B-2007-089-1/1

区域蓝皮书
中国区域经济发展报告（2017～2018）
著(编)者：赵弘　2018年5月出版／估价：99.00元
PSN B-2004-034-1/1

中三角蓝皮书
长江中游城市群发展报告（2018）
著(编)者：秦尊文　2018年9月出版／估价：99.00元
PSN B-2014-417-1/1

中原蓝皮书
中原经济区发展报告（2018）
著(编)者：李英杰　2018年6月出版／估价：99.00元
PSN B-2011-192-1/1

珠三角流通蓝皮书
珠三角商圈发展研究报告（2018）
著(编)者：王先庆　林至颖　2018年7月出版／估价：99.00元
PSN B-2012-292-1/1

社会政法类

北京蓝皮书
中国社区发展报告（2017～2018）
著(编)者：于燕燕　2018年9月出版／估价：99.00元
PSN B-2007-083-5/8

殡葬绿皮书
中国殡葬事业发展报告（2017～2018）
著(编)者：李伯森　2018年6月出版／估价：158.00元
PSN G-2010-180-1/1

城市管理蓝皮书
中国城市管理报告（2017-2018）
著(编)者：刘林　刘承水　2018年5月出版／估价：158.00元
PSN B-2013-336-1/1

城市生活质量蓝皮书
中国城市生活质量报告（2017）
著(编)者：张连城　张平　杨春学　郎丽华
2017年12月出版／定价：89.00元
PSN B-2013-326-1/1

社会政法类 皮书系列 2018全品种

城市政府能力蓝皮书
中国城市政府公共服务能力评估报告（2018）
著(编)者：何艳玲　2018年5月出版／估价：99.00元
PSN B-2013-338-1/1

创业蓝皮书
中国创业发展研究报告（2017~2018）
著(编)者：黄群慧　赵卫星　钟宏武
2018年11月出版／估价：99.00元
PSN B-2016-577-1/1

慈善蓝皮书
中国慈善发展报告（2018）
著(编)者：杨团　2018年6月出版／估价：99.00元
PSN B-2009-142-1/1

党建蓝皮书
党的建设研究报告No.2（2018）
著(编)者：崔建民　陈东平　2018年6月出版／估价：99.00元
PSN B-2016-523-1/1

地方法治蓝皮书
中国地方法治发展报告No.3（2018）
著(编)者：李林　田禾　2018年6月出版／估价：118.00元
PSN B-2015-442-1/1

电子政务蓝皮书
中国电子政务发展报告（2018）
著(编)者：李季　2018年8月出版／估价：99.00元
PSN B-2003-022-1/1

儿童蓝皮书
中国儿童参与状况报告（2017）
著(编)者：苑立新　2017年12月出版／定价：89.00元
PSN B-2017-682-1/1

法治蓝皮书
中国法治发展报告No.16（2018）
著(编)者：李林　田禾　2018年3月出版／定价：128.00元
PSN B-2004-027-1/3

法治蓝皮书
中国法院信息化发展报告No.2（2018）
著(编)者：李林　田禾　2018年2月出版／定价：118.00元
PSN B-2017-604-3/3

法治政府蓝皮书
中国法治政府发展报告（2017）
著(编)者：中国政法大学法治政府研究院
2018年3月出版／定价：158.00元
PSN B-2015-502-1/2

法治政府蓝皮书
中国法治政府评估报告（2018）
著(编)者：中国政法大学法治政府研究院
2018年9月出版／估价：168.00元
PSN B-2016-576-2/2

反腐倡廉蓝皮书
中国反腐倡廉建设报告No.8
著(编)者：张英伟　2018年12月出版／估价：99.00元
PSN B-2012-259-1/1

扶贫蓝皮书
中国扶贫开发报告（2018）
著(编)者：李培林　魏后凯　2018年12月出版／估价：128.00元
PSN B-2016-599-1/1

妇女发展蓝皮书
中国妇女发展报告No.6
著(编)者：王金玲　2018年9月出版／估价：158.00元
PSN B-2006-069-1/1

妇女教育蓝皮书
中国妇女教育发展报告No.3
著(编)者：张李玺　2018年10月出版／估价：99.00元
PSN B-2008-121-1/1

妇女绿皮书
2018年：中国性别平等与妇女发展报告
著(编)者：谭琳　2018年12月出版／估价：99.00元
PSN G-2006-073-1/1

公共安全蓝皮书
中国城市公共安全发展报告（2017~2018）
著(编)者：黄育华　杨文明　赵建辉
2018年6月出版／估价：99.00元
PSN B-2017-628-1/1

公共服务蓝皮书
中国城市基本公共服务力评价（2018）
著(编)者：钟君　刘志昌　吴正杲
2018年12月出版／估价：99.00元
PSN B-2011-214-1/1

公民科学素质蓝皮书
中国公民科学素质报告（2017~2018）
著(编)者：李群　陈雄　马宗文
2017年12月出版／定价：89.00元
PSN B-2014-379-1/1

公益蓝皮书
中国公益慈善发展报告（2016）
著(编)者：朱健刚　胡小军　2018年6月出版／估价：99.00元
PSN B-2012-283-1/1

国际人才蓝皮书
中国国际移民报告（2018）
著(编)者：王辉耀　2018年6月出版／估价：99.00元
PSN B-2012-304-3/4

国际人才蓝皮书
中国留学发展报告（2018）No.7
著(编)者：王辉耀　苗绿　2018年12月出版／估价：99.00元
PSN B-2012-244-2/4

海洋社会蓝皮书
中国海洋社会发展报告（2017）
著(编)者：崔凤　宋宁而　2018年3月出版／定价：99.00元
PSN B-2015-478-1/1

行政改革蓝皮书
中国行政体制改革报告No.7（2018）
著(编)者：魏礼群　2018年6月出版／估价：99.00元
PSN B-2011-231-1/1

社会政法类

华侨华人蓝皮书
华侨华人研究报告（2017）
著（编）者：张禹东 庄国土　2017年12月出版　定价：148.00元
PSN B-2011-204-1/1

互联网与国家治理蓝皮书
互联网与国家治理发展报告（2017）
著（编）者：张志安　2018年1月出版　定价：98.00元
PSN B-2017-671-1/1

环境管理蓝皮书
中国环境管理发展报告（2017）
著（编）者：李金惠　2017年12月出版　定价：98.00元
PSN B-2017-678-1/1

环境竞争力绿皮书
中国省域环境竞争力发展报告（2018）
著（编）者：李建平 李闽榕 王金南
2018年11月出版　估价：198.00元
PSN G-2010-165-1/1

环境绿皮书
中国环境发展报告（2017~2018）
著（编）者：李波　2018年6月出版　估价：99.00元
PSN G-2006-048-1/1

家庭蓝皮书
中国"创建幸福家庭活动"评估报告（2018）
著（编）者：国务院发展研究中心"创建幸福家庭活动评估"课题组
2018年12月出版　估价：99.00元
PSN B-2015-508-1/1

健康城市蓝皮书
中国健康城市建设研究报告（2018）
著（编）者：王鸿春 盛继洪　2018年12月出版　估价：99.00元
PSN B-2016-564-2/2

健康中国蓝皮书
社区首诊与健康中国分析报告（2018）
著（编）者：高和荣 杨叔禹 姜杰
2018年6月出版　估价：99.00元
PSN B-2017-611-1/1

教师蓝皮书
中国中小学教师发展报告（2017）
著（编）者：曾晓东 鱼霞
2018年6月出版　估价：99.00元
PSN B-2012-289-1/1

教育扶贫蓝皮书
中国教育扶贫报告（2018）
著（编）者：司树杰 王文静 李兴洲
2018年12月出版　估价：99.00元
PSN B-2016-590-1/1

教育蓝皮书
中国教育发展报告（2018）
著（编）者：杨东平　2018年3月出版　定价：89.00元
PSN B-2006-047-1/1

金融法治建设蓝皮书
中国金融法治建设年度报告（2015~2016）
著（编）者：朱小黄　2018年6月出版　估价：99.00元
PSN B-2017-633-1/1

京津冀教育蓝皮书
京津冀教育发展研究报告（2017~2018）
著（编）者：方中雄　2018年6月出版　估价：99.00元
PSN B-2017-608-1/1

就业蓝皮书
2018年中国本科生就业报告
著（编）者：麦可思研究院　2018年6月出版　估价：99.00元
PSN B-2009-146-1/2

就业蓝皮书
2018年中国高职高专生就业报告
著（编）者：麦可思研究院　2018年6月出版　估价：99.00元
PSN B-2015-472-2/2

科学教育蓝皮书
中国科学教育发展报告（2018）
著（编）者：王康友　2018年10月出版　估价：99.00元
PSN B-2015-487-1/1

劳动保障蓝皮书
中国劳动保障发展报告（2018）
著（编）者：刘燕斌　2018年9月出版　估价：158.00元
PSN B-2014-415-1/1

老龄蓝皮书
中国老年宜居环境发展报告（2017）
著（编）者：党俊武 周燕珉　2018年6月出版　估价：99.00元
PSN B-2013-320-1/1

连片特困区蓝皮书
中国连片特困区发展报告（2017~2018）
著（编）者：游俊 冷志明 丁建军
2018年6月出版　估价：99.00元
PSN B-2013-321-1/1

流动儿童蓝皮书
中国流动儿童教育发展报告（2017）
著（编）者：杨东平　2018年6月出版　估价：99.00元
PSN B-2017-600-1/1

民调蓝皮书
中国民生调查报告（2018）
著（编）者：谢耘耕　2018年12月出版　估价：99.00元
PSN B-2014-398-1/1

民族发展蓝皮书
中国民族发展报告（2018）
著（编）者：王延中　2018年10月出版　估价：188.00元
PSN B-2006-070-1/1

女性生活蓝皮书
中国女性生活状况报告No.12（2018）
著（编）者：高博燕　2018年7月出版　估价：99.00元
PSN B-2006-071-1/1

社会政法类

皮书系列 2018全品种

汽车社会蓝皮书
中国汽车社会发展报告（2017~2018）
著（编）者：王俊秀　2018年6月出版／估价：99.00元
PSN B-2011-224-1/1

青年蓝皮书
中国青年发展报告（2018）No.3
著（编）者：廉思　2018年6月出版／估价：99.00元
PSN B-2013-333-1/1

青少年蓝皮书
中国未成年人互联网运用报告（2017~2018）
著（编）者：季为民　李文革　沈杰
2018年11月出版／估价：99.00元
PSN B-2010-156-1/1

人权蓝皮书
中国人权事业发展报告No.8（2018）
著（编）者：李君如　2018年9月出版／估价：99.00元
PSN B-2011-215-1/1

社会保障绿皮书
中国社会保障发展报告No.9（2018）
著（编）者：王延中　2018年6月出版／估价：99.00元
PSN G-2001-014-1/1

社会风险评估蓝皮书
风险评估与危机预警报告（2017~2018）
著（编）者：唐钧　2018年8月出版／估价：99.00元
PSN B-2012-293-1/1

社会工作蓝皮书
中国社会工作发展报告（2016~2017）
著（编）者：民政部社会工作研究中心
2018年8月出版／估价：99.00元
PSN B-2009-141-1/1

社会管理蓝皮书
中国社会管理创新报告No.6
著（编）者：连玉明　2018年11月出版／估价：99.00元
PSN B-2012-300-1/1

社会蓝皮书
2018年中国社会形势分析与预测
著（编）者：李培林　陈光金　张翼
2017年12月出版／定价：89.00元
PSN B-1998-002-1/1

社会体制蓝皮书
中国社会体制改革报告No.6（2018）
著（编）者：龚维斌　2018年3月出版／定价：98.00元
PSN B-2013-330-1/1

社会心态蓝皮书
中国社会心态研究报告（2018）
著（编）者：王俊秀　2018年12月出版／估价：99.00元
PSN B-2011-199-1/1

社会组织蓝皮书
中国社会组织报告（2017-2018）
著（编）者：黄晓勇　2018年6月出版／估价：99.00元
PSN B-2008-118-1/2

社会组织蓝皮书
中国社会组织评估发展报告（2018）
著（编）者：徐家良　2018年12月出版／估价：99.00元
PSN B-2013-366-2/2

生态城市绿皮书
中国生态城市建设发展报告（2018）
著（编）者：刘举科　孙伟平　胡文臻
2018年9月出版／估价：158.00元
PSN G-2012-269-1/1

生态文明绿皮书
中国省域生态文明建设评价报告（ECI 2018）
著（编）者：严耕　2018年12月出版／估价：99.00元
PSN G-2010-170-1/1

退休生活蓝皮书
中国城市居民退休生活质量指数报告（2017）
著（编）者：杨一帆　2018年6月出版／估价：99.00元
PSN B-2017-618-1/1

危机管理蓝皮书
中国危机管理报告（2018）
著（编）者：文学国　范正青
2018年8月出版／估价：99.00元
PSN B-2010-171-1/1

学会蓝皮书
2018年中国学会发展报告
著（编）者：麦可思研究院　2018年12月出版／估价：99.00元
PSN B-2016-597-1/1

医改蓝皮书
中国医药卫生体制改革报告（2017~2018）
著（编）者：文学国　房志武
2018年11月出版／估价：99.00元
PSN B-2014-432-1/1

应急管理蓝皮书
中国应急管理报告（2018）
著（编）者：宋英华　2018年9月出版／估价：99.00元
PSN B-2016-562-1/1

政府绩效评估蓝皮书
中国地方政府绩效评估报告 No.2
著（编）者：贠杰　2018年12月出版／估价：99.00元
PSN B-2017-672-1/1

政治参与蓝皮书
中国政治参与报告（2018）
著（编）者：房宁　2018年8月出版／估价：128.00元
PSN B-2011-200-1/1

政治文化蓝皮书
中国政治文化报告（2018）
著（编）者：邢元敏　魏大鹏　龚克
2018年8月出版／估价：128.00元
PSN B-2017-615-1/1

中国传统村落蓝皮书
中国传统村落保护现状报告（2018）
著（编）者：胡彬彬　李向军　王晓波
2018年12月出版／估价：99.00元
PSN B-2017-663-1/1

皮书系列 2018全品种
社会政法类·产业经济类

中国农村妇女发展蓝皮书
农村流动女性城市生活发展报告（2018）
著(编)者：谢丽华　2018年12月出版 / 估价：99.00元
PSN B-2014-434-1/1

宗教蓝皮书
中国宗教报告（2017）
著(编)者：邱永辉　2018年8月出版 / 估价：99.00元
PSN B-2008-117-1/1

产业经济类

保健蓝皮书
中国保健服务产业发展报告 No.2
著(编)者：中国保健协会　中共中央党校
2018年7月出版 / 估价：198.00元
PSN B-2012-272-3/3

保健蓝皮书
中国保健食品产业发展报告 No.2
著(编)者：中国保健协会
　　　　　中国社会科学院食品药品产业发展与监管研究中心
2018年8月出版 / 估价：198.00元
PSN B-2012-271-2/3

保健蓝皮书
中国保健用品产业发展报告 No.2
著(编)者：中国保健协会
　　　　　国务院国有资产监督管理委员会研究中心
2018年6月出版 / 估价：198.00元
PSN B-2012-270-1/3

保险蓝皮书
中国保险业竞争力报告（2018）
著(编)者：保监会　2018年12月出版 / 估价：99.00元
PSN B-2013-311-1/1

冰雪蓝皮书
中国冰上运动产业发展报告（2018）
著(编)者：孙承华　杨占武　刘戈　张鸿俊
2018年9月出版 / 估价：99.00元
PSN B-2017-648-3/3

冰雪蓝皮书
中国滑雪产业发展报告（2018）
著(编)者：孙承华　伍斌　魏庆华　张鸿俊
2018年9月出版 / 估价：99.00元
PSN B-2016-559-1/3

餐饮产业蓝皮书
中国餐饮产业发展报告（2018）
著(编)者：邢颖
2018年6月出版 / 估价：99.00元
PSN B-2009-151-1/1

茶业蓝皮书
中国茶产业发展报告（2018）
著(编)者：杨江帆　李闽榕
2018年10月出版 / 估价：99.00元
PSN B-2010-164-1/1

产业安全蓝皮书
中国文化产业安全报告（2018）
著(编)者：北京印刷学院文化产业安全研究院
2018年12月出版 / 估价：99.00元
PSN B-2014-378-12/14

产业安全蓝皮书
中国新媒体产业安全报告（2016~2017）
著(编)者：肖丽　2018年6月出版 / 估价：99.00元
PSN B-2015-500-14/14

产业安全蓝皮书
中国出版传媒产业安全报告（2017~2018）
著(编)者：北京印刷学院文化产业安全研究院
2018年6月出版 / 估价：99.00元
PSN B-2014-384-13/14

产业蓝皮书
中国产业竞争力报告（2018）No.8
著(编)者：张其仔　2018年12月出版 / 估价：168.00元
PSN B-2010-175-1/1

动力电池蓝皮书
中国新能源汽车动力电池产业发展报告（2018）
著(编)者：中国汽车技术研究中心
2018年8月出版 / 估价：99.00元
PSN B-2017-639-1/1

杜仲产业绿皮书
中国杜仲橡胶资源与产业发展报告（2017~2018）
著(编)者：杜红岩　胡文臻　俞锐
2018年6月出版 / 估价：99.00元
PSN G-2013-350-1/1

房地产蓝皮书
中国房地产发展报告No.15（2018）
著(编)者：李春华　王业强
2018年5月出版 / 估价：99.00元
PSN B-2004-028-1/1

服务外包蓝皮书
中国服务外包产业发展报告（2017~2018）
著(编)者：王晓红　刘德军
2018年6月出版 / 估价：99.00元
PSN B-2013-331-2/2

服务外包蓝皮书
中国服务外包竞争力报告（2017~2018）
著(编)者：刘春生　王力　黄育华
2018年12月出版 / 估价：99.00元
PSN B-2011-216-1/2

产业经济类

皮书系列 2018全品种

工业和信息化蓝皮书
世界信息技术产业发展报告（2017~2018）
著(编)者：尹丽波　2018年6月出版 / 估价：99.00元
PSN B-2015-449-2/6

工业和信息化蓝皮书
战略性新兴产业发展报告（2017~2018）
著(编)者：尹丽波　2018年6月出版 / 估价：99.00元
PSN B-2015-450-3/6

海洋经济蓝皮书
中国海洋经济发展报告（2015~2018）
著(编)者：殷克东　高金田　方胜民
2018年3月出版 / 定价：128.00元
PSN B-2018-697-1/1

康养蓝皮书
中国康养产业发展报告（2017）
著(编)者：何莽　2017年12月出版 / 定价：88.00元
PSN B-2017-685-1/1

客车蓝皮书
中国客车产业发展报告（2017~2018）
著(编)者：姚蔚　2018年10月出版 / 估价：99.00元
PSN B-2013-361-1/1

流通蓝皮书
中国商业发展报告（2018~2019）
著(编)者：王雪峰　林诗慧
2018年7月出版 / 估价：99.00元
PSN B-2009-152-1/2

能源蓝皮书
中国能源发展报告（2018）
著(编)者：崔民选　王军生　陈义和
2018年12月出版 / 估价：99.00元
PSN B-2006-049-1/1

农产品流通蓝皮书
中国农产品流通产业发展报告（2017）
著(编)者：贾敬敦　张东科　张玉玺　张鹏毅　周伟
2018年6月出版 / 估价：99.00元
PSN B-2012-288-1/1

汽车工业蓝皮书
中国汽车工业发展年度报告（2018）
著(编)者：中国汽车工业协会
　　　　　中国汽车技术研究中心
　　　　　丰田汽车公司
2018年5月出版 / 估价：168.00元
PSN B-2015-463-1/2

汽车工业蓝皮书
中国汽车零部件产业发展报告（2017~2018）
著(编)者：中国汽车工业协会
　　　　　中国汽车工程研究院深圳市沃特玛电池有限公司
2018年9月出版 / 估价：99.00元
PSN B-2016-515-2/2

汽车蓝皮书
中国汽车产业发展报告（2018）
著(编)者：中国汽车工程学会
　　　　　大众汽车集团（中国）
2018年11月出版 / 估价：99.00元
PSN B-2008-124-1/1

世界茶业蓝皮书
世界茶业发展报告（2018）
著(编)者：李闽榕　冯廷佺
2018年5月出版 / 估价：168.00元
PSN B-2017-619-1/1

世界能源蓝皮书
世界能源发展报告（2018）
著(编)者：黄晓勇　2018年6月出版 / 估价：168.00元
PSN B-2013-349-1/1

石油蓝皮书
中国石油产业发展报告（2018）
著(编)者：中国石油化工集团公司经济技术研究院
　　　　　中国国际石油化工联合有限责任公司
　　　　　中国社会科学院数量经济与技术经济研究所
2018年2月出版 / 定价：98.00元
PSN B-2018-690-1/1

体育蓝皮书
国家体育产业基地发展报告（2016~2017）
著(编)者：李颖川　2018年6月出版 / 估价：168.00元
PSN B-2017-609-5/5

体育蓝皮书
中国体育产业发展报告（2018）
著(编)者：阮伟　钟秉枢
2018年12月出版 / 估价：99.00元
PSN B-2010-179-1/5

文化金融蓝皮书
中国文化金融发展报告（2018）
著(编)者：杨涛　金巍
2018年6月出版 / 估价：99.00元
PSN B-2017-610-1/1

新能源汽车蓝皮书
中国新能源汽车产业发展报告（2018）
著(编)者：中国汽车技术研究中心
　　　　　日产（中国）投资有限公司
　　　　　东风汽车有限公司
2018年8月出版 / 估价：99.00元
PSN B-2013-347-1/1

薏仁米产业蓝皮书
中国薏仁米产业发展报告No.2（2018）
著(编)者：李发耀　石明　秦礼康
2018年8月出版 / 估价：99.00元
PSN B-2017-645-1/1

邮轮绿皮书
中国邮轮产业发展报告（2018）
著(编)者：汪泓　2018年10月出版 / 估价：99.00元
PSN G-2014-419-1/1

智能养老蓝皮书
中国智能养老产业发展报告（2018）
著(编)者：朱勇　2018年10月出版 / 估价：99.00元
PSN B-2015-488-1/1

中国节能汽车蓝皮书
中国节能汽车发展报告（2017~2018）
著(编)者：中国汽车工程研究院股份有限公司
2018年9月出版 / 估价：99.00元
PSN B-2016-565-1/1

中国陶瓷产业蓝皮书
中国陶瓷产业发展报告（2018）
著（编）者：左和平 黄速建
2018年10月出版 / 估价：99.00元
PSN B-2016-573-1/1

装备制造业蓝皮书
中国装备制造业发展报告（2018）
著（编）者：徐东华
2018年12月出版 / 估价：118.00元
PSN B-2015-505-1/1

行业及其他类

"三农"互联网金融蓝皮书
中国"三农"互联网金融发展报告（2018）
著（编）者：李勇坚 王弢
2018年8月出版 / 估价：99.00元
PSN B-2016-560-1/1

SUV蓝皮书
中国SUV市场发展报告（2017~2018）
著（编）者：靳军 2018年9月出版 / 估价：99.00元
PSN B-2016-571-1/1

冰雪蓝皮书
中国冬季奥运会发展报告（2018）
著（编）者：孙承华 伍斌 魏庆华 张鸿俊
2018年9月出版 / 估价：99.00元
PSN B-2017-647-2/3

彩票蓝皮书
中国彩票发展报告（2018）
著（编）者：益彩基金 2018年6月出版 / 估价：99.00元
PSN B-2015-462-1/1

测绘地理信息蓝皮书
测绘地理信息供给侧结构性改革研究报告（2018）
著（编）者：库热西·买合苏提
2018年12月出版 / 估价：168.00元
PSN B-2009-145-1/1

产权市场蓝皮书
中国产权市场发展报告（2017）
著（编）者：曹和平
2018年5月出版 / 估价：99.00元
PSN B-2009-147-1/1

城投蓝皮书
中国城投行业发展报告（2018）
著（编）者：华景斌
2018年11月出版 / 估价：300.00元
PSN B-2016-514-1/1

城市轨道交通蓝皮书
中国城市轨道交通运营发展报告（2017~2018）
著（编）者：崔学忠 贾文峥
2018年3月出版 / 定价：89.00元
PSN B-2018-694-1/1

大数据蓝皮书
中国大数据发展报告（No.2）
著（编）者：连玉明 2018年5月出版 / 估价：99.00元
PSN B-2017-620-1/1

大数据应用蓝皮书
中国大数据应用发展报告No.2（2018）
著（编）者：陈军君 2018年8月出版 / 估价：99.00元
PSN B-2017-644-1/1

对外投资与风险蓝皮书
中国对外直接投资与国家风险报告（2018）
著（编）者：中债资信评估有限责任公司
　　　　　中国社会科学院世界经济与政治研究所
2018年6月出版 / 估价：189.00元
PSN B-2017-606-1/1

工业和信息化蓝皮书
人工智能发展报告（2017~2018）
著（编）者：尹丽波 2018年6月出版 / 估价：99.00元
PSN B-2015-448-1/6

工业和信息化蓝皮书
世界智慧城市发展报告（2017~2018）
著（编）者：尹丽波 2018年6月出版 / 估价：99.00元
PSN B-2017-624-6/6

工业和信息化蓝皮书
世界网络安全发展报告（2017~2018）
著（编）者：尹丽波 2018年6月出版 / 估价：99.00元
PSN B-2015-452-5/6

工业和信息化蓝皮书
世界信息化发展报告（2017~2018）
著（编）者：尹丽波 2018年6月出版 / 估价：99.00元
PSN B-2015-451-4/6

工业设计蓝皮书
中国工业设计发展报告（2018）
著（编）者：王晓红 于炜 张立群 2018年9月出版 / 估价：168.00元
PSN B-2014-420-1/1

公共关系蓝皮书
中国公共关系发展报告（2017）
著（编）者：柳斌杰 2018年1月出版 / 定价：89.00元
PSN B-2016-579-1/1

行业及其他类 — 皮书系列 2018全品种

公共关系蓝皮书
中国公共关系发展报告（2018）
著（编）者：柳斌杰　2018年11月出版／估价：99.00元
PSN B-2016-579-1/1

管理蓝皮书
中国管理发展报告（2018）
著（编）者：张晓东　2018年10月出版／估价：99.00元
PSN B-2014-416-1/1

轨道交通蓝皮书
中国轨道交通行业发展报告（2017）
著（编）者：仲建华　李闽榕
2017年12月出版／定价：98.00元
PSN B-2017-674-1/1

海关发展蓝皮书
中国海关发展前沿报告（2018）
著（编）者：干春晖　2018年6月出版／估价：99.00元
PSN B-2017-616-1/1

互联网医疗蓝皮书
中国互联网健康医疗发展报告（2018）
著（编）者：芮晓武　2018年6月出版／估价：99.00元
PSN B-2016-567-1/1

黄金市场蓝皮书
中国商业银行黄金业务发展报告（2017~2018）
著（编）者：平安银行　2018年6月出版／估价：99.00元
PSN B-2016-524-1/1

会展蓝皮书
中外会展业动态评估研究报告（2018）
著（编）者：张敏　任中峰　聂鑫焱　牛盼强
2018年12月出版／估价：99.00元
PSN B-2013-327-1/1

基金会蓝皮书
中国基金会发展报告（2017~2018）
著（编）者：中国基金会发展报告课题组
2018年6月出版／估价：99.00元
PSN B-2013-368-1/1

基金会绿皮书
中国基金会发展独立研究报告（2018）
著（编）者：基金会中心网　中央民族大学基金会研究中心
2018年6月出版／估价：99.00元
PSN G-2011-213-1/1

基金会透明度蓝皮书
中国基金会透明度发展研究报告（2018）
著（编）者：基金会中心网
　　　　　清华大学廉政与治理研究中心
2018年9月出版／估价：99.00元
PSN B-2013-339-1/1

建筑装饰蓝皮书
中国建筑装饰行业发展报告（2018）
著（编）者：葛道顺　刘晓一
2018年10月出版／估价：198.00元
PSN B-2016-553-1/1

金融监管蓝皮书
中国金融监管报告（2018）
著（编）者：胡滨　2018年3月出版／定价：98.00元
PSN B-2012-281-1/1

金融蓝皮书
中国互联网金融行业分析与评估（2018~2019）
著（编）者：黄国平　伍旭川　2018年12月出版／估价：99.00元
PSN B-2016-585-7/7

金融科技蓝皮书
中国金融科技发展报告（2018）
著（编）者：李扬　孙国峰　2018年10月出版／估价：99.00元
PSN B-2014-374-1/1

金融信息服务蓝皮书
中国金融信息服务发展报告（2018）
著（编）者：李平　2018年5月出版／估价：99.00元
PSN B-2017-621-1/1

金蜜蜂企业社会责任蓝皮书
金蜜蜂中国企业社会责任报告研究（2017）
著（编）者：殷格非　于志宏　管竹笋
2018年1月出版／定价：99.00元
PSN B-2018-693-1/1

京津冀金融蓝皮书
京津冀金融发展报告（2018）
著（编）者：王爱俭　王璟怡　2018年10月出版／估价：99.00元
PSN B-2016-527-1/1

科普蓝皮书
国家科普能力发展报告（2018）
著（编）者：王康友　2018年5月出版／估价：138.00元
PSN B-2017-632-4/4

科普蓝皮书
中国基层科普发展报告（2017~2018）
著（编）者：赵立新　陈玲　2018年9月出版／估价：99.00元
PSN B-2016-568-3/4

科普蓝皮书
中国科普基础设施发展报告（2017~2018）
著（编）者：任福君　2018年6月出版／估价：99.00元
PSN B-2010-174-1/3

科普蓝皮书
中国科普人才发展报告（2017~2018）
著（编）者：郑念　任嵘嵘　2018年7月出版／估价：99.00元
PSN B-2016-512-2/2

科普能力蓝皮书
中国科普能力评价报告（2018~2019）
著（编）者：李富强　李群　2018年8月出版／估价：99.00元
PSN B-2016-555-1/1

临空经济蓝皮书
中国临空经济发展报告（2018）
著（编）者：连玉明　2018年9月出版／估价：99.00元
PSN B-2014-421-1/1

皮书系列 2018全品种
行业及其他类

旅游安全蓝皮书
中国旅游安全报告（2018）
著(编)者：郑向敏 谢朝武　2018年5月出版／估价：158.00元
PSN B-2012-280-1/1

旅游绿皮书
2017~2018年中国旅游发展分析与预测
著(编)者：宋瑞　2018年1月出版／定价：99.00元
PSN G-2002-018-1/1

煤炭蓝皮书
中国煤炭工业发展报告（2018）
著(编)者：岳福斌　2018年12月出版／估价：99.00元
PSN B-2008-123-1/1

民营企业社会责任蓝皮书
中国民营企业社会责任报告（2018）
著(编)者：中华全国工商业联合会
2018年12月出版／估价：99.00元
PSN B-2015-510-1/1

民营医院蓝皮书
中国民营医院发展报告（2017）
著(编)者：薛晓林　2017年12月出版／定价：89.00元
PSN B-2012-299-1/1

闽商蓝皮书
闽商发展报告（2018）
著(编)者：李闽榕 王日根 林琛
2018年12月出版／估价：99.00元
PSN B-2012-298-1/1

农业应对气候变化蓝皮书
中国农业气象灾害及其灾损评估报告（No.3）
著(编)者：矫梅燕　2018年6月出版／估价：118.00元
PSN B-2014-413-1/1

品牌蓝皮书
中国品牌战略发展报告（2018）
著(编)者：汪同三　2018年10月出版／估价：99.00元
PSN B-2016-580-1/1

企业扶贫蓝皮书
中国企业扶贫研究报告（2018）
著(编)者：钟宏武　2018年12月出版／估价：99.00元
PSN B-2016-593-1/1

企业公益蓝皮书
中国企业公益研究报告（2018）
著(编)者：钟宏武 汪杰 黄晓娟
2018年12月出版／估价：99.00元
PSN B-2015-501-1/1

企业国际化蓝皮书
中国企业全球化报告（2018）
著(编)者：王辉耀 苗绿　2018年11月出版／估价：99.00元
PSN B-2014-427-1/1

企业蓝皮书
中国企业绿色发展报告No.2（2018）
著(编)者：李红玉 朱光辉
2018年8月出版／估价：99.00元
PSN B-2015-481-2/2

企业社会责任蓝皮书
中资企业海外社会责任研究报告（2017~2018）
著(编)者：钟宏武 叶柳红 张蒽
2018年6月出版／估价：99.00元
PSN B-2017-603-2/2

企业社会责任蓝皮书
中国企业社会责任研究报告（2018）
著(编)者：黄群慧 钟宏武 张蒽 汪杰
2018年11月出版／估价：99.00元
PSN B-2009-149-1/2

汽车安全蓝皮书
中国汽车安全发展报告（2018）
著(编)者：中国汽车技术研究中心
2018年8月出版／估价：99.00元
PSN B-2014-385-1/1

汽车电子商务蓝皮书
中国汽车电子商务发展报告（2018）
著(编)者：中华全国工商业联合会汽车经销商商会
　　　　　北方工业大学
　　　　　北京易观智库网络科技有限公司
2018年10月出版／估价：158.00元
PSN B-2015-485-1/1

汽车知识产权蓝皮书
中国汽车产业知识产权发展报告（2018）
著(编)者：中国汽车工程研究院股份有限公司
　　　　　中国汽车工程学会
　　　　　重庆长安汽车股份有限公司
2018年12月出版／估价：99.00元
PSN B-2016-594-1/1

青少年体育蓝皮书
中国青少年体育发展报告（2017）
著(编)者：刘扶民 杨桦　2018年6月出版／估价：99.00元
PSN B-2015-482-1/1

区块链蓝皮书
中国区块链发展报告（2018）
著(编)者：李伟　2018年9月出版／估价：99.00元
PSN B-2017-649-1/1

群众体育蓝皮书
中国群众体育发展报告（2017）
著(编)者：刘国永 戴健　2018年5月出版／估价：99.00元
PSN B-2014-411-1/3

群众体育蓝皮书
中国社会体育指导员发展报告（2018）
著(编)者：刘国永 王欢　2018年6月出版／估价：99.00元
PSN B-2016-520-3/3

人力资源蓝皮书
中国人力资源发展报告（2018）
著(编)者：余兴安　2018年11月出版／估价：99.00元
PSN B-2012-287-1/1

融资租赁蓝皮书
中国融资租赁业发展报告（2017~2018）
著(编)者：李光荣 王力　2018年8月出版／估价：99.00元
PSN B-2015-443-1/1

行业及其他类

皮书系列 2018全品种

商会蓝皮书
中国商会发展报告No.5（2017）
著(编)者：王钦敏　　2018年7月出版／估价：99.00元
PSN B-2008-125-1/1

商务中心区蓝皮书
中国商务中心区发展报告No.4（2017~2018）
著(编)者：李国红　单菁菁　　2018年9月出版／估价：99.00元
PSN B-2015-444-1/1

设计产业蓝皮书
中国创新设计发展报告（2018）
著(编)者：王晓红　张立群　于炜
2018年11月出版／估价：99.00元
PSN B-2016-581-2/2

社会责任管理蓝皮书
中国上市公司社会责任能力成熟度报告No.4（2018）
著(编)者：肖红军　王晓光　李伟阳
2018年12月出版／估价：99.00元
PSN B-2015-507-2/2

社会责任管理蓝皮书
中国企业公众透明度报告No.4（2017~2018）
著(编)者：黄速建　熊梦　王晓光　肖红军
2018年6月出版／估价：99.00元
PSN B-2015-440-1/2

食品药品蓝皮书
食品药品安全与监管政策研究报告（2016~2017）
著(编)者：唐民皓　　2018年6月出版／估价：99.00元
PSN B-2009-129-1/1

输血服务蓝皮书
中国输血行业发展报告（2018）
著(编)者：孙俊　　2018年12月出版／估价：99.00元
PSN B-2016-582-1/1

水利风景区蓝皮书
中国水利风景区发展报告（2018）
著(编)者：董建文　兰思仁
2018年10月出版／估价：99.00元
PSN B-2015-480-1/1

数字经济蓝皮书
全球数字经济竞争力发展报告（2017）
著(编)者：王振　　2017年12月出版／定价：79.00元
PSN B-2017-673-1/1

私募市场蓝皮书
中国私募股权市场发展报告（2017~2018）
著(编)者：曹和平　　2018年12月出版／估价：99.00元
PSN B-2010-162-1/1

碳排放权交易蓝皮书
中国碳排放权交易报告（2018）
著(编)者：孙永平　　2018年11月出版／估价：99.00元
PSN B-2015-652-1/1

碳市场蓝皮书
中国碳市场报告（2018）
著(编)者：定金彪　　2018年11月出版／估价：99.00元
PSN B-2014-430-1/1

体育蓝皮书
中国公共体育服务发展报告（2018）
著(编)者：戴健　　2018年12月出版／估价：99.00元
PSN B-2013-367-2/5

土地市场蓝皮书
中国农村土地市场发展报告（2017~2018）
著(编)者：李光荣　　2018年6月出版／估价：99.00元
PSN B-2016-526-1/1

土地整治蓝皮书
中国土地整治发展研究报告（No.5）
著(编)者：国土资源部土地整治中心
2018年7月出版／估价：99.00元
PSN B-2014-401-1/1

土地政策蓝皮书
中国土地政策研究报告（2018）
著(编)者：高延利　张建平　吴次芳
2018年1月出版／定价：98.00元
PSN B-2015-506-1/1

网络空间安全蓝皮书
中国网络空间安全发展报告（2018）
著(编)者：惠志斌　覃庆玲
2018年11月出版／估价：99.00元
PSN B-2015-466-1/1

文化志愿服务蓝皮书
中国文化志愿服务发展报告（2018）
著(编)者：张永新　良警宇　　2018年11月出版／估价：128.00元
PSN B-2016-596-1/1

西部金融蓝皮书
中国西部金融发展报告（2017~2018）
著(编)者：李忠民　　2018年8月出版／估价：99.00元
PSN B-2010-160-1/1

协会商会蓝皮书
中国行业协会商会发展报告（2017）
著(编)者：景朝阳　李勇　　2018年6月出版／估价：99.00元
PSN B-2015-461-1/1

新三板蓝皮书
中国新三板市场发展报告（2018）
著(编)者：王力　　2018年8月出版／估价：99.00元
PSN B-2016-533-1/1

信托市场蓝皮书
中国信托业市场报告（2017~2018）
著(编)者：用益金融信托研究院
2018年6月出版／估价：198.00元
PSN B-2014-371-1/1

信息化蓝皮书
中国信息化形势分析与预测（2017~2018）
著(编)者：周宏仁　　2018年8月出版／估价：99.00元
PSN B-2010-168-1/1

信用蓝皮书
中国信用发展报告（2017~2018）
著(编)者：章政　田侃　　2018年6月出版／估价：99.00元
PSN B-2013-328-1/1

皮书系列 2018全品种 — 行业及其他类

休闲绿皮书
2017~2018年中国休闲发展报告
著(编)者：宋瑞　2018年7月出版 / 估价：99.00元
PSN G-2010-158-1/1

休闲体育蓝皮书
中国休闲体育发展报告（2017~2018）
著(编)者：李相如　钟秉枢
2018年10月出版 / 估价：99.00元
PSN B-2016-516-1/1

养老金融蓝皮书
中国养老金融发展报告（2018）
著(编)者：董克用　姚余栋
2018年9月出版 / 估价：99.00元
PSN B-2016-583-1/1

遥感监测绿皮书
中国可持续发展遥感监测报告（2017）
著(编)者：顾行发　汪克强　潘教峰　李闽榕　徐东华　王琦安
2018年6月出版 / 估价：298.00元
PSN B-2017-629-1/1

药品流通蓝皮书
中国药品流通行业发展报告（2018）
著(编)者：佘鲁林　温再兴
2018年7月出版 / 估价：198.00元
PSN B-2014-429-1/1

医疗器械蓝皮书
中国医疗器械行业发展报告（2018）
著(编)者：王宝亭　耿鸿武
2018年10月出版 / 估价：99.00元
PSN B-2017-661-1/1

医院蓝皮书
中国医院竞争力报告（2017~2018）
著(编)者：庄一强　2018年3月出版 / 定价：108.00元
PSN B-2016-528-1/1

瑜伽蓝皮书
中国瑜伽业发展报告（2017~2018）
著(编)者：张永建　徐华锋　朱泰余
2018年6月出版 / 估价：198.00元
PSN B-2017-625-1/1

债券市场蓝皮书
中国债券市场发展报告（2017~2018）
著(编)者：杨农　2018年10月出版 / 估价：99.00元
PSN B-2016-572-1/1

志愿服务蓝皮书
中国志愿服务发展报告（2018）
著(编)者：中国志愿服务联合会
2018年11月出版 / 估价：99.00元
PSN B-2017-664-1/1

中国上市公司蓝皮书
中国上市公司发展报告（2018）
著(编)者：张鹏　张平　黄胤英
2018年9月出版 / 估价：99.00元
PSN B-2014-414-1/1

中国新三板蓝皮书
中国新三板创新与发展报告（2018）
著(编)者：刘平安　闻召林
2018年8月出版 / 估价：158.00元
PSN B-2017-638-1/1

中国汽车品牌蓝皮书
中国乘用车品牌发展报告（2017）
著(编)者：《中国汽车报》社有限公司
　　　　　博世（中国）投资有限公司
　　　　　中国汽车技术研究中心数据资源中心
2018年1月出版 / 定价：89.00元
PSN B-2017-679-1/1

中医文化蓝皮书
北京中医药文化传播发展报告（2018）
著(编)者：毛嘉陵　2018年6月出版 / 估价：99.00元
PSN B-2015-468-1/2

中医文化蓝皮书
中国中医药文化传播发展报告（2018）
著(编)者：毛嘉陵　2018年7月出版 / 估价：99.00元
PSN B-2016-584-2/2

中医药蓝皮书
北京中医药知识产权发展报告No.2
著(编)者：汪洪　屠志涛　2018年6月出版 / 估价：168.00元
PSN B-2017-602-1/1

资本市场蓝皮书
中国场外交易市场发展报告（2016~2017）
著(编)者：高峦　2018年6月出版 / 估价：99.00元
PSN B-2009-153-1/1

资产管理蓝皮书
中国资产管理行业发展报告（2018）
著(编)者：郑智　2018年7月出版 / 估价：99.00元
PSN B-2014-407-2/2

资产证券化蓝皮书
中国资产证券化发展报告（2018）
著(编)者：沈炳熙　曹彤　李哲平
2018年4月出版 / 估价：98.00元
PSN B-2017-660-1/1

自贸区蓝皮书
中国自贸区发展报告（2018）
著(编)者：王力　黄育华
2018年6月出版 / 估价：99.00元
PSN B-2016-558-1/1

皮书系列
2018全品种

国际问题与全球治理类

国际问题与全球治理类

"一带一路"跨境通道蓝皮书
"一带一路"跨境通道建设研究报（2017~2018）
著（编）者：余鑫 张秋生　2018年1月出版 / 定价：89.00元
PSN B-2016-557-1/1

"一带一路"蓝皮书
"一带一路"建设发展报告（2018）
著（编）者：李永全　2018年3月出版 / 定价：98.00元
PSN B-2016-552-1/1

"一带一路"投资安全蓝皮书
中国"一带一路"投资与安全研究报告（2018）
著（编）者：邹统钎 梁昊光　2018年4月出版 / 定价：98.00元
PSN B-2017-612-1/1

"一带一路"文化交流蓝皮书
中阿文化交流发展报告（2017）
著（编）者：王辉　2017年12月出版 / 定价：89.00元
PSN B-2017-655-1/1

G20国家创新竞争力黄皮书
二十国集团（G20）国家创新竞争力发展报告（2017~2018）
著（编）者：李建平 李闽榕 赵新力 周天勇
2018年7月出版 / 估价：168.00元
PSN Y-2011-229-1/1

阿拉伯黄皮书
阿拉伯发展报告（2016~2017）
著（编）者：罗林　2018年6月出版 / 估价：99.00元
PSN Y-2014-381-1/1

北部湾蓝皮书
泛北部湾合作发展报告（2017~2018）
著（编）者：吕余生　2018年12月出版 / 估价：99.00元
PSN B-2008-114-1/1

北极蓝皮书
北极地区发展报告（2017）
著（编）者：刘惠荣　2018年7月出版 / 估价：99.00元
PSN B-2017-634-1/1

大洋洲蓝皮书
大洋洲发展报告（2017~2018）
著（编）者：喻常森　2018年10月出版 / 估价：99.00元
PSN B-2013-341-1/1

东北亚区域合作蓝皮书
2017年"一带一路"倡议与东北亚区域合作
著（编）者：刘亚政 金美花
2018年5月出版 / 估价：99.00元
PSN B-2017-631-1/1

东盟黄皮书
东盟发展报告（2017）
著（编）者：杨静林 庄国土　2018年6月出版 / 估价：99.00元
PSN Y-2012-303-1/1

东南亚蓝皮书
东南亚地区发展报告（2017~2018）
著（编）者：王勤　2018年12月出版 / 估价：99.00元
PSN B-2012-240-1/1

非洲黄皮书
非洲发展报告No.20（2017~2018）
著（编）者：张宏明　2018年7月出版 / 估价：99.00元
PSN Y-2012-239-1/1

非传统安全蓝皮书
中国非传统安全研究报告（2017~2018）
著（编）者：潇枫 罗中枢　2018年8月出版 / 估价：99.00元
PSN B-2012-273-1/1

国际安全蓝皮书
中国国际安全研究报告（2018）
著（编）者：刘慧　2018年7月出版 / 估价：99.00元
PSN B-2016-521-1/1

国际城市蓝皮书
国际城市发展报告（2018）
著（编）者：屠启宇　2018年2月出版 / 定价：89.00元
PSN B-2012-260-1/1

国际形势黄皮书
全球政治与安全报告（2018）
著（编）者：张宇燕　2018年1月出版 / 定价：99.00元
PSN Y-2001-016-1/1

公共外交蓝皮书
中国公共外交发展报告（2018）
著（编）者：赵启正 雷蔚真　2018年6月出版 / 估价：99.00元
PSN B-2015-457-1/1

海丝蓝皮书
21世纪海上丝绸之路研究报告（2017）
著（编）者：华侨大学海上丝绸之路研究院
2017年12月出版 / 定价：89.00元
PSN B-2017-684-1/1

金砖国家黄皮书
金砖国家综合创新竞争力发展报告（2018）
著（编）者：赵新力 李闽榕 黄茂兴
2018年8月出版 / 估价：128.00元
PSN Y-2017-643-1/1

拉美黄皮书
拉丁美洲和加勒比发展报告（2017~2018）
著（编）者：袁东振　2018年6月出版 / 估价：99.00元
PSN Y-1999-007-1/1

澜湄合作蓝皮书
澜沧江-湄公河合作发展报告（2018）
著（编）者：刘稚　2018年9月出版 / 估价：99.00元
PSN B-2011-196-1/1

皮书系列 2018全品种 — 国际问题与全球治理类

欧洲蓝皮书
欧洲发展报告（2017~2018）
著(编)者：黄平 周弘 程卫东
2018年6月出版 / 定价：99.00元
PSN B-1999-009-1/1

葡语国家蓝皮书
葡语国家发展报告（2016~2017）
著(编)者：王成安 张敏 刘金兰
2018年6月出版 / 定价：99.00元
PSN B-2015-503-1/2

葡语国家蓝皮书
中国与葡语国家关系发展报告·巴西（2016）
著(编)者：张曙光
2018年8月出版 / 估价：99.00元
PSN B-2016-563-2/2

气候变化绿皮书
应对气候变化报告（2018）
著(编)者：王伟光 郑国光
2018年11月出版 / 估价：99.00元
PSN G-2009-144-1/1

全球环境竞争力绿皮书
全球环境竞争力报告（2018）
著(编)者：李建平 李闽榕 王金南
2018年12月出版 / 估价：198.00元
PSN G-2013-363-1/1

全球信息社会蓝皮书
全球信息社会发展报告（2018）
著(编)者：丁波涛 唐涛
2018年10月出版 / 估价：99.00元
PSN B-2017-665-1/1

日本经济蓝皮书
日本经济与中日经贸关系研究报告（2018）
著(编)者：张季风 2018年6月出版 / 定价：99.00元
PSN B-2008-102-1/1

上海合作组织黄皮书
上海合作组织发展报告（2018）
著(编)者：李进峰 2018年6月出版 / 定价：99.00元
PSN Y-2009-130-1/1

世界创新竞争力黄皮书
世界创新竞争力发展报告（2017）
著(编)者：李建平 李闽榕 赵新力
2018年6月出版 / 估价：168.00元
PSN Y-2013-318-1/1

世界经济黄皮书
2018年世界经济形势分析与预测
著(编)者：张宇燕 2018年1月出版 / 定价：99.00元
PSN Y-1999-006-1/1

世界能源互联互通蓝皮书
世界能源清洁发展与互联互通评估报告（2017）：欧洲篇
著(编)者：国网能源研究院
2018年1月出版 / 定价：128.00元
PSN B-2018-695-1/1

丝绸之路蓝皮书
丝绸之路经济带发展报告（2018）
著(编)者：任宗哲 白宽犁 谷孟宾
2018年1月出版 / 定价：89.00元
PSN B-2014-410-1/1

新兴经济体蓝皮书
金砖国家发展报告（2018）
著(编)者：林跃勤 周文
2018年8月出版 / 估价：99.00元
PSN B-2011-195-1/1

亚太蓝皮书
亚太地区发展报告（2018）
著(编)者：李向阳 2018年5月出版 / 估价：99.00元
PSN B-2001-015-1/1

印度洋地区蓝皮书
印度洋地区发展报告（2018）
著(编)者：汪戎 2018年6月出版 / 估价：99.00元
PSN B-2013-334-1/1

印度尼西亚经济蓝皮书
印度尼西亚经济发展报告（2017）：增长与机会
著(编)者：左志刚 2017年11月出版 / 定价：89.00元
PSN B-2017-675-1/1

渝新欧蓝皮书
渝新欧沿线国家发展报告（2018）
著(编)者：杨柏 黄森
2018年6月出版 / 估价：99.00元
PSN B-2017-626-1/1

中阿蓝皮书
中国-阿拉伯国家经贸发展报告（2018）
著(编)者：张廉 段庆林 王林聪 杨巧红
2018年12月出版 / 估价：99.00元
PSN B-2016-598-1/1

中东黄皮书
中东发展报告No.20（2017~2018）
著(编)者：杨光 2018年10月出版 / 估价：99.00元
PSN Y-1998-004-1/1

中亚黄皮书
中亚国家发展报告（2018）
著(编)者：孙力
2018年3月出版 / 定价：98.00元
PSN Y-2012-238-1/1

国别类·文化传媒类

皮书系列 2018全品种

国别类

澳大利亚蓝皮书
澳大利亚发展报告（2017-2018）
著（编）者：孙有中 韩锋　2018年12月出版 / 估价：99.00元
PSN B-2016-587-1/1

巴西黄皮书
巴西发展报告（2017）
著（编）者：刘国枝　2018年5月出版 / 估价：99.00元
PSN Y-2017-614-1/1

德国蓝皮书
德国发展报告（2018）
著（编）者：郑春荣　2018年6月出版 / 估价：99.00元
PSN B-2012-278-1/1

俄罗斯黄皮书
俄罗斯发展报告（2018）
著（编）者：李永全　2018年6月出版 / 估价：99.00元
PSN Y-2006-061-1/1

韩国蓝皮书
韩国发展报告（2017）
著（编）者：牛林杰 刘宝全　2018年6月出版 / 估价：99.00元
PSN B-2010-155-1/1

加拿大蓝皮书
加拿大发展报告（2018）
著（编）者：唐小松　2018年9月出版 / 估价：99.00元
PSN B-2014-389-1/1

美国蓝皮书
美国研究报告（2018）
著（编）者：郑秉文 黄平　2018年5月出版 / 估价：99.00元
PSN B-2011-210-1/1

缅甸蓝皮书
缅甸国情报告（2017）
著（编）者：祝湘辉
2017年11月出版 / 定价：98.00元
PSN B-2013-343-1/1

日本蓝皮书
日本研究报告（2018）
著（编）者：杨伯江　2018年4月出版 / 定价：99.00元
PSN B-2002-020-1/1

土耳其蓝皮书
土耳其发展报告（2018）
著（编）者：郭长刚 刘义　2018年9月出版 / 估价：99.00元
PSN B-2014-412-1/1

伊朗蓝皮书
伊朗发展报告（2017~2018）
著（编）者：冀开运　2018年10月 / 估价：99.00元
PSN B-2016-574-1/1

以色列蓝皮书
以色列发展报告（2018）
著（编）者：张倩红　2018年8月出版 / 估价：99.00元
PSN B-2015-483-1/1

印度蓝皮书
印度国情报告（2017）
著（编）者：吕昭义　2018年6月出版 / 估价：99.00元
PSN B-2012-241-1/1

英国蓝皮书
英国发展报告（2017~2018）
著（编）者：王展鹏　2018年12月出版 / 估价：99.00元
PSN B-2015-486-1/1

越南蓝皮书
越南国情报告（2018）
著（编）者：谢林城　2018年11月出版 / 估价：99.00元
PSN B-2006-056-1/1

泰国蓝皮书
泰国研究报告（2018）
著（编）者：庄国土 张禹东 刘文正
2018年10月出版 / 估价：99.00元
PSN B-2016-556-1/1

文化传媒类

"三农"舆情蓝皮书
中国"三农"网络舆情报告（2017~2018）
著（编）者：农业部信息中心
2018年6月出版 / 估价：99.00元
PSN B-2017-640-1/1

传媒竞争力蓝皮书
中国传媒国际竞争力研究报告（2018）
著（编）者：李本乾 刘强 王大可
2018年8月出版 / 估价：99.00元
PSN B-2013-356-1/1

传媒蓝皮书
中国传媒产业发展报告（2018）
著（编）者：崔保国
2018年5月出版 / 估价：99.00元
PSN B-2005-035-1/1

传媒投资蓝皮书
中国传媒投资发展报告（2018）
著（编）者：张向东 谭云明
2018年6月出版 / 估价：148.00元
PSN B-2015-474-1/1

皮书系列 2018全品种 — 文化传媒类

非物质文化遗产蓝皮书
中国非物质文化遗产发展报告（2018）
著(编)者：陈平　2018年6月出版 / 估价：128.00元
PSN B-2015-469-1/2

非物质文化遗产蓝皮书
中国非物质文化遗产保护发展报告（2018）
著(编)者：宋俊华　2018年10月出版 / 估价：128.00元
PSN B-2016-586-2/2

广电蓝皮书
中国广播电影电视发展报告（2018）
著(编)者：国家新闻出版广电总局发展研究中心
2018年7月出版 / 估价：99.00元
PSN B-2006-072-1/1

广告主蓝皮书
中国广告主营销传播趋势报告No.9
著(编)者：黄升民　杜国清　邵华冬　等
2018年10月出版 / 估价：158.00元
PSN B-2005-041-1/1

国际传播蓝皮书
中国国际传播发展报告（2018）
著(编)者：胡正荣　李继东　姬德强
2018年12月出版 / 估价：99.00元
PSN B-2014-408-1/1

国家形象蓝皮书
中国国家形象传播报告（2017）
著(编)者：张昆　2018年6月出版 / 估价：128.00元
PSN B-2017-605-1/1

互联网治理蓝皮书
中国网络社会治理研究报告（2018）
著(编)者：罗昕　支庭荣
2018年9月出版 / 估价：118.00元
PSN B-2017-653-1/1

纪录片蓝皮书
中国纪录片发展报告（2018）
著(编)者：何苏六　2018年10月出版 / 估价：99.00元
PSN B-2011-222-1/1

科学传播蓝皮书
中国科学传播报告（2016~2017）
著(编)者：詹正茂　2018年6月出版 / 估价：99.00元
PSN B-2008-120-1/1

两岸创意经济蓝皮书
两岸创意经济研究报告（2018）
著(编)者：罗昌智　董泽平
2018年10月出版 / 估价：99.00元
PSN B-2014-437-1/1

媒介与女性蓝皮书
中国媒介与女性发展报告（2017~2018）
著(编)者：刘利群　2018年5月出版 / 估价：99.00元
PSN B-2013-345-1/1

媒体融合蓝皮书
中国媒体融合发展报告（2017~2018）
著(编)者：梅宁华　支庭荣
2017年12月出版 / 定价：98.00元
PSN B-2015-479-1/1

全球传媒蓝皮书
全球传媒发展报告（2017~2018）
著(编)者：胡正荣　李继东　2018年6月出版 / 估价：99.00元
PSN B-2012-237-1/1

少数民族非遗蓝皮书
中国少数民族非物质文化遗产发展报告（2018）
著(编)者：肖远平（彝）　柴立（满）
2018年10月出版 / 估价：118.00元
PSN B-2015-467-1/1

视听新媒体蓝皮书
中国视听新媒体发展报告（2018）
著(编)者：国家新闻出版广电总局发展研究中心
2018年7月出版 / 估价：118.00元
PSN B-2011-184-1/1

数字娱乐产业蓝皮书
中国动画产业发展报告（2018）
著(编)者：孙立军　孙平　牛兴侦
2018年10月出版 / 估价：99.00元
PSN B-2011-198-1/2

数字娱乐产业蓝皮书
中国游戏产业发展报告（2018）
著(编)者：孙立军　刘跃军　2018年10月出版 / 估价：99.00元
PSN B-2017-662-2/2

网络视听蓝皮书
中国互联网视听行业发展报告（2018）
著(编)者：陈鹏　2018年2月出版 / 定价：148.00元
PSN B-2018-688-1/1

文化创新蓝皮书
中国文化创新报告（2017·No.8）
著(编)者：傅才武　2018年6月出版 / 估价：99.00元
PSN B-2009-143-1/1

文化建设蓝皮书
中国文化发展报告（2018）
著(编)者：江畅　孙伟平　戴茂堂
2018年5月出版 / 估价：99.00元
PSN B-2014-392-1/1

文化科技蓝皮书
文化科技创新发展报告（2018）
著(编)者：于平　李凤亮　2018年10月出版 / 估价：99.00元
PSN B-2013-342-1/1

文化蓝皮书
中国公共文化服务发展报告（2017~2018）
著(编)者：刘新成　张永新　张旭
2018年12月出版 / 估价：99.00元
PSN B-2007-093-2/10

文化蓝皮书
中国少数民族文化发展报告（2017~2018）
著(编)者：武翠英　张晓明　任乌晶
2018年9月出版 / 估价：99.00元
PSN B-2013-369-9/10

文化蓝皮书
中国文化产业供需协调检测报告（2018）
著(编)者：王亚南　2018年3月出版 / 定价：99.00元
PSN B-2013-323-8/10

皮书系列
2018全品种

文化传媒类 · 地方发展类-经济

文化蓝皮书
中国文化消费需求景气评价报告（2018）
著(编)者：王亚南　2018年3月出版 / 定价：99.00元
PSN B-2011-236-4/10

文化蓝皮书
中国公共文化投入增长测评报告（2018）
著(编)者：王亚南　2018年3月出版 / 定价：99.00元
PSN B-2014-435-10/10

文化品牌蓝皮书
中国文化品牌发展报告（2018）
著(编)者：欧阳友权　2018年5月出版 / 估价：99.00元
PSN B-2012-277-1/1

文化遗产蓝皮书
中国文化遗产事业发展报告（2017~2018）
著(编)者：苏杨 张颖岚 卓杰 白海峰 陈晨 陈叙图
2018年8月出版 / 估价：99.00元
PSN B-2008-119-1/1

文学蓝皮书
中国文情报告（2017~2018）
著(编)者：白烨　2018年5月出版 / 估价：99.00元
PSN B-2011-221-1/1

新媒体蓝皮书
中国新媒体发展报告No.9（2018）
著(编)者：唐绪军　2018年7月出版 / 估价：99.00元
PSN B-2010-169-1/1

新媒体社会责任蓝皮书
中国新媒体社会责任研究报告（2018）
著(编)者：钟瑛　2018年12月出版 / 估价：99.00元
PSN B-2014-423-1/1

移动互联网蓝皮书
中国移动互联网发展报告（2018）
著(编)者：余清楚　2018年6月出版 / 估价：99.00元
PSN B-2012-282-1/1

影视蓝皮书
中国影视产业发展报告（2018）
著(编)者：司若 陈鹏 陈锐
2018年6月出版 / 估价：99.00元
PSN B-2016-529-1/1

舆情蓝皮书
中国社会舆情与危机管理报告（2018）
著(编)者：谢耘耕　2018年9月出版 / 估价：138.00元
PSN B-2011-235-1/1

中国大运河蓝皮书
中国大运河发展报告（2018）
著(编)者：吴欣　2018年2月出版 / 估价：128.00元
PSN B-2018-691-1/1

地方发展类-经济

澳门蓝皮书
澳门经济社会发展报告（2017~2018）
著(编)者：吴志良 郝雨凡
2018年7月出版 / 估价：99.00元
PSN B-2009-138-1/1

澳门绿皮书
澳门旅游休闲发展报告（2017~2018）
著(编)者：郝雨凡 林广志
2018年5月出版 / 估价：99.00元
PSN G-2017-617-1/1

北京蓝皮书
北京经济发展报告（2017~2018）
著(编)者：杨松　2018年6月出版 / 估价：99.00元
PSN B-2006-054-2/8

北京旅游绿皮书
北京旅游发展报告（2018）
著(编)者：北京旅游学会
2018年7月出版 / 估价：99.00元
PSN G-2012-301-1/1

北京体育蓝皮书
北京体育产业发展报告（2017~2018）
著(编)者：钟秉枢 陈杰 杨铁黎
2018年9月出版 / 估价：99.00元
PSN B-2015-475-1/1

滨海金融蓝皮书
滨海新区金融发展报告（2017）
著(编)者：王爱俭 李向前　2018年4月出版 / 估价：99.00元
PSN B-2014-424-1/1

城乡一体化蓝皮书
北京城乡一体化发展报告（2017~2018）
著(编)者：吴宝新 张宝秀 黄序
2018年5月出版 / 估价：99.00元
PSN B-2012-258-2/2

非公有制企业社会责任蓝皮书
北京非公有制企业社会责任报告（2018）
著(编)者：宋贵伦 冯培
2018年6月出版 / 估价：99.00元
PSN B-2017-613-1/1

皮书系列 2018全品种 — 地方发展类-经济

福建旅游蓝皮书
福建省旅游产业发展现状研究（2017~2018）
著（编）者：陈敏华 黄远水　　2018年12月出版／估价：128.00元
PSN B-2016-591-1/1

福建自贸区蓝皮书
中国（福建）自由贸易试验区发展报告（2017~2018）
著（编）者：黄茂兴　　2018年6月出版／估价：118.00元
PSN B-2016-531-1/1

甘肃蓝皮书
甘肃经济发展分析与预测（2018）
著（编）者：安文华 罗哲　　2018年1月出版／定价：99.00元
PSN B-2013-312-1/6

甘肃蓝皮书
甘肃商贸流通发展报告（2018）
著（编）者：张应华 王福生 王晓芳
2018年1月出版／定价：99.00元
PSN B-2016-522-6/6

甘肃蓝皮书
甘肃县域和农村发展报告（2018）
著（编）者：包东红 朱智文 王建兵
2018年1月出版／定价：99.00元
PSN B-2013-316-5/6

甘肃农业科技绿皮书
甘肃农业科技发展研究报告（2018）
著（编）者：魏胜文 乔德华 张东伟
2018年12月出版／估价：198.00元
PSN B-2016-592-1/1

甘肃气象保障蓝皮书
甘肃农业对气候变化的适应与风险评估报告（No.1）
著（编）者：鲍文中 周广胜
2017年12月出版／定价：108.00元
PSN B-2017-677-1/1

巩义蓝皮书
巩义经济社会发展报告（2018）
著（编）者：丁同民 朱军　　2018年6月出版／估价：99.00元
PSN B-2016-532-1/1

广东外经贸蓝皮书
广东对外经济贸易发展研究报告（2017~2018）
著（编）者：陈万灵　　2018年6月出版／估价：99.00元
PSN B-2012-286-1/1

广西北部湾经济区蓝皮书
广西北部湾经济区开放开发报告（2017~2018）
著（编）者：广西壮族自治区北部湾经济区和东盟开放合作办公室
　　　　　广西社会科学院
　　　　　广西北部湾发展研究院
2018年5月出版／估价：99.00元
PSN B-2010-181-1/1

广州蓝皮书
广州城市国际化发展报告（2018）
著（编）者：张跃国　　2018年8月出版／估价：99.00元
PSN B-2012-246-11/14

广州蓝皮书
中国广州城市建设与管理发展报告（2018）
著（编）者：张其学 陈小钢 王宏伟　　2018年8月出版／估价：99.00元
PSN B-2007-087-4/14

广州蓝皮书
广州创新型城市发展报告（2018）
著（编）者：尹涛　　2018年6月出版／估价：99.00元
PSN B-2012-247-12/14

广州蓝皮书
广州经济发展报告（2018）
著（编）者：张跃国 尹涛　　2018年7月出版／估价：99.00元
PSN B-2005-040-1/14

广州蓝皮书
2018年中国广州经济形势分析与预测
著（编）者：魏明海 谢博能 李华
2018年6月出版／估价：99.00元
PSN B-2011-185-9/14

广州蓝皮书
中国广州科技创新发展报告（2018）
著（编）者：于欣伟 陈爽 邓佑满　　2018年8月出版／估价：99.00元
PSN B-2006-065-2/14

广州蓝皮书
广州农村发展报告（2018）
著（编）者：朱名宏　　2018年7月出版／估价：99.00元
PSN B-2010-167-8/14

广州蓝皮书
广州汽车产业发展报告（2018）
著（编）者：杨再高 冯兴亚　　2018年7月出版／估价：99.00元
PSN B-2006-066-3/14

广州蓝皮书
广州商贸业发展报告（2018）
著（编）者：张跃国 陈杰 荀振英
2018年7月出版／估价：99.00元
PSN B-2012-245-10/14

贵阳蓝皮书
贵阳城市创新发展报告No.3（白云篇）
著（编）者：连玉明　　2018年5月出版／估价：99.00元
PSN B-2015-491-3/10

贵阳蓝皮书
贵阳城市创新发展报告No.3（观山湖篇）
著（编）者：连玉明　　2018年5月出版／估价：99.00元
PSN B-2015-497-9/10

贵阳蓝皮书
贵阳城市创新发展报告No.3（花溪篇）
著（编）者：连玉明　　2018年5月出版／估价：99.00元
PSN B-2015-490-2/10

贵阳蓝皮书
贵阳城市创新发展报告No.3（开阳篇）
著（编）者：连玉明　　2018年5月出版／估价：99.00元
PSN B-2015-492-4/10

贵阳蓝皮书
贵阳城市创新发展报告No.3（南明篇）
著（编）者：连玉明　　2018年5月出版／估价：99.00元
PSN B-2015-496-8/10

贵阳蓝皮书
贵阳城市创新发展报告No.3（清镇篇）
著（编）者：连玉明　　2018年5月出版／估价：99.00元
PSN B-2015-489-1/10

地方发展类-经济

皮书系列
2018全品种

贵阳蓝皮书
贵阳城市创新发展报告No.3（乌当篇）
著（编）者：连玉明　2018年5月出版 / 估价：99.00元
PSN B-2015-495-7/10

贵阳蓝皮书
贵阳城市创新发展报告No.3（息烽篇）
著（编）者：连玉明　2018年5月出版 / 估价：99.00元
PSN B-2015-493-5/10

贵阳蓝皮书
贵阳城市创新发展报告No.3（修文篇）
著（编）者：连玉明　2018年5月出版 / 估价：99.00元
PSN B-2015-494-6/10

贵阳蓝皮书
贵阳城市创新发展报告No.3（云岩篇）
著（编）者：连玉明　2018年5月出版 / 估价：99.00元
PSN B-2015-498-10/10

贵州房地产蓝皮书
贵州房地产发展报告No.5（2018）
著（编）者：武廷方　2018年7月出版 / 估价：99.00元
PSN B-2014-426-1/1

贵州蓝皮书
贵州册亨经济社会发展报告（2018）
著（编）者：黄德林　2018年6月出版 / 估价：99.00元
PSN B-2016-525-8/9

贵州蓝皮书
贵州地理标志产业发展报告（2018）
著（编）者：李发耀　黄其松　2018年8月出版 / 估价：99.00元
PSN B-2017-646-10/10

贵州蓝皮书
贵安新区发展报告（2017~2018）
著（编）者：马长青　吴大华　2018年6月出版 / 估价：99.00元
PSN B-2016-459-4/10

贵州蓝皮书
贵州国家级开放创新平台发展报告（2017~2018）
著（编）者：申晓庆　吴大华　季泓
2018年11月出版 / 估价：99.00元
PSN B-2016-518-7/10

贵州蓝皮书
贵州国有企业社会责任发展报告（2017~2018）
著（编）者：郭丽　2018年12月出版 / 估价：99.00元
PSN B-2015-511-6/10

贵州蓝皮书
贵州民航业发展报告（2017）
著（编）者：申振东　吴大华　2018年6月出版 / 估价：99.00元
PSN B-2015-471-5/10

贵州蓝皮书
贵州民营经济发展报告（2017）
著（编）者：杨静　吴大华　2018年6月出版 / 估价：99.00元
PSN B-2016-530-9/9

杭州都市圈蓝皮书
杭州都市圈发展报告（2018）
著（编）者：洪庆华　沈翔　2018年4月出版 / 定价：98.00元
PSN B-2012-302-1/1

河北经济蓝皮书
河北省经济发展报告（2018）
著（编）者：马树强　金浩　张贵　2018年6月出版 / 估价：99.00元
PSN B-2014-380-1/1

河北蓝皮书
河北经济社会发展报告（2018）
著（编）者：康振海　2018年1月出版 / 定价：99.00元
PSN B-2014-372-1/3

河北蓝皮书
京津冀协同发展报告（2018）
著（编）者：陈璐　2017年12月出版 / 定价：79.00元
PSN B-2017-601-2/3

河南经济蓝皮书
2018年河南经济形势分析与预测
著（编）者：王世炎　2018年3月出版 / 估价：89.00元
PSN B-2007-086-1/1

河南蓝皮书
河南城市发展报告（2018）
著（编）者：张占仓　王建国　2018年5月出版 / 估价：99.00元
PSN B-2009-131-3/9

河南蓝皮书
河南工业发展报告（2018）
著（编）者：张占仓　2018年5月出版 / 估价：99.00元
PSN B-2013-317-5/9

河南蓝皮书
河南金融发展报告（2018）
著（编）者：喻新安　谷建全
2018年6月出版 / 估价：99.00元
PSN B-2014-390-7/9

河南蓝皮书
河南经济发展报告（2018）
著（编）者：张占仓　完世伟
2018年6月出版 / 估价：99.00元
PSN B-2010-157-4/9

河南蓝皮书
河南能源发展报告（2018）
著（编）者：国网河南省电力公司经济技术研究院　河南省社会科学院
2018年6月出版 / 估价：99.00元
PSN B-2017-607-9/9

河南商务蓝皮书
河南商务发展报告（2018）
著（编）者：焦锦淼　穆荣国　2018年5月出版 / 估价：99.00元
PSN B-2014-399-1/1

河南双创蓝皮书
河南创新创业发展报告（2018）
著（编）者：喻新安　杨雪梅
2018年8月出版 / 估价：99.00元
PSN B-2017-641-1/1

黑龙江蓝皮书
黑龙江经济发展报告（2018）
著（编）者：朱宇　2018年1月出版 / 定价：89.00元
PSN B-2011-190-2/2

皮书系列 2018全品种 — 地方发展类-经济

湖南城市蓝皮书
区域城市群整合
著(编)者：童中贤 韩未名　2018年12月出版 / 估价：99.00元
PSN B-2006-064-1/1

湖南蓝皮书
湖南城乡一体化发展报告（2018）
著(编)者：陈文胜 王文强 陆福兴
2018年8月出版 / 估价：99.00元
PSN B-2015-477-8/8

湖南蓝皮书
2018年湖南电子政务发展报告
著(编)者：梁志峰　2018年5月出版 / 估价：128.00元
PSN B-2014-394-6/8

湖南蓝皮书
2018年湖南经济发展报告
著(编)者：卞鹰　2018年5月出版 / 估价：128.00元
PSN B-2011-207-2/8

湖南蓝皮书
2016年湖南经济展望
著(编)者：梁志峰　2018年5月出版 / 估价：128.00元
PSN B-2011-206-1/2

湖南蓝皮书
2018年湖南县域经济社会发展报告
著(编)者：梁志峰　2018年5月出版 / 估价：128.00元
PSN B-2014-395-7/8

湖南县域绿皮书
湖南县域发展报告（No.5）
著(编)者：袁准 周小毛 黎仁寅
2018年6月出版 / 估价：99.00元
PSN G-2012-274-1/1

沪港蓝皮书
沪港发展报告（2018）
著(编)者：尤安山　2018年9月出版 / 估价：99.00元
PSN B-2013-362-1/1

吉林蓝皮书
2018年吉林经济社会形势分析与预测
著(编)者：邵汉明　2017年12月出版 / 定价：89.00元
PSN B-2013-319-1/1

吉林省城市竞争力蓝皮书
吉林省城市竞争力报告（2017~2018）
著(编)者：崔岳春 张磊
2018年3月出版 / 定价：89.00元
PSN B-2016-513-1/1

济源蓝皮书
济源经济社会发展报告（2018）
著(编)者：喻新安　2018年6月出版 / 估价：99.00元
PSN B-2014-387-1/1

江苏蓝皮书
2018年江苏经济发展分析与展望
著(编)者：王庆五 吴先满
2018年7月出版 / 估价：128.00元
PSN B-2017-635-1/3

江西蓝皮书
江西经济社会发展报告（2018）
著(编)者：陈石俊 龚建文　2018年10月出版 / 估价：128.00元
PSN B-2015-484-1/2

江西蓝皮书
江西设区市发展报告（2018）
著(编)者：姜玮 梁勇
2018年10月出版 / 估价：99.00元
PSN B-2016-517-2/2

经济特区蓝皮书
中国经济特区发展报告（2017）
著(编)者：陶一桃　2018年1月出版 / 估价：99.00元
PSN B-2009-139-1/1

辽宁蓝皮书
2018年辽宁经济社会形势分析与预测
著(编)者：梁启东 魏红江　2018年6月出版 / 估价：99.00元
PSN B-2006-053-1/1

民族经济蓝皮书
中国民族地区经济发展报告（2018）
著(编)者：李曦辉　2018年7月出版 / 估价：99.00元
PSN B-2017-630-1/1

南宁蓝皮书
南宁经济发展报告（2018）
著(编)者：胡建华　2018年9月出版 / 估价：99.00元
PSN B-2016-569-2/3

内蒙古蓝皮书
内蒙古精准扶贫研究报告（2018）
著(编)者：张志华　2018年1月出版 / 定价：89.00元
PSN B-2017-681-2/2

浦东新区蓝皮书
上海浦东经济发展报告（2018）
著(编)者：周小平 徐美芳
2018年1月出版 / 定价：89.00元
PSN B-2011-225-1/1

青海蓝皮书
2018年青海经济社会形势分析与预测
著(编)者：陈玮　2018年1月出版 / 估价：98.00元
PSN B-2012-275-1/2

青海科技绿皮书
青海科技发展报告（2017）
著(编)者：青海省科学技术信息研究所
2018年3月出版 / 估价：98.00元
PSN G-2018-701-1/1

山东蓝皮书
山东经济形势分析与预测（2018）
著(编)者：李广杰　2018年7月出版 / 估价：99.00元
PSN B-2014-404-1/5

山东蓝皮书
山东省普惠金融发展报告（2018）
著(编)者：齐鲁财富网
2018年9月出版 / 估价：99.00元
PSN B2017-676-5/5

地方发展类-经济

皮书系列
2018全品种

山西蓝皮书
山西资源型经济转型发展报告（2018）
著（编）者：李志强　2018年7月出版／估价：99.00元
PSN B-2011-197-1/1

陕西蓝皮书
陕西经济发展报告（2018）
著（编）者：任宗哲　白宽犁　裴成荣
2018年1月出版／定价：89.00元
PSN B-2009-135-1/6

陕西蓝皮书
陕西精准脱贫研究报告（2018）
著（编）者：任宗哲　白宽犁　王建康
2018年4月出版／定价：89.00元
PSN B-2017-623-6/6

上海蓝皮书
上海经济发展报告（2018）
著（编）者：沈开艳　2018年2月出版／定价：89.00元
PSN B-2006-057-1/7

上海蓝皮书
上海资源环境发展报告（2018）
著（编）者：周冯琦　胡静　2018年2月出版／定价：89.00元
PSN B-2006-060-4/7

上海蓝皮书
上海奉贤经济发展分析与研判（2017~2018）
著（编）者：张兆安　朱平芳　2018年3月出版／定价：99.00元
PSN B-2018-698-8/8

上饶蓝皮书
上饶发展报告（2016~2017）
著（编）者：廖其志　2018年6月出版／估价：128.00元
PSN B-2014-377-1/1

深圳蓝皮书
深圳经济发展报告（2018）
著（编）者：张骁儒　2018年6月出版／定价：99.00元
PSN B-2008-112-3/7

四川蓝皮书
四川城镇化发展报告（2018）
著（编）者：侯水平　陈炜　2018年6月出版／定价：99.00元
PSN B-2015-456-7/7

四川蓝皮书
2018年四川经济形势分析与预测
著（编）者：杨钢　2018年1月出版／定价：158.00元
PSN B-2007-098-2/7

四川蓝皮书
四川企业社会责任研究报告（2017~2018）
著（编）者：侯水平　盛毅　2018年5月出版／定价：99.00元
PSN B-2014-386-4/7

四川蓝皮书
四川生态建设报告（2018）
著（编）者：李晟之　2018年5月出版／定价：99.00元
PSN B-2015-455-6/7

四川蓝皮书
四川特色小镇发展报告（2017）
著（编）者：吴志强　2017年11月出版／定价：89.00元
PSN B-2017-670-8/8

体育蓝皮书
上海体育产业发展报告（2017~2018）
著（编）者：张林　黄海燕
2018年10月出版／估价：99.00元
PSN B-2015-454-4/5

体育蓝皮书
长三角地区体育产业发展报（2017~2018）
著（编）者：张林　2018年6月出版／估价：99.00元
PSN B-2015-453-3/5

天津金融蓝皮书
天津金融发展报告（2018）
著（编）者：王爱俭　孔德昌
2018年5月出版／估价：99.00元
PSN B-2014-418-1/1

图们江区域合作蓝皮书
图们江区域合作发展报告（2018）
著（编）者：李铁　2018年6月出版／估价：99.00元
PSN B-2015-464-1/1

温州蓝皮书
2018年温州经济社会形势分析与预测
著（编）者：蒋儒标　王春光　金浩
2018年6月出版／估价：99.00元
PSN B-2008-105-1/1

西咸新区蓝皮书
西咸新区发展报告（2018）
著（编）者：李扬　王军
2018年6月出版／估价：99.00元
PSN B-2016-534-1/1

修武蓝皮书
修武经济社会发展报告（2018）
著（编）者：张占仓　袁凯声
2018年10月出版／估价：99.00元
PSN B-2017-651-1/1

偃师蓝皮书
偃师经济社会发展报告（2018）
著（编）者：张占仓　袁凯声　何武周
2018年7月出版／估价：99.00元
PSN B-2017-627-1/1

扬州蓝皮书
扬州经济社会发展报告（2018）
著（编）者：陈扬
2018年12月出版／估价：108.00元
PSN B-2011-191-1/1

长垣蓝皮书
长垣经济社会发展报告（2018）
著（编）者：张占仓　袁凯声　秦保建
2018年10月出版／估价：99.00元
PSN B-2017-654-1/1

遵义蓝皮书
遵义发展报告（2018）
著（编）者：邓彦　曾征　龚永育
2018年9月出版／估价：99.00元
PSN B-2014-433-1/1

地方发展类-社会

安徽蓝皮书
安徽社会发展报告（2018）
著（编）者：程桦　2018年6月出版 / 估价：99.00元
PSN B-2013-325-1/1

安徽社会建设蓝皮书
安徽社会建设分析报告（2017~2018）
著（编）者：黄家海　蔡宪
2018年11月出版 / 估价：99.00元
PSN B-2013-322-1/1

北京蓝皮书
北京公共服务发展报告（2017~2018）
著（编）者：施昌奎　2018年6月出版 / 估价：99.00元
PSN B-2008-103-7/8

北京蓝皮书
北京社会发展报告（2017~2018）
著（编）者：李伟东
2018年7月出版 / 估价：99.00元
PSN B-2006-055-3/8

北京蓝皮书
北京社会治理发展报告（2017~2018）
著（编）者：殷星辰　2018年7月出版 / 估价：99.00元
PSN B-2014-391-8/8

北京律师蓝皮书
北京律师发展报告No.4（2018）
著（编）者：王隽　2018年12月出版 / 估价：99.00元
PSN B-2011-217-1/1

北京人才蓝皮书
北京人才发展报告（2018）
著（编）者：敏华　2018年12月出版 / 估价：128.00元
PSN B-2011-201-1/1

北京社会心态蓝皮书
北京社会心态分析报告（2017~2018）
著（编）者：北京市社会心理服务促进中心
2018年10月出版 / 估价：99.00元
PSN B-2014-422-1/1

北京社会组织管理蓝皮书
北京社会组织发展与管理（2018）
著（编）者：黄江松
2018年6月出版 / 估价：99.00元
PSN B-2015-446-1/1

北京养老产业蓝皮书
北京居家养老发展报告（2018）
著（编）者：陆杰华　周明明
2018年8月出版 / 估价：99.00元
PSN B-2015-465-1/1

法治蓝皮书
四川依法治省年度报告No.4（2018）
著（编）者：李林　杨天宗　田禾
2018年3月出版 / 定价：118.00元
PSN B-2015-447-2/3

福建妇女发展蓝皮书
福建省妇女发展报告（2018）
著（编）者：刘群英　2018年11月出版 / 估价：99.00元
PSN B-2011-220-1/1

甘肃蓝皮书
甘肃社会发展分析与预测（2018）
著（编）者：安文华　谢增虎　包晓霞
2018年1月出版 / 定价：99.00元
PSN B-2013-313-2/6

广东蓝皮书
广东全面深化改革研究报告（2018）
著（编）者：周林生　涂成林
2018年12月出版 / 估价：99.00元
PSN B-2015-504-3/3

广东蓝皮书
广东社会工作发展报告（2018）
著（编）者：罗观翠　2018年6月出版 / 估价：99.00元
PSN B-2014-402-2/3

广州蓝皮书
广州青年发展报告（2018）
著（编）者：徐柳　张强
2018年8月出版 / 估价：99.00元
PSN B-2013-352-13/14

广州蓝皮书
广州社会保障发展报告（2018）
著（编）者：张跃国　2018年8月出版 / 估价：99.00元
PSN B-2014-425-14/14

广州蓝皮书
2018年中国广州社会形势分析与预测
著（编）者：张强　郭志勇　何镜清
2018年6月出版 / 估价：99.00元
PSN B-2008-110-5/14

贵州蓝皮书
贵州法治发展报告（2018）
著（编）者：吴大华　2018年5月出版 / 估价：99.00元
PSN B-2012-254-2/10

贵州蓝皮书
贵州人才发展报告（2017）
著（编）者：于杰　吴大华
2018年9月出版 / 估价：99.00元
PSN B-2014-382-3/10

贵州蓝皮书
贵州社会发展报告（2018）
著（编）者：王兴骥　2018年6月出版 / 估价：99.00元
PSN B-2010-166-1/10

杭州蓝皮书
杭州妇女发展报告（2018）
著（编）者：魏颖
2018年10月出版 / 估价：99.00元
PSN B-2014-403-1/1

地方发展类-社会　皮书系列 2018全品种

河北蓝皮书
河北法治发展报告（2018）
著（编）者：康振海　2018年6月出版 / 估价：99.00元
PSN B-2017-622-3/3

河北食品药品安全蓝皮书
河北食品药品安全研究报告（2018）
著（编）者：丁锦霞
2018年10月出版 / 估价：99.00元
PSN B-2015-473-1/1

河南蓝皮书
河南法治发展报告（2018）
著（编）者：张林海　2018年7月出版 / 估价：99.00元
PSN B-2014-376-6/9

河南蓝皮书
2018年河南社会形势分析与预测
著（编）者：牛苏林　2018年5月出版 / 估价：99.00元
PSN B-2005-043-1/9

河南民办教育蓝皮书
河南民办教育发展报告（2018）
著（编）者：胡大白　2018年9月出版 / 估价：99.00元
PSN B-2017-642-1/1

黑龙江蓝皮书
黑龙江社会发展报告（2018）
著（编）者：王爱丽　2018年1月出版 / 定价：89.00元
PSN B-2011-189-1/2

湖南蓝皮书
2018年湖南两型社会与生态文明建设报告
著（编）者：卞鹰　2018年5月出版 / 估价：128.00元
PSN B-2011-208-3/8

湖南蓝皮书
2018年湖南社会发展报告
著（编）者：卞鹰　2018年5月出版 / 估价：128.00元
PSN B-2014-393-5/8

健康城市蓝皮书
北京健康城市建设研究报告（2018）
著（编）者：王鸿春　盛继洪
2018年9月出版 / 估价：99.00元
PSN B-2015-460-1/2

江苏法治蓝皮书
江苏法治发展报告No.6（2017）
著（编）者：蔡道通　龚廷泰
2018年8月出版 / 估价：99.00元
PSN B-2012-290-1/1

江苏蓝皮书
2018年江苏社会发展分析与展望
著（编）者：王庆五　刘旺洪
2018年8月出版 / 估价：128.00元
PSN B-2017-636-2/3

民族教育蓝皮书
中国民族教育发展报告（2017·内蒙古卷）
著（编）者：陈中永
2017年12月出版 / 定价：198.00元
PSN B-2017-669-1/1

南宁蓝皮书
南宁法治发展报告（2018）
著（编）者：杨维超　2018年12月出版 / 估价：99.00元
PSN B-2015-509-1/3

南宁蓝皮书
南宁社会发展报告（2018）
著（编）者：胡建华　2018年10月出版 / 估价：99.00元
PSN B-2016-570-3/3

内蒙古蓝皮书
内蒙古反腐倡廉建设报告No.2
著（编）者：张志华　2018年6月出版 / 估价：99.00元
PSN B-2013-365-1/1

青海蓝皮书
2018年青海人才发展报告
著（编）者：王宇燕　2018年9月出版 / 估价：99.00元
PSN B-2017-650-2/2

青海生态文明建设蓝皮书
青海生态文明建设报告（2018）
著（编）者：张西明　高华　2018年12月出版 / 估价：99.00元
PSN B-2016-595-1/1

人口与健康蓝皮书
深圳人口与健康发展报告（2018）
著（编）者：陆杰华　傅崇辉
2018年11月出版 / 估价：99.00元
PSN B-2011-228-1/1

山东蓝皮书
山东社会形势分析与预测（2018）
著（编）者：李善峰　2018年6月出版 / 估价：99.00元
PSN B-2014-405-2/5

陕西蓝皮书
陕西社会发展报告（2018）
著（编）者：任宗哲　白宽犁　牛昉
2018年1月出版 / 定价：89.00元
PSN B-2009-136-2/6

上海蓝皮书
上海法治发展报告（2018）
著（编）者：叶必丰　2018年9月出版 / 估价：99.00元
PSN B-2012-296-6/7

上海蓝皮书
上海社会发展报告（2018）
著（编）者：杨雄　周海旺
2018年2月出版 / 定价：89.00元
PSN B-2006-058-2/7

皮书系列 2018全品种　地方发展类-社会 · 地方发展类-文化

社会建设蓝皮书
2018年北京社会建设分析报告
著(编)者：宋贵伦 冯虹　2018年9月出版 / 估价：99.00元
PSN B-2010-173-1/1

深圳蓝皮书
深圳法治发展报告（2018）
著(编)者：张晓儒　2018年6月出版 / 估价：99.00元
PSN B-2015-470-6/7

深圳蓝皮书
深圳劳动关系发展报告（2018）
著(编)者：汤庭芬　2018年8月出版 / 估价：99.00元
PSN B-2007-097-2/7

深圳蓝皮书
深圳社会治理与发展报告（2018）
著(编)者：张晓儒　2018年6月出版 / 估价：99.00元
PSN B-2008-113-4/7

生态安全绿皮书
甘肃国家生态安全屏障建设发展报告（2018）
著(编)者：刘举科 喜文华
2018年10月出版 / 估价：99.00元
PSN G-2017-659-1/1

顺义社会建设蓝皮书
北京市顺义区社会建设发展报告（2018）
著(编)者：王学武　2018年9月出版 / 估价：99.00元
PSN B-2017-658-1/1

四川蓝皮书
四川法治发展报告（2018）
著(编)者：郑泰安　2018年6月出版 / 估价：99.00元
PSN B-2015-441-5/7

四川蓝皮书
四川社会发展报告（2018）
著(编)者：李羚　2018年6月出版 / 估价：99.00元
PSN B-2008-127-3/7

四川社会工作与管理蓝皮书
四川省社会工作人力资源发展报告（2017）
著(编)者：边慧敏　2017年12月出版 / 定价：89.00元
PSN B-2017-683-1/1

云南社会治理蓝皮书
云南社会治理年度报告（2017）
著(编)者：晏雄 韩全芳
2018年5月出版 / 估价：99.00元
PSN B-2017-667-1/1

地方发展类-文化

北京传媒蓝皮书
北京新闻出版广电发展报告（2017~2018）
著(编)者：王志　2018年11月出版 / 估价：99.00元
PSN B-2016-588-1/1

北京蓝皮书
北京文化发展报告（2017~2018）
著(编)者：李建盛　2018年5月出版 / 估价：99.00元
PSN B-2007-082-4/8

创意城市蓝皮书
北京文化创意产业发展报告（2018）
著(编)者：郭万超 张京成　2018年12月出版 / 估价：99.00元
PSN B-2012-263-1/7

创意城市蓝皮书
天津文化创意产业发展报告（2017~2018）
著(编)者：谢思全　2018年6月出版 / 估价：99.00元
PSN B-2016-536-7/7

创意城市蓝皮书
武汉文化创意产业发展报告（2018）
著(编)者：黄永林 陈汉桥　2018年12月出版 / 估价：99.00元
PSN B-2013-354-4/7

创意上海蓝皮书
上海文化创意产业发展报告（2017~2018）
著(编)者：王慧敏 王兴全　2018年8月出版 / 估价：99.00元
PSN B-2016-561-1/1

非物质文化遗产蓝皮书
广州市非物质文化遗产保护发展报告（2018）
著(编)者：宋俊华　2018年12月出版 / 估价：99.00元
PSN B-2016-589-1/1

甘肃蓝皮书
甘肃文化发展分析与预测（2018）
著(编)者：马廷旭 戚晓萍　2018年1月出版 / 定价：99.00元
PSN B-2013-314-3/6

甘肃蓝皮书
甘肃舆情分析与预测（2018）
著(编)者：王俊莲 张谦元　2018年1月出版 / 估价：99.00元
PSN B-2013-315-4/6

广州蓝皮书
中国广州文化发展报告（2018）
著(编)者：屈哨兵 陆志强　2018年6月出版 / 估价：99.00元
PSN B-2009-134-7/14

广州蓝皮书
广州文化创意产业发展报告（2018）
著(编)者：徐咏虹　2018年7月出版 / 估价：99.00元
PSN B-2008-111-6/14

海淀蓝皮书
海淀区文化和科技融合发展报告（2018）
著(编)者：陈名杰 孟景伟　2018年5月出版 / 估价：99.00元
PSN B-2013-329-1/1

地方发展类–文化

皮书系列
2018全品种

河南蓝皮书
河南文化发展报告（2018）
著（编）者：卫绍生　2018年7月出版／估价：99.00元
PSN B-2008-106-2/9

湖北文化产业蓝皮书
湖北省文化产业发展报告（2018）
著（编）者：黄晓华　2018年9月出版／估价：99.00元
PSN B-2017-656-1/1

湖北文化蓝皮书
湖北文化发展报告（2017~2018）
著（编）者：湖北大学高等人文研究院
　　　　　　中华文化发展湖北省协同创新中心
2018年10月出版／估价：99.00元
PSN B-2016-566-1/1

江苏蓝皮书
2018年江苏文化发展分析与展望
著（编）者：王庆五　樊和平　2018年9月出版／估价：128.00元
PSN B-2017-637-3/3

江西文化蓝皮书
江西非物质文化遗产发展报告（2018）
著（编）者：张圣才　傅安平　2018年12月出版／估价：128.00元
PSN B-2015-499-1/1

洛阳蓝皮书
洛阳文化发展报告（2018）
著（编）者：刘福兴　陈启明　2018年7月出版／估价：99.00元
PSN B-2015-476-1/1

南京蓝皮书
南京文化发展报告（2018）
著（编）者：中共南京市委宣传部
2018年12月出版／估价：99.00元
PSN B-2014-439-1/1

宁波文化蓝皮书
宁波"一人一艺"全民艺术普及发展报告（2017）
著（编）者：张爱琴　2018年11月出版／估价：128.00元
PSN B-2017-668-1/1

山东蓝皮书
山东文化发展报告（2018）
著（编）者：涂可国　2018年5月出版／估价：99.00元
PSN B-2014-406-3/5

陕西蓝皮书
陕西文化发展报告（2018）
著（编）者：任宗哲　白宽犁　王长寿
2018年1月出版／定价：89.00元
PSN B-2009-137-3/6

上海蓝皮书
上海传媒发展报告（2018）
著（编）者：强荧　焦雨虹　2018年2月出版／定价：89.00元
PSN B-2012-295-5/7

上海蓝皮书
上海文学发展报告（2018）
著（编）者：陈圣来　2018年6月出版／估价：99.00元
PSN B-2012-297-7/7

上海蓝皮书
上海文化发展报告（2018）
著（编）者：荣跃明　2018年6月出版／估价：99.00元
PSN B-2006-059-3/7

深圳蓝皮书
深圳文化发展报告（2018）
著（编）者：张骁儒　2018年7月出版／估价：99.00元
PSN B-2016-554-7/7

四川蓝皮书
四川文化产业发展报告（2018）
著（编）者：向宝云　张立伟　2018年6月出版／估价：99.00元
PSN B-2006-074-1/7

郑州蓝皮书
2018年郑州文化发展报告
著（编）者：王哲　2018年9月出版／估价：99.00元
PSN B-2008-107-1/1

社会科学文献出版社　　**皮书系列**

❖ 皮书起源 ❖

"皮书"起源于十七、十八世纪的英国，主要指官方或社会组织正式发表的重要文件或报告，多以"白皮书"命名。在中国，"皮书"这一概念被社会广泛接受，并被成功运作、发展成为一种全新的出版形态，则源于中国社会科学院社会科学文献出版社。

❖ 皮书定义 ❖

皮书是对中国与世界发展状况和热点问题进行年度监测，以专业的角度、专家的视野和实证研究方法，针对某一领域或区域现状与发展态势展开分析和预测，具备原创性、实证性、专业性、连续性、前沿性、时效性等特点的公开出版物，由一系列权威研究报告组成。

❖ 皮书作者 ❖

皮书系列的作者以中国社会科学院、著名高校、地方社会科学院的研究人员为主，多为国内一流研究机构的权威专家学者，他们的看法和观点代表了学界对中国与世界的现实和未来最高水平的解读与分析。

❖ 皮书荣誉 ❖

皮书系列已成为社会科学文献出版社的著名图书品牌和中国社会科学院的知名学术品牌。2016年，皮书系列正式列入"十三五"国家重点出版规划项目；2013~2018年，重点皮书列入中国社会科学院承担的国家哲学社会科学创新工程项目；2018年，59种院外皮书使用"中国社会科学院创新工程学术出版项目"标识。

中国皮书网

（网址：www.pishu.cn）

发布皮书研创资讯，传播皮书精彩内容
引领皮书出版潮流，打造皮书服务平台

栏目设置

关于皮书：何谓皮书、皮书分类、皮书大事记、皮书荣誉、
　　　　　皮书出版第一人、皮书编辑部
最新资讯：通知公告、新闻动态、媒体聚焦、网站专题、视频直播、下载专区
皮书研创：皮书规范、皮书选题、皮书出版、皮书研究、研创团队
皮书评奖评价：指标体系、皮书评价、皮书评奖
互动专区：皮书说、社科数托邦、皮书微博、留言板

所获荣誉

2008年、2011年，中国皮书网均在全国新闻出版业网站荣誉评选中获得"最具商业价值网站"称号；

2012年，获得"出版业网站百强"称号。

网库合一

2014年，中国皮书网与皮书数据库端口合一，实现资源共享。

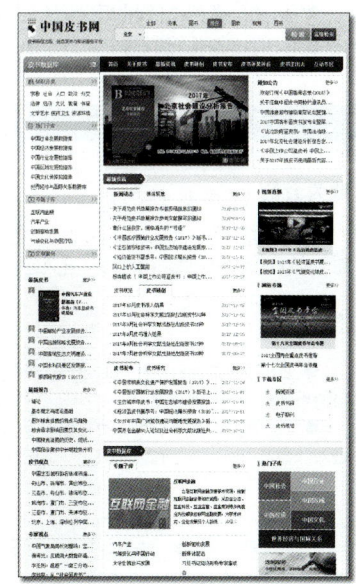

权威报告·一手数据·特色资源

皮书数据库
ANNUAL REPORT(YEARBOOK) DATABASE

当代中国经济与社会发展高端智库平台

所获荣誉

- 2016年,入选"'十三五'国家重点电子出版物出版规划骨干工程"
- 2015年,荣获"搜索中国正能量 点赞2015""创新中国科技创新奖"
- 2013年,荣获"中国出版政府奖·网络出版物奖"提名奖
- 连续多年荣获中国数字出版博览会"数字出版·优秀品牌"奖

成为会员

通过网址www.pishu.com.cn或使用手机扫描二维码进入皮书数据库网站,进行手机号码验证或邮箱验证即可成为皮书数据库会员(建议通过手机号码快速验证注册)。

会员福利

- 使用手机号码首次注册的会员,账号自动充值100元体验金,可直接购买和查看数据库内容(仅限使用手机号码快速注册)。
- 已注册用户购书后可免费获赠100元皮书数据库充值卡。刮开充值卡涂层获取充值密码,登录并进入"会员中心"—"在线充值"—"充值卡充值",充值成功后即可购买和查看数据库内容。

数据库服务热线:400-008-6695　　　图书销售热线:010-59367070/7028
数据库服务QQ:2475522410　　　　　图书服务QQ:1265056568
数据库服务邮箱:database@ssap.cn　　图书服务邮箱:duzhe@ssap.cn

更多信息请登录

皮书数据库
http://www.pishu.com.cn

中国皮书网
http://www.pishu.cn

皮书微博
http://weibo.com/pishu

皮书微信"皮书说"

请到当当、亚马逊、京东或各地书店购买，也可办理邮购

咨询 / 邮购电话：010-59367028　59367070
邮　　箱：duzhe@ssap.cn
邮购地址：北京市西城区北三环中路甲29号院3号楼
　　　　　华龙大厦13层读者服务中心
邮　　编：100029
银行户名：社会科学文献出版社
开户银行：中国工商银行北京北太平庄支行
账　　号：0200010019200365434